交通职业教育教学指导委员会推荐教材
高职高专院校道路桥梁工程技术专业教学用书

高等职业教育规划教材

工程地质与水文

Gongcheng Dizhi Yu Shuiwen

主　编　　杨晓丰
副主编　　李　昆
主　审　　俞高明

人民交通出版社

内 容 提 要

本书是交通职业教育教学指导委员会推荐教材，由路桥工程学科委员会组织编写。书中系统地阐述了地质学及桥涵水文的基础知识和基本原理，详细介绍了公路工程常见的地质灾害及其防治措施，公路工程地质勘察的主要方法与主要的公路工程地质问题，计算小桥涵断面设计流量，确定小桥涵孔径，合理选择小桥涵进出口布置形式等内容。全书分三篇共9章，内容涉及地质学基本知识和公路建设所需的工程地质与水文专业知识。

本书是高职高专院校道路桥梁工程技术专业教学用书，也可供相关专业教学使用，或作为有关专业的继续教育及职业培训教材。

图书在版编目(CIP)数据

工程地质与水文/杨晓丰主编. —北京：人民交通出版社，2005.8(2008.12 重印)

ISBN 978-7-114-05629-1

Ⅰ.工… Ⅱ.杨… Ⅲ.①道路工程—工程地质②桥涵工程—工程水文学 Ⅳ.①U412.22 ②U422.3

中国版本图书馆 CIP 数据核字(2005)第068901号

书　　名：工程地质与水文
著 作 者：杨晓丰
责任编辑：蔡培荣
出版发行：人民交通出版社
地　　址：(100011) 北京市朝阳区安定门外外馆斜街3号
网　　址：http://www.ccpress.com.cn
销售电话：(010) 59757973
总 经 销：人民交通出版社股份有限公司发行部
经　　销：各地新华书店
印　　刷：北京市密东印刷有限公司
开　　本：787×1092　1/16
印　　张：15.75
字　　数：393千
版　　次：2005年8月第1版
印　　次：2023年8月第20次印刷
书　　号：ISBN 978-7-114-05629-1
定　　价：40.00元

出版说明

CHUBAN SHUOMING

为深入贯彻落实《高等教育面向21世纪教学内容和课程体系改革计划》及全国普通高等学校教学工作会议的有关精神，深化教育教学改革，提高道路桥梁工程技术专业的教学质量，按照教育部"以教育思想、观念改革为先导，以教学改革为核心，以教学基本建设为重点，注重提高质量，努力办出特色"的基本思路，交通职业教育教学指导委员会路桥工程学科委员会在总结教育部路桥专业教学改革试点的6所交通高职高专院校办学实践经验的基础上，经过反复调研和讨论，制定了三年制"高职高专院校道路桥梁工程技术专业教学指导方案"，随后又组织全国20多所交通高职高专院校道路桥梁工程技术专业的教师编写了18门课程的规划教材。

本套教材依据教育部对高职高专人才培养目标、培养规格、培养模式及与之相适应的知识、技能、能力和素质结构的要求进行编写。为使教材中所阐述的内容反映最新的技术标准和规范，路桥工程学科委员会还组织有关人员参加了新技术和新规范学习班。

按照2004年10月路桥工程学科委员会所确定的编写原则，本套教材力求体现如下特点：

1. 结构合理性。按照道路桥梁工程技术专业以培养技能型人才为主线的要求，对传统的专业技术基础课和专业课程进行了整合，教材的体系设计合理，循序渐进，符合学生心理特征和认知及技能养成规律。所编写的教材更适合高职教育的特点，强调现代教学技术应用的需要和教学课件的应用，以节省教学成本和提高教学效果。每章列有教学要求、本章小结和复习思考题，便于学生学习本章核心内容。

2. 知识实用性。体现以职业能力为本位，以应用为核心，以实用、实际、实效为原则，紧密联系生活、生产实际，及时反映现阶段公路交通行业发展和公路交通科技进步对道路桥梁工程技术专业人才的需要，采用最新的技术标准、规范和规程。加强教学针对性，与相应的职业资格标准相互衔接。在内容的取舍方面，在以适应当前工作岗位群实际需要为主基调的同时，为将来的发展趋势留有接口。

3. 职业教育性。渗透职业道德和职业意识教育，体现就业导向，有助于学生树立正确的择业观。教材中所选编的习题、例题均来自工程实际，不仅代表性强，而且对解决实际问题具有较强的针对性。在教材编写中注重培养学生爱岗敬业、团队精神和创业精神，树立安全意识和环保意识。

4. 使用灵活性。本套教材体现了教学内容弹性化，教学要求层次化，教材结构模块化，有利于按需施教，因材施教。

《工程地质与水文》是高职高专院校道路桥梁工程技术专业规划教材之一，内容包括：地质学及桥涵水文的基础知识和基本原理，公路工程常见的地质灾害及其防治措施，公路工程地质勘察的主要方法与主要的公路工程地质问题，计算小桥涵断面设计流量，确定小桥涵孔径，合理选择小桥涵进出口布置形式。

参加本书编写工作的有：云南交通职业技术学院李昆（编写绪论、第一章），四川交通职业技术学院盛勇（编写第二章），湖北交通职业技术学院熊文林（编写第三、四章），黑龙江工程学院于纪森（编写第五、六章）、杨晓丰（编写第八、九章），吉林交通职业技术学院孟凡成（编写第七章）。全书由杨晓丰担任主编，李昆担任副主编，安徽交通职业技术学院俞高明担任主审。

本套教材是路桥工程学科委员会委员及长期从事道路桥梁工程技术专业教学与工程实践的教师们工作经验的总结。但是，随着各项改革的逐步深化，书中难免有错误之处，敬请广大读者批评指正。

本套教材在编写过程中，得到了交通职业教育教学指导委员会的关心与指导，全国各交通职业技术学院的领导也给予了大力支持，在此，向他们表示诚挚的谢意。

交通职业教育教学指导委员会
路桥工程学科委员会
2005 年 5 月

目　录
—MULU

第二篇　桥涵水文

第三篇　常见的地质灾害与公路工程地质勘测

绪 论

《工程地质与水文》课程是公路与桥梁专业的一门专业基础课。它是交通高职高专院校以培养高等技术应用性人才为目标,来组织编写的内容紧凑、针对性强的教材。本教材打破了以往学科式教学的模式,将《公路工程地质》与《桥涵水力水文》合二为一,主要介绍在公路、隧道、小桥涵工程中相关工程地质资料及水文学资料的获取、整理及运用的知识。由于工程地质学与水文学所要研究的内容十分丰富,分科也很细,在有限的时间内只能结合公路与桥梁专业的需要择其主要的和基本的内容简明扼要地予以介绍,为学生学习公路与桥梁专业以及开展相关问题的科学研究,提供最为必要的工程地质与水文基础知识及技能。

为紧密结合生产实践,本教材立足于《公路工程地质勘察规范》(JTJ 064—98)、《公路工程水文勘测设计规范》(JTG C30—2002)、《公路桥涵设计通用规范》(JTG D60 - 2004),按照这些规范的要求及规定,通过一些基本技能的训练,懂得搜集、分析和运用有关的地质、水文资料,并能正确运用勘察数据和资料,进行相关工程的设计、施工和管理。

本书在内容体系上总共分为三篇。为了使初学者对本课程有个大致的了解,在分篇讲述之前,先总体介绍一下与本课程有关学科的一些概念、研究的内容以及学习方法。

一、工程地质基础知识

第一篇《工程地质基础知识》论述的是地质学最为基本的概念及其理论,是正确理解《公路工程地质勘察规范》(JTJ 064—98)的前提和进一步学习第三篇知识的基石。

简单地说,工程地质基础知识就是地质学的最基本知识,地质学是研究地球的一门自然科学,当前主要研究固体地球的外部圈层——岩石圈,研究的内容包括:地壳的物质组成、地壳的发展历史及其各种地质作用、地表形态的发展过程及其发育规律,地下资源的勘察等。

公路、桥梁与隧道工程是在地壳表层建造的延伸很长的线形建筑物,必然受到不同地段的地质、水文等各种因素的影响。为了工程的安全可靠和正常运行,必须研究造岩矿物的物理性质、地表岩层的工程性质、地质构造、地貌、水文地质以及第四纪地质学等。同时,公路、桥梁与隧道工程建设的绝大部分材料,都直接取自地壳表层的土或岩石,这就要求我们研究矿物学和岩石(包括土)学。

地质学的研究对象——地球,是个庞大而复杂的星体,而其历史又长达46亿年,在这漫长的历史中,它始终处在永恒的不断运动中。我们现在的地球,仅是它全部运动和发展过程中的一个阶段。因此,我们从地球的组成、演化与各种地质作用的性质、特点、过程和结果入手,逐步去掌握地质学的基本原理、主要概念、术语、重要理论及地质思维、分析的方法。作为预备知识,第一篇主要学习:①地球的演化历程。②主要造岩矿物与岩石。③地质构造与阅读地质图。④地貌。

总体而言,地质学的研究方法是:野外调查、室内试验和模拟、历史比较法。

在学完本篇后,应达到以下基本要求:

(1)能阅读一般的地质资料,根据地质资料在野外能辨认常见的岩石和土,了解其主要的工程性质;

(2)能辨认基本的地质构造类型及较明显、简单的地质现象,并了解这些构造及现象对工程建筑的影响。

二、桥涵水文

在地壳外动力地质作用中,水的地质作用无疑是最为活跃的因素之一,它不断地促使地壳表层物质在物理性质和化学成分上发生变化,同时也使地表形态发生显著变化。因此,水与公路、隧道、桥梁等这些地表工程关系密切。在工程实践中,水是众多地质灾害及工程问题的引发因素,水与土木工程的关系问题,是我们必须研究的重要领域。

第二篇讲授内容,涉及到了多个学科的研究领域。首先,“河流与水的地质作用”是地质学中外动力地质作用的研究内容,是河床发生演变的主要动力因素,也是桥位选择的主要问题之一。其次,桥、隧及路基基础施工必然遇到地下水的问题,而研究地下水的科学就是水文地质学。水文地质学是研究与岩石圈、水圈、大气圈、生物圈以及人类活动相互作用下地下水水量、水质的时空变化规律,并研究如何运用这些规律去兴利除害,为人类服务。第三,作为本篇的主要讲授内容,“桥涵水文”实际上属于“工程水文学”的研究范畴。工程水文学是研究水文学原理用于工程实践的方法,为土木工程如桥梁、水利工程等的设计、施工、运行管理提供水文计算、水文预报和水利计算等水文数据。此处定义中“水文”一词泛指自然界中水的分布、运动和变化规律以及与环境的相互作用。

桥梁、涵洞的设计、建造,必须秉持与其所处的水文环境、地质环境相适宜的原则,否则,必然导致工程损毁。因此,在公路小桥涵设计程序中,在进行以承受车辆荷载为主的结构设计之前,必须先按满足泄水要求进行孔径设计,保证小桥涵顺利泄洪输沙、安全可靠。

第二篇“桥涵水文”,主要侧重于小桥、涵洞工程,按照《公路工程水文勘测设计规范》(JTG C30—2002)、《公路桥涵设计通用规范》(JTG D60—2004)以及公路桥涵设计手册《涵洞》中的有关内容,讲述小流域(小于 $100km^2$)范围内野外水文调查与形态勘测的方法、水文资料的搜集与整理方法、小桥涵所处河段设计流量的推算方法、小桥涵孔径的确定及其形式布置方法。这些方法都是当前小桥涵工程建设中的主要设计方法,我们的论述尽可能的避免宽泛的理论说明和公式演算,而从高职高专学生技术应用角度去说明设计的基本理论与过程,突出运用技能。

本书小桥涵设计流量的推算,贯穿着一个核心水文理论,即暴雨形成洪水过程,并且是按照设计暴雨→设计净雨→设计洪水的思路顺序进行计算的,学习中务必注意。

第二篇的学习任务,是掌握水的地质作用,水对土木工程的影响;从技能上讲,是学会进行野外水文调查与形态勘测,学会运用相关公式与方法推求小桥涵设计流量,学会通过查表或计算确定小桥涵洞孔径,能合理配置小桥涵的进出水口。

三、常见的地质灾害与公路工程地质勘察

第三篇的知识体系是第一篇地质基础知识在公路与桥梁工程建设中的实践运用和落脚点。

公路、隧道、桥梁工程最基本的要求就是安全可靠,不受破坏。有些设计工程师尽量把建筑物本身设计得很牢固,以为这就可以保证建筑物的稳定,而对于场地的地质环境、水文环境如何就不那么注意,结果地质或水文上出了问题,工程构造物遭受到了破坏或变为无用。在我国当前的公路工程实践中,崩塌、滑坡、泥石流、岩溶、地震、地裂缝、地面沉降、地面塌陷、沙漠化、水土流失、煤与瓦斯突出、隧道突水、岩(煤)爆、顶板冒落、泥沙淤积、黄土湿陷、膨胀土胀缩、冻土冻融等等地质灾害,每年都造成严重经济损失和众多人员伤亡,是影响公路工程施工及安全使用的重大问题。

地质灾害是自然灾害的一个类型,对于地质灾害的认识,需要明确以下几点:①和自然灾害一样,地质灾害也是以人为中心而论的,离开对人类的生存和生活的危害、威胁,灾害便无从谈起。②地质灾害的动力来源是内、外动力地质作用。人类活动的营力作用作为引发地质灾害的外动力来源是一种越来越突出的因素,譬如,公路工程的建造,产生大量开挖、堆填方、弃土以及搬运,如何做到避免恶化自然环境,引发新的地质灾害,是每一个工程师必须具备的意识。③只有深刻认识地质灾害发生、发展的规律,才能及时采取防护治理措施,避免各种地质灾害的发生。因此,作为本教材的一个主要内容,重点介绍《公路工程地质勘察规范》(JTJ 064—98)所列举的不良地质和特殊性岩土的形成过程、识别特征、危害及其防治措施,确保我们的工程质量。

工程地质学是地质学的一个分科,是调查、研究、解决与兴建各类工程建筑有关地质问题的科学。其任务是评价各类工程建筑场区的地质条件;预测在工程建筑作用下地质条件可能出现的变化和产生的作用;选定最佳建筑场地和提出为克服不良地质条件应采取的工程措施,为保证工程的合理设计、顺利施工和正常使用提供可靠的科学依据。

例如,在黄土地区修建工程,存在着黄土地基湿陷问题。工程修建好后一定要注意防止地表水或地下水浸湿地基,加强排水设施,才能保证构造物的稳定与正常使用。有的地方对此注意不够,地下水系统堵塞,未及时修理,结果地区性地下水位上升,地基浸水发生黄土湿陷,造成大范围的构造物开裂,甚至倒塌,损失很大。又如:在开挖高边坡时,忽视地质条件,可能引起大规模的崩塌或滑坡,不仅增加工程量、延长工期和提高造价,甚至危及施工安全。再如,在岩溶地区修建公路,如不查明岩溶情况并采取适当措施,轻则修改设计方案、增加投资、延误工期,重则使工程构造物完全不能使用,甚至突然破坏,酿成灾害。

上面提到的工程地质条件,亦称为工程地质环境,它包括工程所在地域的土和岩石的工程性质、地质构造、地貌、水文地质、地质作用、自然地质现象和天然建筑材料等构成条件。

天然建筑材料的勘察,也是公路工程地质勘察的一个主要内容。天然建筑材料的有无、质量好坏、数量大小、开采条件以及运输远近,对工程的造价有较大的影响,往往成为选择工程场地,拟定工程结构类型的重要条件。为了节省运输费用,往往遵循"就地取材"的原则,用料量大的工程尤其如此。

对上述工程地质条件的勘察相对于工程而言有很强的实用性,由于勘查工作在工程建设

中具有重大实际意义，已经成为必不可少的组成部分。我国从解放初期起就一再规定基础建设的程序为施工之前必须先进行设计，设计之前必须先进行勘测。指明了勘测工作必须走在前面，缺乏地质勘察报告，工程的规划设计是不能被批准的，这就从法规上明确了工程地质勘察的重要性。

作为工程技术人员，必须重视公路、隧道、桥梁施工场地的工程地质与水文地质勘察工作，只有对勘察内容和各种勘察技术方法有所了解，才能正确地向勘察部门提出勘察任务和要求。为此，公路工程师必须具备一定的工程地质与水文知识，并学会分析和使用工程地质勘察报告，只有这样才能正确处理工程建设与自然地质、水文条件的相互关系，才能正确运用勘察数据和资料进行设计、施工和管理。

作为一个越来越重要的研究领域，我们对公路工程勘测、设计、施工中必须注意的一些地质问题及其工程处置措施作了重点讲解，它是工程地质具体解决公路工程问题的体现，从保障工程安全的角度来说，具有方向性意义。

作为一名公路与桥梁专业高职高专学生，在学完第三篇后，应达到以下基本要求：

(1)重点掌握各种地质灾害的形成过程、识别特征、危害及其防治措施；

(2)掌握公路工程地质勘察主要工作方法、手段及其成果要求；

(3)掌握天然建筑材料工程地质勘查的工作方法、手段及成果要求；

(4)掌握公路工程勘测中主要工程地质问题的基本知识，并在公路、隧道、桥涵工程设计、施工和运营中能正确运用上述地质资料。

第一篇

工程地质基础知识

第一章

地球的演化

教学要求

1. 描述地球演化史；

2. 按照《公路工程地质勘察规范》（JTJ 064—98）要求描述地质年代表并论述岩石风化程度的分级；

3. 定义并描述地球的内、外动力地质作用及其分类。

●第一节　地球的概况●

一、地球的圈层结构

我们生活的地球不是一个均质体，而是具有明显的圈层结构。地球圈层分为地球外圈和地球内圈两大部分。地球外圈包括大气圈、水圈和生物圈；地球内圈包括地壳、地幔和地核。

1. 地球的外部圈层

大气圈　环绕地球最外面的一个圈层由大气组成，称为大气圈。大气圈没有确切的上界，在赤道上方 40 000km 高空仍有大气存在的痕迹。水、土壤和某些岩石中也会有少量空气。由于地心引力作用，几乎全部的气体集中在离地面 100km 的高度范围内，其中 75% 的大气又集中在地面至 10km 高度的对流层范围内。

水圈　地球表面约 75% 的面积为海洋、江河、湖泊、沼泽、冰川等水体占据，地面以下的土壤和岩石中或多或少地充填着地下水，它们构成一个连续但不很规则的圈层，称为水圈。海洋水质量约为陆地水的 35 倍。水圈是地球区别于其他行星的最重要特征之一，孕育了生命。

生物圈　生物圈是地球上生物（包括植物、动物和微生物）生存和活动的范围。现存的生物生活在岩石圈的上层部分、大气圈的下层部分和水圈的全部，构成了地球上一个独特的圈层。

2. 地球内圈

地壳　地壳是地球的最外圈层，由各种岩石组成。地壳表面在陆地上直接暴露出来，在有水体特别是海洋地区则被水圈覆盖。地壳的厚度在全球各地是不均匀的，大陆区地壳较厚，平均厚度为 33km，最厚约 70km。人类的一切工程活动，都是在地壳的最表层，连最深的科学钻孔也只能钻到地下 12km 深处。

地幔　地壳以下是厚度约为 2860km 的地幔，平均密度约 4.5g/cm^3。地幔又可分为上地幔和下地幔两层。上地幔的平均密度为3.5g/cm³,成分接近于石陨石,相当于超基性岩。下地幔的平均密度为5.1g/cm³,成分与上地幔相同,由于处于超高压下,形成了一些晶体结构更紧密的高密度矿物。

根据地震波波速等资料,地质学家认为在100~250km深度上存在一个软流圈,该带的物质呈熔融状态。软流圈之上的上地幔顶层为固态的岩石,这些岩石连同地壳一起被称为岩石圈,它是地球的一个刚性外壳,浮在呈塑性的软流圈之上。

地核　地幔以下是地核,半径约3470km,地核的外层是液态,内层是固态。地核的成分相当于铁陨石。

二、地球的形状和大小

地球形状是指全球静止时海面的形状,不考虑地球表面的海陆地形的差异和陆地与海底的起伏。地球是一个旋转椭球体,扁率为1/230,接近球形,但两极地区较扁平。南北极直径为12 173km,赤道直径12 756km。表1-1是地球的基本参数。

地球的基本参数　　表1-1

平均赤道半径	6 378 136.49m	子午线周长	39 940 670.00m
平均两极半径	6 356 755.00m	表面积	510 064 471.9km²
平均半径	6 371 004.00m	体积	1 083 206 900 000km³
扁率	0.003 352 819	质量	$5.974\ 2\times10^{24}$kg
赤道周长	40 075 036.00m	平均密度	5.515g/cm³

地球的陆地面积占地球表面积的29.2%,并多集中在北半球,海洋面积占地球表面积的70.8%,主要集中在南半球。欧、亚、非三洲相连的陆地面积最大,传统上将之视为三块分离的大陆,但实际上是一块完整的大陆块,惟一的分隔处是人工水道的苏伊士运河,此大陆块加上周围岛屿占所有陆地面积的57%。第二大陆块由南北美洲及其间狭长的中美洲陆桥组成,惟一的分隔处为巴拿马运河,面积仅约欧、亚、非陆块的一半。第三大陆块为冰雪覆盖的南极洲,占世界陆地面积9%。最小的大陆块为澳洲,占陆地总面积的5%。以上四大陆块及其周围岛屿面积共计1.4821×10^8km²,几乎占了所有陆地面积。

太平洋是世界上最大最深的水体,面积为1.6634×10^8km²,太平洋的水体与大西洋相通。大西洋位于美洲和欧亚非陆块之间,面积为太平洋的一半,在非洲和南极洲与印度洋相接。印度洋比大西洋小1/10,但大于欧、亚非陆块以外的所有陆块面积。北极海位于北极中央,南连太平洋和大西洋,是世界上最小的洋,大部分地方终年冰雪覆盖。

1. 陆地地形

陆地地形起伏不平,平均高度为875m。陆地根据高程和地形起伏特征可分为山地、丘陵、平原、高原、盆地、洼地和裂谷。

山地　海拔在500m以上,地势起伏很大。山地按高程又可分低山(500~1000m),中山(1000~3500m),高山(海拔超过3500m)。山地中呈线状延伸山岭叫山脉。大陆上的高大山脉主要分布在现在的大陆边缘如美洲西海岸的科迪勒拉山脉、安第斯山脉等,或古大陆边缘,如喜马拉雅山脉、阿尔卑斯山脉等。

丘陵　海拔一般在500m以下,相对高程不超过200m,高低不平、连绵不断的低矮山丘地形。

高原　海拔在600m以上,顶部较为平坦,大多经过分割并有起伏的广阔地区。世界最大的高原是巴西高原,其面积达500多万km^2。我国的青藏高原海拔4000m以上,是世界最高的高原。

平原　海拔在600m以下,一般低于200m的宽广平坦或稍有起伏的地区,世界最大的平原是亚马孙平原,其面积达$5\times10^6km^2$。

盆地　四周为高原或山地中间为低平的地区。如非洲的刚果盆地,我国的四川盆地等。

洼地　陆地上高程在海平面以下的低洼地区。如我国新疆艾丁湖,最低处低于海平面355m,称为克鲁沁洼地。

裂谷　大陆上呈线状分布的大规模谷地。如东非裂谷长约6500km。

2. 海底地形

海底世界的面貌和我们居住的陆地十分相似:有雄伟的高山,有深邃的海沟与峡谷,还有辽阔的平原。世界大洋的海底像个大水盆,边缘是浅水的大陆架,中间是深海盆地,洋底有高山深谷及深海大平原。海洋的平均深度为3700m,其中最深的部分在太平洋的马里亚那海沟,约深11 081m。

三、地球的物理性质

1. 地球的重力

重力(F)是地心引力与离心力的合力(图1-1)。在赤道附近离地心的距离最大,引力最小,离心最大,故重力值最小;两极附近离地心的距离最小,引力最大,离心最小,重力值最大。因此,随纬度增加地表重力值而增大。理论值变化范围$G=9.78\sim9.83cm/s^2$。

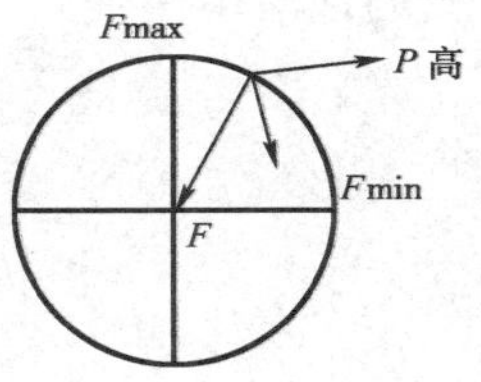

图1-1　地球的重力

2. 地球的温度

地球内部温度是不均匀的,自地表向下分为三层:

外热层(变温层)　地表外层,温度来源于阳光。其中地表向下1~1.5m随每日昼夜温度而变化;年变化影响深度可达20~30m。

常温层(恒温层)　在外热层下,温度终年不变,大约为年平均温度,深度大致为20~40m。

内热层(增温层)　在常温层下,温度来源于地球内部(放射性脱变),随深度增加,地温升高。

3. 地球的磁性

地球如同一个巨大的磁铁,有磁南、磁北极。磁北极与地理北极交角11.5°。地磁要素:①磁场强度;②磁倾角,北半球为正(向下倾),南半球为负(向上翘);③磁偏角,不同的地理位置磁偏角不同,磁偏角在各地区是不同的,每到一个新区进行野外调查时,首先要了解该区的磁偏角,进行罗盘校正。

4. 地球的弹性和塑性

固体地球在施力速度快,持续时间短时,表现为弹性;在施力速度缓慢,持续时间长时,表现为塑性。地球弹性主要表现为:①能传播地震波;②固体潮(球体形状一段时期变化,另一段时期恢复原状)。塑性表现为:地层褶皱、柔皱、蠕变等。

第二节　地质年代与地层单位

地质学上推算地球年龄，主要有两种方法：一种是相对年代，一种是绝对年龄（同位素年龄）。

在了解相对年代之前需要理解地层这一概念。地球发展历史的主要记录是岩石。地层是地壳发展过程中所形成的包括沉积岩、火山岩和变质岩等层状岩石的总称。成层的岩石总是自下而上顺次叠加而成，即正常情况下先形成的岩层在下，后形成的岩石在上。

相对地质年代的确定主要是依据岩层的沉积顺序、生物演化和地质构造关系，不管岩石的性质是否相同，只要具有相同的化石和化石群，它们的地质年代就是相同或大致相同的。这样确定的地质年代顺序只具有相对的性质，反映了时间上相对新老的关系。

绝对年龄（同位素年龄）是人们在放射性元素发现之后找到的测年方法，用此方法，可获知所测矿物从形成到现在的世间长度，于是，由此矿物所构成的岩石的年龄长度也就知道了。

用相对年代和绝对年龄的方法，通过对全世界的地层进行对比研究，依照人类历史划分朝代的办法，把地质历史划分为两大阶段，从老至新为隐生宙与显生宙。宙以下分代，隐生宙分为太古代和元古代，显生宙分为古生代、中生代和新生代。代以下分纪，纪以下分世……宙、代、纪、世是国际统一规定的名称和时代划分单位，表 1-2 为地质年代表。每个时代单位有相应的地层单位：

时代单位	地层单位
宙	宇
代	界
纪	系
世	统

地质年代表　　表 1-2

相对年代							绝对年龄（百万年）
宙（宇）	代（界）	纪（系）		世（统）			
显生宙（宇）	新生代（界）Kz	第四纪（系）Q		全新世 更新世	（统）	Qh Qp	2 或 3
		第三纪（系）R	晚第三纪（系）N	上新世 中新世	（统）	N_2 N_1	25
			早第三纪（系）E	渐新世 始新世 古新世	（统）	E_3 E_2 E_1	65
	中生代（界）Mz	白垩纪（系）K		晚（上） 早（下）	白垩世（统）	K_2 K_1	136
		侏罗纪（系）J		晚（上） 中（中） 早（下）	侏罗世（统）	J_3 J_2 J_1	190

续上表

相对年代							绝对年龄 (百万年)
宙(宇)	代(界)		纪(系)	世(统)			
显生宙(宇)			三叠纪(系) T	晚(上) 中(中) 早(下)	三叠世 (统)	T_3 T_2 T_1	225
	古生代(界) Pz	晚(上)古生代(界)	二叠纪(系) P	晚(上) 中(中) 早(下)	二叠世 (统)	P_3 P_2 P_1	280
			石炭纪(系) C	晚(上) 中(中) 早(下)	石炭世 (统)	C_3 C_2 C_1	345
			泥盆纪(系) D	晚(上) 中(中) 早(下)	泥盆世 (统)	D_3 D_2 D_1	395
		早(下)生代(界)	志留纪(系) S	晚(上) 中(中) 早(下)	志留世 (统)	S_3 S_2 S_1	430
			奥陶纪(系) O	晚(上) 中(中) 早(下)	奥陶世 (统)	O_3 O_2 O_1	500
			寒武纪(系) ∈	晚(上) 中(中) 早(下)	寒武世 (统)	E_3 E_2 E_1	570
隐生宙(宇)	元古代(界) Pt		震旦纪(系) Z				800
							2500
	太古代(界) Ar						4000
地球天文时代							4600

注:见参考文献7。

•第三节　地质作用•

由于地球内部和太阳能量的作用,地球始终处于永无休止的运动状态,地表形态、地壳内部物质组成及结构构造等不断发生变化,地质学上把自然界引起种种变化的各种作用称为“地质作用”。地质作用根据其能量的来源分为内动力地质作用和外动力地质作用。地壳的上升、沉降运动,褶皱运动,板块俯冲运动和海底扩张运动等,都是内动力作用。这些运动不断地改变着地壳的内部结构和表面形态,生成大陆和海洋,山脉和平原,引起海陆变迁等。而另外一些作用,如风化作用、侵蚀作用、搬运作用、沉积作用和固结成岩作用等都是外动力作用。

一、内动力地质作用

内动力地质作用是指主要由地球内部能量引起的地质作用。它一般起源和发生于地球内部,但常常可以影响到地球的表层,总的趋势是形成地壳表层的基本构造形态和地壳表面大型的高低起伏。内动力地质作用包括地壳运动、岩浆作用、变质作用和地震作用。

地壳运动　是常称构造运动,是使地壳或岩石圈发生变形、变位以及洋壳增生和消亡的地质作用。

岩浆作用　是指岩浆的形成、演化直至冷凝成岩石的全部地质过程。

变质作用　是指地表以下一定环境中岩石在固态下发生结构、构造或物质成分的变化而形成新岩石的地质过程。

地震作用　是指由地震引起的岩石圈物质成分、结构和地表形态变化的地质作用。地震是工程上重要的地质灾害之一。

二、外动力地质作用

1. 分类

外动力地质作用是大气、水和生物在太阳能、重力能的影响下产生的动力对地球表层所进行的各种作用的统称。外动力地质作用,一方面通过风化和剥蚀作用不断地破坏出露地面的岩石,另一方面又把高处剥蚀下来的风化产物通过流水等介质搬运到低洼的地方沉积下来重新形成新的岩石。外动力地质作用总的趋势是切削地壳表面隆起的部分,填平地壳表面低洼的部分,不断使地球的面貌发生变化。外动力地质作用可分为:

风化作用　是指岩石受外力作用后发生机械崩解和化学分解,破坏产物基本残留原地,使坚硬的岩石变为松散的碎屑及土壤的过程。风化作用在地表岩层产生的风化壳具有重要的工程意义。

剥蚀作用　是指风或流水、冰川湖海中的水在运动的状态下对地表岩石、矿物产生的破坏并将它们搬离原地的作用。

搬运作用　是指经过风化、剥蚀作用的产物,被介质搬运到它处的过程。

沉积作用　是指搬运介质动能减小或搬运介质的物理化学条件发生改变以及在生物的作用下,被搬运的物质在新的场所堆积下来的作用。

负荷地质作用　是指松散堆积物、岩块等由于自身的重量并在其他动力地质作用触发下崩落或沿斜坡滑动的过程。地质灾害中的崩塌、滑坡、泥石流即属此作用。

成岩作用　是指由松散状态的沉积物转变成为硬结的沉积岩的过程。

工程上的土即是未经胶结的松散状态的外动力地质作用的产物。

2. 风化作用、风化壳及其工程研究意义

岩石经风化后,部分可溶物质随水流失,余下的残屑和化学风化中形成的一些新矿物便残留原地,这些残留在原地的风化产物称残积物。残积物主要分布在山坡上,成分和颜色都与下伏岩石的岩性有关。残积物和土壤形成一层不连续的薄层松散物覆于地表,称为风化壳。风化壳下大面积存在的岩石称为基岩。地表有些地方风化产物被流水等外动力地质作用剥蚀搬走,使基岩出露于地表,这种露出地表的基岩,称为基岩的露头,或简称露头。它是野外地质观察和研究的主要对象。

风化壳由于风化作用不同可以是由一层残积物组成,也可以由几层风化分解程度不同的残积物组成。这种由多层残积物组成的风化壳,层与层之间常逐渐过渡而无明显分界线。一个完整的风化壳在剖面上,从下到上可分为以下几层(图 1-2):风化壳的最底层为半风化岩石碎块组成的半风化层,其成分与下伏基岩相同;其上为物理和化学风化的残积层,由下向上风化程度由浅变深,碎屑颗粒由大变小;最上部的一层,为经受长期物理风化、化学风化和生物风化作用形成的土壤。风化壳的结构各地大致相似,但其成分和厚度则因地而异,主要与岩性、气候、地形和风化作用的时间等因素有关。一般潮湿炎热气候区,风化壳厚度大,结构复杂;干旱区则是以机械风化为主形成的风化壳,厚度一般较小,常仅有数十厘米,结构亦较简单。

图 1-2 风化壳剖面
I-基岩;II-半风化岩石和残积层;III-土壤

实践表明,一些岩石如花岗岩、厚层石灰岩等岩石完整、坚硬,抗风化能力极强,在这些岩石中的开挖工程可以不支撑、不衬砌,暴露在空气中的岩石数十年几乎没有风化迹象。而另外一些岩石如页岩、粉砂岩等,则风化速度极快或极易风化。某地隧道中的砂页岩,开挖一年后风化深度达 1m 以上。一般地,岩石风化程度愈严重,其组成矿物颜色愈暗淡,岩石愈破碎,岩石强度愈低。

《公路桥涵地基与基础设计规范》(JTJ 024—85)附录一附表(十)为岩石风化程度表(见表 1-3)。

岩石风化程度表 表 1-3

风化程度	风化系数	野外特征
微风化	$k_f > 0.8$	岩质新鲜,表面稍有风化迹象
微风化	$0.4 < k_f \leq 0.8$	1. 结构微破坏,构造层理清晰; 2. 岩体被节理裂隙分隔成块碎状(20~40cm),裂隙中填充少量风化物; 3. 矿物成分基本未变化,仅沿节理面出现次生矿物; 4. 锤击声脆,石块不易击碎,不能用镐挖掘,岩心钻方可钻进
强风化	$0.2 \leq k_f \leq 0.4$	1. 结构已部分破坏,构造层理不甚清晰; 2. 岩体节理裂隙分隔成块碎状(2~20cm); 3. 矿物成分已显著变化; 4. 锤击声哑,碎石可用手指折断,用镐可以挖掘,以手摇钻不易钻进
全风化	$k_f < 0.2$	1. 结构已全部破坏,仅外观保持原岩状态; 2. 岩体被风化裂隙分隔成散体状; 3. 除石英外其他矿物均变质成次生矿物; 4. 随时可用手捏碎,手摇钻可钻进

注：风化系数(k_f)等于风化岩石与新鲜岩石的饱和单轴抗压强度之比。

工程建设中，为防止岩石风化作用的进一步加剧，通常采取的措施：一是向岩石孔隙、裂隙灌注各种浆液，以提高岩石整体性和强度，增强岩石抗风化能力；二是在岩石表面喷抹水泥砂浆、沥青或石灰水泥砂浆，封闭岩面，达到防止空气、水分与岩石接触或渗入的目的。对于已经存在的严重风化层，若其厚度不大应予清除，使建筑物地基落在未风化或微、弱风化的岩石上；若厚度较大不能清除时，则应采取相应措施，如地基工程应采用桩基穿透风化层落在新鲜岩石上，而边坡、隧道工程可根据风化层厚度及风化程度采用加强支护、支挡、衬砌等措施。

三、内外动力地质作用对地球的改造

地球的内、外圈先后形成之后，整个地球的演化主要表现为内、外动力地质作用对地球进行的长期不断的改造。在整个地质历史中，内、外动力地质作用是始终不断地进行着，此起彼伏，时强时弱，一时期内动力地质作用强，另一时期又是外动力作用强，总的说来以内动力地质作用居于主导的支配地位。

由于外动力地质作用对地表改造的趋势是削高填低（风化、剥蚀、搬运、沉积、成岩），如无其他因素干扰，当高地削平，洼地满填之后，外动力地质作用将消失（无太大的高低起伏）。

内动力地质作用（构造运动、岩浆活动、变质作用、地震作用）的发生一方面打破了地表趋平的趋势，产生新的起伏，同时它控制了地表地形的分布，也就控制了各地表的外动力地质作用的类型。

因此说：内动力地质作用居于主导的支配地位，内动力地质作用与外动力地质作用相互联系共同作用，塑造着地壳的特征。

本 章 小 结

本章主要介绍了地球的外部圈层结构、内部圈层结构以及地球的地表形态，需要掌握地球的相关物理性质和地质年代表，能够描述地球从诞生至今的演化历程；能够描述地球内动力地质作用和外动力地质作用的分类以及二者之间的相互关系。掌握岩石按风化程度的分类，掌握防止岩石风化的措施。

复习思考题

1. 简述地球的外部圈层结构和内部圈层结构。
2. 地球的主要物理性质有哪些？地质罗盘利用了地球的哪个主要物理性质？
3. 简述地球从诞生至今的演化历史。
4. 地球内动力地质作用和外动力地质作用分别有哪些？
5. 什么是风化壳？什么是基岩？什么是露头？
6. 岩石按风化程度划分为几类？防止岩石风化的措施有哪些？
7. 地球内动力地质作用和外动力地质作用二者之间是如何相互作用的？

第二章

主要造岩矿物与岩石

教学要求

1. 描述并识别主要造岩矿物；
2. 识别典型的岩浆岩、沉积岩、变质岩并描述其成因、矿物组成、结构和构造；
3. 描述岩浆岩、沉积岩、变质岩的工程性质。

岩石是组成地壳的主要物质成分，是地壳发展过程中各种地质作用的自然产物。

岩石是矿物的集合体，是在地质作用下产生的，由一种矿物或多种矿物以一定的规律组成的自然集合体。由于地质作用的性质和所处环境不同，不同的岩石的矿物成分、化学成分、结构和构造等内部特征也有所不同。

岩石的结构　是指岩石中矿物的结晶程度、颗粒的大小和形态及彼此之间的组合方式。

岩石的构造　是指岩石中的矿物集合体之间或矿物集合体与岩石的其他组成部分之间的排列方式及充填方式。岩石的构造能反映出岩石的外貌特征。

自然界岩石的种类很多，按形成原因可分为岩浆岩、沉积岩和变质岩三大类。矿物的成分、性质及其他各种因素的变化，都会对岩石的强度和稳定性发生影响。所以，要认识岩石，分析岩石在各种自然条件下的变化，进而评价岩石的工程地质性质，为工程建设服务，就必须先了解矿物的有关知识。

•第一节　造 岩 矿 物•

矿物是组成地壳的基本物质，它是在各种地质作用下形成的具有一定的化学成分和物理性质的单质体或化合物。其中，构成岩石的主要矿物称为造岩矿物。

一、矿物的一般知识

矿物是构成岩石的基本单元，目前自然界已被发现的矿物约 3 300 多种，其中，主要的常见矿物约有 200 多种，常见的造岩矿物有 30 余种。

造岩矿物绝大部分是结晶质的，结晶质的基本特点是组成矿物的元素质点（离子、原子或分子）在矿物内部按一定的规律重复排列，形成稳定的格子构造，在生长过程中如条件适宜，能生成被若干天然平面所包围的固定的几何形态，但绝大多数矿物在发育时受空间条件的限制往往不具有规则的外形。非晶质矿物内部质点排列没有一定的规律性，所以外表不具有固定的几何形态,如玻璃、琥珀及许多胶体矿物等。

各种矿物常具有不同的形态,常见的集中单体和集合体形态有:片状(如云母);放射状(如电气石);板状(如石膏);柱状(如角闪石);结核状(如褐铁矿);纤维状(如石棉);鲕状或肾状(如赤铁矿)等。矿物的外形特征和物理性质常常是矿物化学成分和内部构造的反映,因而矿物的形态是鉴定矿物的重要依据。

自然界的矿物按其成因可分为三大类型:

1. 原生矿物

也称内生矿物,是指在成岩或成矿的时期内,从岩浆熔融体中,经冷凝结晶所形成的矿物,如石英、长石、云母、辉石等。

2. 次生矿物

也称外生矿物,是指原生矿物遭受化学风化而形成的新矿物,如正长石经水解作用后形成的高岭石。次生矿物和原生矿物之间有一定的承袭关系。

3. 变质矿物

是指在变质作用过程中形成的矿物,如片岩中的蓝晶石和十字石等。

二、矿物的物理性质

矿物的物理性质主要决定于它的内部构造和化学成分。掌握矿物的物理性质是鉴别矿物的主要依据。在实际工作中,一般用肉眼观察并借助简单的工具和试剂鉴定矿物。

1. 矿物的光学性质

矿物的光学性质是指矿物对自然光的吸收、反射和折射等所表现出的各种性质,包括颜色、条痕、光泽和透明度。

1)颜色

矿物的颜色是指矿物对可见光中不同光波选择吸收和反射后映入人眼的现象。它是矿物最明显、最直观的物理性质。常以标准色谱以及白、灰、黑来说明矿物颜色,也可以依最常见的实物颜色来描述矿物的颜色。根据成色原因分为自色、他色和假色。

自色　是矿物本身所固有的颜色。自色对矿物具有重要的鉴定意义。

他色　是矿物含有外来带色杂质或气泡等机械混入物所引起的,与矿物本身的颜色无关,无鉴定意义。

假色　是由矿物内的某些物理原因所引起的颜色。假色对某些矿物具有鉴定意义。

矿物颜色繁多,鉴别时要求简明,主次分明(前次后主)。

原生矿物按其颜色分为浅色矿物和深色矿物两类,浅色矿物有石英、长石、白云母等,深色矿物有橄榄石、黑云母、角闪石、辉石等。

2)条痕

条痕是矿物粉末的颜色,一般指矿物在白色无釉瓷板上擦划时所留下的粉末痕迹。条痕可以消除假色,减弱他色,保存自色。条痕色对不透明、深色、金属矿物具有鉴定意义。

3)光泽

光泽是矿物对可见光的反射能力。根据反光能力的强弱分为金属光泽、半金属光泽和非金属光泽,绝大多数矿物呈非金属光泽。还有一些特殊的光泽如丝绢光泽、油脂光泽、蜡状光泽、土状光泽等。

矿物遭受风化后，光泽强度就会有不同程度的降低，如玻璃光泽变为油脂光泽等。

4）透明度

透明度是指矿物透光能力的大小，即光线透过矿物的程度。透明是相对的，透明度取决于矿物的厚度和对光的吸收率，一般规定以0.03 mm的厚度作为标准进行对比。肉眼鉴定矿物时，根据透明度的差异可分为透明矿物、半透明矿物和不透明矿物。这种划分无严格界限，鉴定时用矿物的边缘较薄处，并以相同厚度的薄片及同样强度的光源比较加以确定。

当手中标本不具备标准厚度时，可以光学性质的4个方面的内在联系作综合分析判定（见表2-1）。

矿物光学性质对照表　　表2-1

颜　色	无色或白色	浅（彩）色	深　色	金属色
条痕	无色或白色	无色或淡色	浅色或彩色	深色或金属色
光泽	非金属		半金属	金属
透明度	透明	半透明	不透明	

2. 矿物的力学性质

矿物的力学性质是指矿物在受力后所表现的物理性质。

1）硬度

硬度是指矿物抵抗刻划、摩擦、加压的能力。矿物的硬度具有重要的鉴定意义。一般用肉眼鉴定矿物时常用已知硬度的矿物去刻划需鉴定的矿物，以此确定矿物的相对硬度，这种方法即为世界公认的"摩氏硬度计"。在野外鉴别矿物硬度时，还可采用简易鉴定方法来测试其相对硬度，即利用指甲（2～2.5）、小刀（5～5.5）、玻璃片（5.5～6）和钢刀（6～7）等粗略判定。

国际公认的摩氏硬度计以常见的10种矿物作为标准，从低到高分为10级（表2-2）。

摩氏硬度计　　表2-2

硬度	1	2	3	4	5	6	7	8	9	10
标准矿物	滑石	石膏	方解石	萤石	磷灰石	正长石	石英	黄玉	刚玉	金刚石

2）解理与断口

解理是指矿物受打击后，能沿一定晶面裂开成光滑平面的性质。其裂开的面为解理面，根据其解理发育的程度分为极完全解理、完全解理、中等解理和不完全解理。

具有解理的矿物严格受其内部格子构造的控制，根据解理出现的方向、数目命名，沿着一组平行方向发育的称为一组解理，沿两个方向发育的为二组解理，沿三个方向发育的为三组解理（图2-1）。

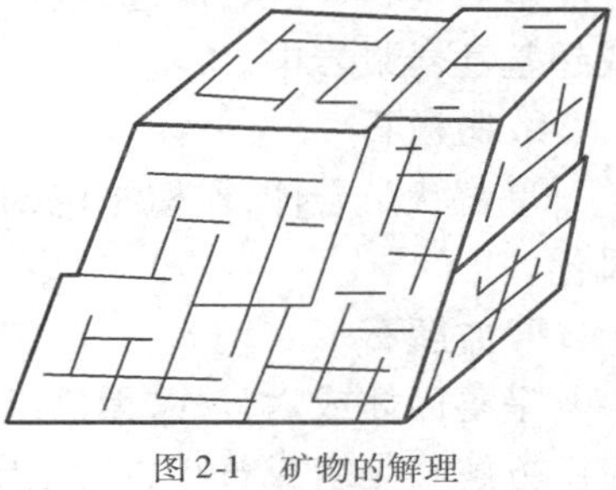

图2-1　矿物的解理

矿物在外力打击下，沿任意方向发生的不规则裂口称为断口。对于某种矿物来说，解理与断口的发生常互为消长的关系，越容易出现解理的方向越不易发生断口。

3. 其他性质

有些矿物还具有磁性、弹性、挠性、发光性、人的感官感觉等独特的性质。

三、常见的主要造岩矿物

一种矿物之所以不同于别的矿物，是由于在化学成分、内部构造和物理性质三个方面有别于其他矿物，而矿物的物理性质主要取决于其内部构造和化学成分。由于物理性质测试简单，常是鉴定和分类的主要依据。下面介绍几种主要造岩矿物的物理性质。

1. 石英

石英（SiO_2）无色，因含杂质等可呈各种颜色，无解理，断口有油脂光泽，硬度7，透明度较好，晶形为六方柱状、锥状，集合体为晶簇状，玻璃光泽。化学性质稳定，抗风化能力强，含石英越多的岩石，岩性越坚硬。石英广泛分布在各种岩石和土层中，是重要的造岩矿物。

2. 正长石

呈短柱状或厚板状，颜色为肉红色或黄褐色或近于白色，玻璃光泽，硬度6，中等解理，两组解理面近于90°正交，易于风化，完全风化后形成高岭石、绢云母、铝土矿等次生矿物。

3. 斜长石

呈长柱状、板条状，白色至暗灰色，玻璃光泽，硬度6，中等解理，两组解理面呈86°左右斜交，易于风化，解理面上有细条纹。斜长石是构成岩浆岩最主要的矿物。

4. 白云母

呈片状、鳞片状，薄片无色透明，珍珠光泽，硬度2~3，薄片有弹性，一组极完全解理，具有高的电绝缘性，抗风化能力较强，主要分布在变质岩中。

5. 黑云母

呈片状或板状，颜色深黑，其他性质与白云母相似，易风化，风化后可变成蛭石，薄片失去弹性。当岩石含云母较多时，强度降低，广泛分布于岩浆岩和变质岩中。

6. 角闪石

呈长柱状、针状，颜色暗绿至黑色，玻璃光泽，硬度6，中等解理，两组解理交角5°~60°，较易风化，风化后可形成粘土矿物、碳酸盐及褐铁矿等，多产于中、酸性岩浆岩和某些变质岩中。

7. 辉石

呈短柱状、粒状，黑色，玻璃光泽，中等解理，两组解理面交角87°，较易风化，多产于基性或超基性岩浆岩中。

8. 橄榄石

呈粒状集合体，橄榄绿色，玻璃光泽，硬度6.5~7，断口贝壳状，常见超基性岩浆岩中，易风化。

9. 方解石

呈菱面体或六方柱，无色或乳白色，玻璃光泽，硬度3，三组完全解理，与稀盐酸有起泡反应。方解石是组成石灰岩的主要成分，用于制造水泥和石灰等建筑材料，也可作电气及炼钢的熔剂等。

10. 白云石

菱面体,集合体呈块状,灰白色,硬度为3.5~4,遇稀盐酸时微弱起泡。

11. 石膏

集合体呈致密块状或纤维状,一般为白色,硬度为2,玻璃光泽,一组完全解理,广泛用于建筑、医学等方面。

12. 粘土矿物

泛指各种形成粘土的矿物。

1)高岭石

常呈致密块状、土状,白色,土状光泽,硬度近于1,干燥时粘舌,易捏成粉末,湿润具有可塑性。

2)蒙脱石

呈土状、块状,白色,土状光泽,硬度为1,吸水性很强,吸水后体积可膨胀几倍至十几倍,具有很强的吸附力和阳离子交换性能。

3)伊利石

呈块状,白色,不具膨胀性和可塑性,因产于美国伊利诺斯州而得名。

13. 蛇纹石

集合体呈致密块状,颜色黄绿,腊状光泽,硬度2.5~3.5,断口平坦,可作室内装饰材料,为富镁质超基性岩变质后形成的主要变质矿物,常与石棉共生。

14. 绿泥石

集合体为隐晶质土状或片状,浅绿到深绿色,玻璃光泽,一组中等解理,薄片有挠性无弹性,硬度2~2.5,强度较低,是长石、辉石、角闪石、橄榄石等的次生矿物,在变质岩中分布最多。

15. 滑石

集合体呈致密块状,白色、淡黄色、淡绿色,珍珠光泽,硬度1,富有滑腻感,工业常用原料,为富镁质超基性岩、白云岩等变质后形成的主要变质矿物。

16. 石榴子石

晶体菱形十二面体或粒状,颜色随成分而异,玻璃光泽,硬度6.5~7.5,无解理,主要用作研磨材料。

17. 黄铁矿

立方体,颜色为浅黄铜色,金属光泽,不规则断口,硬度为6~6.5,易风化,风化后生成硫酸和褐铁矿,常见于岩浆岩和沉积岩的砂岩、石灰岩中。

●第二节 岩 浆 岩●

岩石是地壳发展过程中,由一种或多种矿物组成的、在成分和结构上具有一定规律的集合体。岩石是构成地壳的最基本单位,按其成因可将地壳的岩石分为三大类:岩浆岩类、沉积岩类和变质岩类。

岩石与人们的生活、国民经济发展和科学研究有着密切关系。岩石不仅是研究地质构造、地貌、水文地质、矿产等的基础，而且也是人类一切工程建筑物的地基和原材料。为了建筑物的安全、稳定，必须从岩石入手去探讨工程地质问题。

一、岩浆岩的成因

岩浆涌向地表或地下一定深度处，因其理化环境即温度和压力条件发生了变化，使之冷凝而成的岩石称为岩浆岩。

岩浆岩按其生成环境可分为侵入岩和喷出岩。岩浆侵入地壳内部，在高温下缓慢冷却结晶而成的岩浆岩称为侵入岩。岩浆在岩浆源附近凝结而成的岩浆岩称深成侵入岩；如果是在接近地表不远的地段，但未上升至地表面而凝结的岩浆岩称浅成侵入岩；喷出地表在常压下迅速冷凝而成的岩石称喷出岩（火山岩）。

岩浆岩生成的空间位置和形状、大小称岩浆岩的产状，如图 2-2 所示。

深成侵入岩体有岩基和岩株，浅成侵入岩体有岩脉（厚度较大且倾角较陡的叫岩墙）、岩盘（岩盖）和岩床；喷出岩有火山颈（火山口与岩浆源的通道）、火山锥、岩流和岩被。

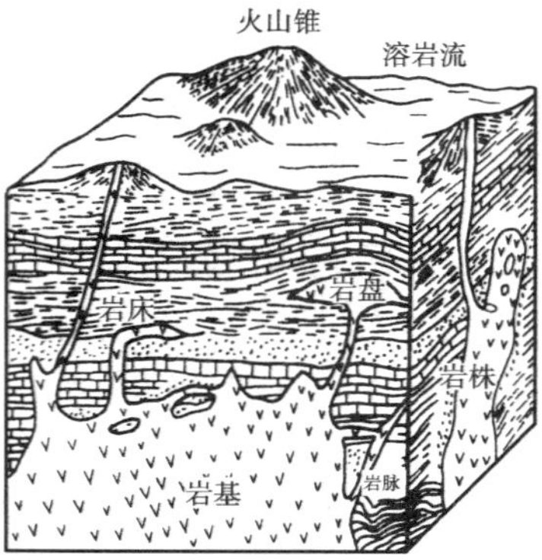

图 2-2　岩浆岩的产状示意图

二、岩浆岩的主要特征

1. 岩浆岩的化学成分和矿物成分

岩浆岩的化学成分取决于岩浆。绝大多数岩浆以硅酸盐类为主，其中 O、Si、A1、Fe、Ca、Na、K、Mg、H 等九种元素占地壳总质量的 98.13%，以 O、Si 的含量为最多，占75.13%，这些元素一般都以氧化物的形式存在。

岩浆岩中的各种氧化物之间有明显的变化规律：当 SiO_2 含量较低时，FeO、MgO 等铁镁质矿物增多；当 SiO_2 和 Al_2O_3 的含量较高时，Na_2O、K_2O 等硅铝质矿物增加。因此，根据 SiO_2 的含量把岩浆岩分为四大类，如表 2-3 所示（据 J · A 雅各布斯等著《物理学与地质学》）。

岩浆岩的分类　　表 2-3

类　别	酸 性 岩	中 性 岩	基 性 岩	超基性岩
SiO_2 含量（%）	65 ~ 75	55 ~ 65	45 ~ 55	<45

岩浆岩中矿物成分不是任意组合，而是有规律的共生，它主要取决岩浆岩的化学成分及形成时的物化环境。化学成分不同的岩浆岩其矿物成分也不一样。

在岩浆岩中深、浅矿物质组合，决定了岩石的颜色，而且还反映着岩石的化学成分。常以深色矿物在岩石中所占的百分比“色率”将岩石分为以下几种：0 ~ 30% 浅色岩；30% ~ 60% 中色岩；60% ~ 90% 称深色岩；90% ~ 100% 暗深色岩。因此，岩浆岩的颜色、化学成分、矿物成分之间有着内在的共生组合规律。

酸性岩 SiO_2 含量高，属浅色岩，石英与正长石及酸性斜长石共生，深色矿物有黑云母和少量角闪石。

中性岩 SiO_2 含量适中，中色岩，石英含量极少，以长石类与深色矿物角闪石共生。

基性岩 SiO_2 含量较低，无正长石和石英或极少，以基性斜长石与深色矿物辉石共生为主。

超基性岩 SiO_2 含量很低，暗深色岩，绝无石英，以橄榄石与辉石共生为主。

岩浆岩的矿物成分既可以反映岩石的化学成分和生成条件，是岩浆岩分类命名的主要依据之一，同时矿物成分也直接影响岩石的工程地质性质。所以，在研究岩石时要重视矿物的组成和识别鉴定。

组成岩浆岩的矿物大约有30多种，按其颜色及化学成分的特点可分为浅色矿物和深色矿物两类。浅色矿物富含硅、铝成分，如正长石、斜长石、石英、白云母等；深色矿物富含铁、镁物质，如黑云母、辉石、角闪石、橄榄石等。

2. 岩浆岩的结构

岩浆岩的结构指组成矿物的结晶程度、晶粒大小、形态及晶粒之间或晶粒与玻璃质间的相互结合方式。它的结构特征是岩浆冷凝时所处物理化学环境的综合反映。

1）按晶粒的绝对大小划分

显晶质结构　岩石中的矿物颗粒较大，用肉眼可以分辨并鉴定其特征，一般为深成侵入岩所具有的结构。

隐晶质结构　岩石中矿物颗粒细小，只有在偏光显微镜下方可识别。这种结构比较致密，一般无玻璃光泽和贝壳状断口，常有瓷状断面。

玻璃质结构　岩石由非晶质的玻璃质组成，各种矿物成分混沌成一个整体，在喷出岩中可见。

2）按晶粒的相对大小划分

等粒结构　岩石中同种矿物颗粒大小相近。

不等粒结构　组成岩石的主要矿物结晶颗粒大小不等，相差悬殊。大的称斑晶，小的称基质。如果基质为非晶质（即玻璃质）或隐晶质的称为斑状结构，如果基质为显晶质的称为似斑状结构。

3. 岩浆岩的构造

岩浆岩的构造是指岩石中各种矿物集合体在空间排列及充填方式上所表现出来的特征。构造特征决定于岩浆性质、产出条件、凝固过程中物质成分的空间运动状态等，也是岩石分类命名的重要依据之一。岩浆岩常见的构造有：

块状构造　矿物在岩石中的排列无一定次序、无一定方向，不具有任何特殊形象的均匀块体，大部分侵入岩所具有的构造。

流纹状构造　在喷出岩中由不同颜色的矿物、玻璃质和拉长气孔等沿一定方向排列，表现出熔岩流动的状态。常见于酸性或中酸性喷出岩中。

气孔及杏仁状构造　当熔岩喷出时，由于温度和压力骤然降低，岩浆中大量挥发性气体被包裹于冷凝的玻璃质中，气体逐渐逸出，形成各种大小和数量不同的孔洞，称气孔构造。有的岩石气孔极多，以至岩石呈泡沫状块体，如浮岩。如果孔洞中被后期次生方解石、蛋白石等矿物充填，形如杏仁则称为杏仁状构造。

三、常见的岩浆岩类型

通常根据岩浆岩的成因、矿物成分、化学成分、结构、构造及产状等方面的综合特征，将岩浆岩分为四大类型：酸性岩、中性岩、基性岩和超基性岩（表2-4）。

岩浆岩分类表　　表2-4

<table>
<tr><td colspan="4">类　型</td><td>酸性</td><td colspan="2">中性</td><td>基性</td><td>超基性</td></tr>
<tr><td colspan="4">SiO_2 含量（%）</td><td>75～65</td><td colspan="2">65～55</td><td>55～45</td><td><45</td></tr>
<tr><td colspan="4">化学成分</td><td colspan="3">含硅、铝为主</td><td colspan="2">含铁、镁为主</td></tr>
<tr><td colspan="4" rowspan="2">颜色（色率%）</td><td colspan="3">浅色的（浅灰、浅红、红色、黄色）</td><td colspan="2">深色（深灰、绿色、黑色）</td></tr>
<tr><td>0～30</td><td colspan="2">30～60</td><td>60～90</td><td>90～100</td></tr>
<tr><td colspan="2" rowspan="3">成因</td><td rowspan="3">产状</td><td rowspan="3">矿物成分
代表岩属
结构构造</td><td colspan="2">含长石</td><td colspan="2">含斜长石</td><td>不含长石</td></tr>
<tr><td>石英>20%</td><td colspan="2">石英0～20%</td><td>极少石英</td><td>无石英</td></tr>
<tr><td>云母
角闪石</td><td>黑云母
角闪石
辉石</td><td>角闪石
辉石
黑云母</td><td>辉石
角闪石
橄榄石</td><td>橄榄石
辉石</td></tr>
<tr><td colspan="2" rowspan="4">喷出岩</td><td>喷出堆积</td><td>玻璃状或碎屑状</td><td colspan="4">浮石、火山凝灰岩、火山碎屑岩、火山玻璃</td><td>少见</td></tr>
<tr><td>火山锥</td><td rowspan="3">微粒、斑状、玻璃质结构、块状、气孔状、杏仁状、流纹状等构造</td><td rowspan="3">流纹岩</td><td rowspan="3">粗面岩</td><td rowspan="3">安山岩</td><td rowspan="3">玄武岩</td><td rowspan="3">橄榄岩</td></tr>
<tr><td>岩流</td></tr>
<tr><td>岩被</td></tr>
<tr><td rowspan="6">侵入岩</td><td rowspan="3">浅成岩</td><td>岩脉</td><td>细粒、微粒</td><td rowspan="3">花岗岩</td><td rowspan="3">正长斑岩</td><td rowspan="3">闪长玢岩</td><td rowspan="3">辉绿岩</td><td rowspan="3">金伯利岩</td></tr>
<tr><td>岩床</td><td>似斑状及斑状结构</td></tr>
<tr><td>岩盘</td><td>粗粒</td></tr>
<tr><td rowspan="3">深成岩</td><td>岩株</td><td>似斑状结构</td><td rowspan="3">花岗岩</td><td rowspan="3">正长岩</td><td rowspan="3">闪长岩</td><td rowspan="3">辉长岩</td><td rowspan="3">橄榄岩</td></tr>
<tr><td>岩基</td><td>块状构造</td></tr>
<tr><td></td><td></td></tr>
</table>

1. 酸性岩类

花岗岩　属深成岩，多呈肉红色、灰白色，主要矿物为石英、正长石和酸性斜长石，次要的有黑云母和角闪石等。全晶质等粒结构，块状构造。花岗岩分布广泛，抗压强度大，质地均匀坚实，颜色美观，是优质的建材。产状多为岩基、岩株，是良好的建筑物地基。

花岗斑岩　成分与花岗岩相似，斑状结构，斑晶主要有钾长石、石英或斜长石，块状构造。

流纹岩　呈灰白色、紫红色，斑状结构，斑晶多为斜长石、石英或正长石，流纹状构造，抗压强度略低于花岗岩。

2. 中性岩类

正长岩　呈肉红色、浅灰色，全晶质等粒结构或似斑状结构，块状构造，主要矿物为正长石，次要矿物有黑云母、角闪石，含极少量石英，较易风化，极少单独产出，主要与花岗岩等共生。

正长斑岩　斑状结构，斑晶为正长石，块状构造。

粗面岩　斑状结构，斑晶为正长石，块状构造，表面具有细小孔隙，表面粗糙。

闪长岩　呈灰色或浅绿灰色，主要矿物为中性斜长石和角闪石，次要有黑云母、辉石等，全晶质等粒结构，块状构造。闪长岩结构致密，强度高，并具有较高的韧性和抗风化能力，是优质建筑石料。

闪长玢岩　斑状结构，斑晶为中性斜长石，有时为角闪石，块状构造，常为灰色，如有次生变化，则多为灰绿色。

安山岩　呈灰绿色、灰紫色，斑状结构，斑晶为角闪石或基性斜长石，块状构造，有时为气孔构造或杏仁构造，是分布较广的中性喷出岩。

3. 基性岩类

辉长岩　呈灰黑、黑色，主要矿物为基性斜长石和辉石，次要矿物成分有橄榄石和角闪石，全晶质等粒结构，块状构造。辉长岩强度很高，抗风化能力强。

辉绿岩　呈灰绿色，辉绿结构，块状构造，强度较高，是优良的建筑材料。

玄武岩　呈灰黑色、黑色，隐晶质结构或斑状结构，斑晶为橄榄石、辉石或斜长石，常见气孔状构造、杏仁状构造。玄武岩致密坚硬，性脆、强度较高，但是多孔时强度较低，较易风化。

4. 超基性岩

橄榄岩　深绿色或黑绿色，主要矿物为橄榄石和辉石，次要矿物成分有角闪石，全晶质中、粗等粒结构，块状构造。

第三节　沉　积　岩

一、沉积岩的形成过程

沉积岩是在地表常温常压下，由外动力地质作用促使地壳表层先生成的矿物和岩石遭到破坏，将其松散碎屑搬运到适宜的地带沉积下来，再经压固、胶结形成层状的岩石。为了更容易地理解沉积岩的形成过程，可用图 2-3 加以概括。

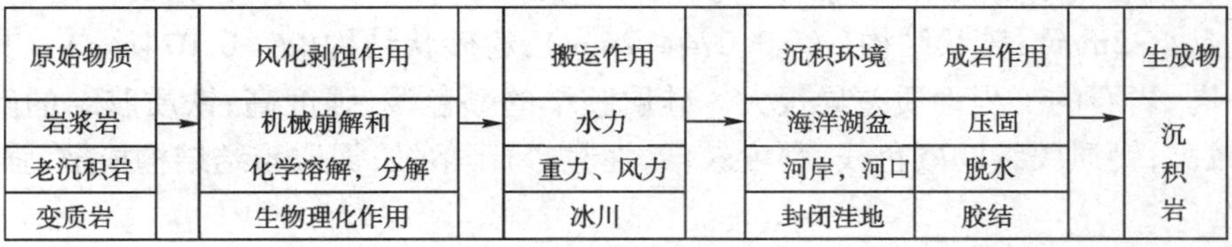

图 2-3　沉积岩的形成过程

沉积岩广泛分布于地壳表层，占陆地面积的 75%，沉积岩各处的厚度不一，最厚可超过 10km，薄者只有数十米。沉积岩是地表常见的岩石，在沉积岩中蕴藏着大量的沉积矿产，比如煤、石油、天然气等，同时各种建筑物如道路、桥梁、矿山、水坝等几乎都以沉积岩为地基，沉积岩本身也是建筑材料的重要来源。

二、沉积岩的主要特征

1. 沉积岩的化学成分

沉积岩的化学成分和岩浆岩的很接近,这是因为沉积岩基本上是由岩浆岩风化后提供的原始物质组成的。但由于两者的成因不同,故化学成分所占的比例有所差别。

2. 沉积岩的物质组成

1)碎屑物质

原岩经风化破碎而生成的呈碎屑状态的物质,其中主要有矿物碎屑(石英、长石、白云母等)、岩石碎块、火山碎屑等。在岩浆岩中常见的橄榄石、辉石、角闪石、黑云母、基性斜长石等形成于高温高压环境,在常温常压表生条件下是不稳定的。岩浆岩中的石英,大部分的形成于岩浆结晶的晚期,在原生条件下稳定性较大,一般以碎屑物形式出现于沉积岩中。

2)粘土矿物

主要是一些原生矿物经化学风化作用所形成的次生矿物,有高岭石、伊利石、蒙脱石等。这些矿物粒径小于0.002 mm,具有很大的亲水性、可塑性及膨胀性。

3)化学沉积矿物

由纯化学作用或生物化学作用从溶液中沉淀结晶产生的沉积矿物,如方解石、白云石、石膏、铁和锰的氧化物或氢氧化物等。

4)有机质及生物残骸

由生物残骸或有机化学变化而成的物质,如贝壳、珊瑚礁及其他有机质等。

5)胶结物

是指充填于沉积颗粒之间,并使之胶结成块的某些矿物质,常见的有硅质(SiO_2)、铁质(Fe_2O_3)、钙质($CaCO_3$)、泥质(粘土质矿物)、炭质和火山凝灰质等。

3. 沉积岩的结构

沉积岩的结构是指组成岩石的物质颗粒大小、形状及其组合关系,它是沉积岩分类命名的重要依据,且对岩石的工程性质有着决定性的影响。

1)碎屑结构

指碎屑物被胶结物胶结而成的结构,按碎屑颗粒的粒径大小划分为3种结构:砾状结构(碎屑粒径 $d>2$mm);砂状结构($d=0.074\sim2$mm);粉砂状结构($d<0.074$mm)。其中胶结物的成分不同,岩石的工程性质差异很大。硅质胶结的颜色浅,强度高;铁质胶结的颜色呈红褐色,强度较高;钙质胶结的颜色浅,强度较低,性脆,易于溶蚀;泥质胶结结构松散,强度最低,遇水易软化。

2)粘土结构(泥质结构)

它是由粒径小于0.002mm的陆源碎屑和粘土矿物经过机械沉积而成,外观呈均匀致密的泥质状态,特点是手摸有滑感,用刀切呈平滑面,断口平坦。

3)化学结晶结构

是溶液中沉淀或重结晶,纯化学成因所形成的结构,它是溶液中溶质达到过饱和后逐渐积聚生成的。

4）生物结构

岩石以大部分或全部生物遗体或碎片所组成的结构。

4. 构造

沉积岩的构造指岩石各组成部分的空间分布和相互间的排列方式所呈现的宏观特征。

1）层理构造

由于季节、沉积环境的改变使先后沉积的物质在颗粒大小、颜色和成分上发生相应的变化，从而显示出来的成层现象。层理分为水平层理、斜层理、交错层理和块状层理，如图2-4所示。不同类型的层理反映了沉积岩形成时的古地理环境的变化。

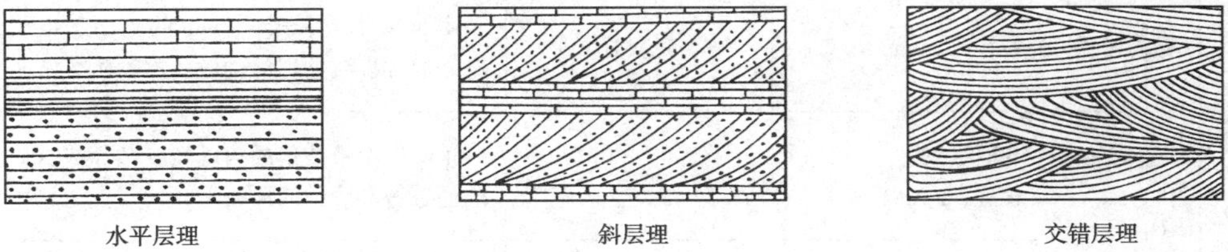

图2-4　沉积岩的层理构造类型

2）层间构造

指不同厚度、不同岩性的层状岩石之间发生层位上的变化现象。

3）层面构造

指未固结的沉积物由于搬运介质的机械原因或自然条件的变化及生物活动，常在层面上留下如波痕、泥裂、虫迹、印模、雨痕等痕迹并被保存下来。

4）化石和结核

化石是岩层中保存着的经石化了的各种古生物遗骸和遗迹，如三叶虫、贝壳、树叶等。

上述沉积岩的特征，是沉积岩在形成过程中留下的特有构造，也是区别于岩浆岩和变质岩的重要特征。

三、常见沉积岩类型

由于沉积岩的形成过程比较复杂，目前对沉积岩的分类方法尚不统一。通常依据岩石的成因、成分、结构、构造等方面的特征分类，见表2-5。

1. 火山碎屑岩类

火山集块岩　由50%以上粒径大于100mm的火山碎块及细小的火山碎屑和火山灰充填胶结而成，集块结构，岩块坚硬。

火山角砾岩　粒径2～100mm的碎屑占50%以上，胶结物为火山灰，火山角砾结构，块状构造。

凝灰岩　由粒径小于2mm的火山灰组成，凝灰结构，密度小，易风化。

2. 沉积碎屑岩类

砾岩及角砾岩　50%以上粒径大于2mm的砾或角砾胶结而成，砾状结构，块状构造。硅质胶结的石英砾岩，非常坚硬，开采加工较困难，泥质胶结的则相反。

砂岩　由50%以上粒径在0.074～2mm的砂粒胶结而成，砂粒主要成分为石英、长石及岩屑等，砂状结构，层理构造。

沉积岩分类简表　表2-5

<table>
<tr><th colspan="2">岩类</th><th colspan="2">结　构</th><th>岩石分类名称</th><th>主要亚类及组成物质</th></tr>
<tr><td rowspan="6">碎屑岩类</td><td rowspan="3">火山碎屑岩</td><td rowspan="6">碎屑结构</td><td>粒径>100mm</td><td>火山集块岩</td><td>主要由大于100mm的熔岩碎块、火山灰尘等经压密胶结而成</td></tr>
<tr><td>粒径2～100mm</td><td>火山角砾岩</td><td>主要由2～100mm的熔岩碎屑、晶屑、玻屑及其他碎屑混入物组成</td></tr>
<tr><td>粒径<2mm</td><td>凝灰岩</td><td>由50%以上粒径<2mm的火山灰组成，其中有岩屑、晶屑、玻屑等细粒碎屑物质</td></tr>
<tr><td rowspan="3">沉积碎屑岩</td><td>砾状结构
（粒径>2mm）</td><td>砾岩</td><td>角砾岩由带棱角的角砾经胶结而成，砾岩由浑圆的砾石经胶结而成</td></tr>
<tr><td>砂质结构
（粒径0.074～2.000mm）</td><td>砂岩</td><td>石英砂岩 石英（含量>90%）、长石和岩屑（<10%）
长石砂岩 石英（含量<75%）、长石（>25%）、岩屑（<10%）
岩屑砂岩 石英（含量<75%）、长石（<10%）、岩屑（>25%）</td></tr>
<tr><td>粉砂结构
（粒径0.002～0.074mm）</td><td>粉砂岩</td><td>主要由石英、长石及粘土矿物组成</td></tr>
<tr><td colspan="2" rowspan="2">粘土岩类</td><td colspan="2" rowspan="2">泥质结构
（粒径<0.002mm）</td><td>泥岩</td><td>主要由高岭石、微晶高岭石及水云母等粘土矿物组成</td></tr>
<tr><td>页岩</td><td>粘土质页岩　由粘土矿物组成
碳质页岩　由粘土矿物及有机质组成</td></tr>
<tr><td colspan="2" rowspan="2">化学及生物化学岩类</td><td colspan="2" rowspan="2">结晶结构及生物结构</td><td>石灰岩</td><td>石灰岩　方解石（含量>90%）、粘土矿物（<10%）
泥灰岩　方解石（含量50%～75%）、粘土矿物（25%～50%）</td></tr>
<tr><td>白云岩</td><td>白云岩　白云石（含量90%～100%）、方解石（<10%）、灰质白云岩 白云石（含量50%～75%）、方解石（25%～50%）</td></tr>
</table>

砂岩为多孔岩石，孔隙愈多，透水性和蓄水性愈好。砂岩强度主要取决于砂粒成分和胶结物的成分、胶结类型等，其抗压强度差异较大。由于多数砂岩岩性坚硬而脆，在地质构造作用下张裂隙发育，所以，常具有较强的透水性。

粉砂岩 由50%以上粒径在0.002~0.074mm的粉砂粒胶结而成的,成分主要是石英,其次是白云母、长石和粘土矿物等,胶结物多为泥质,因颗粒细小,肉眼难于区分其成分及胶结物,粉砂质结构,层理构造,结构疏松,强度和稳定性不高。

3. 粘土岩类

泥岩 主要由粘土矿物经脱水固结而形成,具粘土结构,层理不明显,呈块状构造,固结不紧密、不牢固,强度较低,一般干试样的抗压强度约在5~30MPa之间,遇水易软化,强度显著降低,饱水试样的抗压强度可降低50%左右。

页岩 主要由粘土矿物经脱水固结而形成,粘土结构,页理构造,富含化石。一般情况下,页岩岩性松软,易于风化呈碎片状,强度低,遇水易软化而丧失其稳定性。

4. 化学岩及生物化学岩类

最常见的是由碳酸盐组成的岩石,以石灰岩和白云岩分布最为广泛,多数岩石结构致密,性质坚硬,强度较高,具有可溶性,在水流的作用下易形成溶蚀裂隙、洞穴、地下河等。

石灰岩 简称灰岩,主要由方解石组成,次要矿物有白云石、粘土矿物等,质纯者为浅色,若含有机质及杂质则色深,化学结晶结构,生物结构,块状构造。石灰岩致密、性脆,一般抗压强度较差。石灰岩分布很广,是烧制石灰和水泥的重要原材料,也是用途很广的建筑石材。但由于石灰岩属微溶于水的岩石,易形成裂隙和溶洞,对基础工程影响很大。

白云岩 主要由白云石和方解石组成,颜色灰白,略带淡黄、淡红色,化学结晶结构,块状构造,可作高级耐火材料和建筑石料。

泥灰岩 主要由方解石和粘土矿物(含量在25%~50%)组成,化学结晶结构,块状构造,滴稀盐酸剧烈起泡,留下土状斑痕,抗压强度低,遇水易软化,可做水泥的原料。

第四节 变 质 岩

一、变质岩的成因

地壳中的原岩受到温度、压力及化学活动性流体的影响,在固体状态下发生剧烈变化后形成的新的岩石称变质岩。形成变质岩的作用叫变质作用。

二、变质作用的主要类型

1. 接触变质作用(热力变质)

发生在侵入体接触带或其附近,主要受温度和挥发物质的影响,变质的程度随着距离侵入岩的远近而变化。接触变质的岩石裂隙发育,透水性大,强度较低。

2. 动力变质作用

地壳运动时岩石受强烈定向压力(动压力)的影响,岩石发生的变质作用。

3. 区域变质作用

在地壳运动和岩浆活动下所引起的大范围内受温度、压力和化学活动性流体影响的一种变质作用。变质方式以重结晶、重组合为主。区域变质岩的岩性,在很大范围内是比较均匀一致的,其强度则决定了岩石本身的结构和成分等。

三、变质岩的主要特征

1. 矿物成分

原岩经变质作用后仍保留的部分矿物称残留矿物，如石英、长石、方解石、白云石等。原岩经变质作用后出现某些具有自身特征的矿物称变质矿物，如滑石、蛇纹石、绿泥石、石榴子石等。

2. 结构

变质岩的结构按成因可分为变晶结构、变余结构、碎裂结构。

1）变晶结构

指原岩在固态条件下，岩石中的各种矿物同时重结晶作用形成的结晶结构，按变晶矿物颗粒的形状又分为粒状变晶结构、鳞片变晶结构等。这是变质岩中最常见的结构。

2）变余结构

由于变质程度较低，重结晶作用不完全，仍残留原来的一些结构特征，如变余砂状结构、变余斑状结构等。这种结构在低级变质岩中较常见。

3）碎裂结构

在定向压力影响下，使岩石中的矿物颗粒发生弯曲、破裂、断开，甚至研磨成细小的碎屑或岩粉被胶结而成的结构。

3. 构造

变质岩的构造指岩石中矿物在空间排列关系上的外貌特征。变质岩的构造特征常见的有片理构造、变余构造和块状构造等。

1）片理状构造

指岩石中片状、针状、柱状或板状矿物受定向压力作用重新组合，呈相互平行排列的现象。能顺着矿物定向排列方向剥裂开的面称片理面。

板状构造　在温度不高而以压力为主的变质作用下，由显微片状矿物平行排列成密集的板理面。岩石结构致密，所含矿物肉眼不能分辨，板理面上有弱丝绢光泽，极易沿一定方向分裂成均一厚度的薄板。

千枚状构造　岩石中矿物重结晶程度比板岩高，但结晶程度较低而使肉眼尚不能分辨矿物，仅在岩石的自然破裂面上见有较强的丝绢光泽，是由绢云母、绿泥石小鳞片造成。

片状构造　原岩经区域变质、重结晶作用，使片状、柱状、板状矿物平行排列成连续的薄片状，岩石中各组分全部重结晶，而且肉眼可以看出矿物颗粒，片理面上光泽很强。

片麻状构造　这是一种变质程度很深的构造，不同矿物（粒状、片状相间）定向排列，呈大致平行的断续条带状，沿片理面不易劈开，它们的结晶程度都比较高。

2）块状构造

岩石由粒状结晶矿物组成，无定向排列，也不能定向裂开。

四、常见的变质岩

变质岩根据其构造特征分为：片理状岩石类和块状岩石类，如表 2-6 所示。

变质岩分类表　　表2-6

岩类	构造	岩石名称	主要亚类及其矿物成分	原岩
片理状岩类	片麻状构造	片麻岩	花岗片麻岩 长石、石英、云母为主，其次为角闪石，有时含石榴子石 角闪石片麻岩 长石、石英、角闪石为主，其次为云母，有时含石榴子石	中酸性岩浆岩，粘土岩、粉砂岩、砂岩
	片状构造	片岩	云母片岩 云母、石英为主，其次为角闪石等 滑石片岩 滑石、绢云母为主，其次有绿泥石、方解石等 绿泥石片岩 绿泥石、石英为主，其次有滑石、方解石等	中酸性火山岩、粘土岩、砂岩 超基性岩，白云质泥灰岩 中基性火山岩，白云质泥灰岩
	千枚状构造	千枚岩	以绢云母为主，其次有石英、绿泥石等	粘土，粘土质粉砂岩，凝灰岩
	板状构造	板岩	粘土矿物、绢云母、石英、绿泥石、黑云母、白云母等	粘土，粘土质粉砂岩，凝灰岩
块状岩类	块状构造	大理岩	方解石为主，其次有白云石等	石灰岩、白云岩
		石英岩	石英为主，有时含有绢云母、白云母等	砂岩、硅质岩
		蛇纹岩	蛇纹石、滑石为主，其次有绿泥石、方解石等	超基性岩

1. 片理状岩类

片麻岩　片麻状构造，粒状变晶结构，晶粒粗大，其主要矿物是石英、长石等，其次是云母、角闪石、辉石等。片麻岩强度较高，可用作各种建筑材料。

片岩　属中、深变质岩，片理构造，鳞片状或纤维状变晶结构，常见矿物有云母、滑石、绿泥石、石英等，片岩中不含或很少含长石。根据片岩中片状矿物种类不同，又可分为云母片岩、滑石片岩等。因其片理发育，片状矿物含量高，岩石强度低，抗风化能力差，极易风化剥落，甚至发生滑塌。

千枚岩　浅变质岩，千枚状构造，变晶结构，常见矿物有绢云母、绿泥石、石英等。其原岩大部分为粘土岩，新生矿物颗粒较板岩粗大，有时部分绢云母有渐变为白云母的趋势。岩石中片状矿物形成细而薄的连续的片理，沿片理面呈定向排列，致使这类岩石具有明显的丝绢光泽。千枚岩的质地松软，强度低，易风化剥落，沿片理面滑塌。

板岩　浅变质岩，板状构造，变余结构，矿物颗粒细小，呈致密状，颜色多种，击之发出清脆的石板声，由粘土岩浅变质而形成的。沿劈理易于裂开成薄板状。能加工成各种尺寸的石板，用作建筑材料。但在水的长期作用下可能软化，形成软弱夹层。板岩透水性很弱，可作隔水层。

2. 块状岩类

大理岩　由钙、镁碳酸盐类沉积岩变质形成，主要矿物成分为方解石、白云石，具粒状、斑状变晶结构，块状构造。大理岩以我国云南大理市盛产优质的此种石料而得名。洁白的细粒大理岩（汉白玉）和带有各种花纹的大理岩常用作建筑材料和各种装饰石料等。大理岩岩块或岩粉与盐酸作用起泡，具有可溶性。

石英岩　由石英砂岩和硅质岩经变质而成。变质以后石英颗粒和硅质胶结物合为一体，因此石英岩的强度和结晶程度均较原岩高。它主要由石英组成（>85%），其次含少量白云母、长石、磁铁矿等，一般为块状构造，呈粒状变晶结构。石英岩在区域变质作用和接触变质作用下均可形成，岩石坚硬，抗风化能力强，可作良好的建筑物地基。但开采加工较困难，且因其性脆，较易产生密集性裂隙。另外，石英岩中常夹有薄层板岩，风化后变为泥化夹层。

五、三大岩类的区分

1. 结构的比较

岩浆岩　由于是直接由高温熔融状的岩浆冷凝而成，具有明显的晶质结构，这种结构反映在组合矿物上有先后冷凝结晶的顺序性。

沉积岩　由原岩经风化、剥蚀、搬运、沉积（沉淀）、压固胶结而成，具明显的物质沉积规律的结构特征，即具有碎屑结构、泥质结构和生物化学结构的特征，其中化学结晶结构反映出由溶液中沉淀或重结晶的化学性。

变质岩　是由不同原岩受不同程度的变质因素影响而成的不同的变质岩，在结构上既有继承性又有独特性，而呈现出变晶、变余和碎裂等结构。变质岩的结构反映出各种矿物在固态情况下，受定向压力进行重结晶的定向性。

2. 构造的比较

岩浆岩　随着岩浆性质、产出条件和在凝固过程中运动状态的不同而呈现出不同的构造现象。侵入岩产生时，常因岩浆冷却散热过程中矿物晶体间产生的凝聚力，使不同矿物晶体聚合成块状；喷出岩常因矿物呈玻璃质或隐晶质而形成流纹、气孔状、杏仁状以及致密块状的构造。

沉积岩　由于外动力地质作用的性质、古地理环境、物质来源及沉积条件等因素的不同，所形成的岩性不同。但从宏观上看都具有层状构造及层理构造，其中生物化学沉淀的厚层岩石，可视为块状构造。

变质岩　随着原岩受变质作用的环境、方式和强度不同，表现出的构造现象也是多样的，但最常见的为片理构造。片理构造是变质岩区别于岩浆岩、沉积岩极为显著的构造特征，从外观上比较好识别。此外，也有无定向排列呈均匀的重结晶现象的块状构造。

本章小结

本章主要介绍了矿物、岩石的基本概念和主要性质，认识了常见的一些造岩矿物和常见的岩石，了解了常见岩石的鉴定方法；为岩、土工程性质的认识、分析奠定了一定的基础。

复习思考题

1. 什么是矿物和岩石？
2. 矿物的主要物理性质有哪些？
3. 为什么说岩浆岩的结构特征是其生成环境的综合反映？
4. 简述沉积岩的形成过程。
5. 沉积岩区别于岩浆岩和变质岩的重要特征有哪些？为什么？
6. 分析变质岩在其矿物成分和结构上有何特性。
7. 分析三大岩类在成因上的关系。
8. 如何区别三大岩类？

第三章

地质构造与阅读地质图

教学要求

1. 分析各种地质构造的成因和基本类型；
2. 识别岩层产状的3要素、褶皱构造和断层的形态要素；
3. 在野外能综合运用各种方法识别一些简单的构造类型；
4. 分析各种地质构造对公路工程建设的影响；
5. 分析和阅读地质图。

在地球历史演变过程中，地壳不断地运动、发展和变化。例如，约2500万年以前，喜马拉雅山地区曾是一片汪洋大海，后来由于地壳上升才隆起成今天的"世界屋脊"。这种主要由地球内动力地质作用引起地壳变化，使地层或岩体发生变形和变位的运动称地壳运动，也称为构造运动。地壳运动的结果形成了各种不同的构造形迹，如褶皱、断裂等，称地质构造。地壳运动至今仍在发展运动中，一般认为晚第三纪以来的构造运动为新构造运动，其中又将人类历史时期到现在所发生的新构造运动称为现代构造运动。

地壳运动按其运动方向分为水平运动和垂直运动两种基本形式。水平运动是指岩层受水平挤压或拉张作用的运动，它使岩层产生褶皱和断裂，甚至形成巨大的褶皱山系或裂谷系。垂直运动是指地壳沿垂直地面方向进行的升降运动，表现为地壳大面积的上升和下降，形成大规模的隆起和坳陷。地壳运动的速率一般以缓慢渐变的方式进行，不易为人们所察觉，其速度一般以毫米每年计，因此必需进行长期的观测才能发现。但有时也表现得十分强烈，在短期内发生快速突变的运动，如火山爆发、地震活动等。

地质构造是地壳运动的产物。其规模有大有小，大的如构造带，可以纵横数千公里，小的如岩石的片理等，它们都是地壳运动在岩层和岩体中所造成的永久变形。

•第一节　岩层构造•

岩层是指由两个平行或近于平行的界面所限制的、同一岩性组成的层状岩石。由于形成岩层的地质作用、形成时的环境和形成后所受的构造运动的影响不同，岩层在地壳中的产状也各不一样，概括地说有水平的、倾斜的和直立的3种基本情况。

一、水平构造

一个地区出露的岩层产状基本是水平的，或近于水平的叫做水平岩层，亦称为水平构造。

覆盖大陆表面四分之三面积的沉积岩，绝大多数都是在广阔的海洋和湖泊盆地中形成的，其原始产状大部分是水平或近于水平的。只在沉积盆地的边缘、岛屿周围等少数地区才呈原始倾斜状态。但是，在后期的地壳运动影响下，水平岩层多只发育于受构造运动影响比较轻微的地区，或只发生在大面积地均衡上升或下降的地区。水平岩层发育的地区，其岩层与地形之间具有以下几个特征，如图3-1所示。

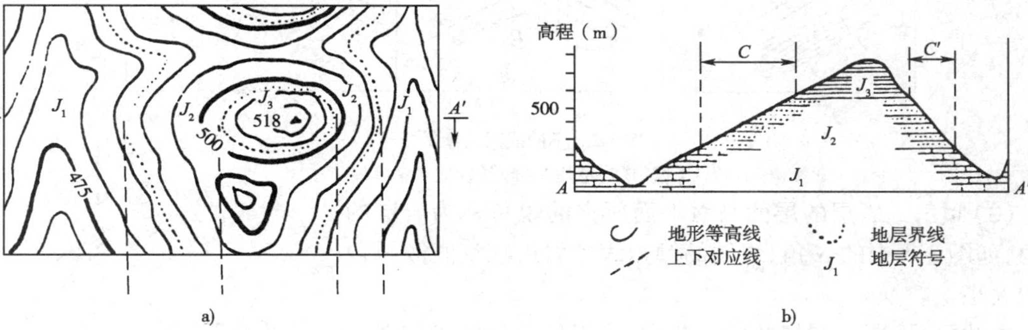

图3-1　水平岩层与地形

a）地质平面图；b）地质剖面图

（1）在岩层没有发生变形和变位的情况下，新岩层位于老岩层之上；当受到强烈切割后，新岩层出露于山顶，而老岩层出露于沟谷的底部。也就是说，一般岩层时代越老，出露位置越低。

（2）岩层层面在地表的交线与地形等高线相平行或重合一致，并随等高线的弯曲而弯曲。

（3）在地形图上，两岩层界线的高差即为岩层的厚度（岩层上、下层面间的垂直距离）。

（4）岩层在地面上的露头宽度，取决于地形坡度和岩层厚度。在地面坡度相同的情况下，厚度愈大，露头宽度愈大。在岩层厚度相同的情况下，坡度愈缓，露头宽度愈大；若坡度近乎90°，则露头宽度近乎为零。

二、倾斜构造

水平岩层受地壳运动的影响后发生倾斜，使岩层层面和大地水平面之间具有一定的夹角时，称为倾斜岩层，亦称为倾斜构造。岩层在空间的展布状态称为岩层的产状，倾斜构造的产状可以用岩层层面的走向、倾向和倾角3个要素来表示。

在一定地区内一套岩层的倾斜方向和倾角基本一致，则称为单斜岩层，或称为单斜构造。单斜构造是层状岩层中最常见的一种产状，它在大范围内，常常是褶皱的一翼、断层的一盘或岩浆岩体的围岩（图3-2），也可能是因岩层受到不均匀的上升和下降所引起的。

1. 单斜岩层的产状

1）岩层产状的3要素

（1）走向　岩层层面与水平面交线的方位角称为岩层的走向。岩层的走向表示岩层在空间延伸的方向，如图3-3中的 ll' 直线。

（2）倾向　指岩层倾斜的方向。在岩层的层面上与走向垂直并指向下方的直线称为倾斜线，它的水平投影所指的方位角即为倾向，如图3-3中的 Op 线。岩层的倾向表示岩层在空间的倾斜方向,倾向方位角与走向方位角相差 90°。

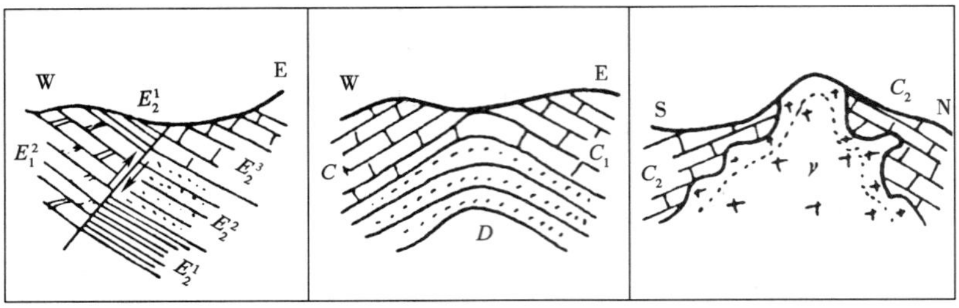

图 3-2　不同成因的倾斜岩层

(据《矿产地质基础》长春地质学院编)

(3)倾角　岩层的层面与水平面所夹的锐角称为岩层的倾角,如图 3-3 中的 α 角,岩层的倾角表示岩层在空间倾斜角度的大小。

由此可见,用岩层产状的 3 要素,可以反映出经过构造变动后的构造形态在空间的位置。

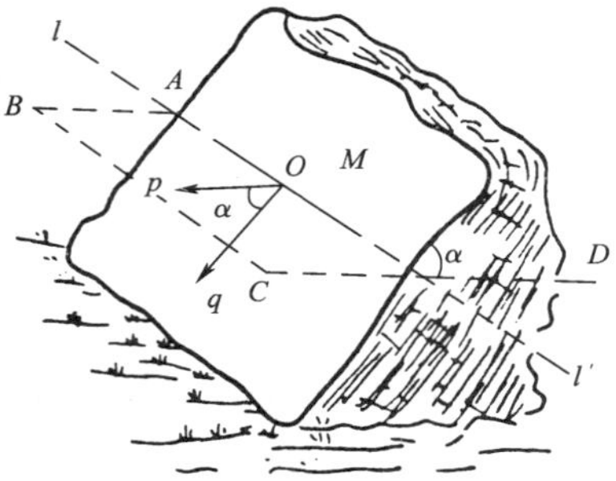

图 3-3　岩层的产状要素

2)岩层产状的表示方法

(1)方位角表示法　方位角表示法只记倾向和倾角,如 SW210°∠25°,前面是倾向的方位角(0 ~ 360°),后面是倾角,读为倾向南西 210°,倾角 25°。

(2)象限角表示法　以正北或正南为 0 度,将平面划分为 4 个象限来表示方位。一般记走向、倾角和倾斜象限,如 N65°W/25°S,读作走向北偏西 65°,倾角 25°,大致向南倾斜。

(3)符号表示法　在地质图上,岩层产状要素用符号表示(详见附录四)。

3)岩层产状的测定

岩层产状 3 要素的测定通常采用地质罗盘仪,如图 3-4 所示。

(1)岩层走向的测定　测走向时,先将罗盘上平行于刻度盘南北方向的长边贴于层面,然后放平使圆水准泡居中,这时北针(或南针)所指刻度盘的读数,就是岩层走向的方位。走向线两端的延伸方向均是岩层的走向,所以同一岩层的走向有两个数值,相差 180°。

(2)岩层倾向的测定　测倾向时,将罗盘上平行于刻度盘东西方向的短边与走向线平行,同时将罗盘的北端指向岩层的倾斜方向,调整水平,使圆水准泡居中,这时北针所指的度数就是岩层倾向的方位。倾向只有一个方向,同一岩层面的倾向与走向相差 90°。

(3)岩层倾角的测定　测倾角时,将罗盘上平行刻度盘南北方向的长边竖直贴在倾斜线上,紧贴层面使长边与岩层走向垂直,转动罗盘背面的倾斜器,使长管水准泡居中后,倾角指示针所指刻度盘读数就是岩层的倾角。

以后将要讲到的褶皱面、裂隙面、节理面、断层面等形态的产状意义、表示方法和测定方法,均与岩层相同。

2. 单斜岩层的主要特征

(1)岩层顺序正常时,地面出露的顺序为顺倾向方向由老到新变化,从反倾向方向观察,地层是从新到老依次出露的。

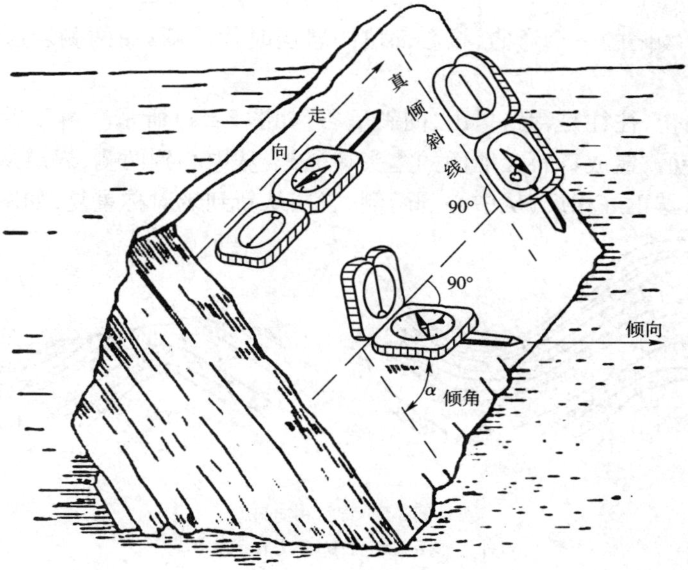

图 3-4　岩层产状要素的测定方法

(2)岩层顺序倒转时，则顺倾向与逆倾向方向地层出露的新老次序与上述情况相反。

(3)单斜岩层的露头宽度取决于岩层厚度、地面坡度和岩层倾角 3 者的关系，露头形态受地形坡向与岩层倾向之间的关系以及岩层倾角与坡角大小关系等因素影响。

三、直立构造

岩层层面与水平面相垂直时，称直立岩层，亦称为直立构造，其露头宽度与岩层厚度相等，与地形特征无关。

•第二节　褶皱构造•

组成地壳的岩层，受构造应力的强烈作用，使岩层形成一系列波状弯曲而未丧失其连续性的构造，称为褶皱构造。褶皱是地层产生的塑性变形的形象反映，是地壳上最基本的构造形式。褶皱的形态复杂多样，规模差别极大，小至于标本或显微镜下的微型褶皱，大至于卫星相片上的区域型褶皱。研究褶皱的产状、形态、类型、成因及分布特点，对于揭示一个地区的地质构造及其形成和发展具有重要的意义。褶皱构造对工程建筑物也有非常大的影响。

一、褶皱的基本形态

褶皱的基本类型有两种，即背斜和向斜。

1. 背斜

它在外形上是岩层向上拱的弯曲，核心部位的岩层时代较老，两侧的岩层时代依次渐新，呈相背倾斜。

2. 向斜

这是岩层向下坳陷的一个弯曲，核心部位的岩层时代较新，而两侧岩层依次渐老，呈相向倾斜。

在褶皱形成之初，往往是背斜呈山，向斜呈谷，如图3-5a）所示。由于后来的风化剥蚀，不再保留这种地形特征，造成背斜在地面的露头特征是：从中心到两侧，岩层从老到新对称重复；而向斜在地面的出露正好相反，从中心到两侧，岩层从新到老对称重复，如图3-5b）所示。

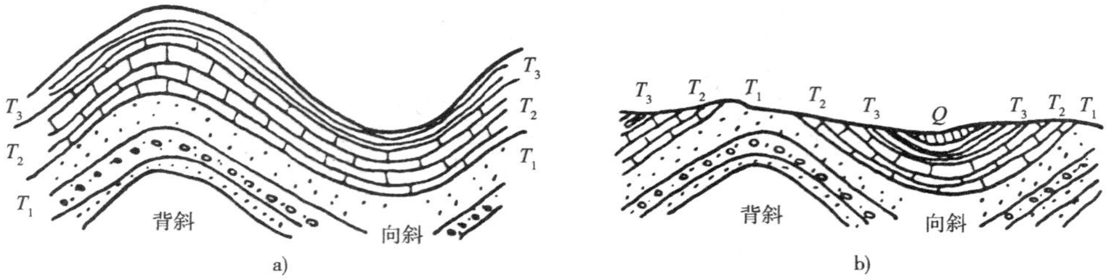

图3-5　背斜和向斜

a）外力作用破坏前；b）外力作用破坏后

二、褶皱的形态要素

褶皱构造的一个弯曲叫褶曲。褶曲的形态要素主要有核、翼、转折端、轴面和枢纽等，如图3-6所示。

核　指组成褶曲中心部分的岩层。出露于地表的褶曲的核，通常为最中心的岩层。背斜的核是最老的岩层，向斜的核是最新的岩层。

翼　指核部两侧对称出露的岩层，当背斜与向斜相连时，翼是公用的。

转折端　是从一翼转到另一翼的过渡的弯曲部分，即两翼的汇合部分。它的形态常为圆滑的弧形，也可以是尖棱或一段直线。

轴面　是大致平分褶皱两翼的假想面。轴面可能是平面，也可能是曲面。

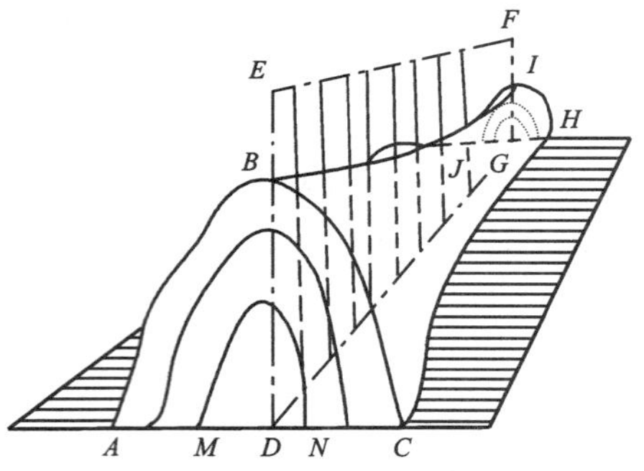

图3-6　褶皱要素

MN-核部；DEFG-轴面；BCHI、BIJ-翼；BI-枢纽

枢纽　指褶皱中同一层面与轴面的交线，也是褶皱中同一层面最大弯曲点的连线。枢纽可以是直线，也可以是曲线或折线。其空间方位由测得的倾向和倾伏角确定。

三、褶皱的形态分类

褶皱的形态多种多样，为了便于描述和研究，可以从不同角度进行分类。

1. 根据横剖面的形态和轴面产状分类

1）按褶皱轴面和两翼产状分类（图3-7）

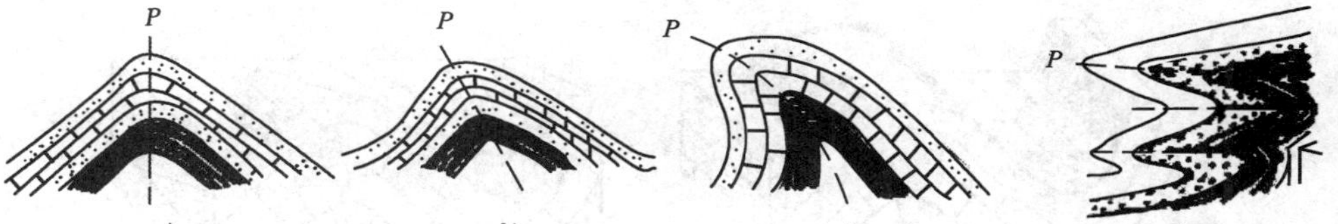

图 3-7　按轴面产状划分褶皱类型

a）直立褶皱；b）倾斜褶皱；c）倒转褶皱；d）平卧褶皱

（1）直立褶皱　轴面直立，两翼岩层倾向相反，倾角大致相等。

（2）倾斜褶皱　轴面倾斜，两翼岩层倾向相反，倾角不相等。轴面与褶皱平缓翼倾向相同。

（3）倒转褶皱　轴面倾斜，两翼倾斜，两翼岩层倾向相同，倾角相等或不等，一翼岩层层序正常，另一翼层序倒转。

（4）平卧褶皱　轴面水平，两翼岩层近于水平重叠，一翼层序正行，另一翼倒转。

2）按褶皱岩层弯曲形态分类（图 3-8）

图 3-8　按岩层弯曲形态划分褶皱类型

a）圆弧褶皱；b）尖棱褶皱；c）箱形褶皱；d）扇形褶皱

（1）圆弧褶皱　岩层呈圆弧状弯曲，一般褶皱较宽缓。

（2）尖棱褶皱　两翼岩层平直相交，转折端呈尖角状，褶皱挤压紧密，故也称紧密褶皱。

（3）箱形褶皱　两翼岩层近乎直立，转折端平直，整体似箱形，常有一对共扼轴面。

（4）扇形褶皱　两翼岩层大致对称呈弧形弯曲，局部层位倒转，转折端平缓，整体呈扇形。

2. 根据纵剖面上枢纽产状分类（图 3-9）

（1）水平褶皱　枢纽近乎水平延伸，两翼岩层走向大致平行并对称分布。

（2）倾伏褶皱　枢纽向一端倾伏，两翼岩层走向发生弧形合围。对于背斜，合围的尖端指向枢纽的倾伏方向；对于向斜，合围的开口指向枢纽的倾伏方向。

3. 按褶皱在横剖面上的组合类型分类（图 3-10）

自然界中的褶皱，很少单个出现，常常是成群的以组合形态出现。

1）复背斜

是一个巨大的背斜，两翼为与轴面延伸近一致的次一级褶皱所复杂化。天山、秦岭为复背斜构造。

2）复向斜

是一个巨大的向斜，两翼亦为与袖面延伸近一致的次一级褶皱所复杂化。四川省松潘镇

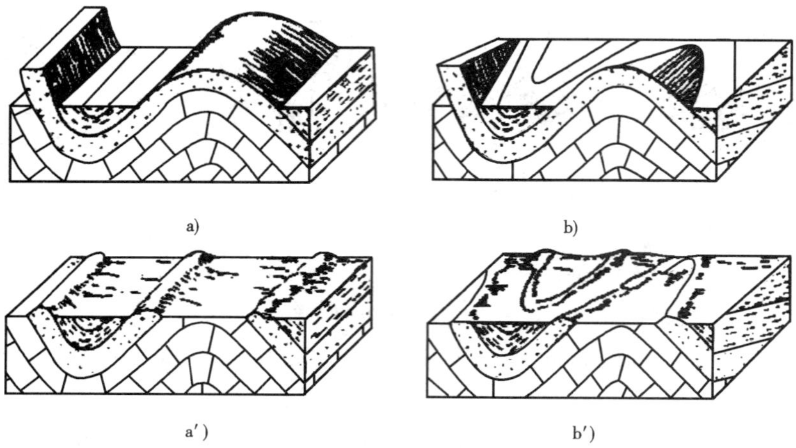

图 3-9　水平褶皱和倾伏褶皱

a)、a′)水平褶皱；b)、b′)倾伏褶皱

图 3-10　褶皱在剖面上的形态

a)复背斜；b)复向斜

江关之南，茂县太平以北的岷江河谷两侧为复向斜构造。

四、褶皱的成因

1. 水平侧压作用力形成的褶皱

施加于层理方向的作用使岩层产生弯曲，称为纵弯褶皱，见图 3-11a)，这是地壳上分布最广泛、最常见的褶皱类型。在区域性水平侧压力作用下造成区域性普遍挤压，褶皱构造强烈发育，背斜与向斜相间排列，平行延伸很远。

2. 垂直作用力形成的褶皱

岩层遭受不均衡的与层面垂直的外力作用时，隆起弯曲，称为横弯褶皱，见图 3-11b)。

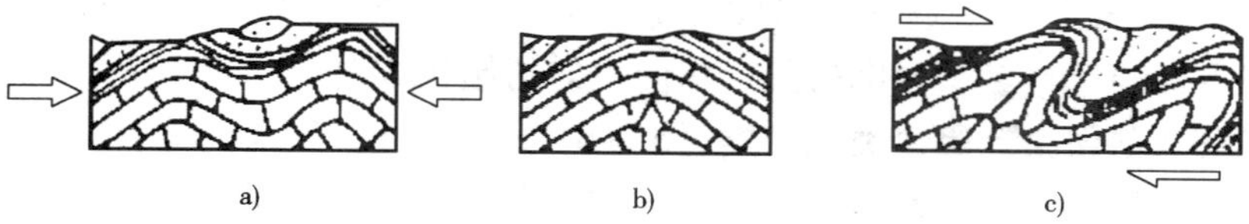

图 3-11　褶皱的力学成因

a)水平挤压力；b)垂直作用力；c)力偶作用

3. 力偶作用形成的褶皱

剖面上的水平扭力可使岩层形成特殊倾斜褶皱，称为倒转褶皱(图 3-11c)，甚至平卧褶皱。平面上的扭力可形成与扭力方向成 45°夹角(或更小)的斜列式褶皱。

五、褶皱的野外识别

在野外辨认褶皱时，首先判断褶皱是否存在，并且区别背斜与向斜，然后确定其形态特征。在少数情况下，如沿山区河谷或道路两侧，岩层的弯曲可能直接暴露，是背斜还是向斜一目了然。在多数情况下，地面岩层呈倾斜状态，无法看清岩层的弯曲全貌，应按科学的方法进行观察分析。

在一般情况下，地形上的高低并不是判别背斜与向斜的标志。岩石变形之初，背斜为高地，向斜为低地，这时的地形是地质构造的直观反映。但经过较长时间的剥蚀后，由于背斜轴部裂隙发育，岩层较破碎，且地形突出，剥蚀作用进行得较快，形成背斜谷。与此相反，向斜轴部岩层较为完整，并常有剥蚀产物在轴部堆积，故其剥蚀速度较慢，最终导致向斜的地形较相邻背斜高，形成向斜山。

在野外识别褶皱时，首先，沿选定的调查路线，垂直于岩层走向进行观察，当地层出现对称重复分布时，便可判断存在褶皱构造。如图 3-12 所示，区内岩层走向近东西，从南北方向观察，有志留系及石炭系地层两个对称中心，其两侧地层重复对称出现，所以该地区有两个褶皱构造。其次，再分析地层新老组合关系。左半部的褶曲构造，中间是新地层 C，两侧较老地层依次为 D 和 S，故为向斜；右半部的褶曲构造，中间是老地层 S，两侧对称分布的较新地层依次为 D 和 C，故为背斜。最后，垂直岩层的走向，调查两翼延伸的方向和倾向上的变化，以便查明褶皱的形态类型。上述向斜两翼岩层倾向相反、倾角相近，应定为直立向斜；背斜两翼岩层均向北倾斜，一翼层序正常，一翼倒转，应叫做倒转背斜。

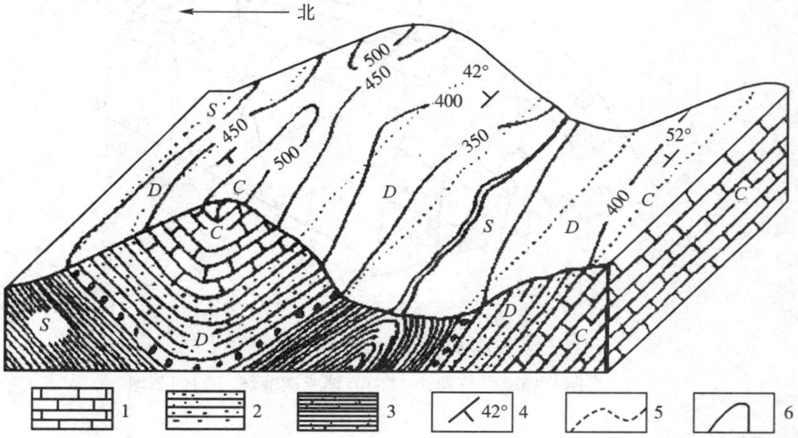

图 3-12　褶皱构造立体图

1-石炭系；2-泥盆系；3-志留系；4-岩层产状；5-岩层界线；6-地形等高线

●第三节　断 裂 构 造●

断裂构造是指构成地壳的岩层，受构造应力作用发生变形，当变形达到一定程度后，岩石的连续性和完整性遭到破坏，产生各种大小不一的断裂。断裂构造是地壳中常见的地质构造，常成群分布，形成断裂带，其往往是工程岩体稳定性的控制因素。

根据岩体断裂后两侧岩块相对位移的大小，断裂构造可分为节理和断层两类。

一、节　　理

节理也叫裂隙，是沿破裂面岩体没有发生明显位移。节理按成因可分为两大类，一类是由构造运动产生的构造节理，它们在地壳中分布极广，且有一定的规律性，往往成群、成组出现。另一类是非构造节理，如成岩过程中形成的原生节理以及风化、爆破等作用形成的次生节理。非构造节理一般使岩石多为碎块，沿着节理面，岩石的结构和矿物成分也有明显变化。非构造节理的分布规律性不很明显，且常出现在较小范围内。以下只介绍构造节理。

1. 节理的分类

1）节理的几何分类

（1）根据节理与所在岩层产状之间的关系，一般分为走向节理，节理的走向与所在岩层的走向大致平行；倾向节理，节理的走向与所在岩层走向大致垂直；斜向节理，节理的走向与所在岩层走向斜交。

（2）根据节理走向与所在褶皱的枢纽、主要断层走向或其他构造线延伸方向的关系，将节理分为纵节理，两者大致平行；横节理，两者大致垂直；斜节理，两者斜交。对枢纽水平的褶皱，以上两种分类可以吻合，即走向节理相当于纵节理，倾向节理相当于横节理，如图 3-13 所示。

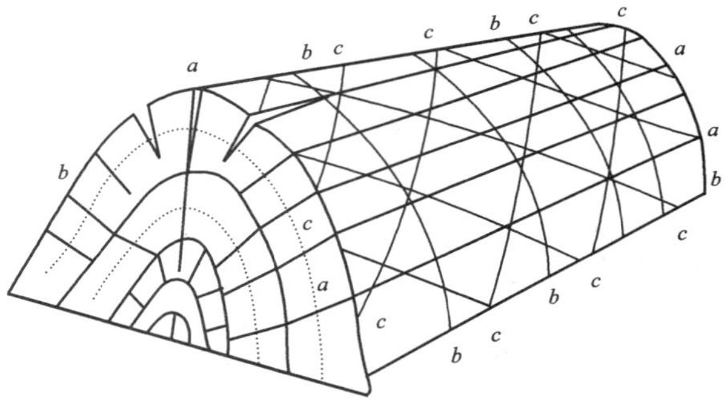

图 3-13　节理的几何分类

a-走向节理或纵节理；*b*-倾向节理或横节理；*c*-斜向节理

2）节理的力学成因分类

根据节理形成时的力学性质，构造节理主要分为张节理和剪节理。

（1）张节理　由张应力形成的节理称为张节理。其主要特征是产状不很稳定，在平面上和剖面上的延展均不远；节理面粗糙不平，擦痕不发育；节理两壁裂开距离较大，且裂缝的宽度变化也较大，节理内常充填有呈脉状的方解石、石英以及松散或已胶结的粘性土和岩屑等；当张节理发育于碎屑岩中时，常绕过较大的碎屑颗粒或砾石，而不是切穿砾石；张节理一般发育稀疏，节理间的距离较大，分布不均匀；张节理常沿先期形成的 X 形节理（剪节理）发育成锯齿状，叫做追踪节理，如 3-14a）所示，也常呈雁行排列，如图 3-14b）所示。

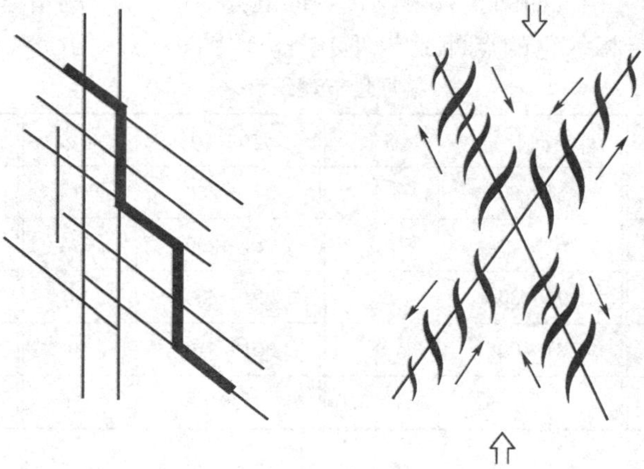

a)　　b)

图 3-14　张节理

a)追踪张节理；b)雁行张节理

（2）剪节理　由剪应力形成的节理称为剪节理。剪节理的特征是产状稳定，在平面和剖面上延续均较长；节理面光滑，常具擦痕、镜面等现象；节理两壁之间紧密闭合；发育于碎屑岩中的剪节理，常切割较大的碎屑颗粒或砾石；一般发育较密，且有等间距分布的特点；常成对出现，呈两组共扼剪节理，也叫“X”形节理，其锐角（90° $-\varphi$，φ 为内摩擦角）等分线为压应力方向，X 形节理将岩石交叉切割成菱形或方形，但常见一组发育较好，另一组发育较差，呈羽列现象，通常一条剪节理由多条互相平行的很小剪裂面组成，微小剪裂面呈羽状排列，故称羽状剪节理，如图 3-15 所示。沿每条小节理向前观察，下一条节理依次在左侧搭接的称左列，反之称右列。运用这一现象可判断两侧错动方向。

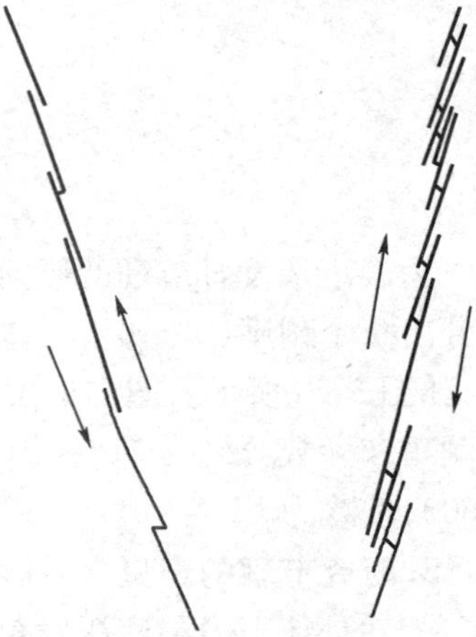

a)　　b)

图 3-15　羽状剪节理

a)右列；b)左列

2. 节理统计

节理对工程岩体稳定和渗漏的影响程度取决于节理的成因、形态、数量、大小、连通以及充填等特征。通过岩土工程勘察查明这些特征后，应对节理的密度和产状进行统计分析，以便评价它们对工程的影响。

节理统计图可以清晰、直观地表示统计地段各组节理的产状。常用的有节理玫瑰图、节理极点图和节理等密度图等，这里简单的介绍一下节理玫瑰图。

首先进行资料整理，将测点上所测的节理走向都换算成北东和北西象限的角度，按走向方位大小，以 10°为一组统计各组节理条数，如表 3-1 所示。其次，确定作图比例尺，按一定的线条比例尺，以等长或稍长于最多那一组节理条数的线段长度为半径，画一个上半圆，通过圆心标出东、北、西三个方向，并标出 10°倍数的方位角。然后，将表示各组节理条数的点标在相应走向方位角中间值的半径上，如图 3-16 所示，走向北东 41°～50°的节理有 35 条，按比例点在北东 45°的半径上，连接相邻组的点即成节理走向玫瑰图。

某坝址节理统计表　　　　表 3-1

走向(°)	条数	走向(°)	条数	走向(°)	条数	走向(°)	条数
0～10	0	51～60	19	271～280	0	321～330	50
11～20	0	61～70	10	281～290	0	331～340	22
21～30	20	71～80	20	291～300	14	341～350	30
31～40	25	81～90	0	301～310	10	351～360	0
41～50	35		311～320	30			

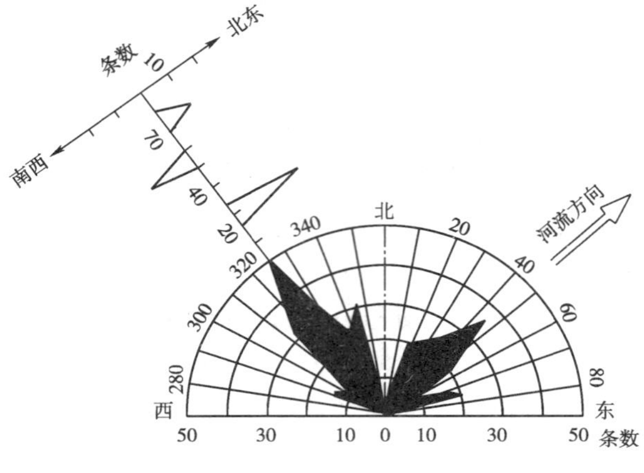

图 3-16　某坝址节理玫瑰图

为表示最发育节理的倾向和倾角，将该组节理走向沿半径延伸出半圆以外，沿径向按比例划分出 9 个刻度(0°，10°，…，90°)代表倾角，切线方向代表倾向，并按比例取一定长度代表条数，如图 3-16 所示。图中最发育的一组节理的走向区间为 321°～330°，倾向北东的两组，它们的倾角和条数分别为 21°～30°、25 条和 71°～80°、10 条。倾向南西的只有一组，其倾角为 51°～60°，条数为 15 条。

3. 研究节理的意义

节理是地壳表层广泛发育着的、有时又是鲜为人知的构造现象，研究它的存在具有以下几个方面的意义：

(1)由于节理的存在，破坏了岩体的整体性，增强了它的透水性，促进了岩体的风化，使其强度和稳定性大大降低。在高陡山坡地带，尤以倾向于建筑物的地基(路基、桥基和房基)的一组节理，常因切坡、地下水活动使山体失稳而造成危害。

(2)对采石而言，节理适当分布有利于石料的采集。但是，若节理密度过大，就会降低岩石单位体积的开采率；对施工而言，节理发育有利于挖掘和爆破，可大大减小施工量，但是，有时也会影响爆破的效果。

(3)由于节理的形成和发展与地质作用密切相关，且节理在空间展布上又与大地构造的成因最为密切，所以通过对节理空间展布规律的研究，可以探测大地构造的发生、发展规律。

二、断　　层

断层是破裂面两侧岩块有显著位移的断裂构造。断层往往由节理进一步发展而成，就其力学性质来源，它们并无本质区别。断层的规模可大可小，小的可出现在手标本上，大的长达数十公里甚至上千公里，宽可达几公里，且切割深度可深达上地幔。断层不仅对岩体的稳定性和渗透性、地震活动和区域稳定有重大的影响，而且是地下水运动的良好通道和汇集的场所。在规模较大的断层附近或断层发育区，常赋存有丰富的地下水资源。

1. 断层的几何要素

断层的几何要素包括断层的基本组成部分以及与阐明其空间位置和运动性质有关的具几何意义的要素，如图3-17所示。

1)断层面

指被错开的两部分岩块发生相对滑动的破裂面，面上常有擦痕。断层面有的平坦光滑，有的粗糙，有的略显波状起伏。

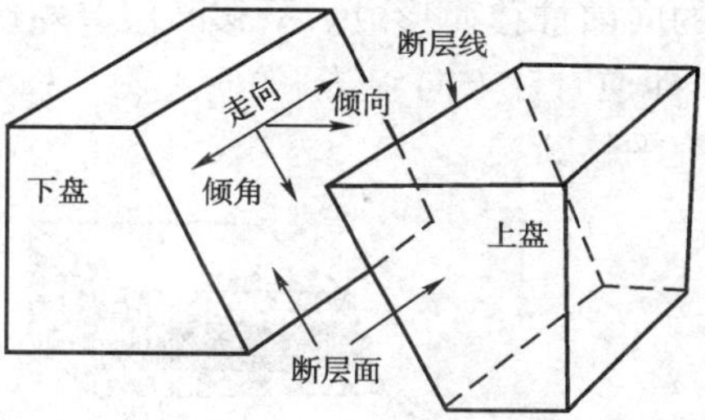

图3-17　断层要素图

2)断层带

有时断层两侧的运动并非沿一个面发生，而是沿由许多破裂面组成的破裂带发生，这个带称为断层破碎带或断层带。破碎带两侧还可能有受断层影响、节理发育或发生牵引弯曲的部分叫影响带。断层带上常形成糜棱岩、断层角砾和断层泥等。

3)断层线

是断层面(或带)与地面的交线，即断层在地面的出露线，表示断层的延伸方向，长短表示断层的规模所影响的范围。断层线的形状取决于断层面的弯曲程度和地形的起伏等。

4)断盘

是断层面两侧相对移动的岩块。若断层面是倾斜的，则在断层面以上的断块叫上盘；在断层面以下的断块叫下盘。按两盘相对运动方向分，相对上升的一盘叫上升盘；相对下降的一盘叫下降盘。上盘既可以是上升盘，也可以是下降盘，下盘亦如此。如果断层面直立，或岩块沿水平方向移动，就依据方位分为南盘和北盘、东盘和西盘。

5)断距

指断层沿破裂面相对错开的距离，可以根据两盘中对应点(在断层面上的点，未断裂前为同一点)或对应层(未断裂前为同一层)进行测量或计算求取，为总断距。总断距的水平分量为水平断距，铅直分量为铅直断距。

2. 断层的基本类型

1)正断层

指上盘岩块沿断层面相对下降，下盘相对向上移动的断层，如图3-18a)所示。岩体受到水平张应力及重力作用而成，一般发育规模不大，断层线较平直，其断层面－般较陡，倾角多在

45°~90°之间。

2)逆断层

指上盘岩块沿断层面相对向上移动,下盘相对下降的断层,如图3-18b)所示。岩体受到水平方向挤压作用而成,断层线方向常与岩层走向或褶皱轴方向一致,与压应力方向垂直。逆断层倾角变化较大,大于45°为高角度逆断层;小于45°为低角度逆断层,也称为逆掩断层。规模巨大且上盘沿波状起伏的低角度断层面作远距离(数公里至数十公里)推移的逆掩断层称为推覆构造或辗掩构造。

3)平移断层

指断层两盘基本上沿断层走向作相对水平移动的断层,如图3-18c)所示,也叫走向滑动断层或平推断层。平移断层可能是由于水平挤压,顺平面X剪裂面发育而成,也可能是由于不均匀的侧向挤压,使不同部分的岩块在垂直于纵向逆断层或褶皱枢纽的方向上,作不同程度的向前推移而形成。平移断层有左旋和右旋之分。当垂直断层走向观察时,对投向左方移动(即逆时针方向旋转)的叫左旋平移断层,反之对盘向右方移动(即顺时针方向旋转)的称为右旋平移断层。

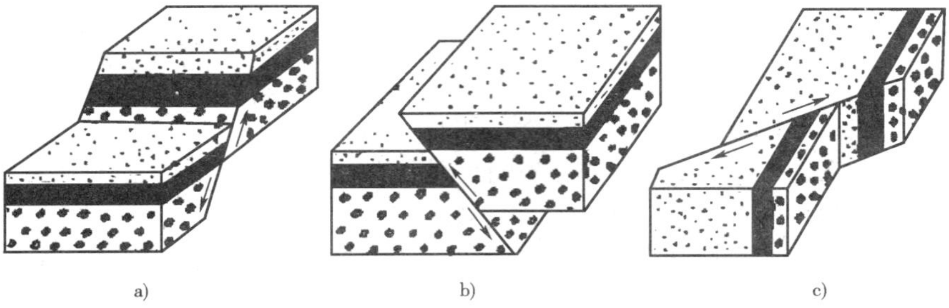

图3-18 断层的类型

a)正断层;b)逆断层;c)平移断层

这里介绍的主要是一些受单向应力作用而产生的断裂变形,是断层构造的3个基本类型。由于岩体的受力性质和所处的边界条件很复杂,实际情况也要复杂得多。

3. 断层的组合类型

断层在地壳中的实际发育情况很少是孤立的,它受区域性或地区性地应力场的控制,并经常与相关构造相伴生。在各构造之间,依一定的力学性质,以一定的排列方式有规律地组合在一起,形成不同形式的断层带,根据其出露的形状,可分为:

1)阶梯状断层

是由若干条产状大致相同的正断层平行排列组合而形成的断裂带,在剖面上各个断层的上盘呈阶梯状相继向同一方向依次下错,见图3-19所示。

2)地堑和地垒

是由走向大致平行、倾向相反、性质相同的两条以上断层组成的,如果两个或两组断层之间的岩块相对下降,两侧岩块相对上升则叫地堑,反之中间上升两侧下降则称为地垒。地堑在地貌上是狭长的谷地或成串展布的长条形盆地与湖泊,我国规模较大的有汾渭地堑。地垒常形成块状山地，在天山、阿尔卑斯山等广泛发育有地垒构造。地堑比地垒发育更广泛，地质意义更重要。

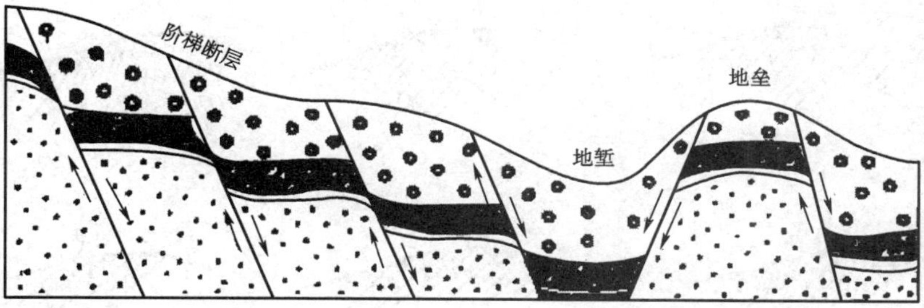

图 3-19 地垒、地堑和阶梯状断层

3）叠瓦状构造

指一系列产状大致相同呈平行排列的逆断层的组合形式，各断层的上盘岩块依次上冲，在剖面上呈屋顶瓦片样依次叠覆，如图 3-20 所示。

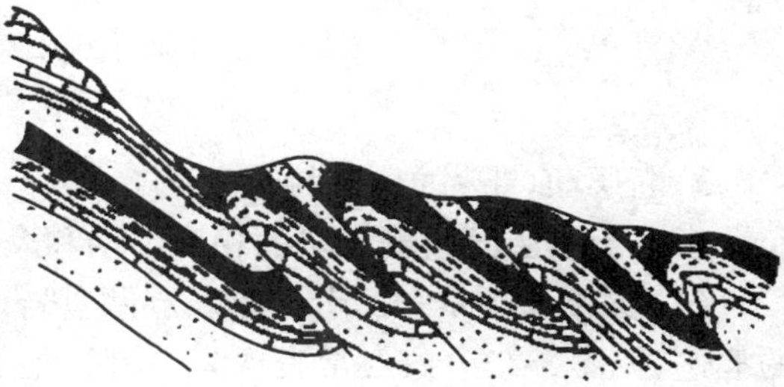

图 3-20 叠瓦状构造

4. 断层的野外识别

在自然界，大部分断层由于后期遭受剥蚀破坏和覆盖，在地表上暴露得不清楚，因此应根据地层、构造等直接证据和地貌、水文等方面的间接证据来判断断层的存在与否及断层的类型。

1）构造线和地质体的不连续

任何线状或面状的地质体，如地层、岩脉、岩体、变质岩的相带、不整合面、侵入体与围岩的接触界面、褶皱的枢纽及早期形成的断层等，在平面或剖面上的突然中断、错开等不连续现象是判断断层存在的一个重要标志，见图 3-21 所示。

a) b) c)

图 3-21 断层造成的不连续

a）岩层中断；b）岩脉切断；c）早期断层中断

2）地层的重复与缺失

在层状岩石分布地区，沿岩层的倾向，原来层序连续的地层发生不对称的重复或者是某些层位的缺失现象，一般是断层造成的。地层重复与缺失的几种形式如图 3-22 所示（图中外文字母代表各类地层）。断层造成的地层重复和褶皱造成的地层重复的区别是前者单向重复，后者为对称重复。断层造成的缺失与不整合造成的缺失也不同，断层造成的地层缺失只限于断层两侧，而不整合造成的缺失有区域性特征。

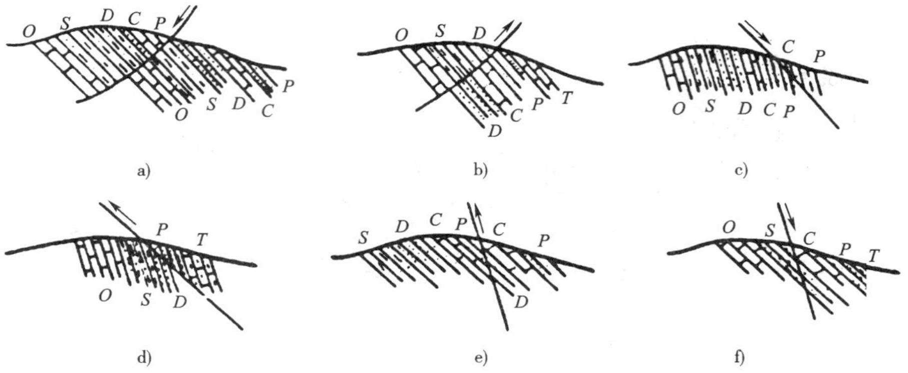

图 3-22　走向断层造成的地层重复或缺失

a)、b)、c)为正断层；d)、e)、f)为逆断层

3）断层面（带）的构造特征

指由于断层面两侧岩块的相互滑动和摩擦，在断层面上及其附近留下的各种证据。

（1）擦痕与阶步　两者都是断层两盘岩块相对错动时在断层面因摩擦和碎屑刻划而留下的痕迹，见图 3-23。擦痕常表现为一组彼此平行而且比较均匀细密的相间排列的脊和槽，有时可见擦痕一端粗而深，另一端细而浅，则由粗的一端向细的一端的指向即为对盘运动方向。在硬而脆的岩石中，有的摩擦面光滑如镜，称为摩擦镜面。阶步是指断层面上与擦痕垂直的微小陡坡，在平行运动方向的剖面上其形状特征呈不对称波状，陡坡倾斜方向指示对盘错动方向。

（2）牵引现象　指断层两盘沿断层面作相对滑动时，断层附近的岩层因受断层面摩擦力拖拽而产生的弧形弯曲现象。岩石弧形弯曲突出的方向大体指示本盘错动方向，见图 3-24 所示。

图 3-23　断层擦痕与阶步

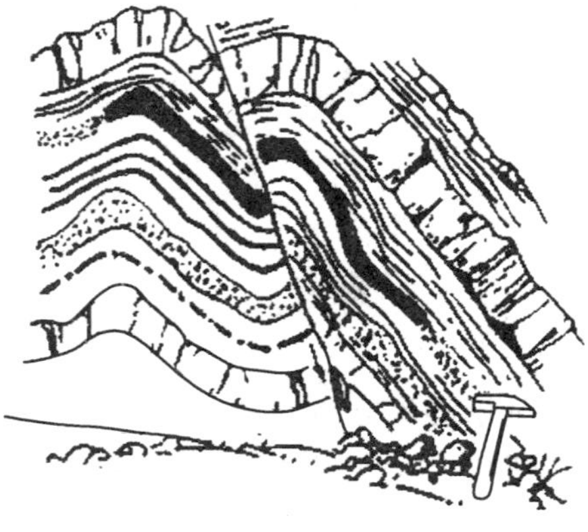

图 3-24　断层的牵引现象

(3)伴生节理　在断层剪切滑动产生的应力作用下,在断层的一侧或两侧岩层常相伴产生规律排列的节理或劈理,多呈网状排列。

(4)构造透镜体　指断层带中常发育的规模不等,并呈一定方向排列的透镜状岩块。部分构造透镜体是由于断层形成时的挤压作用产生的共扼剪节理把岩石切割成菱形岩块再进一步挤压研磨而成。

(5)断层岩　是断层带中因断层动力作用被搓碎、研磨、有时伴有重结晶作用(变质作用)而形成的一种岩石。根据研磨程度以及重结晶作用所反映的结构构造特征,可分为断层角砾岩、碎裂岩、糜棱岩等类型。

(6)断层泥　在断层破碎带中常可见到厚度不等的泥状物质,脱水干燥后呈硬块状。它们是糜棱岩、碎裂岩或岩粉等经浸水风化而成,大多由石英及亲水性较强的粘土矿物等组成。断层泥压缩变形大,强度低,常给工程带来很大的危害。

4)地貌和水文特征

较大的断层由于断层面直接出露,在地貌上形成陡立的峭壁,称为断层崖。当断层崖遭受与崖面垂直的水流侵蚀切割后,可形成一系列的三角形陡崖,叫做断层三角面,见图 3-25 所示。

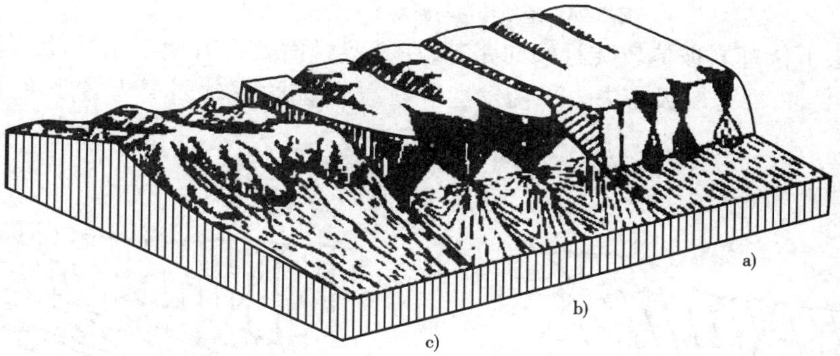

图 3-25　断层三角面形成示意图

a)断层崖剥蚀成冲沟;b)冲沟扩大,形成三角面;c)继续侵蚀,三角面消失

断层的存在常常控制和影响水系的发育,并可引起河流遇断层面而急剧改向,甚至发生河谷错断现象。湖泊、洼地呈串珠状排列,往往意味着大断层的存在。温泉和冷泉呈带状分布往往也是断层存在的标志。线状分布的小型侵入体也常反映断层的存在。

在山岭地区,沿断层破碎带易侵蚀下切而形成河谷或峡谷地貌。

第四节　地质构造与公路工程的关系

从上述内容可知,一般的地质构造包括:水平构造、单斜构造、直立构造、背斜和向斜构造、节理和断层构造等。公路工程主要是指道路、桥梁和隧道三大项及其一些辅助工程建筑,公路工程与地质构造有着非常密切的关系。

一、地质构造与路基工程的关系

(1)当岩层水平、直立,或单斜层面及节理面背向路基时,对边坡稳定有利,如图3-26a)、b)、c)所示。如若有软弱岩层时,应抹面护壁以防止风化。

(2)岩层层面及节理面倾向路基,且结构面的倾角大于10°,其走向又与路基平行或交角较小时,易形成边坡的坍塌。如若有软弱岩层时,则更易形成边坡的滑动,如图3-26d)、e)所示。

(3)断层破碎带的岩体松散,节理也很发育,常是地下水活动的通道,加之断层面倾向路基,所以当挖方边坡与断层带平行时,极易产生滑塌,如图3-26f)所示。

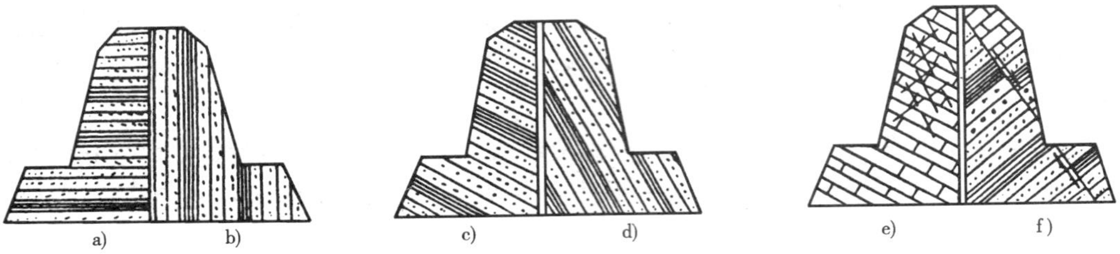

图3-26 地质构造与路基工程之间的关系

(4)堆积层下伏基岩坡体较陡且倾向路基,在其接触面处常有地下水活动,当路堑开挖超过接触面的深度时,堆积层极易失去平衡发生滑塌,尤以基岩属软弱层为最严重,如图3-27所示。

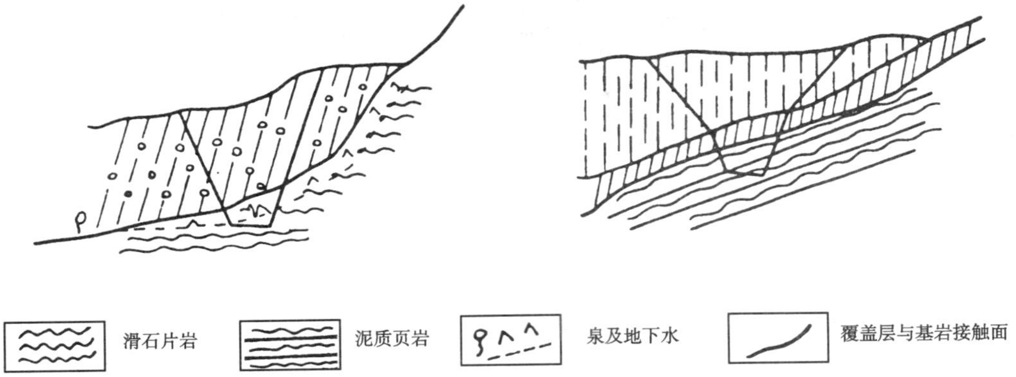

图3-27 路堑边坡不稳定情况示意图

(引自《工程地质基础知识》,铁道部第一勘察设计院编)

(5)节理特别发育的陡坡地段,当有一组或几组节理倾向路基时,开挖后常造成边坡崩塌、落石等病害,而且构造节理中为张节理,对路堑边坡也是极不稳定的因素。

二、地质构造与桥基工程的关系

(1)在确定桥位之前首要任务是勘察桥位可能穿越的地层、岩性、地质构造,尤其要分析桥位与大的构造线、断层破碎带之间的关系。

（2）桥位选定后对桥墩位置的布置，应做具体探测，墩位应避开软弱层面，因为一个桥址的不同地段可能会遇到复杂的构造现象，可因地制宜作小的调整。

（3）桥基的稳定性与岩层产状、软弱面等都有直接影响。

①当岩层层面倾向下游，其中又有软弱夹层时，会因水的冲蚀作用而影响基础的稳定性。如果软弱夹层较厚，会使基础产生差异沉降导致墩身歪斜或倾覆，如图3-28所示。

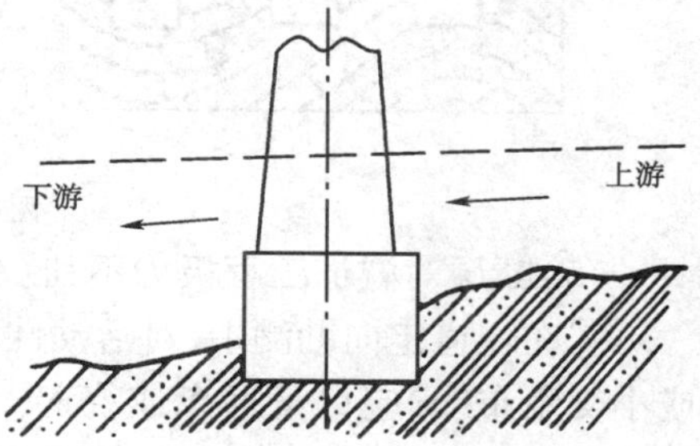

图3-28　桥基不稳定图示

②当两种不同岩层接触，其接触面较陡时，会造成桥基不稳，因为接触面一般都是软弱结构面，故最好是将桥基设计在单一岩层之上。

③在定桥位时，应尽可能的避开断层破碎带，如图3-29所示，因桥基岩体破碎，易风化渗水，受桥基和桥体荷载后出现沉陷，或沿断层破裂面错动的方向，使桥墩发生滑移或倾斜。

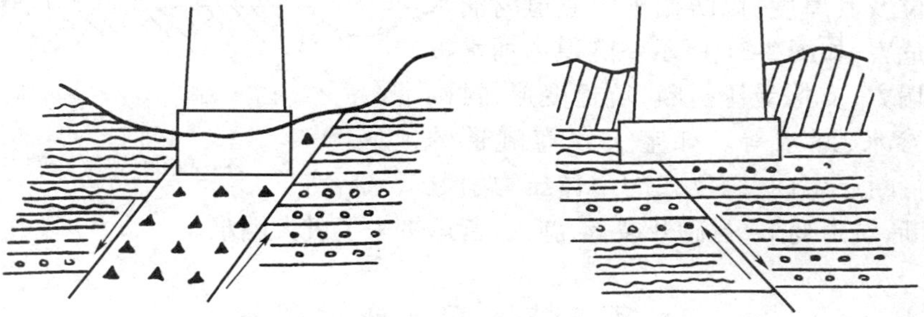
图3-29　断层构造对桥基影响示意图

三、地质构造与隧道工程的关系

（1）隧道穿过硬质厚层状的水平岩层时，一般都是较为稳定的。如果是松散的薄层岩层，则开挖后可能会有顺层剥落或坍塌的危险，尤其是极易风化的软质岩石，在有水的情况下，会给施工造成极大的困难。

（2）隧道穿过直立构造且少地下水的岩层，一般是稳定的。如果层厚较薄，且有软弱夹层，加上有少量的地下水活动，则会产生较大的地层压力，有掉块和坍塌冒顶的可能。

（3）在单斜构造地区岩层倾角的大小和岩性对隧道的稳定性有极大的影响。若倾角平缓且岩质坚硬，则较稳定；若倾角大，夹有软弱层，且有地下水活动，则地层侧压力较大。如在塑性强的粘性土中，可能引起隧道边墙的坍塌和顺层滑动。

（4）褶曲与隧道工程的关系，可以从两个方面来分析：

①如果隧道从向斜轴部穿过，则因两侧岩层向轴部挤压和核部向下坠落，产生较大的压力。

②如果隧道从背斜轴部穿过，则常因轴部张节理向上呈辐射状发育，顶部受水面积大，地下水向核部汇集，对隧道工程不利。

③在褶曲地段开挖隧道，通常选在翼部通过，如图 3-30 所示。

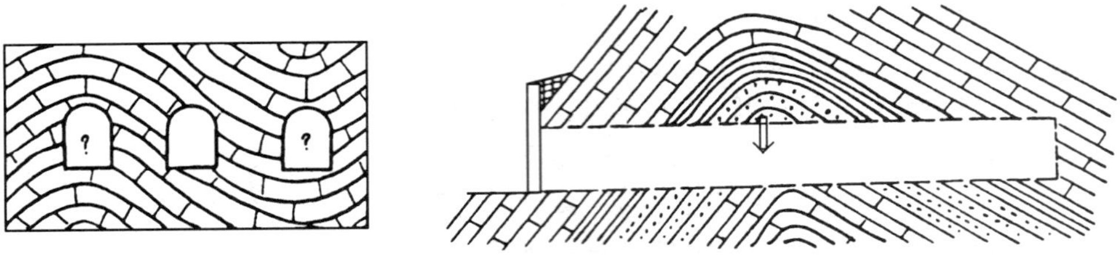

图 3-30　褶皱与隧道工程的关系

(5)断层对隧道工程极为不利。

①在隧道定向勘测中，对活动性断层或宽度较大的断层破碎地段，切忌与断层构造线平行或小交角布线，应尽量远离或绕避。若必须穿越时，则应使隧道中线与断层构造线呈直交或近乎直交穿越，以减小对隧道工程的影响范围。

②隧道穿越走向逆断层时，应查清上盘岩体含水层的层位及其厚度，以防掘进中隧道内涌水给工程造成危害，如图 3-31 所示。隧道内涌水极易引起洞内塌方，支撑受压折断，坑道变形，衬砌严重开裂、渗水、漏水等。如宝天线有隧道约 200m 长，平行断层走向，因巨大的山体压力引起支撑受压折断，坑道变形，衬砌开裂，给施工、营运带来了极大困难。

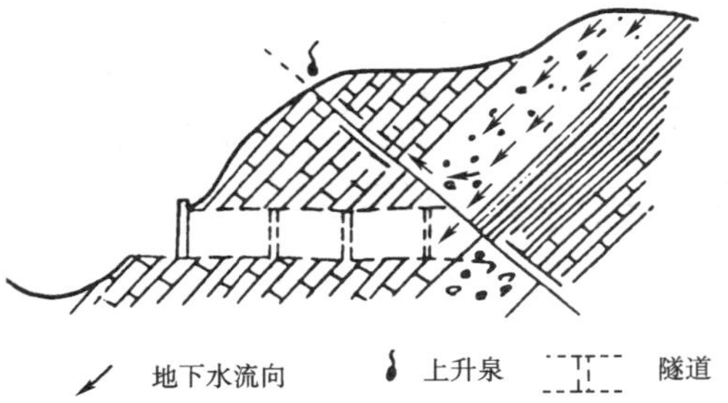

图 3-31　断层与隧道工程的关系

第五节　阅读地质图

地质图是反映一个地区各种地质现象和地质条件的图件，它将自然界的地质情况，用规定的图例符号按一定的比例缩小投影绘制在平面上。地质图由野外地质勘测的实际资料编制而成，是地质勘测工作的主要成果之一。

一、地质图概述

1. 地质图的类型

地质图的种类较多，工程上常用的基本图件有以下几种：

1)普通地质图

普通地质图主要是表示某地区地层岩性和地质构造条件的基本图件，它是把出露在地表不同地质时代的地层分界线和主要构造线的分布，测绘在地形图上编制而成，并附以典型地质剖面图和地层柱状图。地质剖面图是反映地表以下某一断面地质条件的图件，综合地层柱状图是综合反映一个地区各地质年代的地质特征、厚度和接触关系的图件。

2)地貌及第四纪地质图

地貌及第四纪地质图主要是根据第四纪沉积物的成因类型、岩性和生成时代，以及地貌成因类型、形态特征不同而综合编制的图件。

3）水文地质图

水文地质图是表示地下水的水文地质条件的图件。反映地下水的类型、埋藏深度和含水层厚度、径流方向等。

4）工程地质图

工程地质图是根据工程地质条件而编制勘察工作成果的图件，综合表示各种工程地质条件。

2. 地质图的规格

一幅正规的地质图应该有图名、比例尺、方位、图例和责任表（包括编图单位、负责人员、编图日期及资料来源等），在图的左侧为综合地层柱状图，有时还在图的下方附有典型剖面录。

比例尺的大小反映图的精度，比例尺越大，图的精度越高，对地质条件的反映越详细。比例尺的大小取决于地质条件的复杂程度和建筑工程的类型、规模及设计阶段。

图例是说明地质图上所有出露地层的地质年代、岩石类型和产状及其构造形态，一般自上而下或自左而右按地层（上新下老或左新右老）、岩石、构造顺序排列。所用的岩性图例、地质符号、地层、岩性代号及颜色都有统一规定，参见附录。

二、地质构造在地质图上的表现

在地质图上，是通过地层分界线、地层年代符号、岩性符号和地质构造符号，把不同地质构造的形态特征和分布情况反映出来的。下面介绍不同情况下的构造形态在地质平面图上的主要表现形式。

1. 岩层构造

1）水平岩层

岩层在地面出露的部分，也就是岩层层面与地面的交线，称为地层界线。由于水平岩层的倾角为0°，同一岩层面上所有各点的高程都相同，因此同一层面上的地层界线与地形等高线重合或相互平行，常常形成封闭曲线，如图3-32所示。岩层顶面至岩层底面的高差，即为岩层厚度。

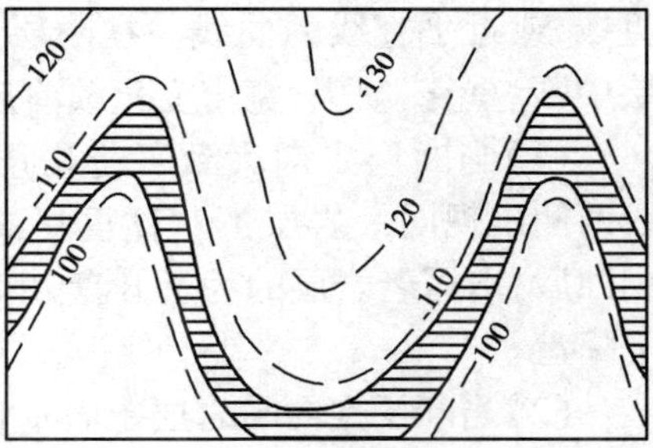

图3-32　水平岩层在地质图上的表现

2）倾斜岩层

倾斜岩层的分界线在地质图上是一条与地形等高线相交的"V"字形曲线。

（1）当岩层倾向与地面倾斜的方向相反时，地层界线的弯曲方向与地形等高线的弯曲方向一致，但岩层界线的弯曲程度比地形等高线的弯曲程度要小，见图3-33a）所示。

（2）当岩层倾向与地形坡向一致时，若岩层倾角大于地形坡角，则岩层分界线的弯曲方向和地形等高线的弯曲方向相反，见图3-33b）所示。

（3）当岩层倾向与地形坡向一致时，若岩层倾角小于地形坡角，则岩层分界线的弯曲方向和等高线的弯曲方向相同，但岩层界线的弯曲程度大于地形等高线的弯曲程度。如图3-33c）所示。

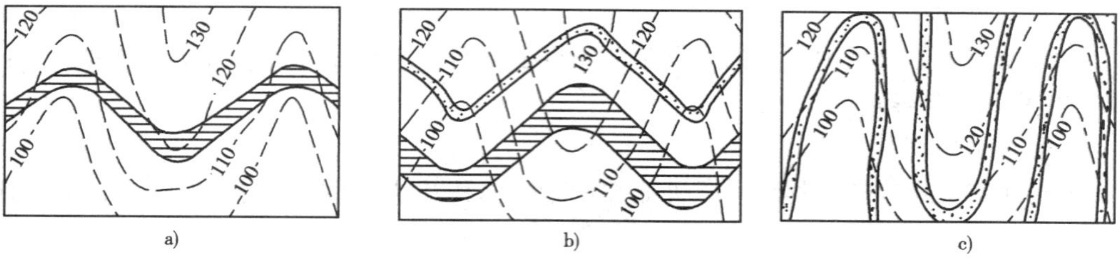

图 3-33 倾斜岩层在地质图上的表现

3）直立岩层

直立岩层的倾角为 90°，地层界线垂直于地形等高线，岩层面与地面各点的高程随地形的变化而不同，但线形不受地形变化的影响。当岩层走向不变时为一条直线，当岩层走向变化且为一条曲线或折线时，直立岩层的地层分界线在地表上为带形，带的宽度就是岩层的厚度。

2. 褶皱

地质图上，一般首先根据图例符号和岩层是否对称重复，识别褶皱是否存在。再判别是水平褶皱还是倾伏褶皱，若是两翼倾角大致相等而方向相反，地层界线呈平行带状，如图 3-34a）所示，则为水平褶皱；若是两翼倾角不等且倾向相反，地层界线呈同心带状，如图 3-34b）所示，则为倾斜褶皱。然后根据岩层的新老关系和产状特征，进一步判别是背斜还是向斜。背斜从核部至两翼，岩层由老到新；向斜从核部至两翼，岩层由新到老。

3. 断层

在地质图上，一般也是根据图例符号识别断层。断层在地质图上用断层线表示，由于断层倾角一般较大，所以断层线在地质图上通常为一段直线，或近乎直线的曲线。在断层线两侧伴有岩层中断、重复、缺失、宽窄变化或前后错动现象。

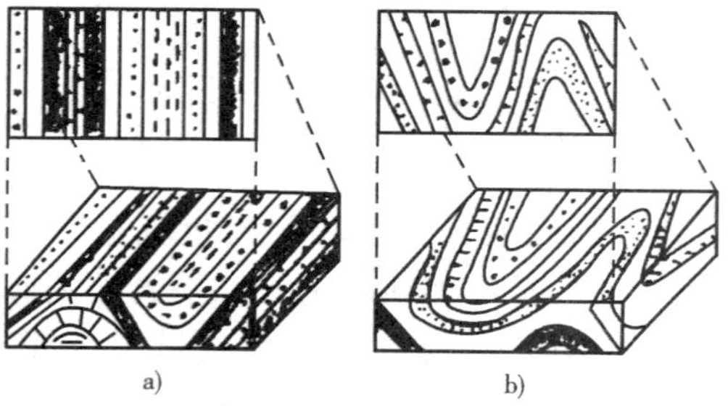

图 3-34 褶皱在地质图上的表现

（1）当断层走向大致平行岩层走向时，断层线两侧出现同一岩层不对称重复或缺失，地面被剥蚀后，出露老岩层的为上升盘，出露新岩层的为下降盘。

（2）当断层走向与岩层走向垂直或斜交时，无论正断层、逆断层还是平移断层，在断层线两侧都会出现岩层的中断和前后错动现象。对于正断层和逆断层，向前错动的为上升盘，向后错动的为下降盘。

（3）当断层与褶皱轴线垂直或相交时，不仅表现为翼部岩层顺走向不连续，而且还表现为褶曲轴部岩层的宽度在断层线两侧有变化。具体有 3 种情况：

①如果褶曲是背斜，上升盘轴部岩层出露的范围变宽，下降盘轴部岩层出露的范围变窄，如图 3-35a）所示。

②如果褶曲是向斜，情况刚好与背斜相反，上升盘轴部岩层变窄，下降盘轴部岩层变宽，如图 3-35b）所示。

③平推断层两盘轴部岩层的宽度不发生变化，在断层线两侧仅表现为褶曲轴线及岩层错断开，如图3-35c)所示。

4. 地层接触关系

整合和平行不整合在地质图上的表现是相邻岩层的产状一致，岩层分界线彼此平行，只是前者相邻岩层时代连续，而后者不连续。角度不整合在地质图上的特征是上下两套岩层时代不连续，而且产状也不相同，新岩层的分界线遮断了老岩层的分界线。侵入接触使沉积岩层界线在侵入体出露处中断，但在侵入体两侧无错动；沉积接触表现出侵入体被沉积岩层覆盖中断。

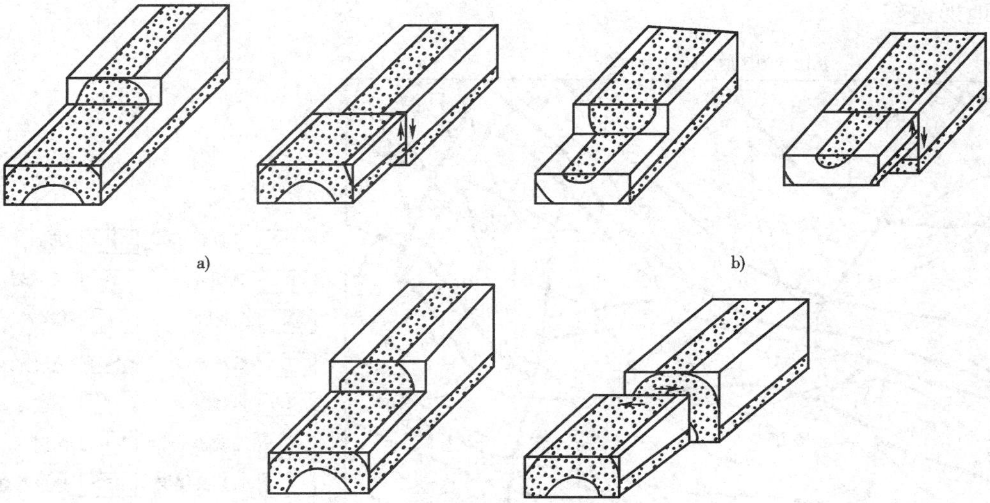

a)　b)　c)

图3-35　断层垂直褶皱轴造成的岩层宽窄变化和错动

三、阅读地质图

一幅完整的地质图应包括平面图、剖面图和地层柱状图。对某一地区地质图的阅读和分析，可帮助我们具体了解该地区的地质情况。这对我们研究公路路线的布局、确定野外工程地质工作重点等，提供了帮助。因此，学会阅读和分析地质图十分必要。

1. 阅读地质图的方法和步骤

(1)先看图名和比例尺。了解地质图所表示的内容，图幅的依置、地点、范围及其精度。

(2)阅读图例。了解图中有哪些地质时代的岩层及其新老关系，并熟悉图例的颜色及符号。在附有地层柱状图时，可与图例配合阅读，综合地层柱状图较完整、清楚地表示了地层的新老次序、分布程度、岩性特征及接触关系。

(3)分析地形地貌。了解本区的地形起伏、相对高差、山川走势、地貌特征以及水系的流向及发育情况等。

(4)阅读地层的分布、产状及其与地形的关系。分析不同地质时代地层的分布规律、岩性特征，以及新老接触关系，了解区域地层的基本特点。

(5)阅读地质构造。图上有无褶皱，褶皱类型、轴部、翼部的位置；有无断层，断层性质、分布，以及断层两侧地层的特征。再进一步分析本地区地质构造形态的基本特征。

(6)在上述阅读分析的基础上，对图幅范围内的区域地层岩性条件和地质构造特征进行初步的分析和评价。

2. 阅读地质图实例

以黑山寨地区地质为例(图 3-36、图 3-37、图 3-38)，介绍阅读地质图的过程。

1)比例尺

该地质图比例尺为1∶10000，即图上 1cm 代表实地距离 100m。

2)地形地貌

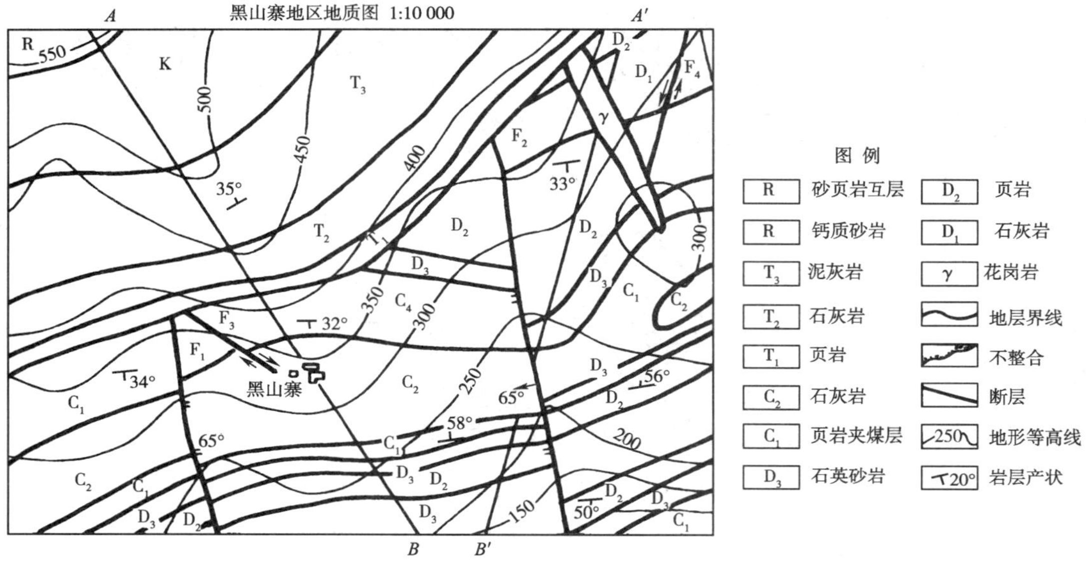

图 3-36　黑山寨地区地质图

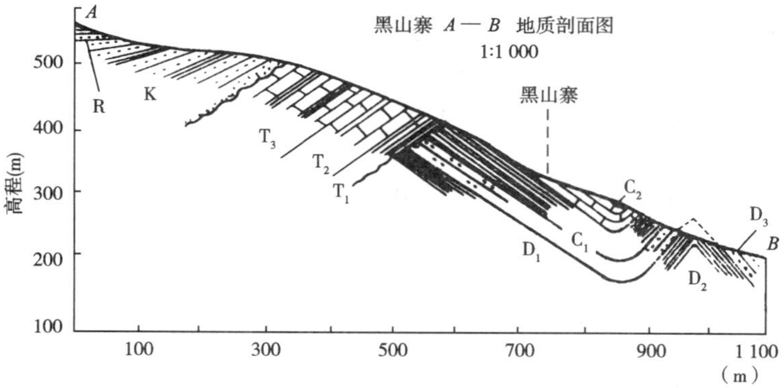

图 3-37　黑山寨地区地质剖面图

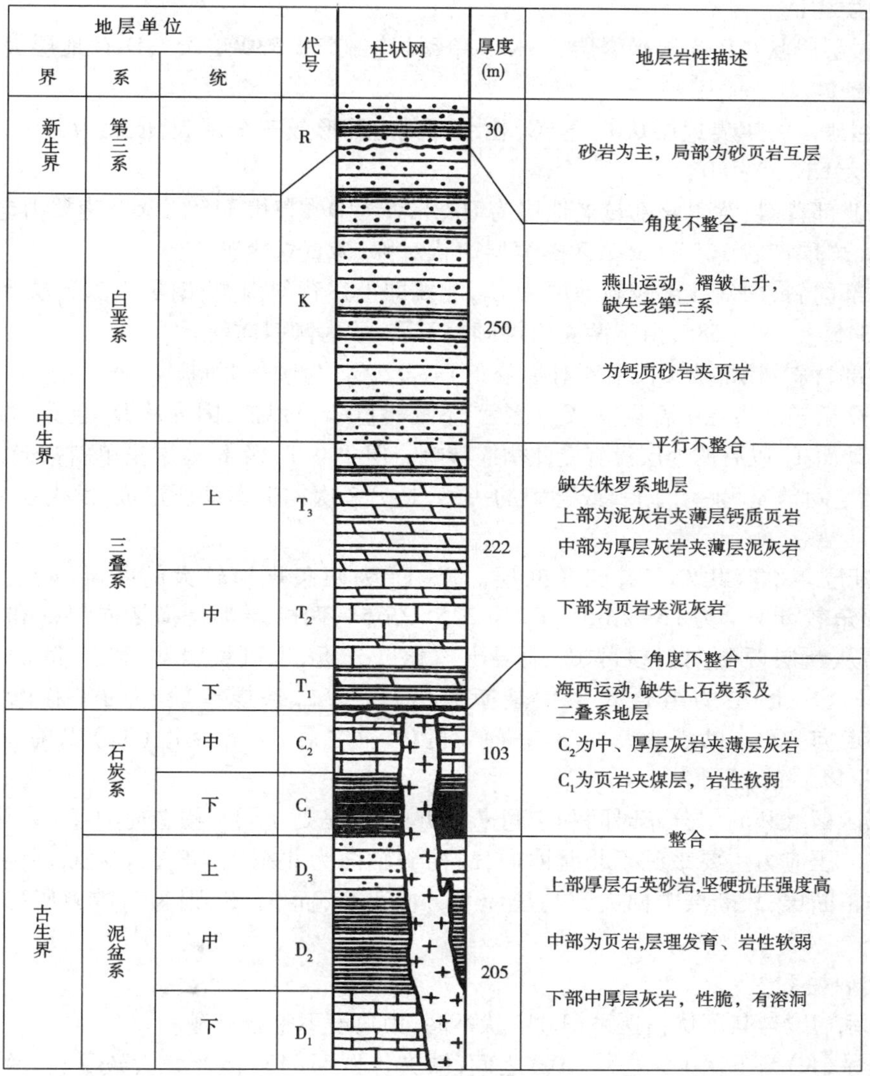

图 3-38　黑山寨地区综合地层柱状图

本地区西北部最高，高程约为 570m，东南较低，约 100m，相对高差约为 470m。有一山岗，高程为 300 多米，顺地形坡向有两条北北西向沟谷。

3）地层岩性

本区出露地层从老到新有：古生界——下泥盆统（D_1）石灰岩、中泥盆统（D_2）页岩、上泥盆统（D_3）石英砂岩，下石炭统（C_1）页岩夹煤层、中石炭统（C_2）石灰岩；中生界——下三叠统（T_1）页岩、中三叠统（T_2）石灰岩、上三叠统（T_3）泥灰岩，白垩系（K）钙质砂岩；新生界——第三系（R）砂、页岩互层。古生界地层分布面积较大，中生界、新生界地层出露在北、西部。

除沉积岩层外，还有花岗岩脉（γ）侵入，出露在东北部。侵入在三叠系以前的地层中，属海西运动时期的产物。

4)地质构造

(1)岩层产状　R 为水平岩层;T、K 为单斜岩层,产状 330°∠35°;D、C 地层大致近东西或北东东向延伸。

(2)褶皱　古生界地层从 D_1 至 C_2 由北部到南部形成三个褶皱,依次为背斜、向斜、背斜,褶皱轴向为 NE75°~80°。

①东北部背斜:背斜核部较老地层为 D_1,北翼为 D_2,产状 345°∠36°;南翼由老到新为 D_2、D_3、C_1、C_2,岩层产状 165°∠36°;两翼岩层产状对称,为直立褶皱。

②中部向斜:向斜核部较新地层为 C_2,北翼即上述背斜南翼;南翼出露地层为 C_1、D_3、D_2、D_1,产状 345°∠56°~58°;由于两翼岩层倾角不同,故为倾斜向斜。

③南部背斜:核部为 D_1;两翼对称分布 D_2、D_3、C_1,为倾斜背斜。

这三个褶皱发生在中石炭世(C_2)之后,下三叠世(T_1)以前,因为从 D_1 至 C_2 的地层全部经过褶皱变动而 T_1 以后的地层没有受此褶皱影响。但 T_1~T_3 及 K 地层呈单斜构造,产状与 D、C 地层不同,它可能是另一个向斜或背斜的一翼,是另一次构造运动所形成,发生在 K 以后,R 以前。

(3)断层　本区共发育有四条断层。F_1、F_2 为两条规模较大的断层,断层走向 345°,断层面倾角较陡,F_1 为 75°∠65°;F_2 为 225°∠65°,两断层都是横切向斜袖和背斜铀的正断层。另从断层两侧向斜核部 C_2 地层出露宽度分析,也可说明 F_1 和 F_2 间的岩层相对下移,所以 F_1、F_2 断层的组合关系为地堑。F_3、F_4 为二条规模较小的平移断层,F_3 走向 300°,F_4 走向 30°。断层也形成于中石炭世(C_2)之后,下三叠世(T_1)以前,因为断层没有错断 T_1 以后的岩层。

从该区褶皱和断层分布时间和空间来分析,它们是处于同一构造应力场,受到同一构造运动所形成。压应力主要来源于北北西向,故褶皱轴向为北东东。F_1,F_2 两断层为受张应力作用形成的正断层,故断层走向大致与压应力方向平行,而 F_3、F_4 则为剪应力所形成的扭性断层。

5)接触关系

第三系(R)与其下伏白垩系(K)产状不同,为角度不整合接触。

白垩系(K)与下伏上三叠统(T_3)之间,缺失侏罗系(J),但产状大致平行,故为平行不整合接触。T_3、T_2、T_1 之间为整合接触。

下三叠统(T_1)与下伏石炭系(C_1、C_2)及泥盆系(D_1、D_2、D_3)直接接触,中间缺失二叠系(P)及上石炭统 C_3,且产状呈角度相交,故为角度不整合接触。由 C_2 至 D_1 各层之间均为整合接触。

花岗岩脉(γ)切穿泥盆系(D_1、D_2、D_3)及下石炭统(C_1)地层并侵入其中,故为侵入接触,因未切穿上覆下三叠统(T_1)地层,故 γ 与 T_1 为沉积接触,说明花岗岩脉(γ)形成于下石炭世(C_1)以后,下三叠世(T_1)以前,但规模较小,产状呈北北西—南南东分布的直立岩墙。

课外作业

根据如下地质图(图 3-39),图边给定两点画直线在坐标纸上,作出 A—A′地质剖面图。

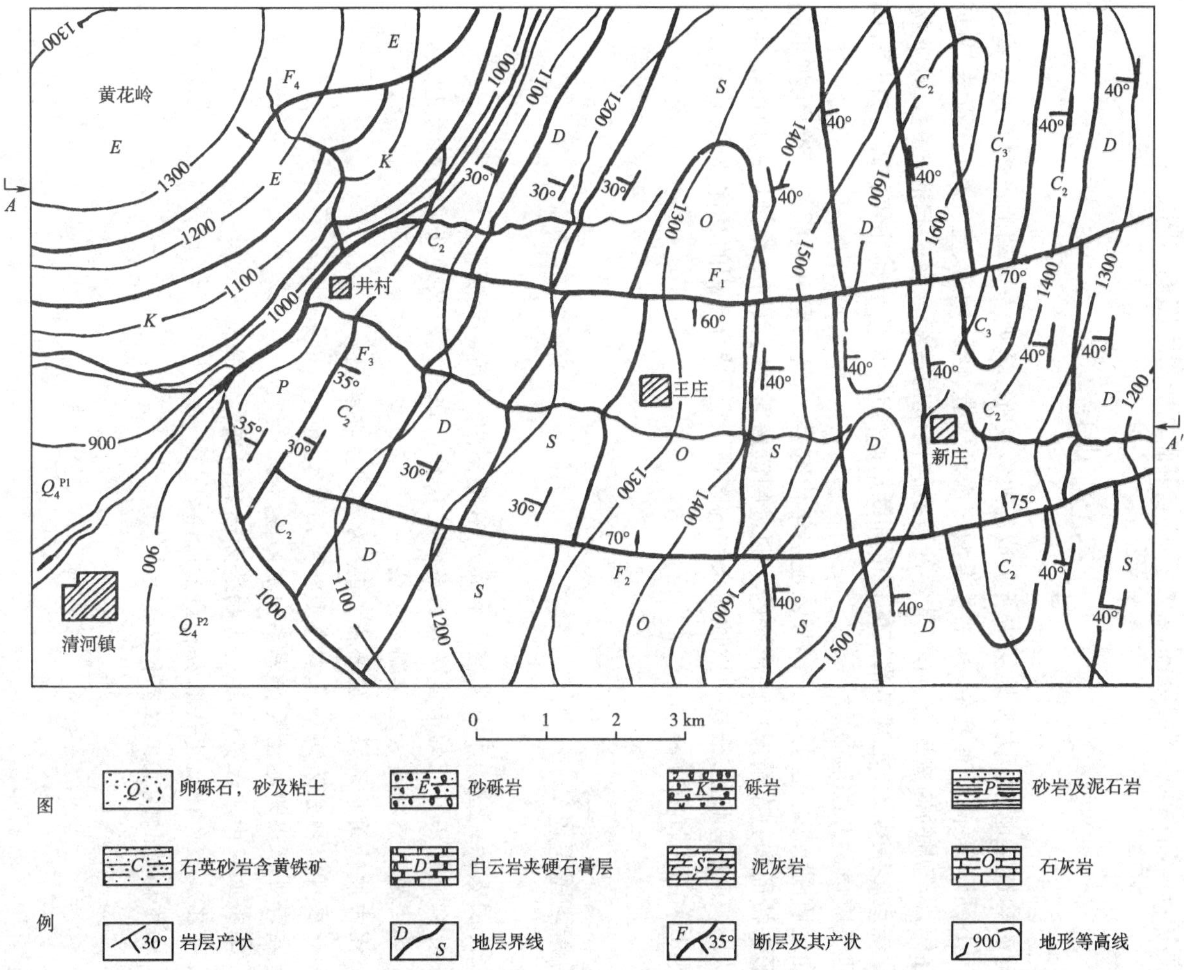

图 3-39 清河地质图(作业)

（提示：水平比例尺1∶10万，高程比例尺1∶5万。地层界线应长于岩性符号线。如地层界线长度15mm，岩性符号为10mm；岩性符号与平面图所附之图例相同）

本章小结

地质构造是地球应力在地层中所造成的永久变形，是地壳运动的产物。地质构造的规模有大有小，形式有简单有复杂，其主要类型有水平构造、倾斜构造、直立构造、褶皱、节理和断层等。在野外产出的构造形态，往往是各种类型的地质构造组合在一起形成的。地质构造对公路工程建设影响很大，尤其是褶皱的核部和断层破碎带，由于岩体比较破碎，工程条件较差，是工程建筑应该避开的地段。

在地质图上，是通过地层分界线、地层年代符号、岩性符号和地质构造符号，把不同地质构造的形态特征和分布情况反映出来的。通过阅读地质图可以对一个地区的地质条件有一个清晰的认识，在此基础上，根据自然地质条件的客观情况，结合工程的具体要求，进行合理的工程布局和正确的工程设计。

复习思考题

1. 简图表示：整合、平行不整合和角度不整合，并作简要说明。
2. 什么叫化石？它的形成必须具备哪些条件？化石对地层的研究有何意义？
3. 略述岩层产状要素及其测定方法。
4. 褶曲按轴面及两翼岩层产状，可分为哪些主要类型？
5. 断层可以划分为哪些基本类型？并用简明图式标出来。
6. 在野外根据哪些主要标志去识别断层？
7. 路基工程中应注意哪些地质构造方面的问题？为什么？
8. 桥涵工程为什么要认真分析地质构造？
9. 地质构造对隧道工程有什么影响？

第四章

地　　貌

教学要求

1. 描述地貌的形成和发展的动力、规律及影响因素；
2. 描述地貌的分级和分类；
3. 识别山岭地貌的形态要素和不同成因的山岭地貌形态；
4. 描述各种类型垭口和山坡的成因、工程地质条件及其对公路布线的影响；
5. 识别平原地貌的成因和堆积平原的类型；
6. 描述河谷地貌的形态要素、类型及河流阶地的成因及类型；
7. 描述河谷地貌和河流阶地的工程地质条件。

●第一节　地貌概述●

地壳表面各种不同成因、不同类型、不同规模的起伏形态称地貌。专门研究地壳表面各种起伏形态及其形成、发展及空间分布规律的科学称地貌学。

“地形”与“地貌”含义不同。“地形”专指地表既成形态的某些外部待征，如高低起伏、坡度大小和空间分布等。它不涉及这些形态的地质结构，以及这些形态的成因和发展。这些形态在地形图中以等高线表达。“地貌”含义广泛，它不仅包括地表形态的全部外部特征，如高低起伏、坡度大小、空间分布、地形组合以及与邻近地区地形形态之间的相互关系等，更重要的是运用地质动力学的观点，分析和研究这些形态的成因与发展。为了表达这些内容，需要运用地貌图。地貌图以地形图为底图，按规定的图例和一定的比例尺，将各种地貌表达在平面图上。

地貌条件与公路工程的建设及运营有着密切的关系。公路是线形建筑物，常穿越不同的地貌单元，地貌条件是评价公路工程地质条件的重要内容之一。各种不同的地貌，都关系到公路勘测设计、桥隧位置选择的技术经济问题和养护工程等，为了处理好公路工程与地貌条件之间的关系，就必须学习和掌握一定的地貌知识。

一、地貌的形成和发展

1. 地貌形成和发展的动力

地壳表面的各种地貌都在不断地形成和发展变化，促使地貌形成和发展变化的动力是内、外力地质作用。

内力作用形成了地壳表面的基本起伏，对地貌的形成和发展起决定性作用。首先，地壳的构造变动不仅使地壳岩层因受到强烈的挤压、拉伸或扭曲而形成一系列褶皱带和断裂带，而且还在地壳表面造成大规模的隆起区和沉降区。隆起区将形成大陆、高原、山岭；沉降区则形成海洋、平原、盆地。其次，地下岩浆的喷发活动对地貌的形成和发展也有一定的影响。岩浆沿裂隙喷发可形成火山锥和熔岩盖等堆积物，它们的覆盖面积可达数百甚至于数十万平方公里，厚度可达数百或数千米。内力作用不仅形成了地壳表面的基本起伏，而且还对外力作用的条件、方式及过程产生深刻的影响。例如：地壳上升，侵蚀、剥蚀、搬运等作用增强，堆积作用就变弱；地壳下降，则与上述情况相反。

外力作用根据其作用过程可分为风化、剥蚀、搬运、堆积和成岩等作用，外力作用对由内力作用所形成的基本地貌形态，不断地进行雕塑、加工，起着改造作用。其总趋势是削高补低，力图把地表夷平，即把由内力作用所造成的隆起部分进行剥蚀破坏，同时把破坏的碎屑物质搬运堆积到由内力作用所造成的低地和海洋中去。如同内力作用会引起外力作用的加剧一样，在外力作用把地表夷平的过程中，也会改变地壳已有的平衡，从而又为内力作用产生新的地面起伏提供新的条件。

综上所述，地貌的形成和发展是内、外力共同作用的结果，我们现在看到的各种地貌形态，就是地壳在内、外力作用下发展到现阶段的形态表现。

2. 地貌形成、发展的规律和影响因素

地貌的形成和发展变化，首先取决于内、外力作用之间的量的对比。例如，在内力作用使地表上升的情况下，如果上升量大于外力作用的剥蚀量，地表就会升高，最后形成山岭地貌；反之，如果上升量小于外力作用的剥蚀量，地表就会降低或被削平，最后形成剥蚀平原。同样，在内力作用使地表下降的情况下，如果下降量大于外力作用所造成的堆积量，地表就会下降，形成低地；反之，如果下降量小于外力作用所造成的堆积量，地表就会被填平乃至增高，形成堆积平原或各种堆积地貌。

此外，地貌的形成和发展变化也决定于地貌水准面。当内力作用造成地表基本起伏后，如果地壳运动由活跃期转入宁静期，此时内力作用变弱。但外力作用并未因此而变弱，它的长期继续作用最终将把地表夷平，形成一个平面，这个夷平面是高地被削平、凹地被填充的水准面，所以也称为地貌水准面。地貌水准面是外力作用力图最终达到的剥蚀界面，在此过程中，内外力作用所形成的各种地貌，其形成和发展均要受它的控制。地貌水准面并非一个，一般有多少种外力作用，就有多少个相应的地貌水准面。这些地貌水准面可以是单因素的，但在更多情况下则常是多种因素互相结合的，因为在同一地区各种外力作用常是同时进行的。

地貌的形成和发展除受上述规律支配外，还受地质构造、岩性、气候条件等因素的影响。外力作用改变地貌的能力，常常是与地质构造和岩石性质相联系的。地质构造对地貌的影响，明显的见于山区和剥蚀区。例如，各种构造破碎带常是外力作用表现最强烈的地方，单斜山和桌状山等等多是岩层产状在地貌上的反映。岩性不同，其抵抗风化和剥蚀的能力也就不同，从而形成不同的地貌。影响岩石抵抗风化和剥蚀能力的主要因素，是由岩石的矿物成分、结构和构造等所决定的岩石的坚硬程度。气候条件对地貌形成和发展的影响也是显著的，例如，高寒的气候地带常形成冰川地貌，干旱地带则形成风沙地貌。

二、地貌的分级和分类

1. 地貌分级

不同等级的地貌，其成因不同，形成的主导因素也不同。地貌等级一般划分为4级：

(1)巨型地貌 大陆和海洋，大的内海及大的山系都是巨型地貌。巨型地貌几乎完全是由内力作用形成，所以又称为大地构造地貌。

(2)大型地貌 山脉、高原、山间盆地等为大型地貌，基本上也是由内力作用形成。

(3)中型地貌 河谷及河谷之间的分水岭等为中型地貌，主要由外力作用造成。内力作用产生的基本构造形态是中型地貌形成和发展的基础，而地貌的外部形态决定于外力作用的特点。

(4)小型地貌 残丘、阶地、沙丘、小的侵蚀沟等为小型地貌，基本上受外力作用控制。

2. 地貌的形态分类

地貌的形态分类，就是按地貌的绝对高度、相对高度及地面的平均坡度等形态特征进行分类。表4-1是大陆上山地和平原的一种常见的分类方法。

地貌的形态分类　表4-1

形态类别		绝对高度(m)	相对高度(m)	平均坡度(°)	举例
山地	高山	>3500	>1000	>25	喜马拉雅山、天山
	中山	3500~1000	1000~500	10~25	大别山、庐山、雪峰山
	低山	1000~500	500~200	5~10	川东平行岭谷、华蓥山
	丘陵	<500	<200		闽东沿海丘陵
平原	高原	>600	>200		青藏高原、内蒙古高原、黄土高原、云贵高原
	高平原	>200			成都平原
	低平原	0~200			东北、华北、长江中下游平原
	洼地	低于海平面高度			吐鲁番盆地

3. 地貌的成因分类

日前还没有公认的地貌成因分类方案，根据公路工程的特点，这里只介绍以地貌形成的主导因素作为分类基础的方案，这个方案比较简单适用。

1)内力地貌

以内力作用为主所形成的地貌为内力地貌，它又可分为：

(1)构造地貌 由地壳的构造运动所造成的地貌，其形态能充分反映原来的地质构造形态。高地符合于构造隆起和上升运动为主的地区，盆地符合于构造凹陷和下降运动为主的地区，如褶皱山、断块山等。

(2)火山地貌 由火山喷发出来的熔岩和碎屑物质堆积所形成的地貌为火山地貌，如岩溶盖、火山锥等。

2）外力地貌

以外力作用为主所形成的地貌为外力地貌。根据外动力的不同又分为以下几种：

（1）水成地貌　以水的作用为地貌形成和发展的基本因素。水成地貌又可分为面状洗刷地貌、线状冲刷地貌、河流地貌、湖泊地貌和海洋地貌等。

（2）冰川地貌　以冰雪的作用为地貌形成和发展的基本因素。冰川地貌又可分为冰川剥蚀地貌与冰川堆积地貌，如冰斗、冰川槽谷等。

（3）风成地貌　以风的作用为地貌形成和发展的基本因素。风成地貌又可分为风蚀地貌与风积地貌。前者如风蚀洼地、蘑菇石等；后者如新月形沙丘、沙垄等。

（4）岩溶地貌　以地表水和地下水的溶蚀作用为地貌形成和发展的基本因素。其所形成的地貌如溶沟、石芽、溶洞、峰林、地下暗河等。

（5）重力地貌　以重力作用为地貌形成和发展的基本因素，如崩塌、滑坡等。

此外，还有黄土地貌、冻土地貌等。

●第二节　山 岭 地 貌●

一、山岭地貌的形态要素

山岭地貌具有山顶、山坡、山脚等明显的形态要素。

山顶是山岭地貌的最高部分，山顶呈长条形延伸时称山脊。山脊标高较低的鞍部，即相连的两山顶之间较低的部分称为垭口。一般来说，山体岩件坚硬、岩层倾斜或因受冰川的刨蚀时，多呈尖顶或很狭窄的山脊，如图 4-1a）所示；气候湿热，风化作用强烈的花岗岩或其他松软岩石分布区，多呈圆顶，如图 4-1b）所示；在水平岩层或古夷平面分布区，则多呈平顶，如图 4-1c）所示，典型的如方山、桌状山（图 4-2）等。

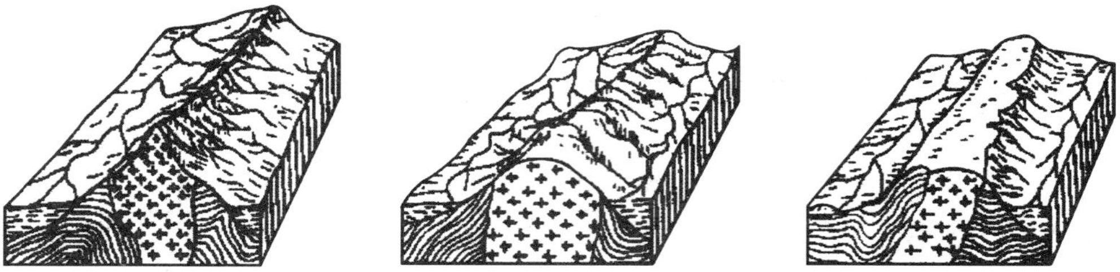

a)　　b)　　c)

图 4-1　山顶的各种形状

a）尖顶；b）圆顶；c）平顶

山坡是山岭地貌的重要组成部分。在山岭地区，山坡分布的面积最广。山坡的形状有直线形、凹形、凸形以及复合形等各种类型，这取决于新构造运动、岩性、岩体结构及坡面剥蚀和堆积的演化过程等因素。

山脚是山坡与周围平地的交接处。由于坡面剥蚀和坡脚堆积，使山脚在地貌上一般并不明显，在那里通常有一个起着缓和作用的过渡地带，它主要是由一些坡积裙、冲积锥、洪积扇及岩堆、滑坡堆积体等流水堆积地貌和重力堆积地貌组成。

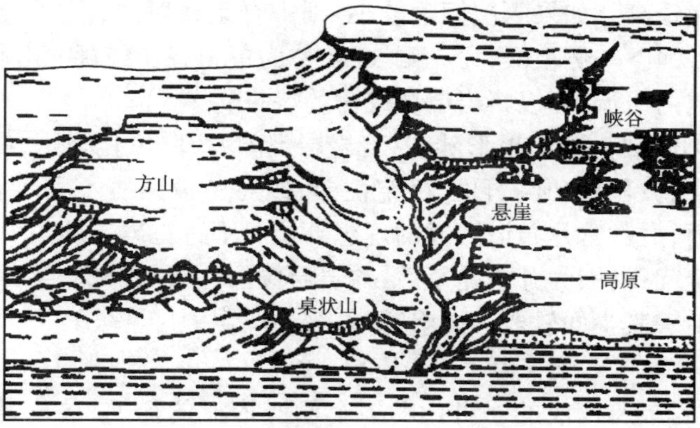

图4-2　方山和桌状山

二、山岭地貌的类型

山岭地貌可以按形态或成因分类。按形态分类一般是根据山地的海拔高度、相对高度和坡度等特点进行划分，如表4-1所示。根据地貌成因，可以将山岭地貌划分为以下类型：

1. 构造变动形成的山岭

1）平顶山

平顶山是由水平岩层构成的一种山岭，多分布在顶部岩层坚硬（如灰岩、胶结紧密的砂岩或砾岩）和下卧层软弱（如页岩）的软硬相互层发育地区，在侵蚀、溶蚀和重力崩塌作用下，使四周形成陡崖或深谷，由于顶面硬岩抗风化能力强而兀立如桌面（见图4-2）。由水平硬岩层覆面的分水岭，有可能成为平坦的高原。

2）单面山

单面山是由单斜岩层构成的沿岩层走向延伸的一种山岭，如图4-3a）所示，它常常出现在构造盆地的边缘和舒缓的穹窿、背斜和向斜构造的翼部，其两坡一般不对称。与岩层倾向相反的一坡短而陡，称为前坡。前坡多是经外力的剥蚀作用所形成，故又称为剥蚀坡。与岩层倾向一致的一坡长而缓，称为后坡或构造坡。如果岩层倾角超过40°，则两坡的坡度和长度均相差不大，其所形成的山岭外形很象猪背，所以又称猪背岭，如图4-3b）、c）所示。

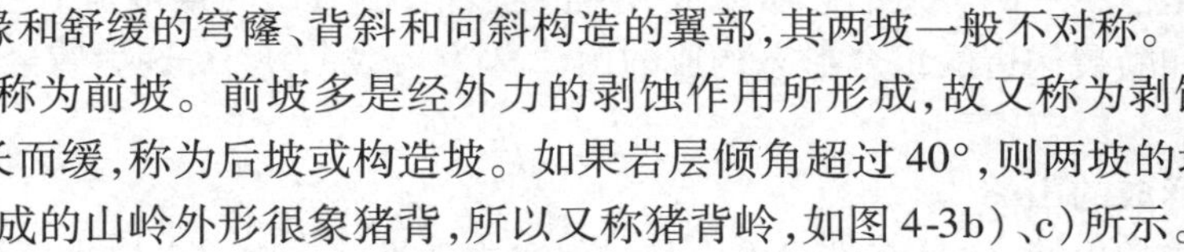

图4-3　单面山山岭

a）单面山；b）、c）猪背岭

单面山的发育，主要受构造和岩性控制。如果各个软硬岩层的抗风化能力相差不大，则上下界限分明，前后坡面不对称，上为陡崖，下为缓坡；若软岩层抗风化能力很弱，则陡坡不明显，上部出现凸坡,下部出现凹坡。如果上部硬岩层很薄,下部软弱层很厚,则山脊走线比较弯曲;反之则比较顺直,陡崖很高。如果岩层倾角较小,则山脊走线弯曲;反之,走线顺直。此外,顺岩层走向流动的河流,河谷一侧坡缓,另一侧坡陡,称为单斜谷。猪背岭由硬岩层构成,山脊走线很平直,顺岩层倾向的河流,可以将岩层切成深的峡谷。

单面山的前坡(剥蚀坡),由于地形陡峻,若岩层裂隙发育,风化强烈,则容易产生崩塌,且其坡脚常分布有较厚的坡积物和倒石堆,稳定性差,故对布设路线不利。后坡(构造坡)由于山坡平缓,坡积物较薄,故常常是布设路线的理想部位。不过在岩层倾角大的后坡上深挖路堑时,应注意边坡的稳定问题,因为开挖路堑后,与岩层倾向一致的一侧,会因坡脚开挖而失去支撑,特别是当地下水沿着其中的软弱岩层渗透时,容易产生顺层滑坡。

3)褶皱山

褶皱山是由褶皱岩层所构成的一种山岭。在褶皱形成的初期,往往是背斜形成高地(背斜山),向斜形成凹地(向斜谷),地形是顺应构造的,称为顺地形。但随着外力剥蚀作用的不断进行,有时地形也会发生逆转现象,背斜因长期遭受强烈剥蚀而形成谷地,而向斜因为堆积作用而形成山岭,这种与地质构造形态相反的地形称为逆地形。一般在年轻的褶皱构造上顺地形居多,在较老的褶皱构造上,由于侵蚀作用进一步发展,逆地形则比较发育。此外,在褶皱构造上还可能同时存在背斜谷和向斜谷,或者演化为猪背岭或单斜山、单斜谷等。

4)断块山

断块山是由断裂变动所形成的山岭。它可能只在一侧有断裂,也可能两侧均为断裂所控制。断块山在形成的初期可能有完整的断层面及明显的断层线。断层面构成了山前的陡崖,断层线控制了山脚的轮廓,使山地与平原或山地与河谷间的界线相当明显而且比较顺直。以后由于剥蚀作用的不断进行,断层面便可能遭到破坏而后退,崖底的断层线也被巨厚的风化碎屑物所掩盖。此外,在第三章已经指出过,由断层面所构成的断层崖,也常受垂直于断层面的流水侵蚀,因而在谷与谷之间形成一系列断层三角面,它常是野外识别断层的一种地貌证据。

5)褶皱断块山

上述山岭都是由单一的构造形态所形成,但在更多情况下,山岭常常是由它们的组合形态所构成。由褶皱和断裂构造的组合形态构成的山岭称为褶皱断块山,这里曾经是构造运动剧烈和频繁的地区。

2. 火山作用形成的山岭

火山作用形成的山岭,常见有锥状火山与盾状火山。锥状火山是多次火山活动造成的,其熔岩粘性较大、流动性小,冷却后便在火山口附近堆积,形成坡度较大的锥状外形。盾状火山是由粘性较小、流动性大的熔岩冷凝形成,故其外形呈基部较大、坡度较小的盾状。

3. 剥蚀作用形成的山岭

这种山岭是在山体地质构造的基础上,经长期外力剥蚀作用所形成的。例如,地表流水侵蚀作用所形成的河间分水岭,冰川刨蚀作用所形成的刃脊、角峰,地下水溶蚀作用所形成的峰林等,都属于此类山岭。由于此类山岭的形成是以外力剥蚀作用为主,山体的构造形态对地貌形成的影响已退居不明显地位,所以此类山岭的形态待征主要取决于山体的岩件、外力的性质及剥蚀作用的强度和规模。

三、垭口和山坡

1. 垭口

对于公路工程来说，研究山岭地貌必须重点研究垭口。因为越岭的公路路线若能寻找合适的垭口，可以降低公路高程和减少展线工程量。从地质作用看，可以将垭口分为如下3个基本类型。

1）构造型垭口

这是由构造破碎带或软弱岩层经外力剥蚀所形成。常见的有下列3种：

（1）断层破碎带型垭口（如图4-4所示） 这种垭口工程地质条件比较差。岩体的整体性被破坏，经地表水侵入和风化，岩体破碎严重，一般不宜采用隧道方案，如采用路堑，也需控制开挖深度或考虑边坡防护，以防止边坡发生崩塌。

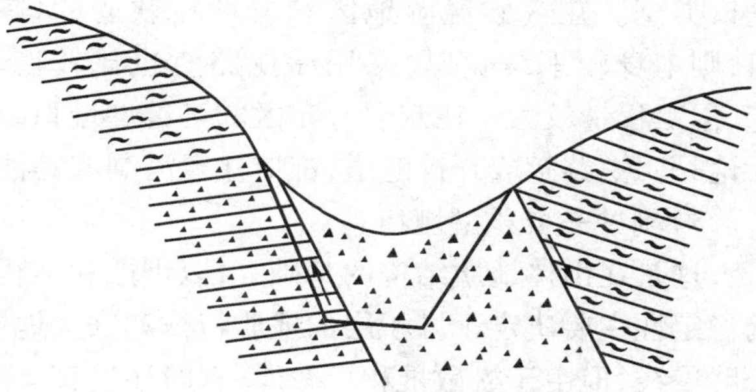

图4-4 断层破碎带型垭口

（2）背斜张裂带型垭口（如图4-5所示） 这种垭口虽然构造裂隙发育，岩体破碎，但工程地质条件较断层破碎带型为好。这是因为垭口两侧岩层外倾，有利于排除地下水，有利于边坡稳定，一般可采用较陡的边坡坡度，使挖方工程量和防护工程量都比较小。如果选用隧道方案，施工费用和洞内衬砌也比较节省，是一种较好的垭口。

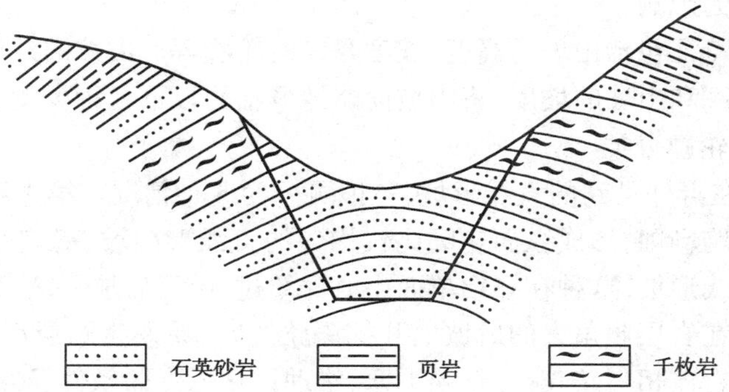

图4-5 背斜张裂带型垭口

（3）单斜软弱层型垭口（图4-6） 这种垭口主要由页岩、千枚岩等易于风化的软弱岩层构成。两侧边坡多不对称，一坡岩层外倾可略陡一些。由于岩性软弱，风化严重，稳定性差，故不宜深挖。若须采取深路堑，与岩层倾向一致的一侧边坡的坡角应小于岩层的倾角，两侧坡面均要有防风化的措施，必要时设置护壁或挡土墙。穿越这一类垭口，宜优先考虑隧道方案，可以避免因风化带来的路基病害，还有利于降低越岭线的标高，缩短展线工程量或提高公路线形标准。

2）剥蚀型哑口

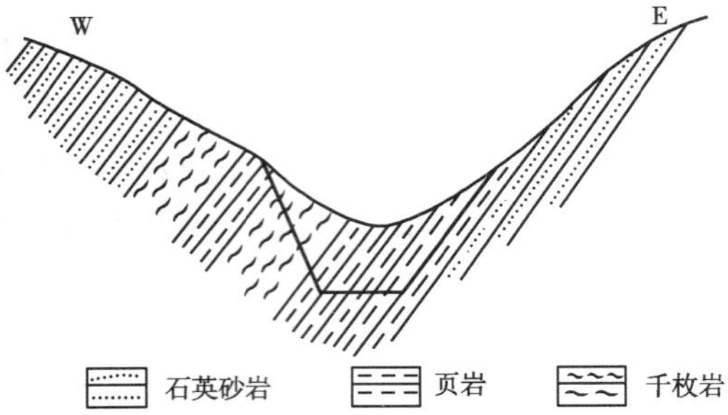

图 4-6 单斜软弱层型垭口

这是以外力强烈剥蚀为主所形成的垭口，其形态特征与山体地质结构无明显联系。此类垭口的共同特点是松散覆盖层很薄，基岩多半裸露。垭口的肥瘦和形态特点主要取决于岩性、气候及外力的切割程度等因素。在气候干燥寒冷地带，岩性坚硬和切割较深的垭口本身较薄，宜采用隧道方案，采用路堑深挖也比较有利，是一种良好的垭口类型。在气候温湿地区和岩性较软弱的垭口，则本身较平缓宽厚，采用深挖路堑也比较稳定，但工程量较大。在灰岩分布区的溶蚀性垭口，无论是明挖路堑或开挖隧道，都应注意溶洞或其他地下溶蚀地貌的影响。

3）剥蚀—堆积型垭口

这是在山体地质结构的基础上，以剥蚀和堆积作用为主导因素所形成的垭口。其开挖后的稳定性主要决定于堆积层的地质特征和水文地质条件。这类垭口外形浑缓，垭口宽厚，宜于公路展线，但由于松散堆积层较厚，有时还发育有湿地或高地沼泽，水文地质条件较差，故不宜降低过岭标高，一般以低填或浅挖的形式通过。

2. 山坡

山坡是山岭地貌形态的基本要素之一，不论越岭线或山脊线，路线的绝大部分都布设在山坡或靠近岭顶的斜坡上的，所以在路线勘测中总是把越岭垭口和展线山坡作为一个整体来考虑的。山坡的形态特征是新构造运动、山坡的地质结构和外动力地质条件的综合反映，对公路的建筑条件有着重要的影响。

山坡的外部形态特征包括山坡的高度、坡度和纵向轮廓等。山坡的外形是各种各样的，下面根据山坡的纵向轮廓和山坡的坡度，将山坡简略地概括为以下几种类型。

1）按山坡的纵向轮廓分类

（1）直线形坡　在野外见到的直线形坡，一般可分为 3 种情况。第 1 种是山坡岩性单一，经长期的强烈风化冲刷剥蚀，形成纵向轮廓比较均匀的直线形山坡，稳定性一般较高；第 2 种是单斜岩层构成的直线形坡，这种在介绍单面山时介绍过，由于后坡平缓，坡积物较薄，是布设路线的理想部位。但在岩层倾角大的后坡上开挖深路堑时，易发生顺层滑坡，因此不宜深挖；第 3 种是岩性松软或岩体相当破碎，在气候干寒，物理风化强烈的条件下经长期剥蚀碎落和坡面堆积而形成的直线形山坡，这种山坡在青藏高原和川西峡谷比较发育，稳定性最差，选作傍山公路的路基，应注意避免挖方内侧的塌方和路基沿山坡滑塌。

（2）凸形坡（图 4-7a、b）　这种山坡上缓下陡，自上而下坡度渐增，下部甚至呈直立状态，坡脚界线明显。这类山坡往往是由于新构造运动加速上升，河流强烈下切所造成。其稳定条件主要取决于岩体结构，一旦发生山坡变形，则会形成大规模的崩塌。在岩体稳定的条件下，上部平缓坡可选做公路路基。

（3）凹形坡（图 4-7c）　这种山坡上部陡，下部急剧变缓，坡脚界线很不明显。山坡的凹形曲线可能是新构造运动的减速上升所造成，也可能是山坡上部的风化破坏作用与风化产物的堆积作用相结合的结果。分布在松软岩层中的凹形坡，大多都是在过去特定条件下由大规模的滑坡、崩塌等山坡变形现象形成的,凹形坡面往往就是古滑坡的滑动面或崩塌体的依附面。地震后的地貌调查表明,凹形山坡在各种山坡地貌形态中,是稳定性较差的一种。在凹形坡的下部缓坡上也可以进行公路布线,但设计路基时,应注意稳定平衡;沿河谷的路基,应注意冲刷防护。

(4)阶梯形坡(图4-7d) 阶梯形坡有两种不同的情况:第1种是由软硬不同的水平岩层或微倾斜岩层组成的基岩山坡,由于软硬岩层的差异风化而形成阶梯状的山坡外形,山坡的表面剥蚀强烈,覆盖层薄,基岩外露,稳定性一般较高;第2种是由于山坡曾经发生过大规模的滑坡变形,由滑坡台阶组成的次生阶梯状斜坡,这种斜坡多存在于山坡的中下部,如果坡脚受到强烈冲刷或不合理的切坡,或者受到地震的影响,可能引起古滑坡复活,威胁建筑构的稳定。

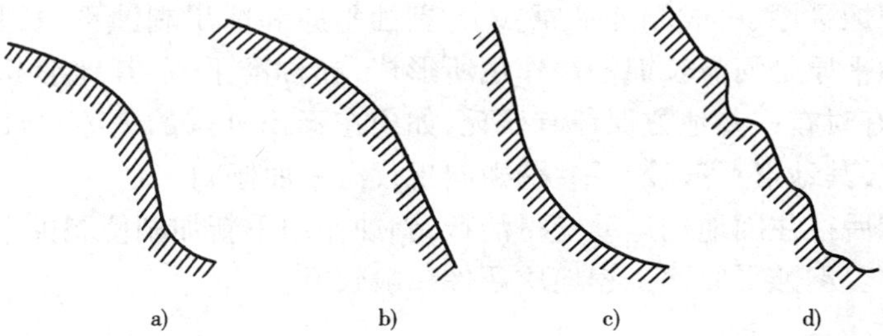

图4-7 各种形态的山坡

a)、b)凸形坡;c)凹形坡;d)阶梯形坡

2)按山坡的纵向坡度分类

山坡的纵向坡度,小于15°的为微坡,介于16°~30°之间的为缓坡,31°~70°的为陡坡,山坡坡度大于70°的为垂直坡。

总而言之,稳定性高,坡度平缓的山坡便于公路展线,但应注意考察其工程地质条件。平缓山坡特别是在山坡的一些低洼部分,通常有厚度较大的坡积物和其他重力堆积物分布,容易汇水导致水文条件不良。当这些堆积物与下伏基岩的接触面因开挖而被揭露后,就可能引起堆积物沿基岩顶面发生滑动。

●第三节 平 原 地 貌●

平原地貌是在地壳升降运动微弱或长期稳定的前提下,经风化剥蚀夷平或岩石风化碎屑经搬运而在低洼地面堆积所形成。其特点是:地势平坦开阔,地形起伏不大。一般来说,平原地貌有利于公路选线,在选择有利地质条件的前提下,可以设计成比较理想的公路线形。平原按高程分为高原、高平原、低平原和洼地;按成因平原可分为构造平原、剥蚀平原和堆积平原。

一、构造平原

构造平原是由地壳构造运动形成,其持点是微弱起伏的地形面与岩层面一致,堆积物厚度不大。构造平原可分为海成平原和大陆坳曲平原。海成平原是地壳缓慢上升、海水不断后退所形成，其地形面与岩层面一致，上覆堆积物多为泥砂和淤泥，并与下伏基岩一起微向海洋倾斜；大陆坳曲平原是因地壳沉降使岩层发生坳曲所形成，岩层倾角较大，平原面呈凹状或凸状，其上覆堆积物多与下伏基岩有关。

由于基岩埋藏不深，所以构造平原的地下水一般埋藏较浅，在干旱或半干旱地区若排水不畅，易形成盐渍化。在多雨的冰冻地区则常易造成道路的冻胀和翻浆。

二、剥蚀平原

剥蚀平原是在地壳上升微弱、地表岩层高差不大的条件下经外力的长期剥蚀夷平所形成。其特点是地形面与岩层面不一致，上覆堆积物常常很薄，基岩常裸露于地表，只是在低洼地段有时才覆盖有厚度稍大的残积物、坡积物、洪积物等。按外力剥蚀作用的动力性质不同，剥蚀平原又分为河成剥蚀平原、海成剥蚀平原、风力剥蚀平原和冰川剥蚀平原，其中较为常见的是前两种。河成剥蚀平原是河流长期侵蚀作用所形成，亦称准平原，其地形起伏较大，并沿河流向上游逐渐升高，有时在一些地方保留有残丘，如山东泰山外围的平原；海成剥蚀平原由海流的海蚀作用所形成，其地形一般较为平缓，微向现代海平面倾斜。

剥蚀平原形成后往往因地壳运动变得活跃，剥蚀作用重新加剧使剥蚀平原遭到破坏，故其分布面积常常不大。剥蚀平原的工程地质条件一般较好。

三、堆积平原

堆积平原是在地壳缓慢而稳定下降的条件下，经各种外力作用的堆积填平所形成。其特点是地形开阔平缓，起伏不大，往往分布有很厚的松散堆积物。按外力作用的性质不同，又可分为河流冲积平原、山前洪积冲积平原、湖积平原、三角洲平原、风积平原和冰积平原，其中较为常见的是前4种。

1. 河流冲积平原

河流冲积平原是由河流改道及多条河流共同沉积所形成。它大多分布于河流的中、下游地带。因为这些地带河床较宽，堆积作用很强，且地面平坦，排水不畅，每当雨季洪水溢出河床，其所携带的大量碎屑物质便堆积在河床两岸，形成天然堤。当河水继续向河床以外的广大地区淹没时，流速不断减小，堆积面积愈来愈大，堆积物的颗粒越来越小，久而久之，便形成广阔的冲积平原。

河流冲积平原地形开阔平坦，具有良好的工程建设条件，对公路选线十分有利。但其下伏基岩埋藏一般很深，第四纪堆积物很厚，细颗粒多，且地下水位浅，地基土的承载力较低。在冰冻潮湿地区，道路的冻胀翻浆问题比较突出。此外，还应注意，为避免洪水淹没，路线应设在地形较高处，而在淤泥层分布地段，还应注意淤泥对路基、桥基的强度和稳定性的影响。

2. 山前洪积冲积平原

山前区是山区和平原的过渡地带，一般是河流冲刷和沉积都很活跃的地带。汛期来时，洪水冲刷，在山前堆积了大量的洪积物，形成洪积扇。不同的洪积扇连在一起，就形成了规模巨大的洪积平原（详见第五章）。

3. 湖积平原

湖积平原是河流注入湖时，将所挟带的泥砂堆积在湖底使湖底逐渐淤高，干涸后沉积层露出地面所形成。在各种平原中,湖积平原的地形最为平坦。湖积平原中的堆积物,由于是在静水条件下形成的,故淤泥和泥炭的含量较多,其总厚度一般也较大,其中往往夹有多层呈水平层理的薄层细砂或粘土,很少见到圆砾或卵石,且土颗粒由湖岸向湖心逐渐由粗变细。湖积平原地下水一般埋藏较浅,其沉积物由于富含淤泥和泥炭,常具可塑性和流动性,孔隙度大,压塑性高,故承载力低。

4. 三角洲平原

河流流入海的地方叫河口,河口是河流的主要沉积场所。一方面由于河流流入河口处水域骤然变宽,河水散开成为许多岔流,加之河水被海水阻挡,流速大减,机械搬运物便大量堆积下来,河流机械搬运物的一半以上沉积于此;另一方面,河水中呈溶运的胶溶体的胶体粒子所带电荷被海水电解质中和后也会迅速沉淀。大量物质在河口沉积下来,从平面上看,外形象三角形或鸡爪形,所以叫三角洲(图 4-8)。长期的河口沉积就会形成规模庞大的三角洲平原。

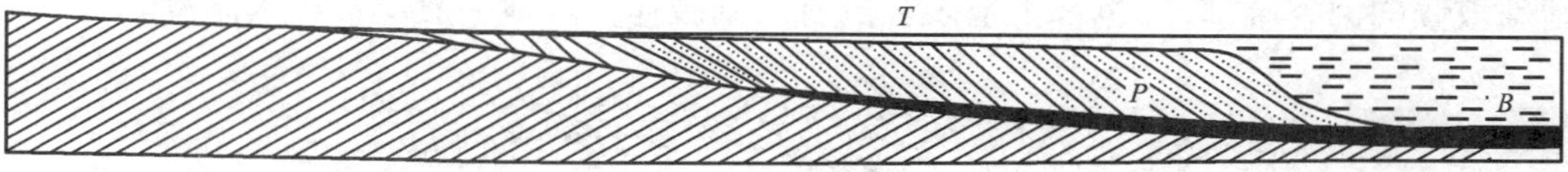

图 4-8 三角洲构造示意图

第四节 河谷地貌

一、河谷地貌的形态要素

河流所流经的槽状地形称为河谷,它是在流域地质构造的基础上经河流的长期侵蚀、搬运及堆积作用逐渐形成和发展起来的一种地貌。路线沿河流布设,可具有线形舒顺、纵坡平缓、工程量小等优点,所以河谷通常是山区公路争取利用的一种好的地貌类型。

受基岩性质、地质构造和河流地质作用等因素的控制,河谷的形态是多种多样的。在平原地区,由于水流缓慢,多以沉积作用为主,河谷纵横断面均较平缓,河流在其自身沉积的松散沉积层上发育成曲流和叉道,河谷形态与基岩性质和地质构造等关系不大;在山区,由于复杂的地质构造和软硬岩石性质的影响,河谷形态不单纯由水流状态和泥沙因素所控制,地质因素起着更重要的作用,因此河谷纵横断面均比较复杂,具有波状与阶梯状的特点。

典型的河谷地貌,一般都具有如图 4-9 所示的几个形态部分。

1. 谷底

谷底是河谷地貌的最低部分,地势一般比较平坦,其宽度为两侧谷坡坡麓之间的距离,谷底上分布有河床及河漫滩。河床是在平水期间为河水所占据的部分,称为河槽;河漫滩是在洪水期间为河水淹没的河床以外的平坦地带,其中每年都能为

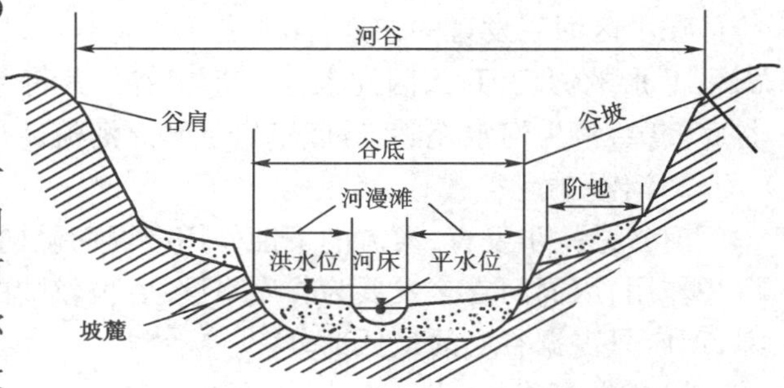

图 4-9 河谷要素

洪水淹没的部分称为低河漫滩，仅为周期性多年一遇的最高洪水所淹没的部分称为高河漫滩。

2. 谷坡

谷坡是高出于谷底的河谷两侧的坡地，谷坡上部的转折处称为谷缘，下部的转折处称为坡麓或坡脚。

3. 阶地

阶地是沿着谷坡走向呈条带状或断断继续分布的阶梯状平台。阶地可能有多级，此时，从河漫滩向上依次称为一级阶地、二级阶地、三级阶地等。每一级阶地都有阶地面、阶地前缘、阶地后缘、阶地斜坡和阶地坡麓等要素（图 4-10）。阶地面就是阶地平台的表面，它实际上是原来老河谷的谷底，大多向河谷轴部和河流下游微倾斜。阶地面并不十分平整，因为在它的上面，特别是在它的后缘，常常由于崩塌物、坡积物、洪积物的堆积而呈波状起伏。此外，地表径流对阶地面起着切割破坏作用。阶地斜坡是指阶地面以下的坡地，系河流向下深切后所造成。阶地斜坡倾向河谷轴部，并也常为地表径流所切割破坏。阶地一般不被洪水淹没。

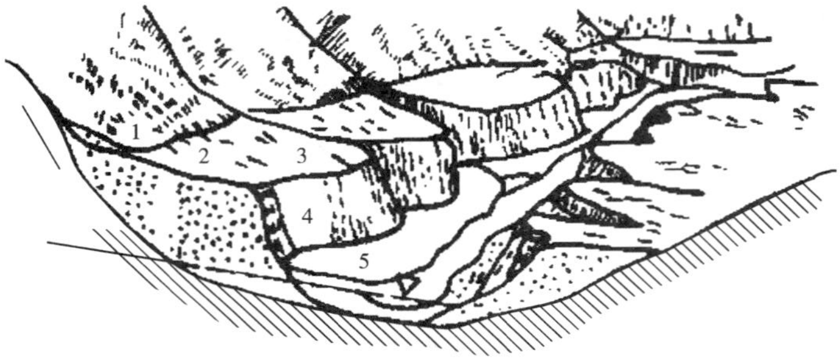

图 4-10 河流阶地要素图

1-阶地后缘；2-阶地面；3-阶地后缘；4-阶地斜坡；5-阶地坡麓

并非所有的河流或河段都发育有阶地，由于河流的发展阶段和河谷所处的具体条件不同，有的河流或河段没有阶地。

二、河谷地貌的类型

1. 按发展阶段分类

河谷的形态多种多样，按其发展阶段可分为未成形河谷、河漫滩河谷和成形河谷 3 种类型。

1）未成形河谷

在山区河谷发育的初期，河流处于以垂直侵蚀为主的阶段，由于河流下切很深，多形成断面呈 V 形的深切河谷，因此也称 V 形河谷。其特点是两岸谷坡陡峻甚至直立，基岩直接出露，谷底较窄，常为河水充满，谷底基岩上缺乏河流冲积物。

2）河漫滩河谷

河谷进一步发育，河流的下蚀作用减弱而侧向侵蚀加强，使谷底拓宽，并伴有一定程度的沉积作用，因而河谷多发展为谷底平缓、谷坡较陡的 U 形河谷，在河床的一侧或两侧形成河漫滩，河床只占据谷底的最低部分。

3）成形河谷

河流经历了比较漫长的地质时期，侵蚀作用几乎停止，沉积作用显著，河谷宽阔，并形成完整的阶地。

2. 按河谷走向与地质构造的关系分类

按河谷走向与地质构造的关系，可以将河谷分为以下几类。

1）背斜谷

背斜谷是沿背斜轴伸展的河谷，是一种逆地形。背斜谷多系沿张裂隙发育而成，虽然两岸谷坡岩层反倾，但因纵向构造裂隙发育，谷坡陡峻，故岩体稳定性差，容易产生崩塌。

2）向斜谷

向斜谷是沿向斜轴伸展的河谷，是一种顺地形。向斜谷的两岸谷坡岩层均属顺倾，在不良的岩性和倾角较大的条件下，容易发生顺层滑坡等病害。但向斜谷一般都比较开阔，使路线位置的选择有较大的回旋余地，应选择有利地形和抗风化能力较强的岩层修筑路基。

3）单斜谷

单斜谷是沿单斜岩层走向伸展的河谷。单斜谷在形态上通常具有明显的不对称性，岩层反倾的一侧谷坡较陡，不利于公路布线；顺倾的一侧谷坡较缓，但应注意采取可靠的防护措施，防止坡面顺层坍滑。

4）断层谷

断层谷是沿断层定向延伸的河谷。河谷两岸常有构造破碎带存在，岸坡岩体的稳定性取决于构造破碎带岩体的破碎程度。

5）横谷与斜谷

上述5种构造谷的共同点，是河谷的走向与构造线的走向一致，所以把它们称为纵谷。横谷与斜谷就是河谷的走向与构造线的走向大体垂直或斜交，它们一般是在横切或斜切岩层走向的横向或斜向断裂构造的基础上，经河流的冲刷侵蚀逐渐发展而成的，就岩层的产状条件来说，它们对谷坡的稳定性是有利的，但谷坡一般比较陡峻，在坚硬岩层分布地段，多呈峭壁悬崖地形。例如，四川北碚附近的嘉陵江河段，横切三个背斜，形成了著名的小三峡。

三、河 流 阶 地

1. 阶地的成因

河流阶地是在地壳的构造运动与河流的侵蚀、堆积作用的综合作用下形成的。当河漫滩河谷形成之后，由于地壳上升或侵蚀基准面相对下降，原来的河床或河漫滩便受到下切，没有受到下切的部分就高出于洪水位之上，变成阶地，于是河流又在新的水平面上开辟谷地。此后，当地壳构造运动处于相对稳定期或下降期时，河流纵剖面坡度变小，流水动能减弱，河流垂直侵蚀作用变弱或停止，侧向侵蚀和沉积作用增强，于是又重新拓宽河谷，塑造新的河漫滩。在长期的地质历史过程中，若地壳发生多次升降运功，则引起河流侵蚀与堆积作用交替发生，从而在河谷中形成多级阶地。紧邻河漫滩的一级阶地形成的时代最晚，一般保存较好；依次向上，阶地的形成时代愈老，其形态相对保存越差。

2. 阶地的类型

由于构造运动和河流地质过程的复杂性，河流阶地的类型是多种多样的，分为下列3种主要类型。

1）侵蚀阶地

侵蚀阶地主要是由河流的侵蚀作用形成的，由基岩构成，阶地上面基岩直接裸露或只有很少的残余冲积物，多发育在构造抬升的山区河谷中，如图4-11所示。

图4-11　侵蚀阶地

a）水平岩层上的侵蚀阶地；b）倾斜岩层上的侵蚀阶地

I-一级阶地；II-二级阶地

2）堆积阶地

堆积阶地是由河流的冲积物组成的，所以又叫冲积阶地或沉积阶地。当河流侧向侵蚀拓宽河谷后，由于地壳下降，逐渐有大量的冲积物发生堆积，待地壳上升，河流在堆积物中下切，形成堆积阶地。堆积阶地在河流的中、下游最为常见，如图4-12所示。

第四纪以来形成的堆积阶地，除下更新统的冲积物具有较低的胶结成片作用外，冲积物都呈松散状态，容易遭受河水冲刷，影响阶地稳定。

堆积阶地根据形成方式可分为以下两种。

（1）上迭阶地　河流在切割河床堆积物时，切割的深度逐渐减小，侧向侵蚀也不能达到它原有的范围，新阶地的堆积物完全迭置在老阶地的堆积物上，这种形式的堆积阶地称为上迭阶地，如图4-12a）所示。

（2）内迭阶地　河流切割河床堆积物时，每次下切的深度大致相同，而堆积作用逐次减弱，每次河流堆积物分布的范围均比前次小，新的阶地套在老的阶地之内，这种形式的堆积阶地称为内迭阶地，如图4-12b）所示。

图4-12　堆积阶地

a）上迭阶地；b）内迭阶地

（I、II同图4-11）

3）侵蚀—堆积阶地

这种阶地上部的组成物质是河流的冲积物，下部是基岩，通常基岩上部冲积物覆盖厚度不大，整个阶地主要由基岩组成，所以又称为基座阶地（图4-13）。它是由于后期河流的下蚀深度超过原有河谷谷底的冲积物厚度，切入基岩内部而形成，分布于地壳经历了相对稳定、下降及后期显著上升的山区。

由于河流的长期侵蚀和堆积，形成的河谷一般都存在不同规模的阶地，它一方面缓和了山谷坡脚地形的平面曲折和纵向起伏，有利于路线平纵面设计和减少工程量；另一方面又不易遭受山坡变形和洪水淹没的威胁，容易保证路基稳定。所以在通常情况下，阶地是河谷地貌中布设路线的理想部位。当有几级阶地时，除考虑过岭标高外，一般以一、二级阶地（图中分别为

Ⅰ、Ⅱ）布设路线为好。

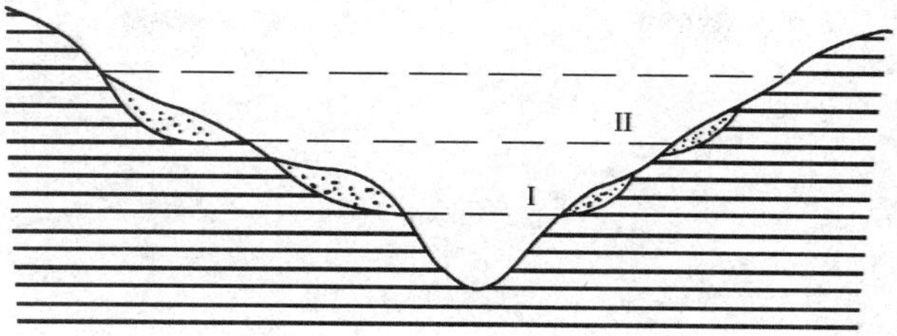

图 4-13 基座阶地

以上都是顺着河流方向延伸的阶地，也称纵阶地。此外，还有与河流方向垂直的阶地，称为横阶地。事实上，横阶地只不过是河谷中一种具有一定高差的跌水或瀑布地形。高差很大的横阶地，多由横贯河谷垂直断距很大的断裂构造形成。此外如河床岩性软硬不同，由于河流的差异侵蚀，也能形成一些高差较大的横向阶地。横向阶地在河谷中的分布不具普遍性，只有在一定的岩性与构造条件下才能形成，且多出现在山区河谷或河流的上游。横阶地使沿河路线的地势发生突然变化，对道路纵坡设计不利。

本章小结

地貌是指地球表面各种不同成因、不同类型、不同规模的起伏形态。地球上的各种地貌形态是地球内力和外力共同作用、互相影响的结果。不同成因的地貌，具有不同的工程条件，在不同的地貌单元布设路线时，需重点调查其形成原因和地貌形态特点，从而对其工程条件作出正确评价。垭口常是公路穿越山岭的理想部位，剥蚀型垭口的工程地质条件较好。山坡形态对越岭公路线的展布工程有着很大的影响，一般坡度平缓、山体稳定性高的山坡不仅有利于展线回头，提升线路高程，拉大上下线之间的水平距离，而且有利于路基的稳定，减少施工的干扰。平原地貌一般工程地质条件较好，对公路建设而言，关注的重点是路基的最小高度和水文地质条件。河谷地貌一般具有谷底、谷坡和阶地三个形态要素，路线沿河流布设，可具有线形舒顺、纵坡平缓、工程量小等优点，所以河谷通常是山区公路争取利用的一种好的地貌类型。

复习思考题

1. 试分析地貌形成和发展的动力、规律和影响因素。
2. 简述地貌类型的划分。
3. 分析各种山岭地貌与公路布线的关系。
4. 常见的垭口有哪几种类型？试从工程地质条件方面作出评价。
5. 山坡按纵向轮廓分为哪几种类型？各是怎样形成的？
6. 试分析各种形状的山坡与公路布线的关系。
7. 堆积平原有哪几种类型？公路布线在经过堆积平原时应注意什么问题？

第二篇

桥涵水文

第五章 河流与水的地质作用

教学要求

1. 描述地表径流的形成，描述河流的侧蚀作用、底蚀作用、向源侵蚀作用等地质作用；

2. 描述地下水及其物理性质、化学成分、贮存状态；

3. 描述毛细水、重力水等地下水对土木工程的影响；

4. 识别坡面细流与洪流，描述冲沟、坡积层、洪积层与公路工程的关系；

5. 描述地下水运动的基本规律；

6. 按照《公路工程水文勘测设计规范》（JTG C30—2002）与《公路桥涵设计通用规范》（JTG D60—2004）的要求，描述河段分类，进行河床断面的测量；

7. 分析水文测验和资料的搜集与整理。

● 第一节 河流和流域 ●

一、河　　流

1. 河流的形成和分段

降落到地面上的水，除掉损失一部分以外，将在重力作用下沿着一定的方向和路径流动，这种水流称为地面径流。地面径流长期侵蚀地面，冲成沟壑，形成溪流，最后汇集而成河流，即一定流域内沿线性伸展的常年性地表径流为河流。河流流经的谷地称为河谷，河谷底部（谷底）有水流的部分称为河床，如图 5-1 所示。

脉络相通的大小河流所构成的系统，称为水系（或河系），水系中直接流入海洋、湖泊的河流称为干流，如长江干流入海，湖南的湘、资、沅、澧四水注入洞庭湖等。流入干流的河流称为支流。水系或河系，通常用干流的名称命名，如长江水系、黄河水系、湘江水系等。

一条发育完整的河流，按河段的不同特性可分为：

1）河源

河流的起点或开始具有水流的地方。溪涧、泉水、冰川、湖泊与沼泽等处，往往是河流的源头。

2）上游

河流的最上段，紧接河源，多处于深山峡谷中。其特点是落差大，水流急，冲蚀力强，常有争滩瀑布,两岸陡峻,河谷地形常呈“V”字形断面。

3)中游

河流的中间段,两岸多为丘陵。其特点是比降平缓,冲淤平衡、河面较开阔、水量较大、河谷呈“U”字形。

4)下游

紧接中游的河流下段,一般处于平原区。其特点是底坡小、水流缓慢、沙洲众多;在平面上河道蜿蜒曲折、断面形状复杂,多呈复式断面形状。

5)河口

河流的终点,即河流流入海洋、湖泊或干流的地方。此处河流的断面扩大,流速骤减,常有大量泥沙沉积成三角洲,称为河口三角洲。但在沙漠中的河流,也可以无河口,河流消失在沙漠中,称为无尾河。

2. 河流的基本特征

河流的基本特征,一般用河流断面、河流长度及河流比降来表示。

1)河流断面

河流断面有横断面和纵断面。垂直于水流方向的断面称为河流横断面,其一般形状如图5-1所示。横断面内,自由水面高出某一水准基面的高程(m),称为水位。高水位以下的河床,由河槽与河滩两部分组成。洪水期河床中有推移质运动的部分称为河槽。河槽中沿两岸较高的、可移动的泥沙堆称为边滩,其余的部分称为主槽。河滩只在汛期才有水流,无明显的推移质运动,通常长有杂草、灌木丛或农作物等。

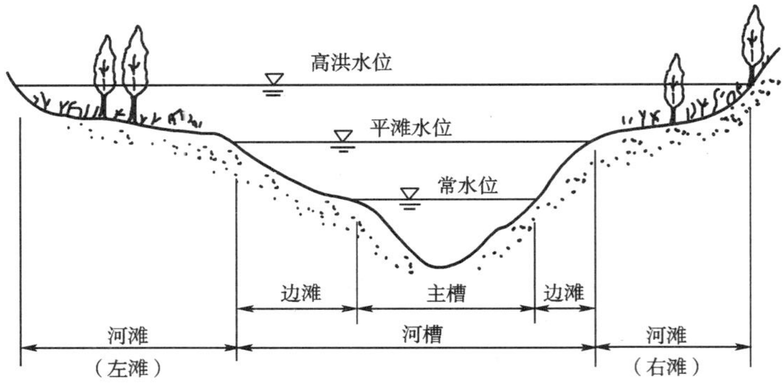

图5-1 河流横断面图

河床横断面可分为单式和复式断面两种,如图5-2所示。单式断面一般只有河槽,没有河滩(多为山区深谷河沟中),或只是宽滩,没有河槽(如戈壁滩上河沟中)。复式断面可为一槽一滩(多为河湾处),或一槽两滩(多为平原和微丘区纵向顺直的河段中)。

河流中沿水流方向各断面最大水深点的连线,称为中泓线或溪线,沿河流中泓线的断面称为河流纵断面。河流纵断面能表明河床的沿程变化。

河流断面(横断面和纵断面)可以用来表示河床的形态特征。由于水流与河床的相互作用,断面形状将时刻不停地发展变化着。

2)河流长度

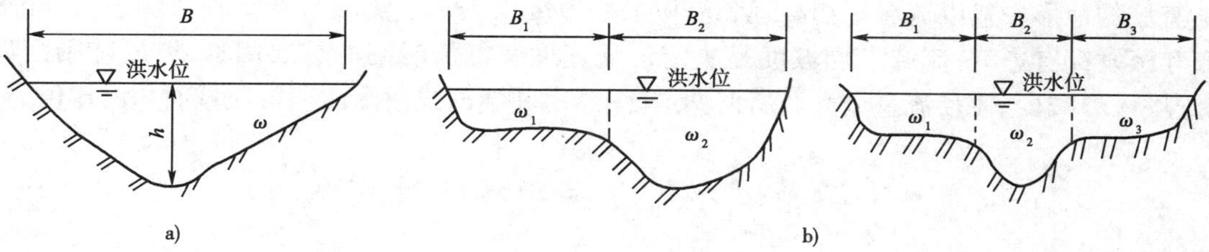

图 5-2　单式和复式横断面

a)单式横断面;b)复式横断面

一般天然河流,从河源到河口的距离,称为河流长度。通常在 1:50000 ~ 1:100000 地形图中沿中泓线量取。通常河段长度亦简称为河长,但应说明河段长度的起讫点。

3)河流比降

河流比降也称为坡度。任意首尾两端的高程与长度之比即为河段的比降,可按下式计算:

$$I=\frac{Z_1-Z_2}{L}=\frac{\Delta Z}{L} \tag{5-1}$$

式中:I——河底或河流水面比降,常用百分率(%)或千分率(‰)表示;

Z_1、Z_2——分别为河段首端和终端的高程,以 m 计;

L——河段长度,常以 m 或 km 计。

一条河流各段比降是不一致的,其整个河段可按平均比降计算(计算方法见第四节)。

二、流　　域

降落到地面上的水,被高地、山岭分隔而汇集到不同的河流中,这些汇集水流的区域称为某河流的流域(或汇水区)。分隔水流的高地、山岭的山脊线,就是相邻流域的分界线,称为分水线(或分水岭)。流域分水线所包围的平面面积,称为流域面积,单位为 km^2。汇入河流的地面水和地下水往往具有不同的分水线,但地下水的分水线不易确定,一般都以地面水的分水线为准。

流域是河水补给的源地,流域的特征直接影响河川径流的形成和变化过程。流域的特征一般可分为两类:

1. 几何特征

主要是流域面积和流域形状。流域面积的大小,直接影响汇集的水量多少和径流的形成过程。在相同的自然地理条件下,流域面积越大,径流量就越大,但是流域对径流变化的调节作用也越大,因而洪水涨落比较平缓;流域面积越小,则径流量越小,但洪水涨落较为急剧。流域形状则主要影响流域内径流汇集的时间长短,也影响径流的形成过程,长条形的流域,其洪水不易集中,圆形流域,其洪水较易集中,河水易长易落。

2. 自然地理特征

包括流域的地理位置,气候条件,地形情况,流域内的植被情况,地质情况,湖泊、沼泽率及河网密度等。

流域的地理位置一般以流域中心和周界的经纬度来表示。由于降水、蒸发等各种气候因素都随地理位置而变化,因此地理位置便是径流在区域性变化上的一个重要标志。

流域的地形一般以流域平均高程和流域平均坡度来表示。流域平均高程对降水量、降水分布和蒸发都有影响;流域平均坡度是决定汇流速度及汇流时间的重要因素,坡度陡则汇流快,土壤入渗减少,使径流量增大。所谓湖泊、沼泽率即湖泊或沼泽面积与流域面积的比值。

● 第二节　水的分类与水的性质 ●

一、水循环与水的分类

地球上的水存在于大气圈、水圈、岩石圈及生物圈中。总量约 136 000 万 km^3。其中绝大部分(占总水量 97.2%)分部于海洋中,约 132 000 万 km^3。陆地地表水(包括江、河、湖及冰川)约 2 943 万 km^3。地下水约 840.7 万 km^3,其中约有 50% 分布于地面以下 1km 范围内的岩石空隙中。大气圈中的水约 1.3 万 km^3。

分布于地球的不同层圈中的水分,彼此密切联系,经常不断相互转化。这种彼此转化的过程即是自然界中的水循环。

在太阳热力和重力的作用下,地壳浅表的水不断循环。海洋和陆地表面的水蒸发成为水汽进入大气圈;水汽随气流飘移,在适宜的条件下,重新凝结成液态或固态降落(即雨雪等不同形式的降水)。降落在陆地的水分,一部分汇集于江河湖泊形成地表水;另一部分渗入土壤岩石中,成为地下水。地表水有的重新蒸发成为水汽,返回大气圈;有的渗入地下,成为地下水;其余部分则流入海洋。地下水有的通过土面蒸发直接返回大气圈,有的被植物吸收,通过植物叶面蒸发而返回大气圈;其余部分则形成地下径流。地下径流的水分就是这样长期地往复不已地互相转化着,从而为地球上生命的繁衍提供了必要条件。

根据水循环的途径不同,可分为小循环和大循环。小循环是指海洋表面蒸发的水汽,又以降水形式落入海洋;或者由大陆表面(包括陆地水体表面、土面及植物叶面等)蒸发的水汽,仍以降水形式落回陆地表面。这种发生在局部范围内的水循环过程称为小循环。而大循环则是海洋表面蒸发的水汽,随气流带到大陆上空,形成降水落回地面,再通过径流(地表的及地下的)返回海洋的过程。这种发生在海陆之间的循环过程称为大循环。前者受局部气象因素控制;后者受全球气候控制。因此调节小循环条件,加强小循环的频率和强度,可改善局部干旱地区的气候;而对大循环条件的改变,目前仍为人力所不及。

二、地 表 流 水

在大陆上有两种地表流水:一种是时有时无的,如雨水、融雪水及山洪急流,是大气降水和冰雪融化后在坡面上和沟谷中运动着的水,称为暂时流水;另一种是终年流动不息的,如河水、江水、称为长期流水。不论长期流水或暂时流水,在流动过程中都要与地表的土石发生相互作用,产生侵蚀、搬运和堆积作用,形成各种地貌和不同的松散沉积层。地表流水不仅是影响地表形态不断发展变化的一个带有普遍性的重要自然因素,而且经常影响着公路的建筑条件。

1. 暂时性流水的地质作用

大气降雨或冰雪融化后在斜坡上形成的面状流水在重力作用下,沿整个坡面将其松散的风化物带至斜坡下部,使坡面上部比较均匀地呈面状降低的过程,称为洗刷作用。面状流水沿山坡倾斜向下运动时，将坡面上的风化物洗刷到半山坡或坡麓地段，因坡度变缓而停积下来形成坡积层。

由于坡积物在坡脚呈裙状分布，故又称为坡积裙，如图 5-3 所示。

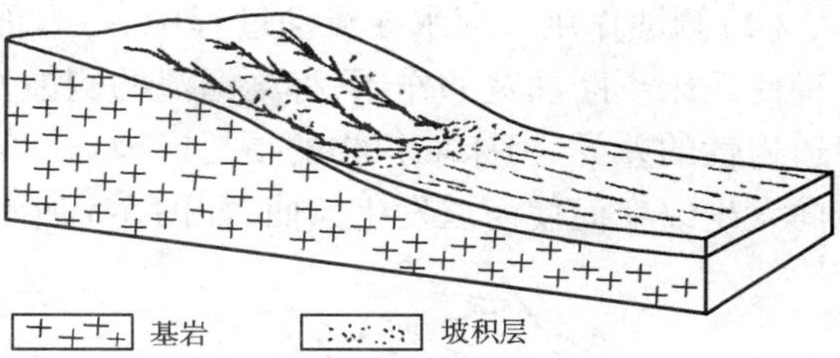

图 5-3　坡积层示意图

坡积物质未经长距离搬运，大多数呈棱角状，其成分与山坡上部的基岩性质一致；结构上是由细小颗粒的亚粘土和一些砂粒以及细小的岩屑组成；颗粒的分选性较差，层理不明显或略显斜层理。

坡积层的工程性质是所有松散沉积物中较差的一类。因为坡积物一般都处于不稳定的状态中，尤其是含有大量粘土质的坡积物，当受水浸润后会变成流动状态，活动性很大，即使山坡很平缓也会发生流动；属粘土质坡积物的天然孔隙度很高，压缩性也很大，抗剪强度随雨水的渗透而降低，稳定性很差，因此在路基设计时应予以足够的重视。

山洪急流一般是由暂时性的暴雨形成的。山坡上的积雪急剧消融时也可产生山洪急流。山洪急流大都沿着凹形汇水斜坡向下倾泻，具有较大的流量和很大的流速，在流动过程中发生显著的线状冲刷，形成冲沟，并把冲刷下来的碎屑物质夹带到山麓平原或沟谷口堆积下来，形成洪积层。

2. 河流的地质作用

河流的地质作用按其进行方式可以分为：侵蚀作用、搬运作用和沉积作用。

1）侵蚀作用

河水作用于河床，对河床进行冲蚀、磨蚀和溶蚀，使河床不断加深和扩宽的过程，称为河流的侵蚀作用。冲蚀，是流水以其本身的巨大动能所产生的机械冲击力冲刷着河床和河岸。磨蚀，是以带入河水中的碎屑物为“工具”，在随水运移、滚动时，对河床进行破坏。溶蚀，是河水流经可溶性岩石或岩石中含有可溶性矿物时，所产生的溶解、破坏。

河流的侵蚀作用，按照河床不断加深和拓宽的发展过程，可分为底蚀作用和侧蚀作用。

图 5-4　峡谷地貌
（长江三峡之一——西陵峡）

（1）底蚀作用　底蚀作用是河水在流动过程中使河床逐渐下切加深的过程。河水夹带固体物质对河床的机械破坏，是使河流下蚀的主要因素。其作用强度取决于河水的流速和流量，同时也与河床的岩性和地质构造有密切的关系。

底蚀作用在山区地段，由于河床纵坡比降大，流速高，下切力表现得最为强烈，往往形成“V”形谷，如果这一地段有明显的地壳上升运动，就会造成两岸谷坡陡峻、谷底狭窄的峡谷地貌。如著名的长江三峡，就是在硬质岩中切割而成的，如图 5-4 所示。

（2）侧蚀作用　河水在流动过程中，一方面不断刷深河床，同时也不断地冲刷河床两岸，这种使河床不断加宽的作用，称为河流的侧蚀作用。自然界的河道不是笔直的，支流的冲力、河道岩性的差异、河床堆积物的顶托或地球旋转的偏向力等等原因都可能导致河流主流线的流向发生改变而使河道发生弯曲，如图5-5所示。

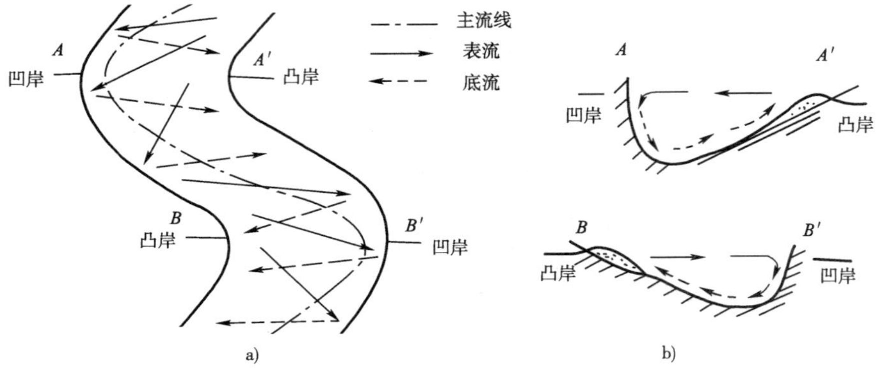

图5-5　河道横向环流示意图

a）河曲流水平面图；b）河曲横向环流剖面图

当运动的河水进入河湾后，由于受离心力的作用，表层流束以很大的流速冲向凹岸，产生强烈冲刷，使凹岸岸壁不断坍塌后退，并将冲刷下来的碎屑物质由底层流束带向凸岸堆积下来。由于横向环流的作用，使凹岸不断受到强烈冲刷，凸岸不断发生堆积，结果使河湾的曲率增大，并受纵向流的影响，使河湾逐渐向下游移动，因而导致河床发生平面摆动。这样天长日久，整个河床就被河水的侧蚀作用逐渐地拓宽，河道的长度增加，相应地，河床比降减小，流速降低，侵蚀能量减弱，从而使河床在河漫滩上自由摆动，形成河曲地貌（或称蛇曲）。有些处于蛇曲形态的河湾，彼此之间十分靠近，一旦流量增大，会截弯取直，流入新开拓的局部河道，而残留的原河湾的两端因逐渐淤塞而与原河道隔离，形成状似牛轭的静水湖泊，称为牛轭湖（图5-6）。最后，由于主要承受淤积，致使牛轭湖逐渐成为沼泽，以至消失。这类现象，在我国江汉平原的南缘（如从湖北的枝江到湖南的城陵矶一带）发育比较良好。在那里，荆江蜿蜒曲折，素有“九曲回肠”之称。

河流侧蚀作用产生河曲，是河流发育的普遍规律。无论上游或下游，无论山区或平原，河道只要稍有弯曲，就有凸岸的堆积作用和凹岸的侧蚀作用。在沿河岸边布设公路，应充分注意河流的侧蚀力对路基和桥涵的水毁。凡靠近凹岸的工程建筑物（包括公路）应设置丁坝、防浪堤或护岸挡墙。桥位应选择在河流顺直的河段。

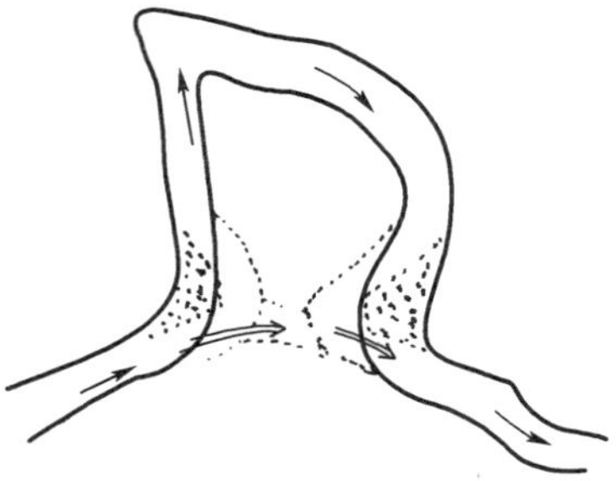

图5-6　牛轭湖

2）搬运作用

河流在流动过程中，夹带沿途冲刷侵蚀下来的各种物质随水运移的过程，称为搬运作用。河流的侵蚀和堆积作用，在一定意义上都是通过搬运过程来进行的。河水搬运能量的大小，决定于河水的流量和流速。河流搬运的物质，主要来自谷坡洗刷，崩落，滑塌下来的产物和冲沟内洪流冲刷出来的产物，其次是河流侵蚀河床的产物。

河流的搬运作用有浮运、推移和溶运3种形式。一些颗粒细和密度小的物质悬浮于水中随水搬运。如我国黄河中的大量黄土物质就是主要通过悬浮的方式进行搬运的。比较粗大的砂子、砾石等，主要受河水冲动，沿河底推移前进。在河水中还有大量处于溶液状态的被溶物质随水流走。

3）沉积作用

河流在运动过程中，能量不断受到损失，当河水夹带的泥沙、砾石等搬运物质超过了河水的搬运能力时，被搬运的物质便在重力作用下逐渐沉积下来，形成河流冲积层的过程，称为沉积作用。河流沉积物几乎全部是泥沙、砾石等机械碎屑物，而化学溶解的物质多在进入湖盆或海洋等特定的环境后才开始发生沉积。

河流的沉积特征，在一定的流量条件下主要受河水的流速和搬运物重量的影响，所以一般都具有明显的分选性。粗大的碎屑先沉积，细小的碎屑搬运到比较远的距离再沉积。由于河流的流量，流速及搬运物质补给的动态变化，因而在冲积层中一般存在具有明显结构特征的层理。

三、地　下　水

凡存在于地面以下，土和岩石孔隙、裂隙及洞穴中的各种状态的水，均称为地下水。它是构成水圈的重要水体之一，其活动不仅在地下对岩石和土产生机械破坏，而且作为一种溶剂还会使岩土产生化学侵蚀，尤其是对可溶性岩石的溶蚀作用更为强烈。正是由于地下水的活动，使土体和岩体的强度和稳定性削弱，以致产生滑坡、地基沉陷、道路冻胀和翻浆等不良现象，给公路工程建筑和正常使用造成危害。因此，在公路工程的设计与施工中，当考虑路基和隧道围岩的强度与稳定性、桥梁基础的砌置深度和基坑开挖深度以及隧道的涌水等问题时，都必须注意研究地下水。

同时，地下水中侵蚀性物质CO_3^{2-}、SO_4^{2-}或Cl^-等含量过多，还会对混凝土产生化学侵蚀作用，使其结构遭到破坏。所以，关于地下水的形成、分布、埋藏条件、运动规律等就成为各类工程中不可忽视的问题。

1. 含水层与隔水层

岩石中含有各种状态的地下水，由于各类岩石的水理性质不同，按其透过和给出水的能力，可划分为含水层和隔水层。

含水层是指能够透过并给出相当数量水的岩层。隔水层则是不能透过并给出水，或透过和给出水的数量微不足道的岩层。划分含水层与隔水层的标志并不在于岩层是否含水。因为，自然界中完全不含水的岩层实际上是不存在的，关键在于所含的水的性质。空隙细小的岩层（如致密粘土、裂隙闭合的页岩），含的几乎全是结合水，结合水在寻常条件下是不能移动的。这类岩层实际上起着阻隔水透过的作用，所以是隔水层。而空隙较大的岩层（如砂砾石，发育溶穴的可溶岩），主要含有重力水，在重力作用下，能透过水和给出水，就构成了含水层。

2. 地下水分类

地下水常以气态、液态和固态存在于岩体或土体之中，其中液态水又可分为吸着水、薄膜水、毛细水和重力水。吸着水、薄膜水受静电引力作用,不受重力和表面张力的驱动。受表面张力和附着力的支持而充填的水称为毛细水,当两者的力量超过重力时,毛细水能上升到地下水面以上的某一高度,但仍要受到重力作用的影响。在重力作用下流动的水叫重力水,它总是向下流动。

根据地下水的埋藏条件,即含水岩层在地质剖面中所处的部位及受隔水层限制的情况,可将地下水分为包气带水、潜水及承压水。按含水介质类型,可将地下水区分为孔隙水、裂隙水及岩溶水。将两者组合可分为9类地下水,见表5-1。

下面分别介绍按埋藏条件划分的3种地下水。

1)包气带水

在地表往下不深的地带,土、石的孔隙未被水充满,而含有相当数量的气体,故称为包气带。

地下水分类表　　表5-1

含水介质类型 / 埋藏条件	孔隙水	裂隙水	岩溶水
包气带水	土壤水 局部粘性土隔水层上季节性存在的重力水(上层滞水)及悬留毛细水和重力水	裂隙岩层浅部季节性存在的重力水及毛细水	裸露岩溶化岩层上部岩溶通道中季节性存在的重力水
潜水	各类松散沉积物浅部的水	裸露于地表的各类裂隙岩层中的水	裸露于地表的岩溶化岩层中的水
承压水	山间盆地及平原松散沉积物深部的水	组成构造盆地、向斜构造或单斜断块的被掩覆的各类裂隙岩层中的水	组成构造盆地、向斜构造或单斜断块的被掩覆的岩溶化岩层中的水

当包气带存在局部隔水层时,在局部隔水层上积聚具有自由水面的重力水,这便是上层滞水。上层滞水分布最接近地表,接受大气降水的补给,以蒸发形式排泄或向隔水底板边缘排泄。雨季获得补充,积存一定水量,旱季水量逐渐耗失,当分布范围较小而补给不很经常时,不能终年保持有水。

但由于它接近地表,能使土、石强度降低,造成道路翻浆和导致路基稳定性的破坏,因此在设计施工时应予以查明并利用适当方法给予处理。

由于上层滞水一般水量不大,动态变化显著,只能在缺水地区才能成为有意义的小型水源或暂时性供水水源。因此,利用上层滞水作为饮用水源时,应特别注意其污染情况,因为水从地表补给上层滞水的途径很短,极易受污染。

在包气带中,除上层滞水外,还应注意毛细水。毛细水(在岩、土细小孔隙、裂隙内,由于受表面张力和附着力的支持而充填的水)可对地基产生毛细水压力,引起基础的附加下沉。毛细水的存在易引起路面冻胀、翻浆,在公路工程中可采用降低地下水位的方法克服毛细水的危害。

2)潜水

埋藏在地面以下第一个稳定隔水层之上具有自由水面的重力水叫潜水。潜水主要分布于第四纪松散沉积层中，出露地表的裂隙岩层或岩溶岩层中也有潜水分布。

潜水的自由水面，称为潜水面；潜水面上任意一点的高程，为该点的潜水位(H)；潜水面至地面的垂直距离为潜水埋藏深度(h_1)；潜水面到隔水底板的距离为潜水含水层的厚度(h)，如图5-7所示。

由于潜水含水层上面不存在隔水层，直接与包气带相接，所以潜水在其全部分布范围内都可以通过包气带接受大气降水、地表水或凝结水的补给。潜水不成压，通常在重力作用下由水位高的地方向水位低的地方径流。潜水的排泄方式有两种：一种是径流到适当地形处，以泉、渗流等形式泄出地表或流入地表水，这便是径流排泄；另一种是通过包气带或植物蒸发进入大气，这是蒸发排泄。

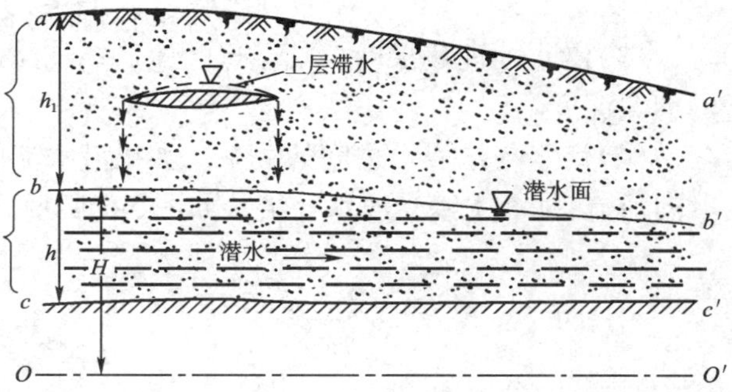

图5-7 上层滞水和潜水示意图

aa'-地面；bb'-潜水面；cc'-隔水层面；OO'-基准面

潜水直接通过包气带与大气圈及地表水圈发生联系。所以，气象、水文因素的变动，对它影响显著，丰水季节或年份，潜水接受的补给量大于排泄量，潜水面上升，含水层厚度增大，埋藏深度变小。干旱季节排泄量大于补给量，潜水面下降，含水层变薄，埋藏深度加大。因此，潜水的动态有明显的季节变化；潜水的水质变化很大，主要取决于气候、地形及岩性条件，潜水容易受到污染，对潜水水源应注意卫生保护。一般情况下，潜水面不是水平的，而是向排泄区倾斜的曲面，起伏大体与地形一致，但常较地形起伏缓和，在重力作用下，潜水总是由高水位流向低水位，构成潜水流。

潜水面常以潜水等水位线图表示。潜水等水位线图是以地形图为底图，根据工程要求的精度，在测绘区布置一定数量的钻孔、试坑，或利用泉和井，测出每个水位点的潜水位高程，然后将这些点以相应的位置投影在地形图上，再把同高程的水文点用光滑曲(虚)线连接起来，就绘成了潜水等水位线图，如图5-8所示。该图可解决以下问题：

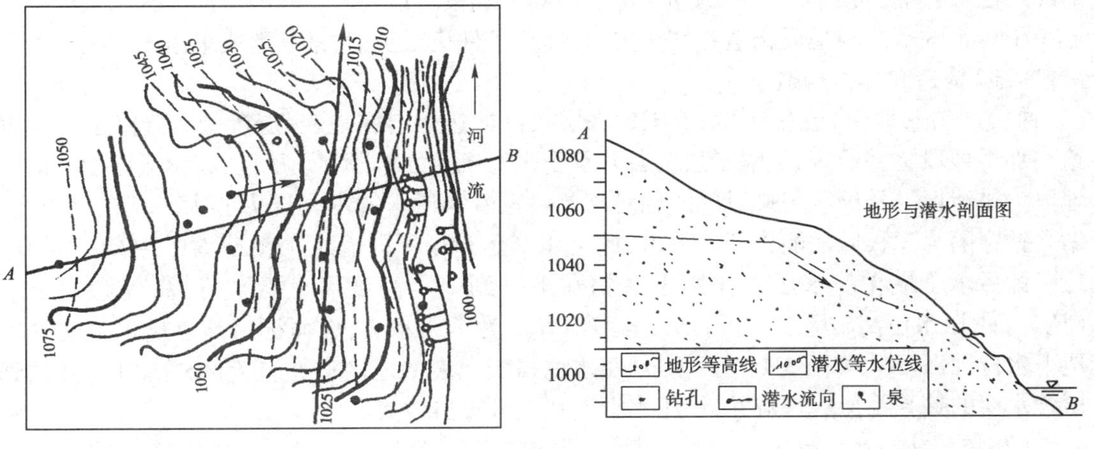

图5-8 某滑坡潜水等水位线图

(1)潜水的流向　垂直于等水位线的方向,即为潜水的流向,如图5-8中箭头所指方向。

(2)潜水的水力坡度　在潜水流向上取两点的水位差与两点间的水平距离的比值,即为该段潜水的水力坡度:

$$\text{潜水的平均坡度}\quad I=\frac{\text{两等水位的高程差 } H_2-H_1}{\text{两等水位线间的水平法线距离 } L}$$

(3)潜水的埋藏深度　某一点的地形等高线标高与潜水等水位线标高之差即为该点潜水的埋藏深度。

(4)潜水与地表水之间的关系　如果潜水流向指向河流,则潜水补给河水;如果潜水流向背向河流,则潜水接受河水补给。如图5-9所示。

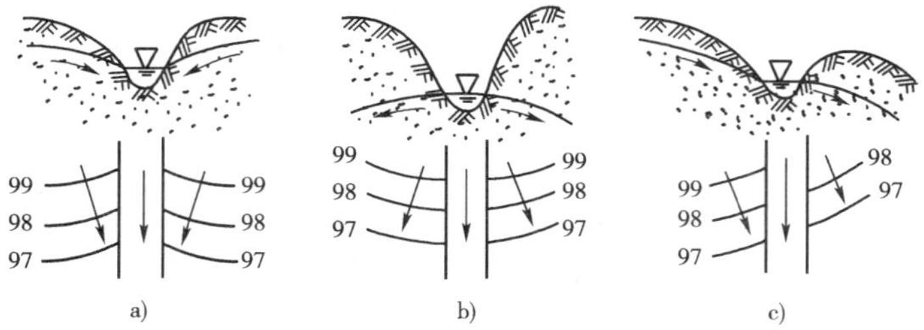

图5-9　地表水(河流)与潜水之间的相互关系

a)潜水补给河水;b)河水补给潜水;c)左岸潜水补给河水,右岸河水补给潜水

(5)泉或沼泽的位置　在潜水等水位线图与地形等高线高程相等处,潜水出露,这里即是泉或沼泽的位置。

潜水对建筑物的稳定性和施工均有影响。建筑物的地基最好选在潜水位深的地带或使基础浅埋,尽量避免水下施工。若潜水对施工有危害,宜用排水、降低水位、隔离(包括冻结法等)等措施处理。

3)承压水

充满于两个隔水层之间的含水层中具有水头压力的水,称为承压水。承压水含水层上部的隔水层称作隔水顶板。下部的隔水层叫做隔水底板。顶底板之间的距离为含水层厚度。

承压水的形成与地质构造密切相关,其埋藏条件也很复杂,最易形成承压水的构造为向斜(或盆地)构造和单斜构造。

(1)向斜盆地(自流盆地)　承压含水层较高的边缘出露地表,能接受大气降水和地表补给的那个地段称补给区,被隔水层覆盖并承受水头压力的地段称承压区,与承压区相连的低洼地段为排泄区。补给区与排泄区的相对高差决定着承压水的水头压力的大小。在承压区,当钻孔钻穿隔水顶板后才能见到地下水,此见水高程(H_1)(即隔水顶板地面的标高)称初见水位。此后承压水在静水压力作用下沿钻孔上升到一定高度停止下来,此高程为承压水位(H_2)。承压水位高出隔水顶板底面的距离(H),为承压水头,地面标高与承压水位的差值称地下水位埋深(h),如图5-10所示。承压水位高于地表的地区称作自流区,在此区,凡钻到承压含水层的钻孔都形成自流井,承压水沿钻孔上升喷出地表。

(2)单斜构造(自流斜地)自流斜地的形成有两种情况,一是断块构造,含水层的上部出露地表为补给区,下部为断层所切,如断层带是透水的,则各含水层将通过断层发生水力联系

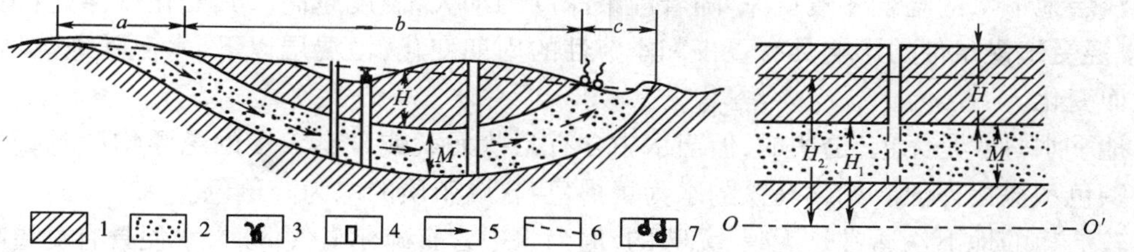

图 5-10 自流盆地构造图

a-补给区；b-承压区；c-排泄区

1-隔水层；2-含水层；3-喷水钻孔；4-不自喷钻孔；5-地下水流向；6-测压水位；7-泉

或通过断层以泉水的形式排泄于地表，成为承压含水层排泄区，如图 5-11a）所示，如果断层带是隔水的，此时补给区即排泄区，如图 5-11b）所示。

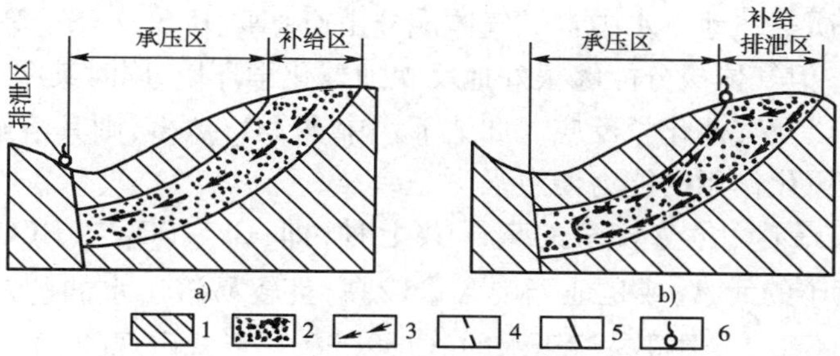

图 5-11 断块构造形成的自流斜地

1-隔水层；2-含水层；3-地下水流向；4-不导水断层；5-导水断层；6-泉

另一种情况是含水层岩性发生变化，上部出露地表，下部在某一深部呈尖灭状，或称尖灭构造，如图 5-12 所示。

承压水一般不易受到污染，水质良好，一般都为淡水，埋藏很深的承压水常是矿化度较高的水，如果以泉水的形式流出地表就形成矿泉。但承压水一旦污染后很难使其净化，因此在开发利用时应注意水源的卫生防护。

在承压水地区开挖深路堑、隧道及桥基时，应注意了解其下部是否有高压水头的承压水存在。因开挖后，如果隔水层顶板的预留厚度不足时，则往往被这种承压水将隔水层顶板冲破成为“涌水”。因此，在路基、桥涵、隧道施工中，如有承压水，必须预先做好防水工作和排水措施，防止发生事故和影响工程质量。

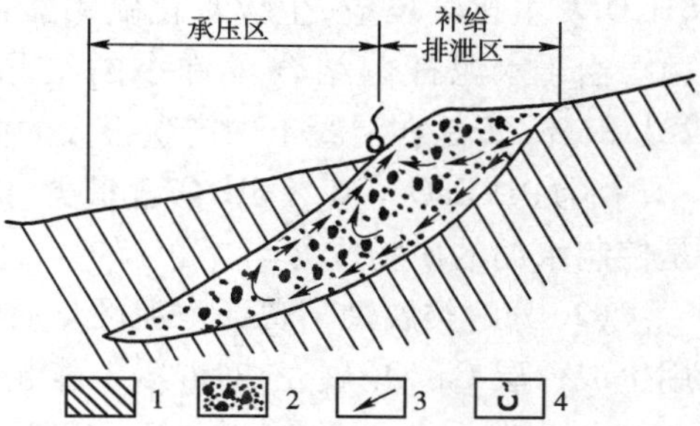

图 5-12 岩性变化形成的自流斜地

1-隔水层；2-含水层；3-地下水流向；4-泉

四、地下水的物理性质及化学特征

1. 地下水的物理性质

地下水的物理性质包括温度、颜色、透明度、气味、味道和导电性等。

浅层地下水的温度冬暖夏凉，随着埋藏深度的加大，温度越高。其变化规律是：恒温层以上，水温受气候条件的影响具有昼夜和季节性的周期变化；恒温层以下，水温随地热增温率的变化而变化。

地下水一般是无色、透明的，但当水中含有某些元素或含有较多的悬浮物质时，便会带有各种颜色和显得浑浊。如含高铁的水为黄褐色，含腐殖质的水为淡黄色。

较洁净的地下水通常是无嗅、无味的，但当水中含有硫化氢气体时，水便具有臭蛋味，含氯化钠的水味咸，含有机质时，便有鱼腥味。

地下水的导电性取决于所含电解质的数量与性质（即各种离子的含量与离子价），离子含量越多，离子价越高，则水的导电性越强，当然也要受到温度的影响。

2. 地下水的化学特征

地下水不是化学纯的 H_2O，而是含有多种化学元素的复杂溶液，其中含有各种气体、离子、胶体物质及有机物质等。地下水中常见气体成分由 O_2、N_2、H_2S 及 CO_2 等。一般情况下，地下水中气体含量不高，但气体成分能够很好地反映地球化学环境，同时某些气体的含量会影响盐类在水中的溶解度以及其他化学反应。如地下水中含 CO_2 愈多，则其溶解碳酸盐类的能力以及对结晶盐类进行风化作用的能力便愈强。

地下水中分布最广、含量较多的离子共七种，即：Cl^-、SO_4^{2-}、HCO_3^-、Na^+、K^+、Ca^{2+}、Mg^{2+}。构成这些离子的元素，或是地壳中含量较高，且较易溶于水的（如 O_2、Ca、Mg、Na、K），或是地壳中含量虽不很大，但极易溶于水的（Cl、以 SO_4^{2-} 形式出现的 S）。Si、Al、Fe 等元素，虽然在地壳中含量很大，但由于其难溶于水，地下水中含量通常不大。

地下水中含有的化学侵蚀性物质对钢筋混凝土会有不同的腐蚀：

(1)结晶类腐蚀主要是硫酸盐的侵蚀，当地下水中 SO_4^{2-} 超过规定值时，将与混凝土中的 $Ca(OH)_2$ 反应生成二水石膏结晶体 $CaSO_4 \cdot 2H_2O$，这种石膏再与水化铝酸钙 $CaO \cdot Al_2 \cdot 6H_2O$ 发生化学反应，生成水化硫铝酸钙，这是一种铝和钙的复合硫酸盐，习惯上称为水泥杆菌。由于水泥杆菌结合了许多的结晶水，因而其体积比化合前增大很多，约为原体积的 221.86%，于是在混凝土中产生很大的内应力，使混凝土的结构遭受破坏。

水泥中 $CaO \cdot Al_2 \cdot 6H_2O$ 含量少，抗结晶腐蚀强，因此，要想提高水泥的抗结晶腐蚀，主要是控制水泥的矿物成分。

(2)分解类腐蚀　普通水泥硬化后，可生成大量能溶于水的 $Ca(OH)_2$，与空气中的 CO_2 作用生成一层 $CaCO_3$ 硬壳，对混凝土能起保护作用，防止内部的 $Ca(OH)_2$ 分解，其反应式为：

$$Ca(OH)_2 + CO_2 = CaCO_3 \downarrow + H_2O$$

但是，当地下水中 CO_2 的含量超过一定数值，而 HCO_3^- 离子的含量过低，则超量的 CO_2 再与 $CaCO_3$ 反应，生成重碳酸钙 $Ca(HCO_3)_2$ 并溶于水，即

$$CaCO_3 + H_2O + CO_2 \rightarrow Ca^{2+} + 2HCO_3^-$$

由上式可知当 CO_2 含量少于平衡所需要的数量时，将从水中分离出 $CaCO_3$，此时水对混凝土的破坏作用就不再进行；当水中 CO_2 含量比平衡所必须的多时，水便能溶解 $CaCO_3$ 而腐蚀混凝土，这就是分解类腐蚀。这些能溶蚀 $CaCO_3$ 的 CO_2 被称之为侵蚀性 CO_2。所以，地下水中侵蚀性 CO_2 愈多，对混凝土的腐蚀愈强，地下水流量、流速都很大时，CO_2 易补充，平衡难建

立,因而腐蚀加快。另一方面,HCO^{3-}离子含量愈高,对混凝土腐蚀性愈强。

(3)结晶分解复合类腐蚀　地下水中NH_4^+、NO_3^-、Cl^-和Mg^{2+}离子的含量超过一定数量时,与混凝土中的$Ca(OH)_2$反应,生成$Mg(OH)_2$和易溶于水的$Ca(HCO_3)_2$或$CaCl_2$。$Mg(OH)_2$不易溶解可填实混凝土的孔隙,而$Ca(HCO_3)_2$和$CaCl_2$易溶于水,随水流失而使混凝土结构遭到破坏。

(4)防止地下水对混凝土侵蚀的措施

①排除地下水对混凝土的影响或变更其流向建筑物的速度,使新的侵蚀性水不易到达。

②采用抗硫酸盐水泥、火山灰质水泥和矿渣硅酸盐水泥,因这些水泥中$Ca(OH)_2$和$3CaO \cdot Al_2O_3$的含量很少,故不会产生侵蚀性破坏。

第三节　地下水运动的基本规律及其对土木工程的影响

地下水在岩石空隙中的运动称为渗流(渗透)。发生渗流的区域称为渗流场。由于受到介质的阻滞,地下水的流动远较地表水为缓慢。

在岩层空隙中渗流时,水的质点有秩序的、互不混杂的流动,称作层流运动。在具狭小空隙的岩石(如砂、裂隙不很宽大的基岩)中流动时,重力水受介质的吸引力较大,水的质点排列较有秩序,故均作层流运动。水的质点无秩序地、互相混杂的流动,称为紊流运动。作紊流运动时,水流阻力比层流状态大,消耗的能量较多。在宽大的空隙中(大的溶穴,宽大裂隙及卵砾石孔隙中),水的流速较大时,容易呈紊流运动。

一、达西定律

地下水的渗透属于层流,遵循达西线性渗透定律:

$$Q = KA\frac{H_1 - H_2}{L} = KAI \tag{5-2}$$

或

$$v = \frac{Q}{A} = KI \tag{5-3}$$

式中:Q——渗透流量(m^3/d);

H_1、H_2——上、下游过水断面间的水平距离(m);

L——渗透途径(上、下游过水断面间的水平距离)(m);

A——过水断面的面积(包括岩石颗粒和空隙两部分的面积)(m^2);

K——渗透系数(m/d);

I——水力梯度;

v——地下水渗透速度(m/d)。

由(5-3)式可知,当$I=1$时,$K=v$,即渗透系数是单位水力坡度时的渗流速度,达西定律只适用于雷诺数≤10的地下水层流运动。

(1)渗透速度v　在式(5-3)中,过水断面的面积包括岩石颗粒所占据的面积及空隙所占据的面积,而水流实际通过的过水断面面积A_1为空隙所占据的面积,即

$$A_1 = An \tag{5-4}$$

式中:n——孔隙度。

由此可知,v 并非地下水的实际流速,而是假设水流通过整个过水断面(包括岩石颗粒和空隙所占据的全部空间)时所具有的虚拟流速。

(2)水力梯度 I　水力梯度为沿渗透途径水头损失与相应渗透长度的比值。水质点在空隙中运动时,为了克服水质点之间的摩擦阻力(此种摩擦阻力随流速增大而增加),必须消耗机械能,从而出现水头损失。所以,水力梯度可以理解为水流通过单位长度渗透途径为克服摩擦阻力所耗失的机械能。从另一个角度,则可理解为驱动力。确定水力梯度时,水头差 ΔH 必须与渗透途径 L 相对应。

(3)渗透系数 K　从达西定律(5-3)可以看出,水力梯度 I 是无因次的,故渗透系数 K 的因次与渗透流速 v 相同,一般采用 m/d 或 cm/s 为单位。水力梯度为定值时,渗透系数愈大,渗透流速就愈大,渗透流速为一定值时,渗透系数愈大,水力梯度愈小。由此可见,渗透系数可定量说明岩石的渗透性能,渗透系数愈大,岩石的透水能力愈强。

二、达西定律在工程中的应用

应用达西定律可计算各种条件下的地下水流量。公路工程中最常用的是计算井、渗沟、隧道、基坑的涌水量。

1. 渗沟

渗沟是一种水平的排除地下水的构造物。按其是否深入整个含水层可分为完整渗沟和不完整渗沟两种。

1)完整渗沟

如图 5-13 所示,渗沟穿过含水层直达底部隔水层,且隔水层表面是水平的。

以渗沟壁为纵坐标,隔水层的表面为横坐标,则离沟壁 x 处任意断面上单侧单宽的流量(q)为:

$$q = Ky\frac{dy}{dx} \tag{5-5}$$

将上式分离变数,进行积分,得:

$$q dx = Ky dy$$

$$q\int_0^R dx = K\int_h^H y dy$$

$$qR = K\frac{H^2 - h^2}{2} \qquad q = K\frac{H^2 - h^2}{2R}$$

自渗沟两侧流入的单宽流量(Q)为:

$$Q = 2q = K\frac{H^2 - h^2}{R} \tag{5-6}$$

2)不完整渗沟

渗沟未穿过整个含水层,沟底位于含水层中,也有水渗入。视含水层厚度不同,又分为:

(1)含水层厚度 T 有限

如图 5-14 所示,含水层厚度 $T<H+R+C$ 时,可认为厚度是有限的。其中 C 为渗沟宽度的一半。

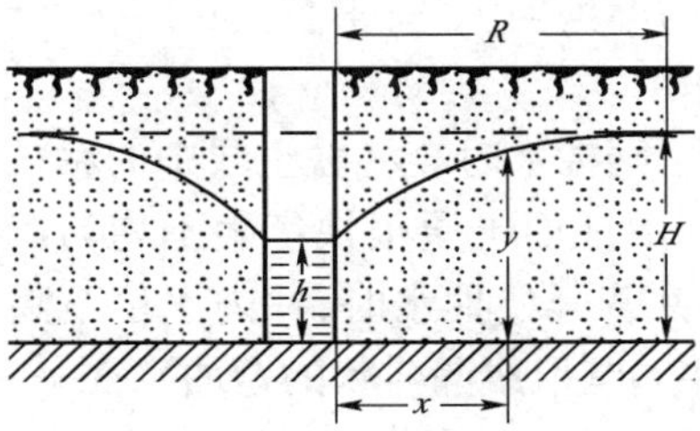

图 5-13　完整渗沟

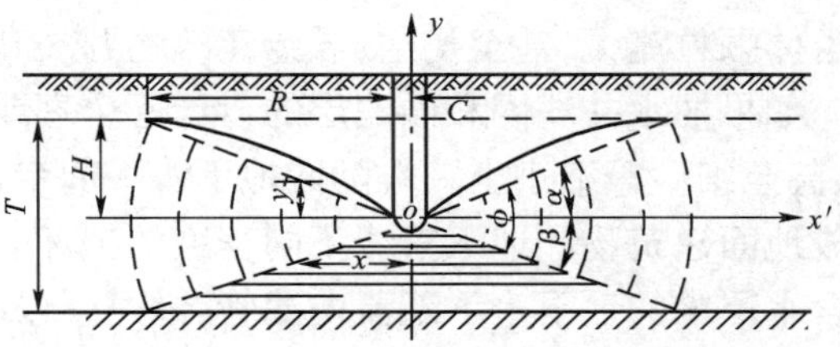

图 5-14　T 有限的不完整渗沟

双侧流入渗沟的单宽流量(Q)为:

$$Q=2q=\frac{2\varepsilon K\varphi H}{\ln\dfrac{R}{C}} \tag{5-7}$$

式中:$\varphi=\alpha+\beta$;

ε——约为 0.7 ~ 0.8。

(2)含水层厚度 T 无限

如图 5-15 所示,含水层厚度 $T\geqslant H+R+C$ 时,可认为厚度是无限的。涌水量计算公式与式(5-7)相同,只是 φ 值不同,此时 $\varphi=\dfrac{\pi}{2}+\alpha$。

2. 基坑

许多公路建筑物的基础,特别是桥梁基础,常常埋置在含水层中,开挖基坑时,需要计算涌水量。正确预测基坑的可能涌水量,对编制施工组织、拟定排水方法等有重要的意义。

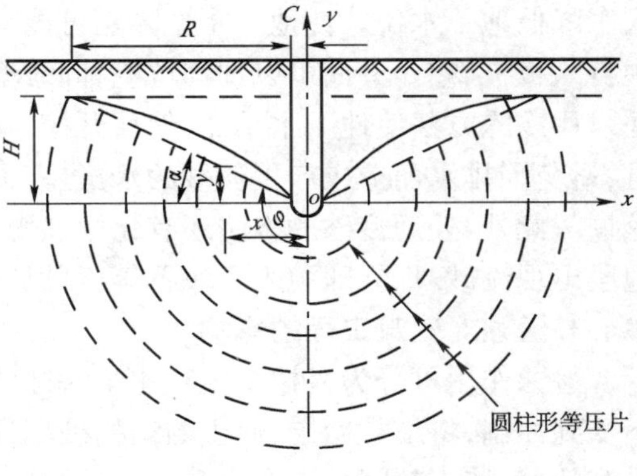

图 5-15　T 无限的不完整渗沟

基坑与井(钻孔)的区别是:平面尺寸较大;平面图形各式各样。因此,在使用井(钻孔)涌水量公式计算基坑涌水量时,需把基坑假象为圆形大井,求其假象半径或引用半径 r_0,并以引用影响半径 $R_0=R+r_0$ 代替影响半径 R。

对不规则的圆形基坑、长宽比 $\ngtr 5$ 的矩形基坑,其引用半径 r_0 可按下式计算:

$$r_0=\sqrt{\frac{F}{\pi}} \tag{5-8}$$

式中:F——基坑面积。

三、地下水与工程

1. 地基沉降

在松散沉积层中进行深基础施工时，往往需要人工降低地下水位。若降水不当，会使周围地基土层产生固结沉降，轻者造成邻近建筑物或地下管线的不均匀沉降；重者使建筑物基础下的土体颗粒流失，甚至掏空，导致建筑物开裂和危及安全作用。

如果抽水井滤网和砂滤层的设计不合理或施工质量差，则抽水时会将软土层中的粘粒、粉粒、甚至细砂等细小土颗粒随同地下水一起带出地面，使周围地面土层很快产生不均匀沉降，造成地面建筑物和地下管线不同程度的损坏。另一方面，井管开始抽水时，井内水位下降，井外含水层中的地下水不断流向滤管，经过一段时间后，在井周围形成漏斗状的弯曲水面——降水漏斗。在这一降水漏斗范围内的软土层会发生渗透固结而造成地基土沉降。而且，由于土层的不均匀性和边界条件的复杂性，降水漏斗往往是不对称的，因而使周围建筑物或地下管线产生不均匀沉降，甚至开裂。

2. 流砂

流砂是地下水自下而上渗流时土产生流动的现象，它与地下水的动水压力有密切关系。当地下水的动水压力大于土粒的浮容重或地下水的水力坡度大于临界水力坡度时，就会产生流砂。这种情况的发生常是由于在地下水位以下开挖基坑、埋设地下管道、打井等工程活动而引起的，所以流砂是一种工程地质现象。易产生在细砂、粉砂、粉质粘土等土中。流砂在工程施工中能造成大量的土体流动，致使地表塌陷或建筑物的地基破坏，能给施工带来很大困难，或直接影响建筑工程及附近建筑物的稳定，因此必须进行防治。

在可能产生流砂的地区，若其上面有一定厚度的土层，应尽量利用上面的土层作天然地基，也可用桩基穿过流砂，总之尽可能地避免开挖。如果必须开挖，可用以下方法处理流砂：①人工降低地下水位。使地下水位降至可能产生流砂的地层以下，然后开挖。②打板桩。在土中打入板桩，它一方面可以加固坑壁，同时增长了地下水的渗流路程以减小水力坡度。③冻结法。用冷冻方法使地下水结冰，然后开挖。④水下挖掘。在基坑（或沉井）中用机械在水下挖掘，避免因排水而造成产生流砂的水头差，为了增加砂的稳定，也可向基坑中注水并同时进行挖掘。此外，处理流砂的方法还有化学加固法、爆炸法及加重法等。在基槽开挖的过程中局部地段出现流砂时，立即抛入大块石等，可以克服流砂的活动。

3. 潜蚀对建筑工程的影响

潜蚀作用可分为机械潜蚀和化学潜蚀两种。机械潜蚀是指土粒在地下水的动水压力作用下受到冲刷，将细粒冲走，使土的结构破坏，形成洞穴的作用；化学潜蚀是指地下水溶解土中的易溶盐分，使土粒间的结合力和土的结构破坏，土粒被水带走，形成洞穴的作用。这两种作用一般是同时进行的。在地基土层内如具有地下水的潜蚀作用时，将会破坏地基土的强度，形成空洞，产生地表塌陷，影响建筑工程的稳定。在我国的黄土层及岩溶地区的土层中，常有潜蚀现象产生，修建建筑物时应予注意。

对潜蚀的处理可以采用堵截地表水流入土层、阻止地下水在土层中流动、设置反滤层、改造土的性质、减小地下水流速及水力坡度等措施。这些措施应根据当地的具体地质条件分别或综合采用。

4. 地下水的浮托作用

当建筑物基础底面位于地下水位以下时，地下水对基础底面产生静水压力，即产生浮托力。如果基础位于粉性土、砂性土、碎石土和节理裂隙发育的岩石地基上，则按地下水位100%计算浮托力；如果基础位于节理裂隙不发育的岩石地基上，则按地下水位50%计算浮托力；如果基础位于粘性土地基上，其浮托力较难确切地确定，应结合地区的实际经验考虑。

● 第四节　河川径流及其对土木工程的影响 ●

一、径流形成过程

地面径流和地下径流汇入河槽并沿河槽流动的水流，称为河川径流，其中以地面径流为主。一次历时较长，分布均匀，强度较大的降雨结果，或降雨强度不大但降雨量大均可形成河川径流。流域内自降水开始到汇集水量流过出口断面为止的全过程，称为径流形成过程，可分为4个过程，如图5-16所示，此出口断面常指拟建桥、涵、堰、闸或水文站等所在的断面。

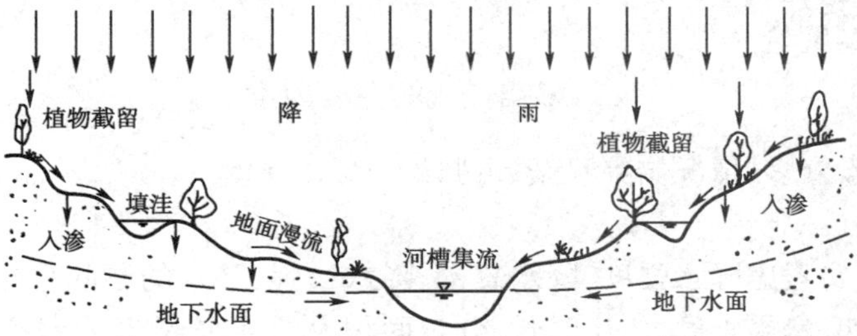

图5-16　径流形成示意图

1. 降水过程

雨、雪、雹及霰（小雪珠）统称降水。降水要素有3个，即降水量ΔH、降水历时Δt（即降水的持续时间，常用单位为min，h）、降水强度i（即单位时间内的降水量，常用单位为mm/min，mm/h）。

降雨是形成径流的主要因素，降雨量的多少决定径流量的大小。每次降雨，降雨量及其在空间和时间上的变化都各不相同。降雨可能覆盖某一区域的全部地区，也可能只降落在该区域的局部地区；流域内降雨强度也有时均匀，有时不均匀。有时在局部地区形成暴雨中心，并向某一方向移动。降雨的变化过程直接决定径流过程的趋势，降雨过程是径流形成过程的重要环节。

2. 流域蓄渗过程

降雨开始时并不立即形成径流。首先，雨水被流域内生长的树木、杂草、农作物等的茎叶截留一部分，不能落到地面上，称为植物截流。然后，落到地面上的雨水，部分为土壤吸收并渗入地下的过程称为入渗；单位时间的入渗量，称为入渗率（mm/min或mm/h）。随着降雨量的增加，土壤吸收渐趋饱和，入渗强度减缓，达到一个稳定值，称为稳定入渗。另外，还有一部分雨水被蓄留在坡面的坑洼里，称为填洼。植物截留、入渗、填洼的整个过程，称为流域蓄渗过程。

3. 坡面漫流过程

流域蓄渗过程完成以后，剩余雨水沿着坡面流动，称为坡面漫流。流域内各处坡面漫流开始的时间是不一致的，某些区域可能最先完成蓄渗过程而出现坡面漫流，也只是局部区域的坡面漫流。然后，完成蓄渗过程的区域逐渐增多，出现坡面漫流的范围也随之扩大，最后才能形成全流域的坡面漫流。漫流速度与地表植被及地形等因素有关。

4. 河槽集流过程

坡面漫流的雨水汇入河槽后，顺着河道由小沟到支流，由支流到干流，最后到达流域出口断面，这个过程称为河槽集流。汇入河槽的水流，一部分继续沿河槽迅速向下游流动，另一部分也使河槽内的水量增大，水位也随之上升，河槽容蓄的这部分水量，在降雨结束后才缓慢地流向下游。最后才通过流域出口，使流域出口断面的流量过程变得平缓，历时延长，从而起到河槽对洪水的调蓄作用。

总之，地面径流的形成过程，就其水体的运动性质来看，可分为产流过程和汇流过程，就其发生的区域来看，则可分为流域面上进行的过程和河槽内进行的过程。降雨、蓄渗、坡面漫流和河槽集流，是从降雨开始到出口断面产生径流所经历的全过程，它们在时间上并无截然的分界，而是同时交错进行的。

二、影响径流的主要因素

影响径流的因素繁多，情况错综复杂，可归纳为以下 4 类。

1. 降水

对大流域面积，要考虑降水强度、降水总量、降水过程、降水的空间分布、暴雨中心位置及其移动方向等。例如，暴雨强度大、历时长、分布面积大的降水，产生径流量亦大；大流域内的降雨，在地区上的分布是很不均匀的，流域内一次降雨强度最大的地方，称为暴雨中心。暴雨中心在流域下游时，出口断面的洪峰流量就大些，暴雨中心在流域上游时，则洪峰流量就小些。一次降雨的暴雨中心是不断移动的，当暴雨中心从流域上游向下游移动时，出口的洪峰流量就大些，反之则洪峰流量就小些。

2. 蒸发

蒸发包括水面、土壤、植物上的水分蒸发，在一次降雨过程中对径流影响不大，但对降雨前期的流域蓄水量却影响很大。如蒸发强度大，则雨前土壤含水量就小，降雨的损失量就增大，而径流量减小。因此，蒸发也是影响径流变化的重要因素。

3. 下垫面因素

流域的地形、土壤、地质、植被、湖泊等自然地理因素，相对于气候因素而言，称为下垫面因素。流域的地理位置直接影响降雨量的多少，流域的地形对降雨、蒸发以及蓄渗和汇流过程都有影响，流域面积的大小、形状又与径流量有直接关系。土壤和地质因素决定着入渗和地下径流的状况。植物茎叶将截留部分降雨，植物根系又能贮藏大量水分，可改造土壤和气候。湖泊也有贮存水量，调节径流的作用。

4. 人类活动因素

植树造林、水土保持，兴修水利，跨流域调水及现代化城市的发展等均属人类活动因素，它可改变自然地理条件、影响水分小循环、影响径流量及其过程。城市人口的密集可促使水分小循环加快、降水量加大,降水次数增多。不透水路面的面积增大,可导致地表滞水性及下渗率大幅度下降,减少枯水径流、加大洪峰流量使径流过程急促。

三、汇水区的几何参数

为了确定桥涵的位置,选择桥涵孔径,推算各种流量,必须确定汇水区的有关几何参数。汇水区几何参数包括:汇水面积 F;主河沟长度 L;主河沟平均坡度 I_z;汇水区平均宽度 B 以及横向平均坡度 I_h。

1. 汇水面积 *F*

汇水面积 F 是指降水后,某区域的雨水经过地面漫流和径流,最后只能通过某一出水口断面排出(如穿过路线的桥涵)的该区域地面面积,通常以 km^2 计。

2. 主河沟长度 *L* 及主河沟平均坡度 I_z

主河沟长度 L:表示出口断面沿主河沟到河源(分水岭)的水平距离(以 m 或 km 计)。可根据地形图的比例尺,沿河沟的流经方向,从所求的出口断面至河源直接量出。

主河沟平均坡度 I_z:表示长为 L 的河沟坡面的平均比降(计算中以小数计,表示为‰形式)。

(1)当有地形图可利用时,可从图上量取求得。其方法是:根据等高地形图作出构造物至分水岭沿河的纵断面图,然后依其等面积切割线,使 $F_1=F_2$,切割线 AB 的坡度即为主河沟平均坡度 I_z,如图 5-17 所示。

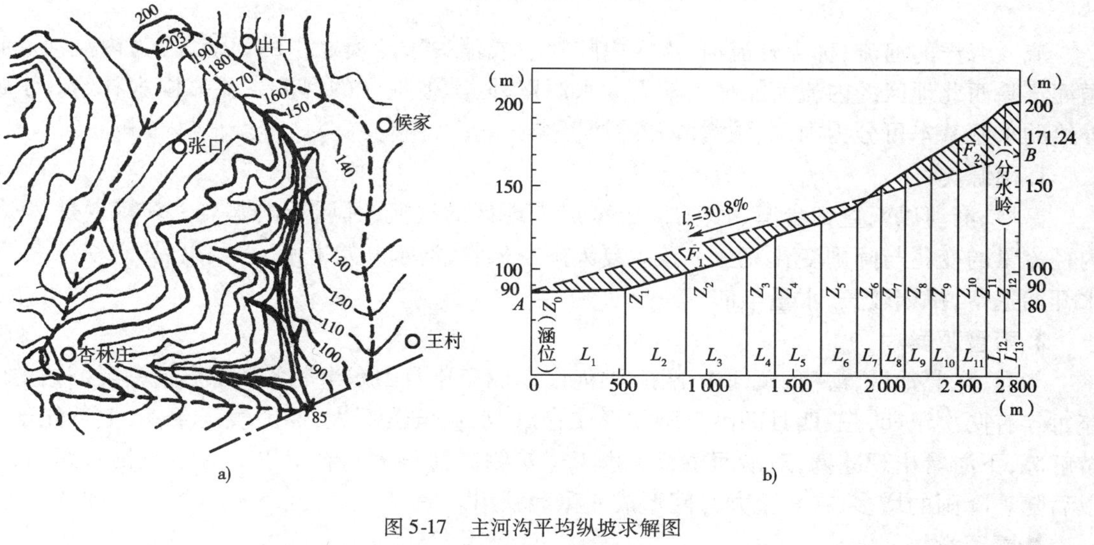

a) b)

图 5-17 主河沟平均纵坡求解图

a)平面;b)主河沟纵断面图

这种方法在数学上即为加权平均法,因而可按下式计算:

$$I_z=\frac{(Z_0+Z_1)L_1+(Z_1+Z_2)L_2+\cdots+(Z_{n-1}+Z_n)L_n-2Z_0L}{L^2} \tag{5-9}$$

式中:$Z_0,Z_1,\cdots,Z_n$——自出口断面起沿流程各特征点(或等高线处)地面高程;

$L_1,L_2,\cdots,L_n$——各特征点(或等高线处)点间的距离。

(2)当无地形图利用时,则可按下述要求进行实测:

山区河沟,当主河沟长度大于 500m 时,则以河沟陡坡转折点(一般为河沟形成处)之标高,减去桥涵处沟底标高,以该两点之水平距离除之求得。

3. 汇水区平均宽度 B 及横向平均坡度 I_h

当利用地形图上勾绘出的汇水范围,并计算出汇水面积 F 后,可通过汇水面积大约的形心 C,垂直主河沟作一直线,交于汇水区边界的 A、B 两点,量取此两点间的距离,即为汇水区平均宽度 B(以 m 或 km 计),如图 5-18。

在地形图上分别读出点 A、点 B 及 AB 直线与主河沟交点 D 点的高程 H_A、H_B、H_C,分别量出 AD 间的距离 B_z,BD 间的距离 B_y,则汇水区左右两部分的横向平均坡度分别为:

$$I_{zh} = \frac{H_A - H_D}{B_z} \qquad I_{yh} = \frac{H_B - H_D}{B_y}$$

全汇水区的横向平均坡度

$$I_h = \frac{I_{zh} + I_{yh}}{2} \qquad (5\text{-}10)$$

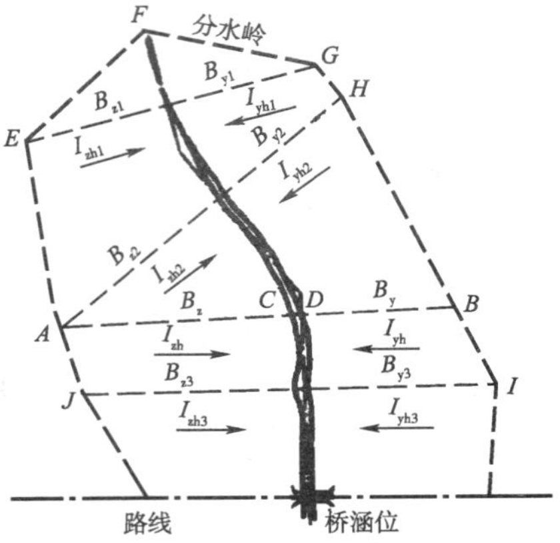

图 5-18 汇水区平均宽度 B 及横向平均坡度 I_h 计算示意图

四、我国河流的水量补给

流入海洋的河流,称为外流河,流入内陆湖泊或消失于沙漠之中的河流,称为内流河。我国河流除西北地区的内流河靠高山积雪为水源以外,其他地区的河流主要靠雨水补给。水量补给的来源基本可分为雨源、雨雪源和雪源三类:

1. 雨源类

秦岭、淮河以南直到台湾、海南岛、云南广大地区的河流,都属于雨源类。其特点是,一年内径流量的变化与降雨变化完全一致。夏天雨季来临,河水开始上涨,入秋以后,雨季结束,河水开始退落,汛期较长,水量丰沛。

2. 雨雪源类

华北、东北地区,海河、黄河中下游,淮河以北侧支流及山东半岛各河都属这一类。这类河流每年有两次汛期,三、四月间由于融雪形成春汛,水量虽然不大,但因气候条件,上游先于下游解冻,下游常出现冰塞,对沿河桥梁和水工建筑物威胁很大。春汛以后有一段枯水期,入夏以后随着降雨的增多,在六至九月间形成夏汛和秋汛。

3. 雪源类

西北地区新疆、青海等地的河流属雪源类,水量补给以融雪为主。每年四、五月间气温上升,冰雪融化,河水上涨,六、七月达到高峰,以后气温下降,河水也逐渐随之退落。

● 第五节 泥沙运动 ●

泥土、沙、石等的混合体,统称泥沙。河中水流和泥沙都在不断地运动,当河床的泥沙被水带走后即形成冲刷现象；若泥沙沉积，则产生淤积现象。河流泥沙的冲淤变化则构成了河床的自然演变，也是工程关注的重要方面。一条较稳定的河床，它是泥沙冲淤平衡的结果。

根据泥沙在河槽内运动的情况，可分为悬移质、推移质和床沙三类。在一定的水流条件下，泥沙处于运动状态，颗粒较细的泥沙被水流中的漩涡带起，悬浮于水中向下游运动，沿水流方向前进的速度与水流的流速基本相同，这种泥沙称为悬移质；颗粒稍大的泥沙，则在河床表面上滚动、滑动或跳跃着向下游移动，前进的速度远远小于水流的流速，往往以沙波形势向前运动，这种泥沙称为推移质。比推移质颗粒更大的泥沙，则下沉到河床上静止不动，称为床沙。悬移质、推移质及床沙三者间的颗粒大小分界与水流速度大小有关。

一、泥沙的主要特征

1. 几何特征

泥沙的几何特征用粒径表示，其中有等容粒径（简称粒径）、平均粒径与中值粒径等。

1）等容粒径 d

泥沙颗粒的形状极不规则，通常采用与泥沙颗粒同体积的球体直径来表示泥沙颗粒的大小，称为等容粒径，常用符号 d，单位 mm。测量方法有：

（1）筛分法——$d>0.05$mm 的泥沙以通过的标准筛孔径来确定粒径的大小，并用粒径级配曲线表示其颗粒组成。如图 5-19 粒径级配曲线通常画在半对数坐标纸上，横坐标表示粒径大小，纵坐标表示小于某粒径的泥沙在整个沙样中所占的重量百分比。

粒径级配曲线能清楚地表明沙样粒径的大小和均匀程度，在图 5-19 中，沙样 a 的粒径较粗而大小级配均匀，沙样 b 的粒径较细而大小级配不均匀。

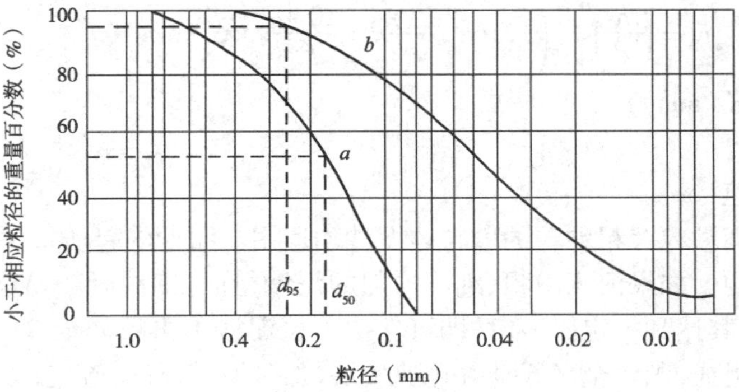

图 5-19　粒级级配曲线

（2）水析法——$d<0.05$mm 的泥沙按在静水中的沉降速度与粒径的关系来确定粒径的大小。

（3）直接测量法——对于大颗粒的卵石、砾石等可直接测其粒径。

2）平均粒径 $\overline{d}$

沙样中各级粒径（按重量）的加权平均值，可按下式计算：

$$\overline{d}=\frac{\sum d_i P_i}{\sum P_i} \tag{5-11}$$

式中：d_i——各级粒径（mm）；

P_i——各级粒径泥沙的重量占沙样总重量的百分数，$\sum P_i = 100$。

3）中值粒径 d_{50}　表示大于和小于这种粒径的泥沙各占沙样总重量的一半。粒径级配曲线纵坐标50%所对应的横坐标，就是中值粒径（d_{50}）的数值。

2. 重力特性

泥沙的重力特性用单位体积内泥沙颗粒的重量来表示，称为重度，常用符号 γ_a，单位 N/m^3。泥沙的重度随岩石成分而异，但实测资料表明其变化不大，一般可采用 $26kN/m^3$。

3. 水力特性

泥沙的水力特性，由泥沙颗粒在静止的清水中均匀下沉的速度来表示，称为沉速（或水力粗度），符号用 ω，单位 cm/s。沉速是反映泥沙运动和河床冲淤可能性的重要参数。

静水中的泥沙颗粒，在重力作用下开始以加速度下沉，下沉过程中颗粒受到水流的阻力，阻力随沉速的加快而增大；当水流阻力增大到与颗粒所受重力相等时，颗粒将以等速下沉，此时的下沉速度即为泥沙的沉速。

二、泥沙的起动

河床上的泥沙在水流作用下，由静止状态转变为运动状态，这种现象称为泥沙的起动。它是河流泥沙由静止到运动的临界状态，此时的临界水流条件，称为泥沙的起动条件。泥沙运动和河床变形都始于床面泥沙的起动，是推动颗粒运动的水流作用力和抗拒颗粒运动的阻力之间，失去平衡的结果。此临界状态时，水流垂线平均流速或断面平均流速称为泥沙起动流速，以 v_0 表示。我国桥墩冲刷计算中的常用公式有张瑞瑾导出的公式：

$$v_0 = \left(\frac{h}{d}\right)^{0.14}\left(17.6\frac{\gamma_s - \gamma}{\gamma}d + \frac{10 + h}{d^{0.72}} \times 6.05 \times 10^{-7}\right)^{\frac{1}{2}} \tag{5-12}$$

式中：d——泥沙粒径（mm）；

h——水深（m）；

v_0——起动流速（m/s）。

上式对于粘性细颗粒及粗颗粒的散粒体泥沙均适用。泥沙的起动条件是研究河床冲刷与挟沙水流的首要问题。如果河床由粗、细不均匀的泥沙组成，细的因较易起动而被冲走，粗的留下形成覆盖层，待其达到一定厚度时，即可保护下层泥沙不再被冲走，冲刷随之停止。若河床由较细颗粒泥沙组成，则将全部起动并迅速发展，加深河道，降低流速，最后因不能满足起动流速要求而停止冲刷。因此，起动流速是研究河床冲淤的重要参数。

三、输沙率与水流挟沙能力

单位时间内通过过水断面（测流断面）的泥沙重量，称为输沙率 kN/s。单位体积浑水中所含泥沙的重量，称为含沙量 kN/m^3。水流挟带泥沙的多少，直接影响河床的冲淤变形。在一定的水流条件和边界条件下，单位体积的水流能够挟带泥沙的最大数量，称为水流的挟沙能力，单位 kg/m^3。它是一个临界值，包括推移质和悬移质全部泥沙数量，并且随着水流和边界条件的不同而时刻变化。在平原河流中，水流所挟带的泥沙，往往悬移质占绝大部分，推移质一般可忽略不计，则水流挟沙能力可以只考虑悬移质的数量，并且用最大的悬移质含沙量来表示。

决定某河段水流挟沙能力的主要条件是流速和泥沙颗粒的大小，若上游来水含沙量小于本河段的挟沙能力，则水流将在本河段挟取更多的泥沙而去，便出现冲刷现象；若上游来沙量大于本河段的水流挟沙能力，多余的泥沙就会沉积下来，使河床发生淤积。在冲刷河段内，床面上的细颗粒泥沙被水流挟走，由得不到上游来沙的补充时，将使床面泥沙的粒径逐渐增大，形成自然铺砌的现象，称为河床的粗化，对桥下河床的冲刷也有一定影响。

起动流速是推移质产生运动的条件，而推移质输沙率则表示推移质运动的强烈程度，对桥梁孔径及墩台冲刷计算有着重要作用。

•第六节　水文测验和资料的搜集与整理•

河流水情的变化可由河流水文要素的观测资料来反映，对各项水文要素的观测，称为水文测验。水文资料是河流水情变化的记录，是进行水文分析和计算的基础，必须认真细致的整理。

一、水文观测

水面的高程，称为水位。它是确定桥高、桥长的必备资料。水文站观测的水位是指某一时刻该水文站测流断面的水面高程。它与桥位所在断面往往不在同一地点，因此在使用水位资料时，必须注意它们的基准面是否统一，否则要进行改正。水文资料中涉及的基面有假定基面、冻结基面和绝对基面等。河流的水位变化反映河道中水量的增减，水位是河流最基本的水文要素，可用以推算流量。

水位观测通常利用水尺记录。水尺的形式和水准尺相似，它固定在木桩上，如图 5-20a)

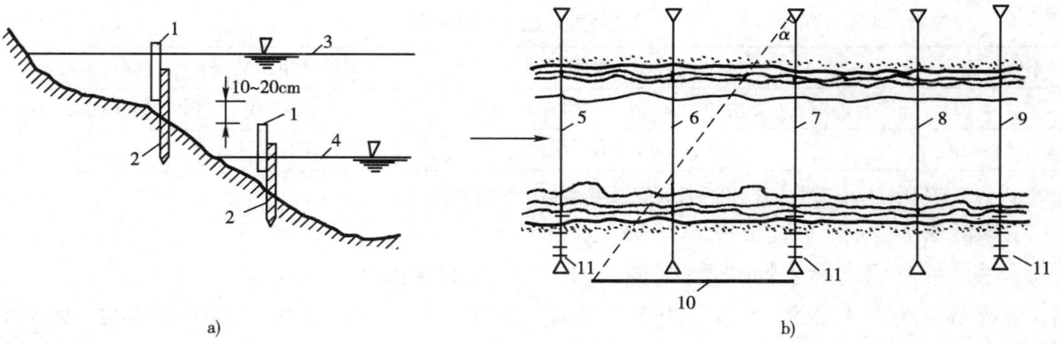

图 5-20　水文站测流断面和水尺分布

1-水尺；2-木桩；3-最高水位；4-最低水位；5-比降上断面；6-浮标上断面；7-基本测流断面；8-浮标下断面；9-比降下断面；10-基线；11-水尺

所示。按照设定的水尺高程零点或相对高程，由水面与水尺刻度的交点，即可换算出任一时刻的水位。测读水位，可用人工方法与自动记录水位计。自动记录水位计可连续记录水位的逐时变化，人工观测通常每日三次，即 7 时，12 时，19 时，当水位涨落变化很大时，可每小时测读二次，当水位涨落变化不大时，也可于每日 8 时测读一次。此外，为了计算水面比降，还应设立比降水尺。图 5-20b）所示为水文站测流断面和水尺布置情况。

通过水位观测，能够得到各种特征水位、平均水位、水位过程线、水面比降等资料。

二、流速测量

测速一般以流速仪施测法为主。在漂浮物较多,水深较浅或水流过急处,流速仪施测有困难时,可用浮标法施测。浮标法施测流速可与流向同时进行。当洪峰历时短暂、水位涨落急剧,须缩短测速时间时,可改用中泓浮标法施测。

1. 流速仪法

测速垂线分布应与河床断面变化及流速分布相适应,通常测速垂线数目不应小于表5-2的规定。主槽的垂线分布应比河滩的垂线密些,在滩、槽分界处应布设垂线。对宽深比特大或漫滩严重的河道,应适当增加垂线。在每一支汊处均应布设测速垂线,施测各支汊流量分配情况。

断面测速垂线分布　　表5-2

水面宽度(m)	<100	100~300	300~600	600~1000	>1000
垂线数目	5	7	9	11	14

测速垂线上的测点数按表5-3规定办理,遇水位涨落急剧等特殊情况,可适当减少测点。

垂线平均流速 v_m 按下列公式计算:

五点法:
$$v_m=\frac{1}{10}(v_{0.0}+3v_{0.2h}+3v_{0.6h}+2v_{0.8h}+v_{h-\Delta})\tag{5-13}$$

三点法:
$$v_m=\frac{1}{3}(v_{0.2h}+v_{0.6h}+v_{0.8h})\tag{5-14}$$

二点法:
$$v_m=\frac{1}{2}(v_{0.2h}+v_{0.8h})\tag{5-15}$$

一点法:
$$v_m=v_{0.6h}\tag{5-16}$$

测速垂线上的测点布置　　表5-3

垂线水深 h(m)	测点相对水深	垂线水深 h(m)	测点相对水深
>10	五点法(0、0.2h、0.6h、0.8h、$h-\Delta$)	1.5~3.0	二点法(0.2h、0.8h)
3~10	三点法(0.2h、0.6h、0.8h)	<1.5	一点法(0.6h)

注:Δ 为流速仪净空,视工作方法、铅鱼及河底电接触器的尺寸而定。

2. 浮标法

浮标是带有识别标志的漂浮体(图5-21)。浮标有水面浮标和深水(双)浮标之分。水面浮标用于测水面流速,常用芦苇、木板、植物杆扎成十字或井字形下垂重物制成,也可用短木棒、竹筒制成直立式浮标,若水面较宽,其上插小彩旗以便观测。深水(双)浮标用于测水面以下某点的流速,它由上部小浮标(指示标)和下部大浮标(实测标)用细绳连成一体组成。上浮标做成流线形,露出水面部分体积宜小,以减小水流和空气阻力,下浮标为十字形,位于实测点高度,便于浮标以接近于施测点的流速而浮移,测速点水深靠调节细绳长度来控制,以上浮标漂浮速度表示下浮标的浮移速度(即施测点流速)。

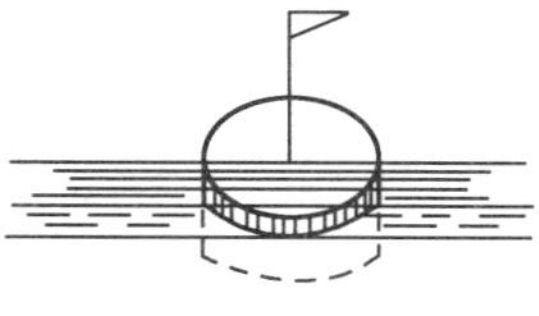
图5-21　浮标

浮标法测流速,是在测流河段上沿河宽均匀投放浮标,测出浮标通过上下游两断面间的时间和上下游两断面间的距离,计算浮标的飘行速度,作为水面速度。连续观测每个浮标的平面位置,可绘制河流的流向图。浮标法测流速的方法简单,但不如流速仪精确,常在没有条件进行流速仪测流时才采用。

三、小桥涵形态调查

水文资料的来源主要有3个方面，即水文站的观测资料、洪水调查资料和文献考证资料。水文站的观测资料，能比较真实地反映客观实际，是水文计算的主要依据，但小流域一般水文站较少，观测年限也不多，尤其是中小河流上水文站更少。因此，资料的来源，不能单纯依靠水文站的观测资料。洪水调查资料是水文资料搜集的基本方法，是对水文站没有长期观测资料的主要补充，能起到延长系列、减小误差、提高资料系列精度的作用。上述3方面的水文资料可以互相核对，互相补充，使资料趋于完整。由于水文资料是水文计算的基础，是决定成果精度的关键，因此必须给以充分的重视。

对于缺乏水文观测资料的河沟，形态调查是获得桥涵设计中所需水文资料常用的方法。先建立形态断面，通过洪水调查，确定各种洪水位和洪水比降，进而确定形态断面的流速和流量。

1. 形态断面

1）形态断面的选择

计算流量所依据的河沟横断面称为形态断面，一般选在有较可靠的洪水调查的河段内。有实测资料的水文站测流断面也属于形态断面的范畴。形态断面应尽可能与流向垂直，宜选在河段顺直、岸坡稳定、床面冲淤变化不大、泛滥宽度较小、断面比较规则、河槽在平面上无过大的扩散或收缩、河沟床纵坡无急剧变化和无局部死水回流及壅水影响的地方。

形态断面一般应在桥位上下游各选一个，以资校核。对河面不宽的中、小桥可只选一个形态断面。桥轴断面若符合条件或有水文基线断面离桥位不太远，亦可作为形态断面。

2）形态断面图的测绘

形态断面图的绘制范围：平原宽滩河流可测至历史最高洪水泛滥线以外50m，山区应测至历史最高洪水位以上2～5m。河槽与河滩的划分应在现场确定。形态断面图比例尺参照表5-4选用。

形态断面图比例尺　　表5-4

泛滥宽度	<100m	≤500m	>500m
水平比例尺	1/200	1/500或1/1000	1/1000或1/2000
垂直比例尺	1/20	1/50或1/100	1/100或1/200

形态断面图绘制内容包括：河床横断面、测时水位、各种特征水位、河槽分界线、植被和河床地质情况等。

2. 洪水调查

调查可靠的洪水位并确定其发生的年代，在形态调查法的水力计算中，有着非常重要的意义。通常是对历史洪水位和多年平均洪水位进行调查。历史洪水位是指历史上特大年洪峰流量时对应的洪水位；多年平均洪水位是指多年来年洪峰流量的平均值所对应的洪水位。

1）访问调查

此种调查方法是在桥涵址附近或洪水调查点的河沟两岸上下游一段范围内，通过访问群众，寻找洪水留下的各种痕迹（简称洪痕），加以辨认确定洪水位。

首先，调查前应将已收集到的资料进行分析，大致掌握流域内洪水发生的情况，以便有目的的进行调查。

调查历史洪水情况时，应尽量收集水利部门的历史洪水调查资料，对早期的历史洪水，宜访问那些居住久、记忆清、见识广的老居民；对近期的历史洪水，宜访问那些熟悉情况的中、青年居民。并联系生活中印象较深的事，结合搜集到的民谚、记事碑文、报刊、历史文献中记载的洪水情况等，通过综合分析后确定历史洪水位。

注意调查各次大洪水发生的时间（包括年月）、大小以及洪水时的雨情、水情与灾情。调查洪水来源、发生原因、涨落幅度、洪水时的主流方向，调查有无漫流、分流、死水以及流域自然条件有无变化和人类活动影响等。

2）洪痕调查

洪痕位置应由目击者亲自指划，同一洪痕需由几个人确认，同一次洪水至少要调查3～5个洪痕。在确认洪痕时，应注意留存洪痕的标志物有无变动，所反映的洪水位有无受到波浪、漂浮物、水流横向环流引起的水拱、决堤等影响，这些将影响洪痕的可靠程度。洪痕的可靠程度可参照《公路桥涵设计手册·涵洞》中表3-8。

在人烟稀少地区，可结合当地具体情况，根据洪水淤积物，河岸受洪水冲刷痕迹，洪水对河岸所起的物理、化学及生物作用的标志，以判断历史洪水位或多年平均洪水位。现场洪水痕迹和特征辨认参考见《公路桥涵设计手册·涵洞》表3-9。

3）查阅历史文献

历史文献包括过去很多省、县、（州）的地方志，其中都有水旱灾害的记载，还有一些记述我国河流自然地理和水利治理的专著如《水经注》、《行水金鉴》等，以及明清两代宫廷档案中的洪水灾情奏报。根据这些对洪水的定性描述与受灾范围，可以和已调查到的几次大洪水进行比较，以判断文献记述的洪水的相对大小。在利用这些资料时，必须深入细致地分析，去伪存真，要对有关村镇、城市、建筑物的迁移和流域自然情况的变化等进行考证，对历史记载进行实地核对。

4）水文资料的调查

水文站的观测资料能比较真实地反映客观实际洪水状况，是洪水调查最可靠的资料，在有条件的河流首先应收集水文站的资料，据以作为水文计算的依据。

3. 河道及既有涉河工程调查

1）河道调查的主要内容

（1）收集河道管理部门的有关河道历年变迁的图纸和资料。

（2）调查河道弯曲及滩槽情况，以及有无支流、分流、急滩、卡口、滑坡、塌岸和自然壅水现象等。

（3）调查河道历史上主槽、边滩和沙洲变迁或移动情况、支汊分流的变化、漫溢泛滥宽度、河岸稳定程度、改道原因、航道变化等，并分析预估演变发展的趋势。

（4）调查河床冲淤变化，上游泥沙来源，历史上淤积高度和下切深度。

（5）调查桥位上下游水位站、水文站、观潮站、径流站、临时水尺、试验研究场站的设站沿革和资料等情况。

2）既有涉河工程调查的主要内容

(1)桥位河段上既有桥梁和跨河管缆的跨度、全长、基础埋深、运营、水害和防护等情况。

(2)河段堤防标准、历史沿革、灾害和防护措施等情况。

(3)上下游水库设计频率、泄洪流量、汇水面积、壅水范围、河床冲淤等情况。

(4)沿河城镇、农业、厂矿、经济、文化、环保设施以及灾害和防护措施等情况。

(5)其他涉河工程,如取水口、泵站、码头、储木场和锚地等情况。

4. 洪水比降的确定

洪水比降是指某次洪水时中泓线上的水面纵坡度。

依据最可靠的两个洪痕高程 H_1 和 H_2 以及这两个洪痕水位在水流中泓线上的投影距离 L,用下式计算洪水比降 I:

$$I=\frac{H_1-H_2}{L}\times 1000‰ \tag{5-17}$$

当寻找多处洪痕有困难时,洪水比降可用常水位或低水位比降代替。当调查时如果河沟干涸,也可用河底平均坡度 i 代替,但要注意这段河沟的各横断面不应有较大的收缩或扩张变化。有条件时,可绘制水位与比降的关系曲线,即 $I=f(H)$,以便推求各水位时的比降。

本章小结

(1)一定流域内沿线性伸展的常年性地表径流为河流。脉络相通的大小河流所构成的系统,称为水系。一条发育完整的河流,按河段的不同特性可分为河源、上游、中游、下游、河口。河流的基本特征,一般用河流断面、河流长度及河流比降来表示。

(2)在太阳热力和重力的作用下,地壳浅表的水不断循环。降落在陆地的水分,一部分汇集于江河湖泊形成地表水;另一部分渗入土壤岩石中,成为地下水。

(3)在大陆上有两种地表流水:一种是暂时流水;另一种是长期流水。地表流水不仅是影响地表形态不断发展变化的一个带有普遍性的重要自然因素,而且经常影响着公路的建筑条件。

(4)河流的地质作用按其进行方式可以分为:侵蚀作用、搬运作用和沉积作用。

(5)凡存在于地面以下、土和岩石孔隙、裂隙及洞穴中的各种状态的水,均称为地下水。地下水常以气态、液态和固态存在于岩体或土体之中,根据地下水的埋藏条件,可将地下水分为包气带水、潜水及承压水。按含水介质类型,可将地下水区分为孔隙水、裂隙水及岩溶水。

(6)地下水在岩石空隙中的运动称为渗流(渗透)。地下水的渗透属于层流,遵循达西线性渗透定律;应用达西定律可计算各种条件下的地下水流量。

(7)地面径流和地下径流汇入河槽并沿河槽流动的水流,称为河川径流。流域内自降水开始到汇集水量流过出口断面为止的全过程,称为径流形成过程,可分为降水、流域蓄渗、坡面漫流、河槽集流 4 个过程。

(8)影响径流的主要因素有降水、蒸发、下垫面因素、人类活动因素。

(9)汇水区几何参数包括:汇水面积 F;主河沟长度 L;主河沟平均坡度 I_z;汇水区平均宽度 B 以及横向平均坡度 I_h。

(10)泥土、沙、石等的混合体,统称泥沙。河床上的泥沙在水流作用下,由静止状态转变为运动状态，这种现象称为泥沙的起动；单位时间内通过过水断面（测流断面）的泥沙重量，称为输沙率（kN/s）。

（11）河流水情的变化可由河流水文要素的观测资料来反映，对各项水文要素的观测，称为水文测验。测速一般以流速仪施测法为主。在漂浮物较多，水深较浅或水流过急处，流速仪施测有困难时，可用浮标法施测。

（12）通过水位观测，能够得到各种特征水位、平均水位、水位过程线、水面比降等资料。

（13）对于缺乏水文观测资料的河沟，形态调查是获得桥涵设计中所需水文资料常用的方法。先建立形态断面，通过洪水调查，确定各种洪水位和洪水比降，进而确定形态断面的流速和流量。

复习思考题

1. 河流是如何形成的？通常用什么来描述它的基本特征？
2. 简述牛轭湖的形成。在曲流发育地段应注意哪些公路工程问题？
3. 什么叫地下水？如何分类？
4. 解释：含水层，隔水层，上层滞水。
5. 地下水按埋藏条件可以分为哪几种类型？各有何特征？
6. 简述地下水对钢筋混凝土的腐蚀及最简便的防止措施。
7. 达西定律适用的范围是什么？什么是流砂？
8. 什么叫河川径流？简述径流形成过程分哪几个阶段。
9. 影响径流的主要因素是什么？
10. 什么是输沙率、含沙量与挟沙力？
11. 一般从哪几方面搜集水文资料？

第六章

小桥涵设计流量推算

教学要求

1. 结合实例分析常用 4 种小桥涵流量计算方法,即暴雨推理法(包括推理公式和经验公式)、径流形成法(包括径流形成简化公式和经验公式)、形态调查法和直接类比法;

2. 描述小桥涵流量计算常用 4 种方法的优缺点及适用性。

● 第一节　暴雨推理法 ●

一、简　　介

暴雨推理法是运用成因分析与经验推断相结合的方法,从实测的暴雨资料入手,应用地区综合分析方法来分析暴雨资料和地区特征关系,从而间接地推求设计流量。它是一种半理论半经验的计算方法。

一次暴雨降雨量在满足了植物截留、洼地蓄水和表土储存后,当后续降雨强度超过入渗能力时,超渗的雨量将沿着坡面汇流进入河网。而决定小流域洪峰流量大小(即影响产流与汇流)的主要因素,一般有降雨量、降雨强度、降雨的时空分布和下垫面(如植物滞留、洼地蓄水、土壤蒸发、入渗;汇水区的大小、形状、坡度)等。暴雨推理法把汇水区上的产、汇流条件概括简化,并引入一些假定,从而建立起主要因素和洪峰流量之间的推理关系或经验关系,通过统计分析,定量其参数,最后得到实用计算公式。

在采用暴雨资料推求设计流量时,通常都假定暴雨与其形成的洪峰流量是同一频率的。形成洪峰流量的暴雨量,是该次暴雨强度过程的核心部分,如图 6-1 中的阴影部分,即在间隔时间为 t,其开始与终了的瞬时暴雨强度相等的部分。取全面积汇流作为形成洪峰流量的条件,取降雨历时与汇流时间相等,实践已证实这些假定符合客观规律。因此,将它移用到无实测流量资料地区,可解决小桥涵流量的计算问题。

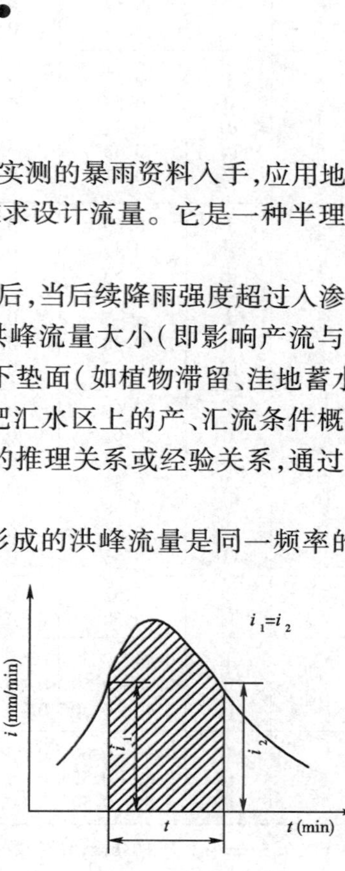

图 6-1　暴雨强度过程线示意图

近几年来,交通部公路科学研究所会同各省(自治区)有关单位搜集了 2289 站,83 468 站年的暴雨资料和 663 站、3588 站年,面积小于 $100km^2$ 的小流域洪水资料。在经过单站分析和地区综合平衡的基础上，进行了全国汇总、拼图和协调，提出了雨力 S_p（1%、2%、3%）全国等值线图，见图 6-2、图 6-3、图 6-4；暴雨递减指数 n 值全国分区图，见图 6-5 和表 6-1；提出了计算洪峰流量的推理公式和经验公式以及各省（自治区）不同分区的参数值。

尽管我国幅员辽阔，南北方降雨时空分布和下垫面的影响差异较大，但小流域暴雨洪水的机制相同，仍可寻觅到共同的主要影响因素，因此建立的推理和经验公式具有统一模式，但在参数定量上，则又充分体现出地区性。

暴雨递减指数 n 值分区 表 6-1

省名	分区	n 值		
		n_1	n_2	n_3
内蒙古	I	0.62	0.79	0.86
	II	0.60	0.76	0.79
	III	0.59	0.76	0.80
	IV	0.65	0.73	0.75
	V	0.63	0.76	0.81
	VI	0.59	0.71	0.77
	VII	0.62	0.74	0.82
陕西	I	0.59	0.71	0.78
	II	0.52	0.75	0.81
	III	0.52	0.72	0.78
福建	I	0.53	0.65	0.70
	II	0.52	0.69	0.73
	III	0.47	0.65	0.70
	IV	0.48	0.65	0.73
	V	0.51	0.67	0.70
浙江	I	0.60	0.65	0.78
	II	0.49	0.62	0.65
	III	0.53	0.68	0.73
安徽	I		0.61	0.69
	II	0.38	0.69	0.69
	III	0.39	0.76	0.77
甘肃	I	0.69	0.72	0.78
	II	0.61	0.76	0.82
	III	0.62	0.77	0.85
	IV	0.55	0.65	0.82
	V	0.58	0.74	0.85
	VI	0.49	0.59	0.84
	VII	0.53	0.66	0.75
宁夏	I	0.52	0.62	0.81
	II	0.58	0.66	0.75
湖南	I	0.40~0.50	0.55~0.60	0.70~0.80
	II	0.40~0.50	0.65~0.70	0.75~0.80
	II	0.40~0.50	0.70~0.75	0.75~0.80
辽宁	I	0.60~0.66	0.70~0.74	
	II	0.60~0.55	0.70~0.60	
	II	0.55~0.50	0.60~0.55	
四川	I	0.50	0.60~0.65	
	II	0.45	0.70~0.75	
	II	0.73	0.70~0.75	
青海	I	0.49	0.75	0.87
	II	0.47	0.76	0.82
	III	0.65	0.78	
吉林	I	0.56	0.70	0.76
	II	0.56	0.75	0.82
	III	0.60	0.69	0.75
河南	I	0.55~0.60	0.65~0.70	0.75~0.80
	II	0.50~0.55	0.70~0.75	0.75~0.80
	III	0.45~0.50	0.60~0.65	0.75
广西	I	0.38~0.43	0.65~0.70	0.70~0.73
	II	0.40~0.45	0.70~0.75	0.75~0.85
	III	0.40~0.45	0.60~0.65	0.75~0.85
新疆	I	0.63	0.70	0.84
	II	0.73	0.78	0.85
	III	0.56	0.72	0.88
	IV	0.45	0.64	0.80
	V	0.63	0.77	0.91
	VI	0.62	0.74	0.80
	VII	0.60	0.72	0.86
	VIII	0.60	0.66	0.85
山西		0.60	0.70	
贵州		0.47	0.69	0.80
河北	I	0.40~0.50	0.50~0.60	0.65
	II	0.50~0.55	0.60~0.70	0.70
	III	0.55	0.60	0.60~0.70
	IV	0.30~0.40	0.70~0.75	0.75~0.80
湖南	I	0.45	0.62~0.63	0.70~0.75
	II	0.30~0.40	0.65~0.70	0.75
云南	I	0.50~0.55	0.75~0.80	0.75~0.80
	II	0.45~0.55	0.70~0.80	0.75~0.80
	III	0.55	0.60	0.65
	IV	0.50~0.45	0.65~0.75	0.70~0.80

注：n_1——小于 1h 的暴雨递减指数；
n_2——1~6h 的暴雨递减指数；
n_3——6~24h 的暴雨递减指数。

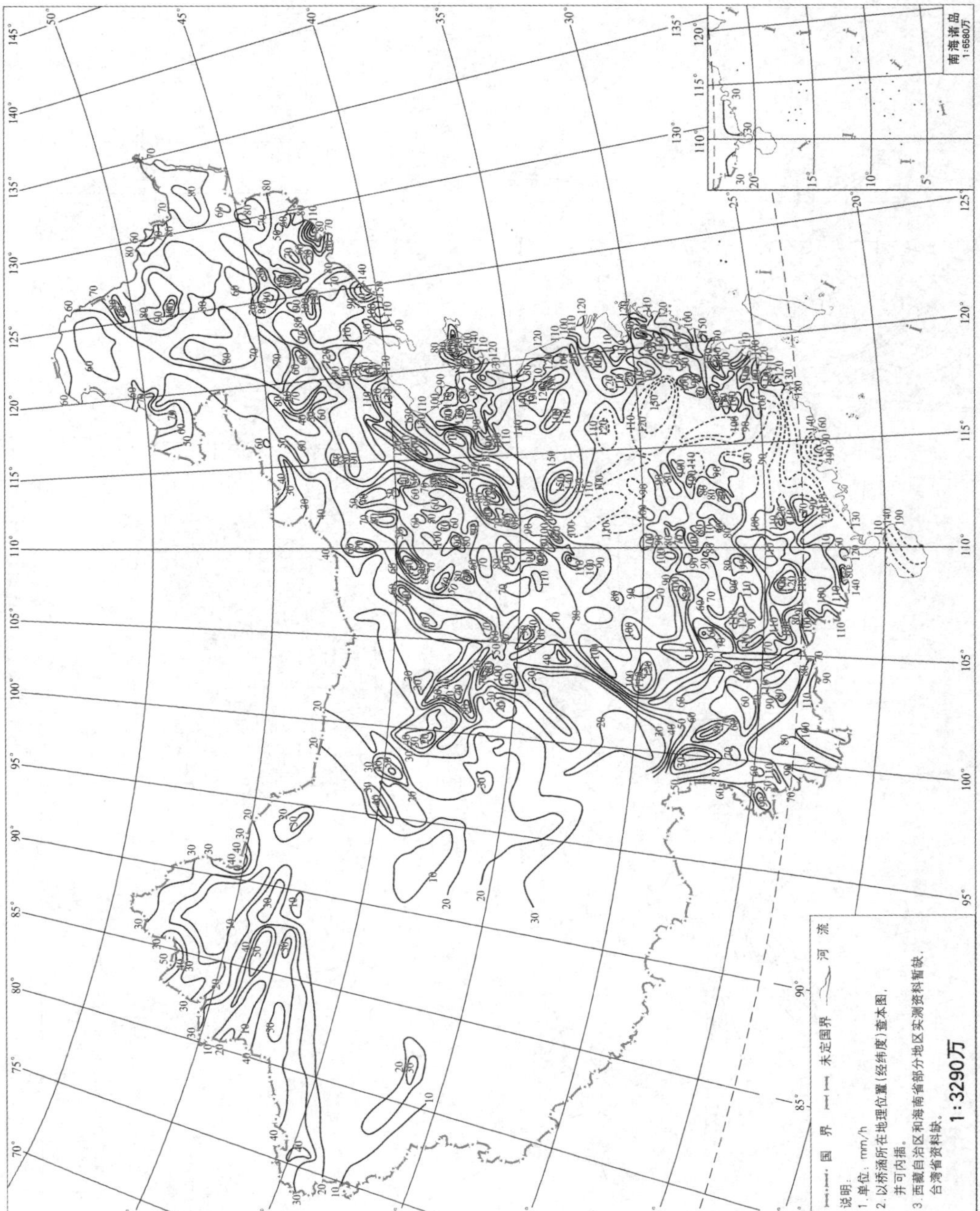

图6-2　暴雨等值线图(S_p=1%)

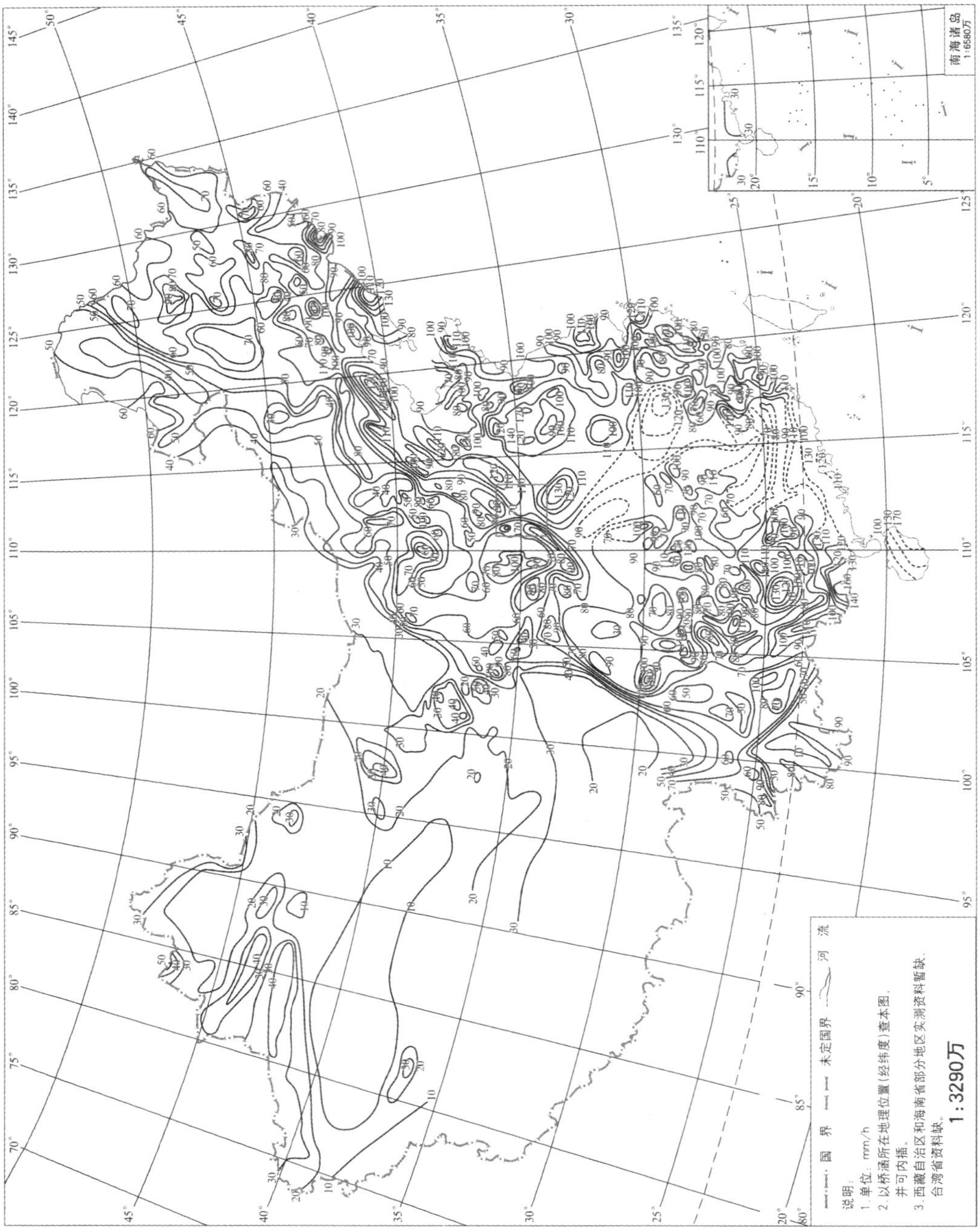

图6-3 暴雨等值线图(S_p=2%)

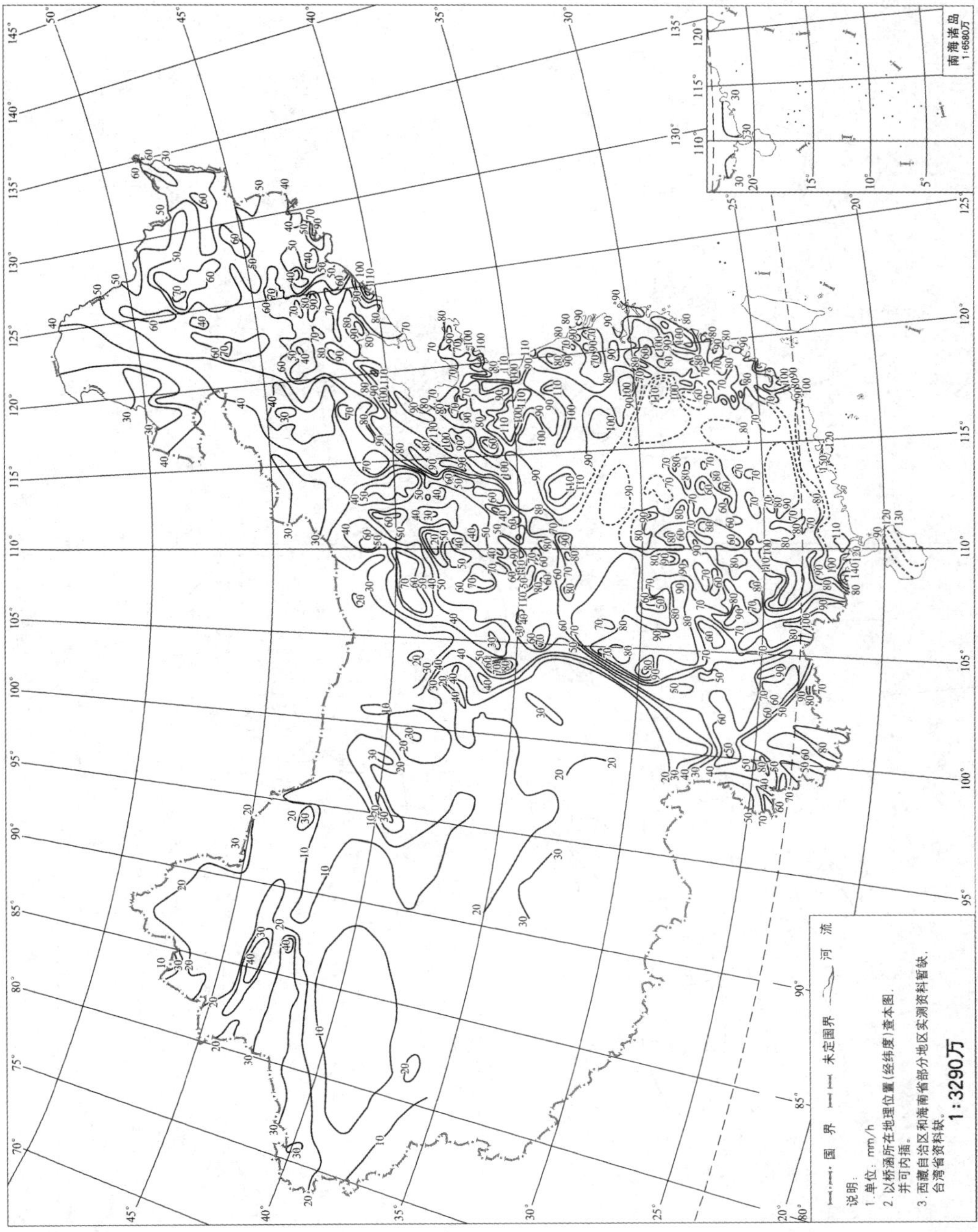

图6-4　暴雨等值线图(S_p=3%)

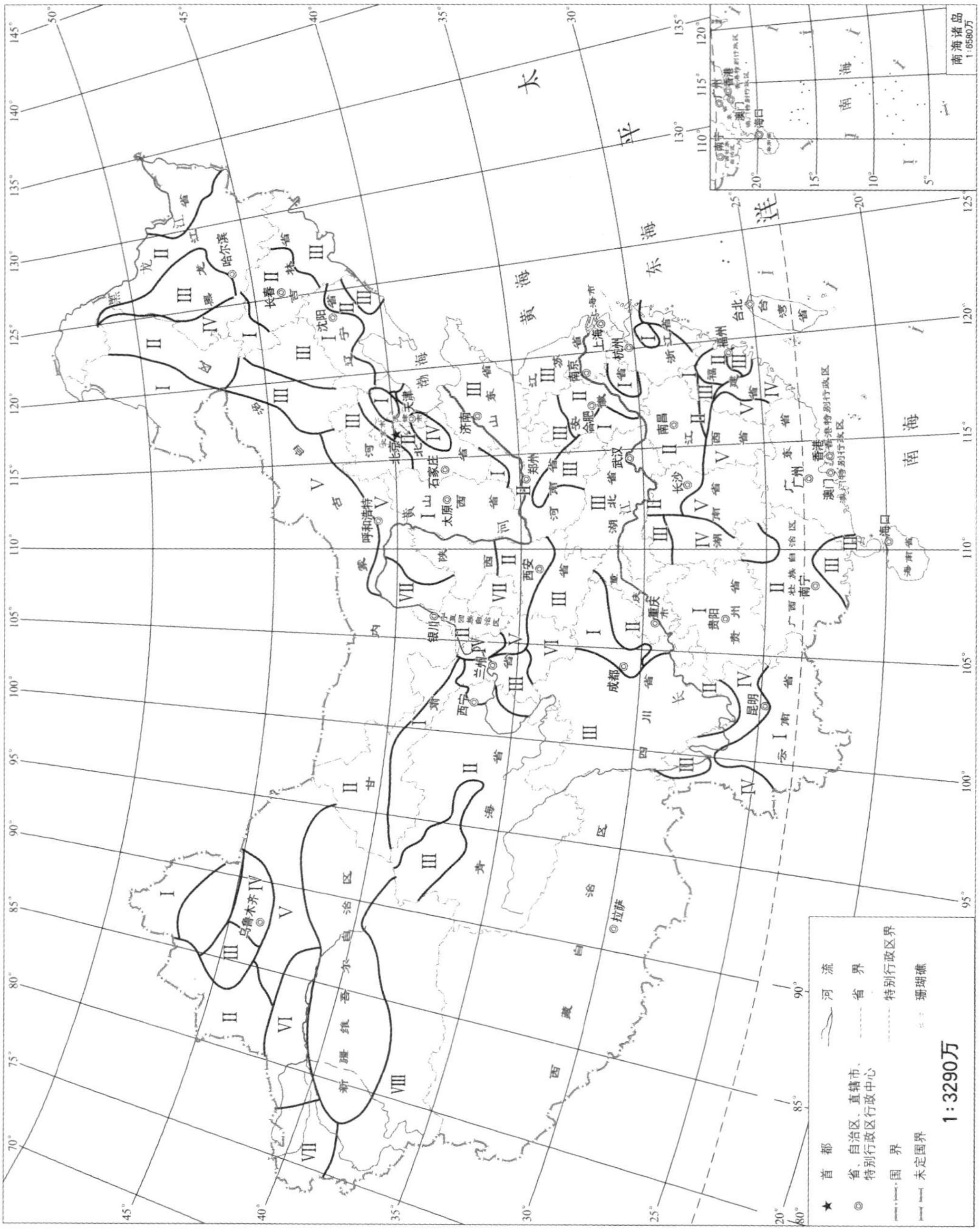

图6-5 暴雨递减指数n值分区图

二、基本公式及适用情况

1. 暴雨推理公式

交通部公路科学研究所的推理公式：

$$Q_P = 0.278\left(\frac{S_P}{\tau^n} - \mu\right)F \tag{6-1}$$

式中：Q_P——规定频率为 P 时的洪峰流量（m^3/s）；

S_P——频率为 P 时的雨力（mm/h），查各省（自治区）雨力等值线图（图 6-2 ~ 图 6-4）；

μ——损失参数（mm/h）；

n——暴雨递减指数，按各省（自治区）的分区查图 6-5 和表 6-1，表中 n_1、n_2、n_3 由 τ 值分查；

τ——汇流时间（h）；

F——汇水区面积（km^2）。

损失参数 μ 按下式计算：

北方多采用：
$$\mu = K_1 S_P^{\beta_1} \tag{6-2}$$

南方多采用：
$$\mu = K_2 S_P^{\beta_2} F^{-\lambda} \tag{6-3}$$

其中：K_1、K_2——系数，查表 6-3，表中土壤植被分类见表 6-2；

β_1、β_2、λ——指数，查表 6-3。

汇流时间 τ 按下式计算：

北方多采用：
$$\tau = K_3\left(\frac{L}{\sqrt{I_z}}\right)^{\alpha_1} \tag{6-4}$$

南方多采用：
$$\tau = K_4\left(\frac{L}{\sqrt{I_z}}\right)^{\alpha_2} S_P^{-\beta_3} \tag{6-5}$$

其中：τ——汇流时间（h）；

L——主河沟长度（km）；

I_z——主河沟平均坡度（‰）；

S_P——频率为 P 时的雨力（mm/h）；

K_3、K_4——系数，查表 6-4；

α_1、α_2、β_3——指数，查表 6-4。

2. 经验公式

经验公式 I：$Q_P = \Psi(S_P - \mu)^m F^{\lambda_2}$ (6-6)

经验公式 II：$Q_P = C S_P^{\beta} F^{\lambda_3}$ (6-7)

式中：S_P——频率为 P 的雨力（mm/h）；

μ——损失参数（mm/h），计算确定见前所述；

Ψ——地貌系数，查表 6-5；

m、λ_2——指数，查表 6-5；

C、β、λ_3——系数、指数，查表 6-6；

F——汇水区面积（km^2）。

土 壤 植 被 分 类

表 6-2

类 别	特 征
II	粘土、盐碱土地面，土壤脊薄的岩石地区；植被差，轻微风化的岩石地区
III	植被差的沙质粘土地面；土层较薄的土面山区，植被中等、风化中等的山区
IV	植被差的粘、砂土地面；风化严重土层厚的山区；草灌较厚的山丘区或草地；人工幼林区；水土流失中等的黄土地面区
V	植被差的一般砂土地面；土层较厚森林较密的地区；有大面积水土保持措施治理较好的土质
VI	无植被松散的砂土地面，茂密并有枯枝落叶层的原始森林

损失参数的分区和系数指数值

表 6-3

省名	分区	系数、指数 分区、指标	K_1	β_1	K_2	β_2	λ
河北	I II III IV V	河北平原区 冀北山区 冀西北西盆区 冀西山区 坝上高原区	1.23 0.95 1.15 1.12 1.52	0.61 0.60 0.58 0.56 0.50			
山西	I II III	煤矿塌陷和森林复盖较好地区 裸露石山区 黄土丘陵区	0.85 0.25 0.65	0.98 0.98 0.98			
四川	I II III	青衣江区 盆地丘陵区 盆缘山区			0.742 0.270 0.263	0.542 0.897 0.887	0.222 0.272 0.281
安徽	II III IV V VI	根据表 6-2 土壤分类			0.755 0.103 0.406 0.520 0.332	0.74 1.21 1.00 0.94 1.099	0.0171 0.0425 0.1104 0 0
宁夏	IV V	根据表 6-2 土壤分类	0.93 1.98	0.86 0.69			
湖南	I II III	湘资流域 沅水流域 沣水流域	0.697 0.213 1.925	0.567 0.940 0.223			
甘肃	II III IV	根据表 6-2 土壤分类	0.65 0.75 0.75	0.82 0.84 0.86			
吉林	II III IV V	根据表 6-2 土壤分类	0.12 0.13 0.29 0.29	1.44 1.37 1.01 1.01			

续上表

省名	分区	系数、指数 分区、指标	K_1	β_1	K_2	β_2	λ
河南	I II III IV	根据河南省 n 值分区图	0.0023 0.057 1.0 0.80	1.75 1.0 0.71 0.51			
青海	I II	东部区 内陆区	0.52 0.32	0.774 0.913			
新疆	I II	$50 < F < 200$ $F < 200$	0.46 0.68	1.09 1.09			
浙江	I II III IV	浙北地区 浙东南沿海区 浙西南、西北及东部丘陵区 杭嘉湖平原边缘地势平缓区	0.08 0.10～0.11 0.13～0.14 0.15	0.15 0.15 0.15 0.15			
内蒙	IV V	大兴安中段及余脉山区 黄河流域山地丘陵区	0.517～0.83 1.0	0.4～0.71 1.05			
福建		全省通用	0.34	0.93			
贵州	I II III	深山区 浅山区 平丘区			1.17 0.51 0.31	1.099 1.099 1.099	0.437 0.437 0.437
广西	I II	丘陵区 山区	0.52 0.32	0.774 0.915			

汇流时间分区和系数指数　　表 6-4

省名	分区	系数、指数 分区、指标	K_3	α_1	K_4	α_2	β_3
河北	I	河北平原	0.70	0.41			
	II	冀北山区 冀西北西盆地 冀西山区	0.65 0.58 0.54	0.38 0.39 0.40			
	III	坝上高原区	0.45	0.18			
山西		土石山复盖的林区 煤矿塌陷漏水区和严重风化区 黄土丘陵区	0.15 0.13 0.10	0.42 0.42 0.42			
四川		盆地丘陵区 $I_z \leqslant 10‰$ 青衣江区 $I_z > 10‰$			3.67 3.67	0.620 0.516	0.203 0.203
		盆缘山区 $I_z < 15‰$ 及西昌区 $I_z \geqslant 15‰$			3.29 3.29	0.696 0.536	0.239 0.239
安徽	I II III IV	$>15‰$ $10‰ \sim 15‰$ $5‰ \sim 10‰$ $<5‰$			$\begin{cases} F < (90)37.5 \\ F > (90)26.3 \end{cases}$ 11 29 14.3	0.925 0.512 0.810 0.30	0.725 0.395 0.544 0.330

续上表

省名	分区	系数、指数 分区、指标	K_3	α_1	K_4	α_2	β_3
湖南	I	湘资水系	5.59	0.380			
	II	沅水系	3.79	0.197			
	III	沣水系	1.57	0.636			
宁夏	I	山区	0.14	0.44			
	II	丘陵区	0.38	0.21			
广西	I	山区	0.56	0.306			
	II	丘陵区	0.42	0.419			
甘肃	I	平原	0.96	0.71			
	II	丘陵区	0.62	0.71			
	III	山区	0.39	0.71			
吉林			0.00035	1.40			
	I		1.40	0.84			
	II		0.032	0.84			
	III		0.022	1.45			
河南	I	根据 n 值分区，查图 6-5	0.73	0.32			
	II		0.038	0.75			
	III		0.63	0.15			
	IV		0.80	0.20			
青海	I	东部区	0.871	0.75			
	II	内陆区	0.96	0.747			
新疆	I	$50 < F < 200$	0.60	0.65			
	II	$F > 200$	0.20	0.65			
浙江		浙北地区			72.0	0.187	0.90
		浙东南沿海区			72.0	0.187	0.90
		浙西南、西北山区及中部丘陵区			72.0	0.187	0.90
		杭嘉湖平原边缘地势平缓地区			105.0	0.187	0.90
内蒙		大兴安岭中段及余脉山地丘陵区	0.334 ~ 0.537	0.16			
		黄河流域山地丘陵区	0.334 ~ 0.537	0.16			
福建	I	平原区			1.8	0.48	0.51
	II	丘陵区			2.0	0.48	0.51
	III	山区			2.6	0.48	0.51
贵州	I	平丘区	0.080	0.713			
	II	浅山区	0.193	0.713			
	III	深山区	0.302	0.713			

经验公式(6-6)各区系数指数　　表 6-5

省名	分区	分区、指标（系数、指数）		Ψ		m	λ_2
四川	I	盆地丘陵	$I_z \le 2‰$		0.086	1.18	0.712
			$2 < I_z < 10‰$		0.105		0.730
			$I_z \ge 10‰$		0.124		0.747
	II	盆缘山区，青衣江区	$I_z \le 10‰$		0.102	1.20	0.724
			$10 < I_z < 20‰$		0.123		0.745
			$I_z \ge 20‰$		0.142		0.788
安徽	I	$I_z > 15‰$		$P = 4\%$	1.2×10^{-4}	2.75	0.896
				2%	1.4×10^{-4}		
				1%	1.6×10^{-4}		
	II	$I_z = 5‰ \sim 15‰$		$P = 4\%$	4.8×10^{-4}	2.75	1.0
				2%	5.5×10^{-4}		
				1%	7.0×10^{-4}		
	III	$I_z < 5‰$		$P = 4\%$	1.8×10^{-4}	2.75	0.965
				2%	1.9×10^{-4}		
				1%	2.0×10^{-4}		
宁夏	I	丘陵区			0.308	1.32	0.60
	II	山区			0.542	1.32	0.60
	III	林区			0.085	1.32	0.75
甘肃	I	平原			0.08	1.08	0.96
	II	丘陵			0.14	1.08	0.96
	III	山区			0.27	1.08	0.96
吉林	I	平原			0.0076 ~ 5.6	1.50	0.80
	II	丘陵			0.0053 ~ 7.0	1.50	0.80
	III	山区			0.003 ~ 0.68	1.50	0.80
河南	I	根据河南省 n 值分区图			0.22	0.98	0.86
	II				0.66	1.03	0.65
	III				0.76	1.00	0.67
	IV				0.28	1.07	0.81
新疆	I	林区土石山			0.0065	1.5	0.80
	II	土石山			0.035	1.5	0.80
内蒙	I	大青山东端山区		$P = 4\%$	8.4	0.41	0.55
				2%	12.3		
				1%	19.2		
	II	大青山东部和蛮汉山山地丘陵区		$P = 4\%$	7.8	0.41	0.55
				2%	11.8		
				1%	16.5		
	III	大青山西端山区		$P = 4\%$	7.4	0.41	0.55
				2%	11.2		
				1%	15.0		
福建	I	平原区		0.09	1.0	0.96	
	II	丘陵区		0.10			
	III	浅山区		0.16			
	IV	深山区		0.25			
贵州	I	平原丘陵区		0.022	1.085	0.98	
	II	浅山区		0.038			
	III	深山区		0.066			

经验公式(6-7)各区系数指数 表 6-6

省名	分区	分区、指标（系数、指数）		C		β	λ_3
山西	I II III	石山、黄山丘陵植被差 土石山，风化石山植被一般 煤矿漏水区，植被较好地区		0.24～0.20 0.19～0.16 0.15～0.12		1.0	0.78
四川	I	盆地丘陵区	$I_z \leqslant 10‰$ $I_z > 5‰$	0.125 0.145		1.10	0.723
	II	盆缘山区 青衣江区	$I_z \leqslant 10‰$ $I_z > 10‰$	0.140 0.160		1.14	0.737
安徽	I	$I_z > 15‰$		$P=4\%$ 2% 1%	2.92×10^{-4} 3.15×10^{-4} 3.36×10^{-4}	2.414	0.896
	II	$I_z = 5‰ \sim 15‰$		$P=4\%$ 2% 1%	1.27×10^{-4} 1.32×10^{-4} 1.50×10^{-4}	2.414	1.0
	III	$I_z < 5‰$		$P=4\%$ 2% 1%	2.35×10^{-4} 2.66×10^{-4} 2.75×10^{-4}	2.414	0.965
宁夏	I II III	丘陵区 山区 林区		0.061 0.082 0.013		1.51	0.60 0.60 0.75
甘肃	I II III	平原区 丘陵区 山区		0.016 0.025 0.05		1.40	0.95
吉林	I	松花江、图门江、牡丹江水系		山岭 丘陵 平原	0.075 0.035 0.0135	0.80	1.12
	II	拉林河、饮马河水系		山岭 丘陵 平原	0.31 — 0.14～0.618	0.8	1.37
	III	东运河水系		山岭 丘陵 平原	— — 0.275	0.80	0.52
河南	I II III IV	根据河南省 n 值分区图		0.18 0.45 0.36 0.48		1.0 1.09 1.07 0.95	0.86 0.65 0.67 0.80
浙江	I II III	钱塘江流域 浙北地区 其他		0.01 0.02 0.015		1.37	1.11
福建	I II III IV	平原区 丘陵区 浅山区 深山区		0.030 0.034 0.050 0.071		1.25	0.90
贵州	I II III	平原丘陵区 浅山区 深山区		0.016 0.030 0.056		1.112	0.985

三、算　例

【例 6-1】 甘肃省某公路上的石沟桥，石沟属黄河流域关川河支流，汇水面积 $F=89\text{km}^2$，主河沟长 $L=21.32\text{km}$，主河沟平均坡度 $I_z=16‰$；河床为砂砾夹卵石，两岸为粉质亚粘土，地表为黄土层，划为 III 类土；地处丘陵区；该小桥工程点无实测流量资料，现用暴雨推理公式和经验公式分别推求 $Q_{2\%}$。

解：1. 用推理公式计算

$$Q_{P=2\%}=0.278\left(\frac{S_{P=2\%}}{\tau^n}-\mu\right)F$$

1）查雨力 S_P 图 6-3 得 $S_{P=2\%}=45\text{mm/h}$

2）汇流时间 τ 值的计算

北方公式：
$$\tau=K_3\left(\frac{L}{\sqrt{I_Z}}\right)^{\alpha_1}$$

查表 6-4 得：丘陵区 $K_3=0.62$，$\alpha_1=0.71$

$$\tau=0.62\times\left(\frac{21.32}{\sqrt{16}}\right)^{0.71}=2.03\text{h}$$

3）确定暴雨递减指数 n 值

先查图 6-5，知石沟属中部干旱黄土山区；或查表 6-1，当 $\tau=2.03\text{h}$，应取 n_2 值（见表注）为 $n_2=0.65$。

4）损失参数 μ 值计算

北方公式：
$$\mu=K_1S_{P=2\%}^{\beta_1}$$

查表 6-3，III 类土 $K_1=0.75$；$\beta_1=0.84$

$$\mu=0.75\times45^{0.84}=18.36\text{mm/h}$$

5）以上数值代入流量计算公式

$$Q_{2\%}=0.278\times\left(\frac{45}{2.03^{0.65}}-18.36\right)\times89=249(\text{m}^3/\text{s})$$

2. 按经验公式 I 推算

$$Q_{P=2\%}=\Psi(S_P-\mu)^mF^{\lambda_2}$$

查表 6-5 得　$\Psi=0.14$；$m=1.08$；$\lambda_2=0.96$

前已求得　$S_{P=2\%}=45\text{mm/h}$；$\mu=18.36\text{mm/h}$

故　$Q_{P=2\%}=0.14\times(45-18.36)^{1.08}\times89^{0.96}=361(\text{m}^3/\text{s})$

3. 按经验公式 II 推算

$$Q_{P=2\%}=CS_{P=2\%}^{\beta}\cdot F^{\lambda_3}$$

查表 6-6 得 $C=0.025$；$\beta=1.4$；$\lambda_3=0.95$

$$Q_{P=2\%}=0.025\times45^{1.4}\times89^{0.95}=367(\text{m}^3/\text{s})$$

第二节　径流形成法

径流形成法也是以暴雨资料为主推算小流域洪水流量的一种方法。它是依据洪峰流量与主要影响因素之间的关系而建立的,认为出口断面的最大洪峰流量是一定的暴雨在流域内经过产流与汇流两过程而形成的。径流形成法的计算公式中,认为影响流量的主要因素取决于:汇水区的几何参数,地面起伏及坑洼情况;降雨情况,包括暴雨强度及降雨延续时间;土壤的种类及其吸收能力,地面植物的覆盖情况;径流及径流厚度;主河沟的特征及粗糙系数;湖泊、水库的库容蓄水调节作用等。

由于对暴雨的产流、汇流有关因素的处理方法不同,径流形成有各种不同形式的计算公式。但此公式仅适用于汇水面积 $F \leqslant 30\text{km}^2$ 的小流域。

一、径流公式

公路科学研究所的简化公式

考虑洪峰削减的形式:

$$Q_P = \Psi(h-z)^{\frac{3}{2}}F^{\frac{4}{5}} \cdot \beta \cdot \gamma \cdot \delta \tag{6-8}$$

未考虑洪峰削减的形式:

$$Q_P = \Psi(h-z)^{\frac{3}{2}}F^{\frac{4}{5}} \tag{6-9}$$

式中:Q_P——规定频率为 P 时的雨洪设计流量(m^3/s);

Ψ——地貌系数,根据地形、汇水面积 F、主河沟平均坡度 I_z 决定,可按表 6-8 查得;

F——汇水面积(km^2);

h——径流厚度(mm),由暴雨分区表 6-7、规定频率 P、土壤的吸水类属表 6-9 或表 6-10 以及汇流时间表 6-11 决定,4 个因素查径流厚度值表 6-12;

z——被植物或坑洼滞留的径流厚度(mm),可按表 6-13 查得;

β——洪峰传播的流量折减系数,可由表 6-14 查得;

γ——汇水区降雨量不均匀的折减系数,以汇水区的长度或宽度中小者计:当汇水区的长度或宽度小于 5km 时,可不予以考虑;大于 5km 时,按表 6-15 查得;

δ——湖泊或小水库调节作用影响洪峰流量的折减系数,可按表 6-17 查得。

二、经验公式

1. 当汇水面积 $F < 10\text{km}^2$ 时

$$Q_P = KF^n \tag{6-10}$$

式中:Q_P——规定频率为 P 时的设计流量(m^3/s);

K——径流模量,按表 6-18 查用;

F——汇水面积(km^2);

n——地区指数,按表 6-19 采用。

表列数值，由于区域划分过大，仅供参考。应尽量根据当地具体资料，确定 K、n 数值。

2. 当有降雨资料时

$$Q_P = CSF^{\frac{2}{3}} \tag{6-11}$$

式中：Q_P——规定频率为 P 时的设计流量（m^3/s）；

C——系数，按不同地貌情况查表 6-16 确定；

S——相当于设计洪水频率的一小时降雨量（mm），可向当地雨量站了解；

F——汇水面积（km^2）。

3. 当 $F<3km^2$ 时

$$Q_P = C \cdot S \cdot F \tag{6-12}$$

式中符号意义同前。

暴雨分区表

表 6-7

区别	分区界线				分区范围
	东	南	西	北	
第1区	由黄河口起至行山东麓	黄河	五台山、太行山	燕山山脉	主要是太行山东面山区，包括：河北西北部，河南西北角，山西东部一部分
第2区	黄河	黄河	太行山麓	海河	华北平原，包括：河北大部分、山东黄河以北、河南黄河以北的北角一小部分
第3区	黄海	沂河	运河	黄河、渤海	山东半岛，包括：山东大部、江苏北部一小部分，山东西南角
第4区	黄海	天目山、黄山、大别山、大洪山、荆山	武当山、巫山	沂河、运河、黄河、嵩河	淮河流域和长江下游平原，包括：江苏全部，安徽、河南的绝大部分，湖北北部的一小部分、山东西南角
第5区	武夷山	大庾岭和沿广西北部省界山脉	武陵山脉	黄山、大别山、大洪山、荆山	长江流域中游平原，包括：湖南全部，江西、湖北一部分，安徽西南角，浙江、广西一小部分
第6区	括苍山、戴云山	罗浮山、九连山	武夷山、大庚岭、北江西江分水岭	天目山	东南丘陵区，包括：浙江、福建、广东大部分，江西东南角
第7区	东海、台湾海峡	韩江、九龙江分水岭	括苍山，戴云山	杭州湾	东南丘陵区，包括：浙江、福建一部分
第8区	韩江，九龙江分水岭	南海	国界	罗浮山、九连山、云开山、十万大山	东南五陵区，包括：广东省大部分，广西南部一小部分

续上表

区别	分区界线				分区范围
	东	南	西	北	
第9区	北江、西江分水岭	云开大山，十万大山	沿经度106°山脉	沿省界山肪、苗岭山脉	东南丘陵区，包括：广西省大部分、广东西部一小部分
第10区	武陵山脉	苗岭、国界	沿经度107°山脉，大娄山，沿经度104°山脉	大巴山	云贵高原区，包括：贵州全部、陕西、湖北、四川、云南的一部分和广西北角
第11区	沿经度104°山脉	国界	横断山	纬度28°	云贵高原区，包括：云南大部分，四川一小部分
第12区	沿经度107°山脉	大娄山	茶坪山、邛崃山、夹金山、大相岭	米仓山、摩天岭	四川盆地区，包括：四川大部分
第13区	大兴安岭、太行山、五台山、武当山、巫山	大巴山	洛河、泾河发源山脉分水岭	长城	黄山高原区、包括：山西大部分，河北、陕西、甘肃的一部分
第14区	大兴安岭	太行山、五台山	贺兰山、六盘水	阴山、锡林浩特、国界	北部高原和黄河岸高原，包括：内蒙古自治区的大部分，河北、山西、甘肃的一小部分
第15区	小兴安岭	大、小兴安岭南麓	大兴安岭	国界	黑龙江和内蒙古的一部分
第16区	国界	国界、龙江山、公主岭、双山、燕山山脉	大兴安岭	国界、小兴安岭南麓	松花江平原，包括：黑龙江、吉林、辽宁、内蒙古的一部分
第17区	龙江山、公主岭	千山、辽东湾	大兴安岭东麓	双山	辽河平原区，包括：辽宁的大部分，吉林，内蒙古、河北的一部分
第18区	鸭绿江	西朝鲜湾	大连、本溪的连线	龙江山、千山	辽东半岛区，包括：辽宁的一部分

注：①海南省用第8区资料，兰州可用14区暴雨资料。

②新疆、西藏等地区，因形成最大洪水多半为融雪水，不在本分区方案之内。

③台湾省尚未分区。

④区内山区迎风坡出现较大暴雨，分区用的降雨量－历时－重现期曲线系代表平均情况，因此在使用时应加注意。这些山区（根据现有资料）有：泰山南面山区；黄山山区；湘西山区；峨眉山山区；邛崃山区；腾冲附近；横断山脉；广西西北山区；还有受台风影响的沿海地区迎风坡也常有大暴雨出现。

径流公式中的地貌系数 Ψ 值表 表 6-8

<table>
<tr><th rowspan="2">地形</th><th rowspan="2">按主河沟平均坡度
I_z(‰)</th><th colspan="3">汇水面积 $F(km^2)$ 的范围</th></tr>
<tr><th>$F<10$</th><th>$10<F<20$</th><th>$20<F<30$</th></tr>
<tr><td>平地</td><td>1、2</td><td>0.05</td><td>0.05</td><td>0.05</td></tr>
<tr><td>平原</td><td>3、4、6</td><td>0.07</td><td>0.06</td><td>0.06</td></tr>
<tr><td>丘陵</td><td>10、14、20</td><td>0.09</td><td>0.07</td><td>0.06</td></tr>
<tr><td>山地</td><td>27、35、45</td><td>0.10</td><td>0.09</td><td>0.07</td></tr>
<tr><td>山岭</td><td>60~100</td><td>0.13</td><td>0.11</td><td>0.08</td></tr>
<tr><td></td><td>100~200</td><td>0.14</td><td rowspan="4" colspan="2">$I_z>100$‰的 Ψ 值,系参考铁路科学研究院资料拟定,仅供参考</td></tr>
<tr><td></td><td>200~400</td><td>0.15</td></tr>
<tr><td></td><td>400~800</td><td>0.16</td></tr>
<tr><td></td><td>800~1200</td><td>0.17</td></tr>
</table>

土 的 吸 水 类 属 表 6-9

类 别	名 称	含砂率(%)
I	无缝岩石、沥青面、混凝土面、冻土、重粘土、沼泽土、冰沼土、水稻土	0~5
II	粘土、盐土、碱土、龟裂地、山地草甸土	5~15
III	壤土(亚粘土)、红壤、黄壤、灰化土、灰钙土、漠钙土、紫色土	15~35
IV	黑钙土、黄土、栗钙土、灰色森林土,棕色森林土(棕壤)、褐色土、生草沙壤土,冲积性土壤	35~65
V	沙壤土(亚沙土)、生草的沙	65~85
VI	沙	85~100

注:①表中所指含砂率的砂粒径 0.05~3mm。

②土取样位置在地面下 0.2~0.5m。

③取样质量为 200g。

④根据土的类别确定径流厚度时,须考虑下列因素,酌予提高或降低类别:

a. 如某种土的含砂百分数大于表列该类别平均值范围,可酌提高 1~2 类;如红壤为 III 类,含砂 60% 时,可作为 VI 类;

b. 如底土不透水,视表土较薄,可降低一类,如沙壤土为 V 类,底土不透水,可作为 IV 类;

c. 对于耕作土或异常松散土,可酌提高 1~2 类;

d. 如土中有遇水不闭合的裂隙(如岩石裂缝),或植物(森林)根系通道、虫孔、动物孔洞等较多时,可提高 1~2 类;

e. 土中夹杂碎石、卵石、砾石特多时,可提高 1~2 类;

f. 在含砂量分析试验条件不足时,可参考表 6-10,通过调查土的特征,确定土的名称及其吸水类属。

按土的名称确定土的吸水类属表 表 6-10

编号	土的名称	说 明 与 特 征	土的吸水类型
1	无缝岩石	石山、不风化或风化很微	I
2	沥青面、混凝土	道路路面、飞机场跑道等	I
3	冻土	气候严寒、永冻层离地面很浅	I
4	重粘土	土质滑腻、湿时可搓成条,弯曲不断,如所谓“死泥田”	I
5	冻沼土	属苔原气候带,大部分地面被雪原和冰川所覆盖,植物为真藓、地衣、苔草小灌木;基本特征是无森林。底土为永久冻层,表土为半泥炭的腐殖层。分布在我国新疆、西藏高山雪线以上地区、四川西部松潘高山高原的顶部等处	I ~ II
6	沼泽土	在湿生草类及苔藓植物生长环境发育的土壤,地下水位高或长年积水。通常分泥炭层与潜育层。泥炭湿时成暗棕色或深黑色,无结构,吸水性强,几乎不透水。我国东北东部及大小兴安岭的山峪地区以及各地的沼泽低洼地区都有分布	I ~ II
7	水稻土	长期种植水稻,表土的粘化(熟化)层相当厚(>20cm)	I ~ II
8	粘土	无粗糙感觉,湿时可搓成条,如所谓“胶泥田”	II
9	龟裂地	干燥时开裂,雨后裂缝消失	II
10	盐土	分布于西北、内蒙古和东北的干旱及半干旱地区的低地,华北平原、渤海及东海的滨海地区亦分布较广。土中含有各种易溶性盐类,并生长耐盐性植物,如藜科的盐蒿等。表层呈显著片状,并有白色盐霜	II
11	碱土	分布于东北、内蒙古和西北等干旱地区的低平地带,表土为灰色或淡灰色的淋溶层,厚几厘米至 30cm 不等,其下淀积层褐色,呈柱状、棱柱状或角粒状。生长耐盐碱植物,如碱蓬、马蔺草、地肤等	II
12	山地草甸土	分布于青海西藏高原、西北及西南山地,多位于森林线以上,雪线以下地带。降水量不少,而温暖时期很短,腐殖土层较厚。以草甸植物为主,杂生灌丛	II ~ III
13	壤土(亚粘土)	湿时可搓成条,弯曲有裂痕	II ~ III
14	红壤	长江以南,东至沿海,西至云贵,南迄海南岛均有分布。发育于气候温暖多雨、森林繁多,以常绿阔叶林居多。剖面呈鲜红色,均匀、疏松和很厚的层次,富含三水铝矿和其他氧化铁形态为主的矿物	II ~ III
15	黄壤	分布地区和红壤同,以贵州最广。其发育过程也近似,多处地形平坦,冲刷不如红壤剧烈。一般在表面有灰黄色有机薄层,下接黄色重粘的黄壤,富含以水化铁形态为主的针铁矿和多水高岭石	II ~ III
16	紫色土	分布以四川最广,贵州和云南也有,是发育于紫红色砂页岩上的黄壤型土壤,剖面呈紫色	II ~ III
17	灰化土	在密闭的森林植物被复下形成。特征是:在森林残落物层下有明显的呈淡色或白色的灰化层。发育很好的灰化土在我国较少。东北林区若干山地所发现的主要是属于生草灰化土亚类,特征是:森林稀疏,林下有草本植物的侵入,使表层的腐殖质增加	II ~ III

续上表

编号	土的名称	说明与特征	土的吸水类型
18	灰钙土	沙漠盆地的四周,夏季炎热,冬季严寒,空气干燥,年雨量300mm以下。土壤呈灰色,下层有石灰淀积层。植物生长较多,腐殖质含量少。分布于内蒙新疆等地,一般在漠钙土之北或地势较高之处	III ~ IV
19	漠钙土	气候较灰钙土更为干旱,植被稀少,以刍草为主。土色以淡棕色为主,略带红色或灰色。表层细粒物质常为风刮去,仅留石砾于地表。主要分布在内蒙、新疆、甘肃西部与宁夏等地	III ~ IV
20	黑钙土	草甸草原下形成,由于干燥与冰冻,(乌敏酸盐)蓄积于土中,染土粒为灰黑色,甚至黑色。腐殖质多,团粒结构显著,夏季炎热,冬季严寒,气候干燥,缺水,微生物活动少,有机物不易矿化。主要分布在东北和内蒙。我国黑钙土一般腐殖质层较薄,可列为IV类;但如腐殖质厚则应列第III类	III ~ IV
21	灰色森林土	森林草原地带,植被为阔叶森林及灌丛草甸,也有针叶树木。气候干燥和温暖。是生草灰化土与黑钙土之间的过渡地带。以灰色为主。因为森林根系的发展,使土壤透水性比灰化土高而接近黑钙土。分布于华北平原西端及青海等处	III ~ IV
22	棕色森林土(棕壤)	分布自辽东半岛、辽宁西南部,向南一直到长江沿岸和我国西部山地、高原一带,是温暖湿润气候下,落叶与阔叶森林植物群落下发育的土壤。全剖面层次不甚明显,以棕色为主。颗粒成分相当粘重。有未灰化的和灰化的,最强烈灰化层与灰化土的灰化层不同,不呈白色而呈浅黄色	III ~ IV
23	森林棕钙土(褐土)	分布于河北东北部、华北平原西端、黄土高原东南部、西北及四川西部山地等较干燥而温暖的地带。发育于森林和草原地带之间的森林草原植物群落下,表面有浅薄森林残落物层,无灰化性质,或因生草的影响,为富含腐殖质层,其下为棕色层,呈粒状,厚50 ~ 70cm或更厚,再下为明显钙积层,生长旱生森林和灌丛草甸	III ~ IV
24	栗钙土	新疆、西北和内蒙等沙漠盆地四周分布很广,东北大兴安岭西麓有。气候较干旱,夏热冬寒。西北的栗钙土多发育于黄土性母质上。表土栗色,呈大块及粉末状,底层为浅黄棕色,富含石灰质的层次。最多的植物为羽、茅、孤茅及蒿类	III ~ IV
25	黄土性土壤(黄土多孔性土)	分布于华北及西北黄土高原上,以山西、陕西、甘肃几省较多。大部是风成沉积,在干燥气候下,细颗粒不断风积而成多孔性土,剖面多成峭壁,具有眼力能辨别的管形孔隙,呈灰棕色、棕色及红色,土层厚、疏松,无层理,含多量石灰质,颗粒成分以粉土居多。降水时,水沿管形孔隙直下甚速,但孔隙被破坏时,则渗入甚缓	III ~ IV
26	冲积性土壤	能生长植物的冲积物而未进行过长期的成土过程的土壤,土层深厚、肥沃、透水和含有腐殖质	IV
27	生草沙壤土	同沙壤土,有草类植被	IV
28	沙壤土(亚沙土)	湿时不易搓成条	V
29	生草的沙	同沙,有草类植被	V
30	沙	手摸时有粗糙感觉,肉眼也可以分辨沙粒,搓不成土条	VI

汇 流 时 间 表 表 6-11

汇水面积 F(km^2)	汇流时间 τ(min)	汇水面积 F(km^2)	汇流时间 τ(min)
$F \leqslant 10$	30	$20 < F \leqslant 30$	80
$10 < F \leqslant 20$	45		

常用径流厚度 *h* 值(mm) 表 6-12

暴雨分区	土的类别 \ 频率 P / 汇流时间 τ(min)	$\frac{1}{25}$(4%)				$\frac{1}{50}$(2%)				$\frac{1}{100}$(1%)			
		30	45	60	80	30	45	60	80	30	45	60	80
第1区	I	41	50	56	65	45	56	62	73	48	59	67	78
	II	32	38	42	47	36	44	49	55	39	48	53	61
	III	27	32	36	41	31	38	42	49	35	42	48	55
	IV	20	26	28	32	25	30	34	39	28	33	39	46
	V	13	15	16	18	18	20	23	25	19	24	28	32
	VI	3	5	6	7	7	9	11	13	9	12	15	2
第2区	I	48	58	64	70	51	63	71	79	57	68	77	86
	II	38	45	50	54	43	51	57	62	48	57	63	69
	III	32	38	42	42	37	45	50	55	43	51	56	61
	IV	27	31	35	37	30	38	42	45	36	43	47	51
	V	18	21	21	20	22	26	28	28	28	32	34	35
	VI	3	—	—	—	8	9	9	7	12	13	14	15
第3区	I	52	66	75	86	56	70	81	93	60	75	85	100
	II	43	54	62	70	48	59	67	77	52	63	72	84
	III	37	48	56	64	41	52	61	70	46	57	64	75
	IV	32	41	47	54	37	46	52	60	41	50	57	67
	V	24	31	36	40	28	34	39	44	31	39	45	52
	VI	13	17	20	24	15	20	24	30	19	26	32	40
第4区	I	52	64	73	84	56	70	83	97	60	78	94	109
	II	44	54	61	72	48	62	72	82	52	68	82	95
	III	39	50	55	64	43	55	64	75	46	63	77	90
	IV	32	40	45	53	35	45	53	64	41	54	66	77
	V	20	25	31	37	23	32	40	53	31	40	49	60
	VI	12	14	16	18	16	21	25	30	21	28	33	41

续上表

暴雨分区	土的类别 \ 汇流时间 τ (min) \ 频率 P	1/25(4%)				1/50(2%)				1/100(1%)			
		30	45	60	80	30	45	60	80	30	45	60	80
第5区	I	43	55	63	72	48	60	69	78	56	69	78	89
	II	35	44	52	60	40	50	57	65	48	59	68	77
	III	30	39	45	52	35	43	50	57	43	52	60	68
	IV	24	31	36	42	27	34	41	47	35	44	51	59
	V	14	19	23	26	17	23	27	32	24	31	37	42
	VI	5	6	7	9	7	9	12	15	12	15	18	12
第6区	I	48	57	64	71	52	61	70	79	57	69	78	86
	II	40	47	52	57	44	51	59	65	49	60	67	72
	III	35	41	46	50	39	46	51	56	43	52	58	64
	IV	27	32	35	37	31	36	40	44	36	44	50	54
	V	16	19	20	21	22	23	24	27	27	30	33	35
	VI	2	3	4	5	5	6	7	9	11	11	12	14
第7区	I	54	68	76	85	60	75	86	96	66	83	95	105
	II	46	57	64	71	52	66	74	82	59	74	84	94
	III	41	51	57	63	47	59	68	74	53	66	76	84
	IV	34	41	45	51	39	50	56	61	46	58	65	72
	V	21	26	30	35	29	35	41	46	33	40	46	52
	VI	9	10	12	13	17	19	20	23	19	24	26	30
第8区	I	59	77	90	105	65	85	100	116	70	92	110	131
	II	52	67	79	92	58	76	89	103	63	82	99	118
	III	47	61	72	83	53	69	82	95	58	76	92	110
	IV	39	51	61	72	45	59	70	82	49	66	80	96
	V	27	36	45	56	34	45	53	63	39	53	65	79
	VI	18	25	31	38	24	33	40	49	30	42	51	63
第9区	I	58	69	75	81	63	74	80	86	70	80	87	94
	II	50	59	62	67	56	64	68	72	63	71	77	82
	III	46	53	56	59	51	58	62	66	57	64	69	73
	IV	38	42	45	47	43	48	50	53	48	55	56	59
	V	26	28	28	28	30	32	33	34	37	40	40	41
	VI	6	6	7	9	10	10	11	15	18	19	21	22

续上表

暴雨分区	土的类别 \ 汇流时间 τ (min) \ 频率 P	$\frac{1}{25}$(4%)				$\frac{1}{50}$(2%)				$\frac{1}{100}$(1%)			
		30	45	60	80	30	45	60	80	30	45	60	80
第10区	I	43	54	60	67	46	57	64	71	52	64	72	79
	II	35	43	48	53	38	46	51	57	44	54	60	65
	III	30	38	42	46	34	41	46	50	39	48	53	57
	IV	24	29	31	33	27	32	35	38	34	40	43	45
	V	13	16	16	16	15	19	20	21	21	25	26	27
	VI	—	—	—	—	—	—	—	—	4	4	—	—
第11区	I	40	50	57	64	43	56	61	68	45	55	64	73
	II	31	39	45	50	34	43	49	55	38	48	55	62
	III	27	34	38	42	28	36	41	46	32	40	45	51
	IV	16	24	28	30	20	26	31	35	25	31	35	41
	V	9	15	13	11	12	15	17	19	15	20	23	25
	VI	—	—	—	—	—	—	—	—	—	—	—	—
第12区	I	48	58	65	72	53	62	70	78	59	71	78	84
	II	41	48	53	58	45	52	58	64	51	61	67	73
	III	35	41	46	50	41	48	53	57	46	53	58	64
	IV	27	32	36	39	33	38	41	44	38	45	49	53
	V	15	19	20	21	21	23	25	26	26	30	32	35
	VI	2	2	3	4	5	5	6	7	10	10	11	12
第13区	I	35	41	44	48	40	47	50	54	46	52	56	61
	II	26	29	30	32	31	35	36	37	37	41	42	44
	III	21	24	24	24	26	30	30	30	31	35	36	37
	IV	14	15	15	14	20	21	20	20	25	26	26	27
	V	2	—	—	—	9	6	2	1	16	14	11	6
	VI	—	—	—	—	—	—	—	—	—	—	—	—
第14区	I	30	36	41	45	34	41	46	50	38	46	52	57
	II	21	25	27	27	25	29	35	34	30	35	38	39
	III	16	19	20	20	20	23	25	25	24	29	31	32
	IV	3	6	8	9	14	16	17	15	17	21	22	22
	V	—	—	—	—	6	5	2	1	10	8	3	3
	VI	—	—	—	—	—	—	—	—	—	—	—	—

续上表

暴雨分区	土的类别＼频率P／汇流时间τ(min)	$\frac{1}{25}$(4%) 30	45	60	80	$\frac{1}{50}$(2%) 30	45	60	80	$\frac{1}{100}$(1%) 30	45	60	80
第15区	Ⅰ	37	46	51	56	39	49	57	63	44	54	62	69
	Ⅱ	29	35	37	39	31	39	44	48	36	43	48	52
	Ⅲ	23	29	31	33	25	32	36	39	30	36	41	44
	Ⅳ	17	20	22	22	19	24	27	29	23	29	33	35
	Ⅴ	10	9	—	—	13	16	14	—	15	19	20	16
	Ⅵ	—	—	—	—	—	—	—	—	—	—	—	—
第16区	Ⅰ	36	45	51	56	41	50	57	63	45	56	64	71
	Ⅱ	28	34	38	41	32	38	43	47	36	44	50	54
	Ⅲ	23	28	31	33	27	33	37	40	31	38	43	47
	Ⅳ	16	20	22	24	21	26	28	31	25	30	34	37
	Ⅴ	9	10	3	—	13	15	15	13	18	21	21	21
	Ⅵ	—	—	—	—	—	—	—	—	2	1	—	—
第17区	Ⅰ	52	64	70	76	58	70	78	85	66	79	86	93
	Ⅱ	44	52	56	61	50	59	64	68	58	67	72	76
	Ⅲ	39	45	50	53	44	53	57	60	52	61	66	69
	Ⅳ	32	37	39	42	32	45	48	50	45	53	56	59
	Ⅴ	24	28	28	26	29	34	35	32	38	43	44	42
	Ⅵ	6	2	2	2	12	9	6	5	19	19	18	13
第18区	Ⅰ	46	57	66	75	52	64	72	81	57	69	78	87
	Ⅱ	37	46	52	58	43	53	58	64	49	58	64	70
	Ⅲ	32	40	46	51	37	46	52	57	43	52	57	64
	Ⅳ	28	33	37	41	33	39	43	47	37	45	50	55
	Ⅴ	20	22	23	25	24	28	30	31	28	33	36	39
	Ⅵ	7	8	8	6	10	12	12	11	16	18	20	21

植物坑洼滞留的径流厚度 z 值

表 6-13

地 面 特 征	z(mm)
高 1m 以下密草,1.5m 以下幼林,稀灌木丛,根浅茎细的旱田农作物(如表类)	5
高 1m 以上密草,1.5m 以上幼林,灌木丛,根浅茎粗的旱田农作物(如高粱);山地水稻田,结合治理,坡面已初步控制者	10
顺坡带埂的梯田 每个0.1~0.2m^3,>10 万个/km^2 的鱼鳞坑 0.3m^3/m 左右,>5 万个/km^2 的水平沟 (后两项在黄土高原水土流失严重地区不考虑)	10~15
稀林,树冠所遮盖的面积占全面积的百分比(即郁闭度)为 40% 以下,结合治理,坡面已基本控制者	15
平原水稻田	20
中等稠度林(郁闭度 60% 左右)	25
水平带埂或倒坡的梯田	20~30
密林(郁闭度 80% 以上)	35
阻塞地、青苔泥苔地、洪水时期长有农作物的耕地	20~40

洪峰传播的流量折减系数 β

表 6-14

汇水面积重心至桥涵的距离 L_0(km)	1	2	3	4	5	6	7	10
平原及丘陵汇水区	1	0.95	0.90	0.85	0.80	0.75	0.70	0.60
山地及山岭汇水区	1	1	1	0.95	0.90	0.85	0.80	0.70

降雨不均匀折减系数 γ

表 6-15

汇流时间 τ(min)	季候风气候地区				西北和内蒙古地区			
	汇水面积长度或宽度(km)							
	25	35	50	100	5	10	20	35
30	1.0	0.9	0.8	0.8	0.9	0.8	0.7	0.6
45		1.0	0.9	0.9	1.0	0.9	0.8	0.7
60			1.0	0.9		0.9	0.8	0.7
80				1.0		1.0	0.9	0.8
100							0.9	0.8
150							1.0	0.9
200								1.0

按地貌确定的系数 C 值

表 6-16

平原区	黄土丘陵区	丘陵区	石山区
0.40~0.30	0.47~0.37	0.50~0.40	0.60~0.55

小水库(湖泊)调节折减系数δ值

表 6-17

$\frac{f}{F}$(%)	5	10	15	20	25	30	35	40	45	50	60	70	80	90	100
δ值	0.99	0.97	0.96	0.94	0.93	0.91	0.90	0.88	0.87	0.85	0.82	0.79	0.76	0.73	0.70

注:①表中F为桥涵处的汇水面积,f为水库(湖泊)控制的汇水面积(km^2)。

②本表是按溢洪流量对入库流量之比值$K=0.7$计算的结果。

径流模量K值

表 6-18

频率 \ K值 \ 地区	华北	东北	东南沿海	西南	华中	黄土高原
1/25	19.5	15.8	22.0	16.0	19.6	8.5
1/50	23.4	19.0	26.4	19.2	23.5	10.2

地区指数n值

表 6-19

地区	华北	东北	东南沿海	西南	华中	黄土高原
n值	0.75	0.85	0.75	0.85	0.75	0.80

注:当$F<1km^2$时,$n=1$。新疆、西藏及西北部分地区,海南省以及台湾省由于缺乏资料,暂未能定K值和n值。

三、算 例

【例 6-2】 丘陵区某公路跨一河沟,桥涵设计洪水频率为1/25,属第4暴雨分区,汇水区表土为亚粘土,汇水面积$F=20.8km^2$,主河沟平均坡度$I_z=20‰$,汇水面积重心至桥涵址距离$L_0=3km$。汇水区内种植根浅茎细农作物的旱田面积占汇水面积的80%,中等稠度林占20%。汇水区内河沟上游有一永久性小水库,其控制流域面积为$7km^2$,试以径流公式推求设计流量Q_P。

解:采用考虑洪峰削减的式(6-8)

$$Q_P=\Psi(h-z)^{\frac{3}{2}}F^{\frac{4}{5}}\cdot\beta\cdot\gamma\cdot\delta$$

1. 查有关参(系)数

查表6-8得$\Psi=0.06$;查表6-9得土的吸水类属为III类;

查表6-11可得汇流时间$\tau=80$(min);查表6-12,当设计洪水频率$P=\frac{1}{25}\times100\%=4\%$,得径流厚度$h=64$(mm);

查表6-13得:种植根浅茎细农作物的旱地$z_1=5$(mm),占F的80%;中等稠度林$z_2=25$(mm),占F的20%。因此

$$z=5\times0.8+25\times0.2=9(mm);$$

查表6-14得洪峰传播折减系数$\beta=0.9$;

查表6-15,当第4暴雨分区为季候风气候地区,降雨不均匀折减系数$\gamma=1$;

查表6-17,当$\frac{f}{F}=\frac{7}{20.8}=0.34=34\%$时,小水库调节折减系数$\delta=0.9$。

2. 以上数值代入流量计算公式

$$
\begin{aligned}
Q_{P=4\%} &= 0.06 \times (64-9)^{\frac{3}{2}} \times 20.8^{\frac{4}{5}} \times 0.9 \times 1 \times 0.9 \\
&= 0.06 \times 55^{1.5} \times 20.8^{0.8} \times 0.9 \times 1 \times 0.9 \\
&= 225(\mathrm{m^3/s})
\end{aligned}
$$

●第三节　直接类比法●

此法是当公路路线所跨同河沟上下游附近存在原有小桥涵时，可通过对原有桥涵的泄流等情况调查，然后经过计算，推求出原有小桥涵在历史洪水情况下的通过洪峰流量，并换算为原有桥涵处的天然流量，进而推算出原有桥涵处拟建小桥涵规定频率 P 的洪峰流量。

一、通过原有小桥涵的洪峰流量

1. 两种水力图式

1）临界水深 h_k 和原有小桥下游天然水深 h_t

在判定小桥水力计算图式之前，必须首先确定判断条件的临界水深 h_k 和天然水深 h_t。

（1）临界水深

$$h_k = \frac{v_y^2}{g} \tag{6-13}$$

式中：v_y——桥下允许流速（m/s），根据河床土的种类或铺砌加固类型，可查表6-20；

g——重力加速度，取9.81m/s^2。

（2）天然水深 h_t

可直接调查原小桥通过某一历史洪峰流量时小桥下游的洪水位获得。也可对原桥桥前的某一历史洪水位调查，获得小桥桥前水深 H，根据桥前上游的河床土的种类，查表6-20近似得桥前行近流速 v_0，以式（6-14）计算桥前水头高度 H_0，然后以式（6-15）计算桥下游天然水深 h_t：

$$H_0 = H + \frac{v_0^2}{2g} \tag{6-14}$$

$$h_t = H_0 - \frac{v_y^2}{2g\varphi^2} \tag{6-15}$$

式中：H——小桥桥前水深（m）；

H_0——包括桥前行近流速 v_0 在内的水头高度（m）；

φ——流速系数，查表6-21。

2）自由出流和非自由出流的水力图式及判定条件

桥头路堤及墩台对水流的横向束挟，使桥前产生壅水，入口处形成水面降落，其水力图式与宽顶堰相似。

水流通过小桥的可能图式，使下游天然水深的大小可分为自由出流与非自由出流（淹没出流）两种。

(1)小桥下游天然水深 $h_t \leq 1.3h_k$ 时，水面二次跌落，桥下为自由出流，水力图式见图6-6a)，此时桥下水深为临界水深 h_k。

(2)小桥下游天然水深 $h_t > 1.3h_k$ 时，进桥水流不能推开下游水面顶托的影响，流速有所降低而成非自由出流，见图6-6b)。此时水面仅一次跌落，桥下水深为天然水深 h_t。

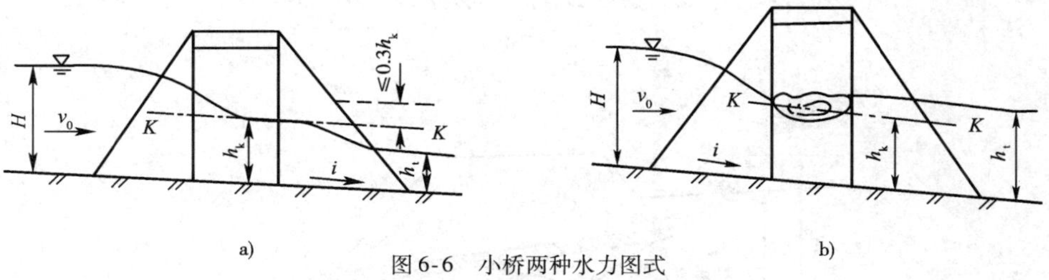

图6-6　小桥两种水力图式

a)自由出流；b)非自由出流(淹没出流)

水力图式判定还可结合式(6-13)及式(6-15)进行，即当桥下为自由出流时：

$$H_0 \leqslant (1.3 + \frac{1}{2\varphi^2})\frac{v_y^2}{g} \tag{6-16}$$

当桥下为非自由出流(淹没出流)时：

$$H_0 > (1.3 + \frac{1}{2\varphi^2})\frac{v_y^2}{g} \tag{6-17}$$

2. 原有小桥的洪峰流量计算

(1)按自由出流图式(即 $1.3h_k \geqslant h_t$)计算通过小桥的某一历史洪峰流量 Q_P(或多年平均洪峰流量 Q_j)：

$$Q_P = MBH_0^{\frac{3}{2}} \tag{6-18}$$

式中：Q_P——已知频率为 P 的某一历史洪峰流量，也可为多年平均洪峰流量 Q_j(m^3/s)；

B——小桥的净跨径(m)；

H_0——桥前包括行近流速水头在内的水头高度(m)；

M——流量系数，查表6-21。

(2)按非自由出流图式(即 $1.3h_k < h_t$)计算通过小桥的某一历史洪峰流量 Q_P(或多年平均洪峰流量 Q_j)：

$$Q_P = \varepsilon v_y h_t B \tag{6-19}$$

式中：ε——挤压系数，查表6-21；

v_y——桥下允许流速(m/s)，查表6-20；

h_t——原小桥下游的天然水深(m)，可调查得到或按式(6-15)确定；

B——小桥的净跨径(m)。

二、通过原有涵洞的洪峰流量

1. 三种水力图式

按涵洞进水口建筑形式以及涵前水深的不同，可分为无压力式、半压力式、压力式三种水力图式，如图6-7所示。

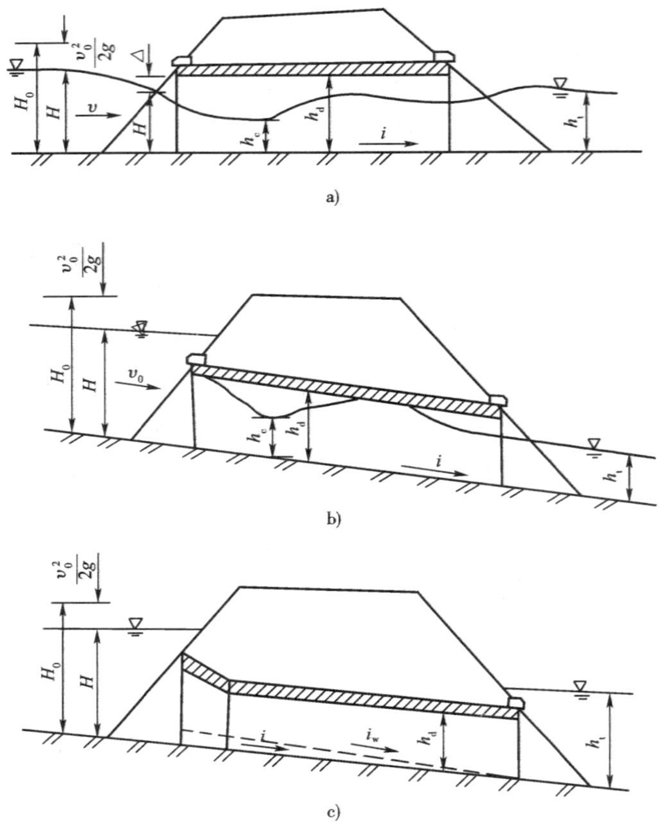

图 6-7　涵洞三种水力图式

a) 无压力式；b) 半压力式 c) 压力式

1) 无压力式

这种水流状态的特征，是水流在进口处受测向束挟，水面急剧下降，而进涵后不远处形成收缩断面。水流流经全涵均保持自由液面，下游水面不影响水流出口，见图 6-7a)。

无压力式涵洞的判定条件是：

$H \leqslant 1.2h_d$　普通进水口（如端墙式、八字式、平头式、锥坡式等）；

$H \leqslant 1.4h_d$　流线形进水口（如喇叭形、升高管节式等）。

判定条件中的符号：

H——涵前水深（m）；

h_d——涵洞洞身净高（m）。

2) 半压力式

半压力式水流状态的特征，是水流充满进口，呈有压状态，但其余部分仍为自由液面，呈无压状态，见图 6-7b)。

半压力式涵洞的判定条件是：

$H > 1.2h_d$　普通进水口，且出水口不被淹没。

符号意义同上。

3)压力式

压力式水流状态的特征,是全涵内充满水流,无自由液面,涵顶呈有压状态,见图6-7c)。

压力式涵洞的判定条件是:

进出水口全被淹没(如果是普通进水口,且涵身长度较短时);

当出水口不被淹没时,$H>1.4h_d$ 流线形进水口,且涵底坡度 $i<i_w$,其中摩阻坡度 i_w 可按式(6-20)计算:

$$i_w=\frac{Q_P^2}{\omega^2C^2R} \tag{6-20}$$

式中:i_w——摩阻坡度(恰好克服水流阻力所需的坡度);

Q_P——通过涵洞的某一历史洪峰流量或多年平无洪峰流量 Q_j(m^3/s),当计算 i_w 时,可对涵洞下游进行洪水调查,并按形态调查法求得 Q_P 或 Q_j;

ω——涵身断面水力半径,$R=\frac{\omega}{\rho}$(m);

C——谢才系数,$C=\frac{1}{n}R^{\frac{1}{6}}$,式中 n 值为糙率;

R——水力半径(m)。

2. 原有涵洞通过洪峰流量计算

(1)无压力式、半压力式涵洞计算,可由相应的标准图中涵洞水力计算表,按涵洞形式、涵底纵坡及涵前水深查得,一般可不计算。

(2)压力式涵洞通过的洪峰流量计算 在某一历史洪水位或多年平均洪水位时,已调查到涵前水深 H 和原涵下游天然水深 h_t,则涵洞内流速 v_d 可按下式计算:

$$v_d=\sqrt{2g(H-h_t)\frac{1}{1+\xi+\frac{2gL}{C^2R}}}\quad(m/s) \tag{6-21}$$

$$Q_n=v_d\cdot\omega\quad(m^3/s) \tag{6-22}$$

式中:H——涵前水深(m),调查得来;

h_t——涵后水深(m),调查得来;或按式(6-15)确定;

ξ——涵洞进水口摩阻系数,见表6-22;

L——涵洞长度(m);

R——水力半径(m),为涵洞断面积 ω 与湿周 ρ 之比;

C——谢才系数,$C=\frac{1}{n}R^{\frac{1}{6}}$。

三、原有小桥涵处拟建小桥涵规定频率 p 的周期流量推算

1. 原有小桥涵处通过的洪峰流量 Q_P(或 Q_j)换算为天然洪峰流量 Q_t

按前述方法所求得的流量均为原有小桥涵通过的洪峰流量(某一历史 Q_P 或多年平均 Q_j)。由于桥涵挤束河道的影响,造成桥涵前积水现象,致使小桥涵通过的洪峰流量小于天然

洪峰流量 Q_t。但山区、重丘地区由于积水影响小，当河沟底纵坡较大，且小桥涵挤束河沟水流又较小时，可认为原小桥涵通过的洪峰流量 Q_P（或 Q_j）近似等于天然的洪峰流量 Q_t。平原、微丘地区当小桥涵挤束河道时，则应以式(6-23)将原有桥涵的通过洪峰流量 Q_P（或 Q_j）换算为天然洪峰流量 Q_t。

$$Q_t = S \cdot Q_P \quad (m^3/s) \tag{6-23}$$

式中：Q_t——某一历史洪水位（或多年平均洪水位）时原小桥涵处天然的洪峰流量（m^3/s）；

$Q_P(Q_j)$——某一历史洪水位（或多年平均洪水位）时原小桥涵的通过流量（m^3/s）；

S——积水折减系数，按表6-24查用。

2. 原有小桥涵处拟建小桥涵规定频率 *P* 的周期流量推算

按上述方法算出了某一历史洪水位或多年平均洪水位所对应的原小桥涵处天然洪峰流量 Q_t 后，即可按本章第四节形态调查法中“按桥涵规定设计频率推算形态断面处的周期流量”的方法，在确定了该洪水的频率 P_1 之后，根据拟建小桥涵位处的规定频率 P，推求原有小桥涵处规定频率 P_1 时周期流量 Q_P。

非粘性土的允许（不冲刷）平均流速表　　表6-20a

序号	土及其特征		土的颗粒尺寸（mm）	水流平均深度（m）					
	名称	形状		0.4	1.0	2.0	3.0	5.0	10及以上
				平均流速（m/s）					
1	粉砂及淤泥	粉砂及淤泥带细砂，沃土	0.005～0.05	0.15～0.20	0.20～0.30	0.25～0.40	0.30～0.45	0.40～0.55	0.45～0.65
2	砂，小颗粒	细砂带中等尺寸的砂粒	0.05～0.25	0.20～0.35	0.30～0.45	0.40～0.55	0.45～0.60	0.55～0.70	0.65～0.80
3	砂，中颗粒	细砂带粘土，中等尺寸的砂带大的砂粒	0.25～1.00	0.35～0.50	0.45～0.60	0.55～0.70	0.60～0.75	0.70～0.85	0.80～0.95
4	砂，大颗粒	大砂夹杂着砾，中等颗粒砂带粘土	1.00～2.50	0.50～0.65	0.60～0.75	0.70～0.80	0.75～0.90	0.85～1.00	0.95～1.20
5	砾，小颗粒	细砾带着中等尺寸的砾石	2.50～5.00	0.65～0.80	0.75～0.85	0.80～1.00	0.90～1.10	1.00～1.20	1.20～1.50
6	砾，中颗粒	大砾带砂带小砾	5.00～10.00	0.80～0.90	0.85～1.05	1.00～1.15	1.10～1.30	1.20～1.45	1.50～1.75
7	砾，大颗粒	小卵石带砂带砾	10.0～15.0	0.90～1.10	1.05～1.20	1.15～1.35	1.30～1.50	1.45～1.65	1.75～2.00
8	卵石，小颗粒	中等尺寸卵石带砂带砾	15.0～25.0	1.10～1.25	1.20～1.45	1.35～1.65	1.50～1.85	1.65～2.00	2.00～2.30

续上表

序号	土及其特征		土的颗粒尺寸(mm)	水流平均深度(m)					
	名称	形状		0.4	1.0	2.0	3.0	5.0	10及以上
				平均流速(m/s)					
9	卵石,中颗粒	大卵石夹杂着砾	25.0~40.0	1.25~1.50	1.45~1.85	1.65~2.10	1.85~2.30	2.00~2.45	2.30~2.70
10	卵石,大颗粒	小鹅卵石带卵石带砾	40.0~75.0	1.50~2.00	1.85~2.40	2.10~2.75	2.30~3.10	2.45~3.30	2.70~3.60
11	鹅卵石,小个	中等尺寸鹅卵石带卵石	75.0~100	2.00~2.45	2.40~2.80	2.75~3.20	3.10~3.50	3.30~3.80	3.60~4.20
12	鹅卵石,中个	中等尺寸鹅卵石夹杂着大个的鹅卵石,大鹅卵石带着小的夹杂物	100~150	2.45~3.00	2.80~3.35	3.20~3.75	3.50~4.10	3.80~4.40	4.20~4.50
13	鹅卵石,大个	大鹅卵石带小漂圆石带卵石	150~200	3.00~3.50	3.35~3.80	3.75~4.30	4.10~4.65	4.40~5.0	4.50~5.40
14	漂圆石,小个	中等漂圆石带卵石	200~300	3.50~3.85	3.80~4.35	4.30~4.70	4.65~4.90	5.00~5.50	5.40~5.90
15	漂圆石,中等	漂圆石夹杂着鹅卵石	300~400	—	4.35~4.75	4.70~4.95	4.90~5.30	5.50~5.60	5.90~6.00
16	漂圆石,特大		400~500及以上的	—	—	4.95~5.35	5.30~5.50	5.60~6.00	6.00~6.20

石质土的允许(不冲刷)平均流速表 表6-20b

序 号	土 的 名 称	水流平均深度(m)			
		0.4	1.0	2.0	3.0
		平均流速(m/s)			
1	砾岩、泥灰岩、页岩	2.0	2.5	3.0	3.5
2	多孔的石灰质岩、紧密的岩、成层的石灰岩、石灰质砂岩、白云石质石灰岩	3.0	3.5	4.0	4.5
3	白云石质砂岩、紧密不分层的石灰岩、砂质石灰石、大理石	4.0	5.0	6.0	6.5
4	花岗岩、辉绿岩、玄武岩、安山岩、斑岩	15.0	18.0	20.0	22.0

注:①表列流速数值不可内插,当水流深度在表列水深值之间时,则流速应取与实际水流深度最接近时的数值;

②当水流深度大于3.0m(在缺少特别观测与计算情况下)时,允许流速采用水深为3.0m时的数值;

③当设计位于易受风化的密结的及极密结的土中的地面排水沟时,允许流速需以中等密结的土所用之值为限。

桥梁的 ε、M、φ 值 表 6-21

桥 台 形 式	挤压系数 ε	流量系数 M	流速系数 φ
单孔桥锥坡填土	0.90	1.55	0.90
单孔桥有八字翼墙	0.85	1.46	0.90
多孔桥或无锥坡或桥台伸出锥坡以外	0.80	1.37	0.85
拱脚淹没的拱桥	0.75	1.29	0.80

桥涵进水口摩阻系数 ξ 值 表 6-22

上游洞口建筑形式	ξ
没有洞口建筑的涵洞和没有锥坡的桥梁	0.45
由扩张式斜翼墙的洞口建筑的涵洞	0.25
有锥形洞口建筑的涵洞	0.10
有锥形护坡的小桥	0.15

周期换算系数 M 表 表 6-23

编 制 单 位	频 率 P						
	$\frac{1}{300}$	$\frac{1}{100}$	$\frac{1}{50}$	$\frac{1}{25}$	$\frac{1}{20}$	$\frac{1}{10}$	$\frac{1}{5}$
第二铁路设计院 $F\leqslant30(km^2)$ (西南地区用)	1.00	0.80	0.67	0.50	0.45	0.33	0.25
	1.25	1.00	0.83	0.62	0.57	0.42	0.32
	1.50	1.20	1.00	0.75	0.68	0.50	0.38
	2.00	1.60	1.33	1.00	0.91	0.67	0.56
	2.21	1.76	1.47	1.10	1.00	0.74	0.56
	3.00	2.40	2.00	1.50	1.36	1.00	0.76
	3.95	3.16	2.64	1.97	1.79	1.32	1.00
第三铁路设计院 $F\leqslant30(km^2)$		1.00	0.80	0.60	0.50	0.30	
		1.25	1.00	0.75	0.63	0.38	
		1.67	1.33	1.00	0.83	0.50	
		2.00	1.60	1.20	1.00	0.60	
		3.33	2.66	2.00	1.66	1.00	

积水折减系数 S 表 6-24

H	$Q^{\frac{3}{2}}\cdot F$ / $\frac{B}{H\cdot i}$	2	5	10	15	20	30	50	100	200	500	1000
2.0	20		2.67	2.13	1.90	1.76	1.56	1.39				
	25		3.30	2.47	2.12	1.92	1.70	1.49	1.20			
	30				2.38	2.13	1.89	1.63	1.36	1.16		
	40				2.62	2.38	2.12	1.82	1.47	1.21		
	50				3.23	2.87	2.46	2.04	1.67	1.35	1.10	
	70						2.94	2.42	1.92	1.56	1.24	
	100							2.50	2.11	1.79	1.43	
	150								2.73	2.17	1.63	

续上表

H	$Q^{\frac{3}{2}}\cdot F$ / $\frac{B}{H\cdot i}$	2	5	10	15	20	30	50	100	200	500	1000
2.5	10		3.18	2.32	2.00	1.82	1.60	1.41				
	15					2.13	1.90	1.65	1.35	1.11		
	20					2.70	2.25	1.98	1.56	1.22		
	25						2.35	2.02	1.70	1.43	1.11	
	30						3.13	2.50	1.92	1.52	1.20	
	40							2.81	2.15	1.72	1.32	1.16
	50								2.59	1.94	1.56	1.22
	70								3.10	2.40	1.70	1.30
3.0	10	2.60	1.92	1.50	1.32	1.20						
	15					3.00	2.68	2.06	1.83	1.50	1.10	
	20							2.18	1.93	1.16	1.27	
	25							2.90	2.30	1.90	1.38	
	30								2.65	2.10	1.55	1.20
3.5	10						3.10	2.60	2.00	1.60	1.14	
	15							2.70	2.28	1.80	1.40	1.13
4.0	10								2.38	1.93	1.41	
	15								2.90	2.22	1.58	

注：①本表摘自《公路桥涵设计手册·涵洞》表4-30。

②表中符号意义：

Q——原小桥涵处的通过洪峰流量(m^3/s)；

F——原小桥涵位上游的汇水面积(km^2)；

H——洪峰时原小桥涵前的水深(m)；

B——原小桥涵前相应于洪峰水深时的水面宽度(m)；

i——原小桥涵处纵向平均坡度(‰)。

③表中所列 S 值在1.1~3.3范围之内；当 $S>3.3$ 时，应详细调查，确定积水原因后再计算；当 $S<1.1$ 时按1.1计算。

④表中所缺数值可以内插法计算。

四、算　　例

【例6-3】　四川省某微丘地区拟建一公路小桥，其下游不远原有一座单孔净跨为5.4m的钢筋混凝土板式桥，两台具有八字翼墙。桥下河底加固采用碎石垫层上厚20cm的片石单层铺砌，纵向坡度 i 为20%。桥头路基高3.4m，经调查知约10年一遇的某次历史洪水位离路基边缘尚有1m，洪水时估计桥下平均水深为2m，桥前积水水面宽度 B 为25m；此桥汇水面积 $F=6km^2$，河床土质为大砾石带砂和小砾石。现按拟建小桥的规定频率 $P=2\%$，以直接类比法计算原有小桥处的周期流量 Q_P。

解：

1.判定水力图式

洪水时估计桥下平均水深为2m，根据桥下铺砌，查《公路桥涵设计手册·涵洞》中表4-31d得$v_y=4m/s$。桥下临界水深

$$h_k=\frac{v_y^2}{g}=\frac{4^2}{9.81}=1.63 \quad (m)$$

桥前水深$H=3.4-1.0=2.4m$，根据河床土质为大砾石带砂和小砾石，查表6-20a取行近流速$v_0=1.1m/s$，查表6-21得$\varphi=0.9$。桥下游天然水深h_t以式(6-14)及式(6-15)计算：

$$H_0=H+\frac{v_0^2}{2g}=2.4+\frac{1.1^2}{2\times 9.81}=2.46 \quad (m)$$

$$h_t=H_0-\frac{v_y^2}{2g\varphi^2}=2.46-\frac{4^2}{2\times 9.81\times 0.9^2}=1.45 \quad (m)$$

所以$h_t<1.3h_k$属自由出流。

也可以$H_0\leqslant\left(1.3+\frac{1}{2\varphi^2}\right)\frac{v_y^2}{g}$判定。

2. 求通过原有小桥的历史洪峰流量Q_P

查表6-21得流量系数$M=1.46$，小桥净跨径$B=5.4m$，则以式(6-18)计算Q_P：

$$Q_P=MBH_0^{\frac{3}{2}}=(1.46\times 5.4)\times 2.46^{\frac{3}{2}}=30.4 \quad (m^3/s)$$

3. 折算原有小桥处天然洪峰流量Q_t

$$由\quad Q_P^{\frac{3}{2}}\cdot F=30.4^{\frac{3}{2}}\times 6=1006\approx 1000$$

$$\frac{B}{H\cdot i}=\frac{25}{2.4\times 0.2}=52\approx 50$$

因$H=2.4\approx 2.5m$　　查表6-24得$S=1.22$。

以式(6-23)计算天然洪峰流量：

$$Q_t=S\cdot Q_P=1.22\times 30.4=37.1 \quad (m^3/s)$$

4. 推求原有小桥处拟建小桥规定频率的周期流量Q_{P1}

四川省属西南地区，频率$P=\frac{1}{10}=10\%$时，$M_P=M_{10\%}=1$，频率$P_1=2\%$时，查周期换算系数表6-23得$M_{P1}=M_{2\%}=2.00$，以式(6-29)计算周期流量Q_{P1}(式中Q_P此应为Q_t)：

$$Q_{P1}=Q_P\cdot M_P=Q_t\cdot M_P=37.1\times 2=74.2(m^3/s)$$

第四节　形态调查法

通过建立形态断面，并绘制形态断面图，确定主河沟的糙率n(滩槽应分计)，主河沟平均坡度I_z等数据，有条件时实测洪水位与流速，一般则可结合形态断面进行洪水调查，确定比较可靠的某一历史洪水位及其相应的频率，同时确定历史洪水位在形态断面上的过水面积ω，相对应的洪水比降I等资料，据以确定流速，推算形态断面的历史洪峰流量Q_n，进而求得规定频率P时的设计流量Q_P。

这种结合形态断面进行洪水调查，确定流量的形态调查法，是目前公路部门较为普遍运用的一种方法。

一、断面流速 v 和历史洪峰流量 Q_n 或多年平均洪峰流量 Q_j 的计算

1. 流速的确定

当野外勘测时，河沟水位达到多年平均洪水位或接近历史洪水位，采用流速仪、浮标施测流速，然后计算相应的历史洪峰流量 Q_n 或多年平均洪峰流量 Q_j。一般野外勘测时，河沟水位达不到多年平均洪水位，即处于常水位、枯水位或根本无水状态。在进行洪水调查的同时，通常尽可能选取河床比较顺直，过水断面沿流程变化不大的河段上建立形态断面。当河沟底纵坡变化不大，且附近无支流汇入分出时，根据形态断面处比较可靠的历史洪水位，可按均匀流计算流速。

1）用均匀流公式计算流速

若是单式断面，应用式(6-24)计算全断面的平均流速；若是复式断面，仍据式(6-24)分别计算左、右河滩与河槽各过水面积的平均流速。

$$v = C\sqrt{Ri} \tag{6-24}$$

式中：C——谢才系数，$C = \frac{1}{n}R^y = mR^y$；

m——粗糙系数，$m = \frac{1}{n}$（n 为糙率）查表 6-25；

R——水力半径(m)，$R = \frac{\omega}{\rho}$，即等于过水断面 ω 与湿周长度之比 ρ；

i——该河段洪水比降，以小数计（无法获得时，可近似以河沟底纵坡 I_z 代替）；

y——可变指数，查表 6-25。

当水位升高时，全河的粗糙程度显著增大（如有密林的河滩或河床含沙量很大，河岸阻力很大等），即以曼宁公式计算：

$$v = mR^{\frac{2}{3}}i^{\frac{1}{2}} \tag{6-25}$$

洪水时河床糙率变化不大的小河沟，也可以简化式(6-26)计算全断面的平均流速：

$$v = m_z H_P^{\frac{2}{3}} I_z^{\frac{1}{2}} \tag{6-26}$$

式中：m_z——主河沟粗糙系数，按表 6-26 选用；

I_z——主河沟平均坡度(‰)，计算中以小数计；

H_P——平均水深(m)，近似为：三角形断面 $H_P = 0.5H$，梯形断面 $H_P = 0.6H$，矩形断面 $H_P = H$；

H——多年平均洪水位时的最大水深(m)。

2）按沉积物粒径或土的类属特征估算流速

(1)山区河沟中，在形态断面附近平时高出常水位的浅滩上，找 3～5 个最大石块（应注意鉴别确认是洪水时从上游被冲下来的，而不是河岸受冲刷后坍下来或从山坡滚下来的），全断面的平均流速估算公式（不适用于泥石流河流）为：

$$v = 5.5\sqrt{D} \tag{6-27}$$

式中：D——最大石块的平均直径(m)。

（2）平原区河沟中，可按河床上的类属特征，参考表6-27估算平均流速。

2. 形态断面处历史洪峰流量 Q_n 的计算

1）以均匀流公式确定形态断面处流量

根据形态断面处比较可靠的洪水位（即指某一历史洪水位或多年平均洪水位），以均匀流公式计算出流速后，若是单式断面，则是全断面的平均流速 v，可按 $Q=v\cdot\omega$ 计算流量；若是复式断面，则将河滩、河槽分开，以下式计算流量（m^3/s）：

$$Q=\sum v_i\cdot\omega_i=v_1\omega_1+v_2\omega_2+v_3\omega_3 \qquad (6\text{-}28)$$

式中：v_1、v_2、v_3——分别为河槽和左右河滩部分的平均流速（m/s）；

ω_1、ω_2、ω_3——分别为河槽和左右河滩部分的过水面积（m^2）。

2）按沉积物粒径或土的类属特性估算流速后的流量确定

根据形态断面洪水调查所获得的比较可靠的某一历史洪水位或多年平均洪水位，以前述"按沉积物粒径或土的类属特征算流速"的方法，确定全断面的平均流速 v 后，可按 $Q=v\cdot\omega$ 计算对应的流量（即指某一历史洪峰流量 Q_n 或多年平均洪峰流量 Q_j）。

二、按桥涵规定设计频率推算形态断面处的周期流量 Q_P

在调查到形态断面处的洪水位（如某一历史洪水位或多年平均洪水位），并确定其频率且计算出洪峰流量（即历史洪峰流量 Q_n 或多年平均洪峰流量 Q_j）后，还必须把此流量换算成拟建小桥涵的规定设计频率时形态断面处的周期流量 Q_P。

1. 按流量变差系数推算

（1）通过调查获得多年平均洪水位，据以算出多年平均洪峰流量 Q_j 之后，可按下式推求当小桥涵的规定设计频率为 P 时在形态断面处的周期流量 Q_P：

$$Q_P=Q_j(1+C_V\phi_P)=Q_j\cdot K_P \qquad (6\text{-}29)$$

式中：ϕ_P——离均系数，与频率 P 及偏差系数 C_S 有关（C_S 与 C_V 具有函数关系）；

C_V——流量变差系数，确定方法见后述；当无资料时可查表6-28；

K_P——规定频率 P 时的流量模比系数，$K_P=1+C_V\phi_P$，K_P 可只表达为 C_V 和 P 的关系，并根据 C_S 为 C_V 的函数关系求得 C_S，确定方法见下面（3）所述。

2）通过调查获得某一历史洪水位（或其他洪水位），并知其频率为 P_1，且计算出洪峰流量 Q_{P1}，可按下式推求小桥涵与规定频率 P 相应在形态断面处的周期流量 Q_P：

$$Q_P=\frac{K_P}{K_{P1}}\cdot Q_{P1} \qquad (6\text{-}30)$$

式中：K_{P1}——历史洪水位（或其他洪水位）已知频率 P_1 时的流量模比系数，确定方法见后。

（3）C_V、C_S 及 K 值的确定：

①影响变差系数 C_V、偏差系数 C_S 的因素有降雨、地形、地貌及河沟形状、汇水面积等。按数理统计理论的要求，需要具有相当长期的水文资料才能确定。而小桥涵跨越的沿线河沟往往缺乏这些水文资料，所以，目前常按经验的间接的方法来确定。

我国有关科研单位提出了小流域（汇水面积 $F\leqslant30km^2$）流量按土的吸水类属分别确定变差系数 C_V 的平均值（或在变幅内取值），如表6-28。

②若当地有暴雨强度变差系数C'_V的资料,可按表6-28,根据不同土的吸水类属查出$\frac{C_V}{C_V'}$的平均值,求得当地的流量变差系数C_V。

③当选定变差系数C_V后,可根据频率P(或P_1),查表6-29确定流量模比系数K_P(或K_{P1})。由于C_S与C_V存在函数关系,由该表可确定偏差系数C_S。

山区河沟粗糙系数表 表6-25

类别	河槽特征	n	$m=\frac{1}{n}$	y
1	在陡壁上开凿出来的十分平整的人工饮水河槽	0.020	50	1/6
2	同上类型,但只是将表面进行一般的整理	0.022	45.5	1/6
3	源于山区河流的天然河槽,但坡度不大,并处于十分良好的状况下,清洁、顺直的土质(粘土、砂、小砾石)河槽,纵坡$i=0.0005\sim0.0008$	0.025	40	1/6
4	同样情况下,小卵石、砾石河槽,纵坡$i=0.0008\sim0.0010$	0.030	33	1/5
5	河槽形状和表面状况良好的周期性河槽(较大的和较小的),与上类一样,为小卵石、砾石河槽,但带有比较大的小卵石,纵坡$i=0.001\sim0.003$	0.035	30	1/5
6	在良好条件下,周期性流水的土质河槽(干沟);山区河流的下游规则,整治良好的小卵石河槽,纵坡$i=0.003\sim0.007$	0.040	25	1/5
7	颇为堵塞,弯曲和局部植物丛生,水流不平稳的石质河槽(较大和中等河流);河底为大卵石覆盖或有植物覆盖的周期性(暴雨和春汛)流水的河槽,纵坡$i=0.007\sim0.015$	0.050	20	1/4
8	非常堵塞和弯曲的周期性流水的河槽,水流表面不平稳的山区型(中游)的卵石或巨石槽,其纵坡$i=0.015\sim0.05$	0.065	15	1/4
9	山区河流(中游和上游)与周期性流水的山区型巨石河槽,水流湍急有泡沫(水花向上喷溅),其纵坡$i=0.015\sim0.05$	0.080	12.5	1/3
10	山区瀑布型河槽(多半在上游区段),河床弯曲并有大漂石,跌水现象明显,水花四溅,以致使水失去透明性而变成白色,水流的声音盖过其他声音,其纵坡$i=0.09\sim0.02$	0.100	10	1/3
11	特征与土类相同的山区河流,但具有更强的阻力	0.140	7.5	1/3
12	山区河流具有极限最高阻力	0.200	5	1/2

主河沟粗糙系数m_z 表6-26

河沟类型	m_z值	河沟类型	m_z值
平坦土质河床	25	杂草丛生河床	15
弯曲或生长杂草河床	20	阻塞的河沟、有巨大的顽石	10

平原区平均流速(按河床土确定) 表 6-27

河床土的特征				平均流速 (m/s)
序号	类属		冲刷程度	
1	淤泥、细砂		弱	1.3
2	粗砂,或有淤泥隔离的粘土		中等	1.6
3	带卵石的粗砂、粘土		中等	1.8
4	砾石(粒径 2~20mm)		强	2.0
5	卵石(粒径 20~60mm)		强	3.0
6	圆石(粒径 60~200mm)		强	4.0
7	松散或中等密实的土,在深水部分冲刷较强烈,冲刷深度至不冲刷层	当冲刷宽度占河槽整个宽度(%)	20%	1.8
			30%	2.0
			40%	2.3

小流域流量变差系数 C_V 值 表 6-28

土的吸水类属	$\frac{\text{流量变差系数 } C_V}{\text{日雨量变差系数 } C_V'}$的平均值	全国C_V'的平均值	流量变差系数 C_V 的平均值及其变幅
I	1.00	全国 40 余站,而激流最长的北京、上海、天津三站的历时 10 ~ 1440min 间的 C_V 为 0.3 ~ 0.6,全国平均C_V' = 0.45	0.45(0.30~0.60)
II	1.25		0.56(0.38~0.75)
III	1.40		0.63(0.42~0.84)
IV	1.60		0.72(0.48~0.96)
V	2.50		1.12(0.75~1.50)
VI	3.50		1.57(1.05~2.10)

流量模比系数 K 值 表 6-29

C_V	频率 P 1/300	1/100	1/50	1/25	1/10	1/5	C_S	C_V	频率 P 1/300	1/100	1/50	1/25	1/10	1/5	C_S
0.11	1.37	1.30	1.26	1.20	1.15	1.09	0.6	0.85	5.09	4.06	3.47	2.70	2.11	1.52	2.0
0.13	1.46	1.37	1.31	1.24	1.17	1.10	0.7	0.92	5.42	4.36	3.70	2.84	2.19	1.55	2.1
0.15	1.54	1.43	1.37	1.28	1.20	1.12	0.8	0.99	5.85	4.66	3.94	2.99	2.27	1.57	2.2
0.17	1.63	1.50	1.43	1.32	1.23	1.13	0.9	1.06	6.19	4.98	4.18	3.13	2.35	1.59	2.3
0.20	1.76	1.60	1.51	1.38	1.27	1.15	1.0	1.12	6.58	5.24	4.39	3.28	2.40	1.61	2.4
0.22	1.86	1.68	1.57	1.42	1.29	1.16	1.1	1.20	7.00	5.60	4.67	3.41	2.49	1.64	2.5
0.29	2.17	1.91	1.76	1.55	1.39	1.21	1.2	1.27	7.48	5.91	4.92	3.55	2.56	1.65	2.6
0.36	2.49	2.16	1.96	1.69	1.48	1.26	1.3	1.34	7.97	6.24	5.18	3.69	2.62	1.66	2.7
0.45	2.92	2.48	2.23	1.95	1.61	1.32	1.4	1.41	8.47	6.57	5.44	3.84	2.69	1.66	2.8
0.50	3.17	2.67	2.37	1.98	1.67	1.35	1.5	1.48	8.99	6.90	5.71	3.99	2.76	1.67	2.9
0.56	3.47	2.89	2.55	2.19	1.75	1.38	1.6	1.57	9.50	7.33	6.00	4.25	2.83	1.66	3.0
0.63	3.83	3.16	2.77	2.35	1.83	1.41	1.7	1.69	10.30	7.90	6.24	4.40	2.86	1.65	3.2
0.72	4.34	3.53	3.05	2.45	1.95	1.46	1.8	1.83	11.61	8.59	7.02	4.64	3.43	1.64	3.4
0.78	4.67	3.77	3.25	2.55	2.02	1.49	1.9	1.98	12.96	9.36	7.57	4.90	3.59	1.61	3.6

三、算　　例

【例 6-4】 有一山区天然河沟，形态断面如图 6-8 所示。经洪水调查得 25 年一遇的某一历史洪水位水痕标高为 179.30m，形态调查得洪水比降 $I = 0.6‰$，河沟纵坡 i 与洪水比降基本相同。沟床土质为中砂，沟岸为粘土。河沟较顺直，附近沿程各断面变化不大。汇水区表土为 IV 类土。试按均匀流公式计算此形态断面处的历史洪峰流量 Q_n，并求拟建小桥规定设计洪水频率为 $\frac{1}{50}$ 时，该断面的周期流量 Q_P。

解：

1. 当 $I \approx i = 0.6‰ = 0.0006$，系顺直的土质（粘土、砂）河槽，由表 6-25 可查得糙率 $n = 0.025$，粗糙系数 $m = 40$，指数 $y = \frac{1}{6}$；

2. 根据实测河沟断面（图 6-8）作一般计算，见表 6-30。

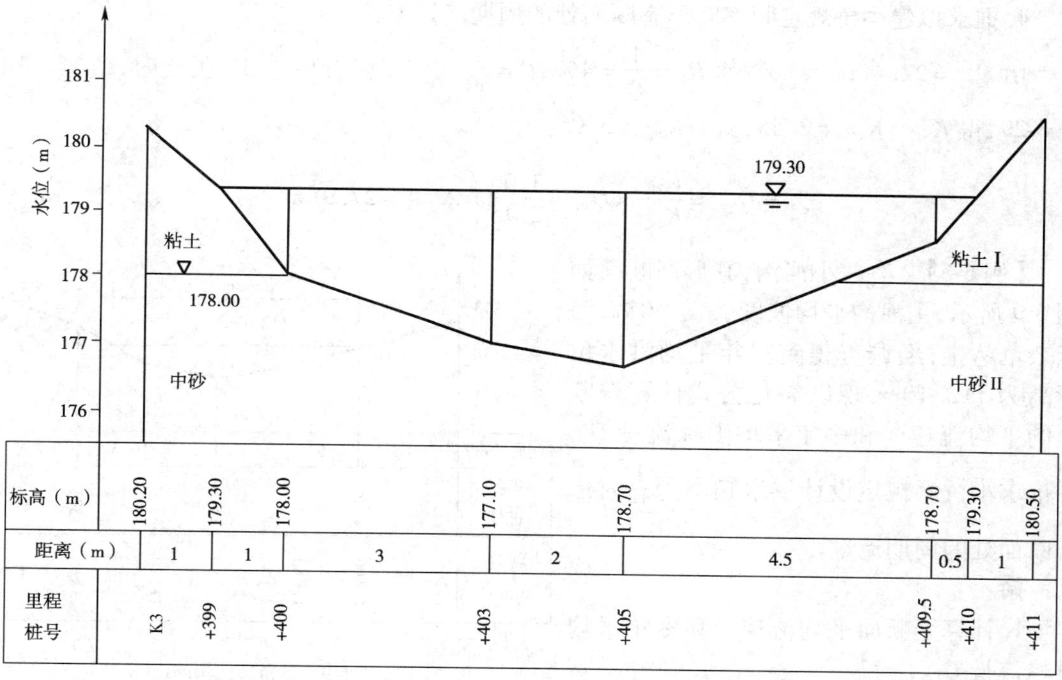

图 6-8　水文断面图

3. 计算历史洪峰流量 Q_n 及全断面平均流速 v：

水力半径　　$R = \frac{\omega}{\rho} = \frac{18.05}{12.51} = 1.44\text{(m)}$

以均匀流公式(6-25)计算全断面平均流速：

$$v = mR^{\frac{2}{3}} i^{\frac{1}{2}} = 40 \times 1.44^{\frac{2}{3}} \times 0.0006^{\frac{1}{2}} = 1.24\text{(m/s)}$$

一般计算 表 6-30

桩号	床面标高（m）	水深（m）	平均水深（m）	标高差 Δh（m）	间距 L（m）	过水面积 ω（m^2）	湿周 $\rho=\sqrt{L^2+\Delta h^2}$（m）
K3 +399	179.30	0	0.65	1.3	1	0.65	1.64
+400	178.00	1.3	1.75	0.9	3	5.25	3.13
+403	177.10	2.2	2.40	0.4	2	4.80	2.04
+405	176.70	2.6	1.60	2.0	4.5	7.20	4.92
+409.5	178.70	0.6	0.30	0.6	0.5	0.15	0.78
+410	179.30	0		Σ	11	18.05	12.51

历史洪峰流量：

$$Q_n = v \cdot \omega = 1.24 \times 18.05 = 22.4(m^3/s)$$

4. 推求拟建小桥规定频率时形态断面处的周期流量 Q_P：

由 $Q_{P1}=22.4(m^3/s)$，频率 $P_1=\frac{1}{25}=4\%$，$P=\frac{1}{50}=2\%$，查表 6-28，IV 类土时，$C_V=0.72$ 查表 6-29，得 $K_{P1}=K_{4\%}=2.45$；$K_P=K_{2\%}=3.05$。

$$Q_P = Q_{2\%} = \frac{K_{2\%}}{K_{4\%}} \times Q_{P1} = \frac{3.05}{2.45} \times 22.4 = 27.9(m^3/s)$$

【例 6-5】 有一小河沟，其形态断面如图 6-9 所示，主河沟平均坡度 I_Z 为 40‰，河床杂草丛生，经调查得到多年平均洪水位标高为 112.10m，现以简化公式计算全断面的平均流速 v 和多年平均洪峰流量 Q_j，并推求小桥涵规定设计洪水频率为$\frac{1}{25}$时形态断面处的周期流量。

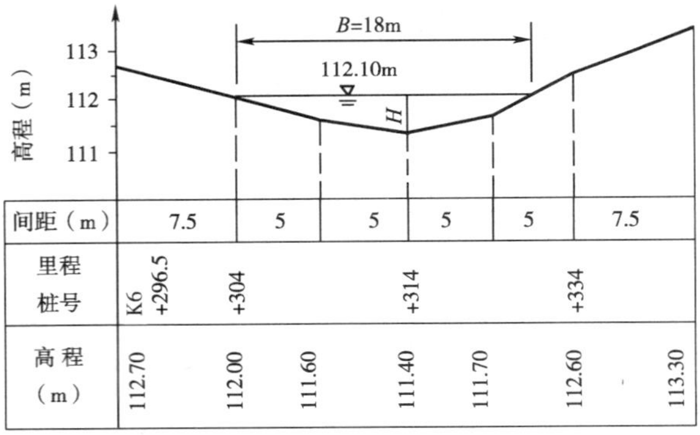

图 6-9 三角形河沟断面

解：

1. 计算全断面平均流速 v 和多年平均洪峰流量 Q_j。

因系小河沟，可按式(6-26)计算，查表(6-25)，杂草丛生河床的主河沟粗糙系数 $m_z=15$；

当水位标高为 112.10m 时，$H=0.7$m，从图上可知，水面宽 $B=18$m；

三角形和沟的平均水深 $H_P=0.5H=0.5\times0.7=0.35$(m)；

过水面积 $\omega=0.5B\cdot H=0.5\times18\times0.7=6.3(m^2)$；

因此全断面平均流速：

$$v = m_z H_P^{\frac{2}{3}} I_z^{\frac{1}{2}} = 15 \times 0.35^{\frac{2}{3}} \times 0.04^{\frac{1}{2}} = 1.48(m/s)$$

多年平均洪峰流量：

$$Q_j = v \cdot \omega = 1.48 \times 6.3 = 9.3(m^3/s)$$

2. 推求小桥涵规定设计洪水频率时形态断面处的周期流量 Q_P:

由 $Q_j = 9.3(m^3/s)$,规定频率 $P = \frac{1}{25} = 4\%$,汇水区为红壤,查土的吸水类属表 6-9 得知属 III 类土;查表 6-28 得 $C_V = 0.63$,再查表 6-29 得 $K_P = K_{4\%} = 2.35$,按式(6-29)计算形态断面处 $P = 4\%$ 时的周期流量:

$$Q_P = Q_j \cdot K_P = 9.3 \times 2.35 = 21.9(m^3/s)$$

第五节　各种流量计算方法的比较

(1)按暴雨计算洪峰流量的推理公式，考虑的因素较多，其优点是计算较为简单。但在确定本公式的过程中，只考虑了区域的普遍特征，故参变数是简化了的概略值，且暴雨递减指数 n 值的分区和土壤分类均较粗略。因此，与各个地区河沟和流域的实际情况有一定出入，这些均有待于以后完善。按暴雨推理法得出的经验公式应用简便，但纯属经验性，地区差异较大。

(2)径流形成法中的简化公式为半推理公式,考虑因素也较多,具有计算较简便的优点。但在制定公式中,所依据的资料不够充分,暴雨分区比较粗略,不一定符合各个地区的实际情况,特别是按汇水面积划分的汇流时间,分级比较粗略,从而使径流厚度的确定相差较大。因此,在实际应用中,不可机械照搬,而应根据具体情况,正确选取较合理的汇流时间及相应的径流厚度。此外,径流厚度表中各种不同频率的径流厚度是依据较短系列的降雨资料按经验频率近似公式推算的,与表示理论频率曲线的公式所计算的结果有时相差很大,所以在有条件时,可以用理论频率曲线的计算方法(见有关水文方面的书籍)和直接用径流形成法中简化公式等分别计算,并分析比较结果,合理选用。

此外,当平原区 $F < 0.5km^2$ 及当山岭区 $F < 1.0km^2$ 时,按简化公式进行计算的结果一般均偏大,这时可另行以下式进行计算,然后加以比较两式结果,选用较小值。

$$Q_P = 0.56hF \tag{6-31}$$

式中:Q_P——规定频率为 P 时的洪峰流量(m^3/s);

h——径流厚度(mm);

F——汇水面积(km^2)。

径流形成法中的经验公式 $Q_P = KF^n$,应用简便,但纯属经验性质,地区差异较大。

(3)形态调查法中,由于计算设计流量所依据的资料是现场调查所得,较客观地反映出实际情况,所以是目前弥补按暴雨推理法或径流形成法计算中资料不足的最好方法。但是小流域洪流历时短,不易调查出历史洪水位及确定相应的频率,不易比较准确地确定河沟床的糙率(或粗糙系数)。同时对于河床下切和沉积等影响程度难以掌握,所以往往使流量计算偏大或偏小。为了获得较准确的结果,可将形态调查法与前二种计算方法配合论证使用。

(4)直接类比法因其资料来自对原有桥涵(或其他水工构造物)的调查,故这种方法计算结果比较可靠,有条件时,应首先使用。但在新建公路中,实用机会较少。

本章小结

(1)暴雨推理法是运用成因分析与经验推断相结合的方法,从实测的暴雨资料入手,应用地区综合分析方法来分析暴雨资料和地区特征关系,从而间接地推求设计流量。它是一种半理论半经验的计算方法。

(2)径流形成法也是以暴雨资料为主推算小流域洪水流量的一种方法。它是依据洪峰流量与主要影响因素之间的关系而建立的,认为出口断面的最大洪峰流量是一定的暴雨在流域内经过产流与汇流两过程而形成的。

(3)直接类比法是当公路路线所跨同河沟上下游附近存在原有小桥涵时,可通过对原有桥涵的泄流等情况调查,然后经过计算,推求出原有小桥涵在历史洪水情况下的通过洪峰流量,并换算为原有桥涵处的天然流量,进而推算出原有桥涵处拟建小桥涵规定频率 P 的洪峰流量。

(4)形态断面法通过建立形态断面,并绘制形态断面图,确定主河沟的糙率 n(滩槽应分计),主河沟平均坡度 I_z 等数据。有条件时实测洪水位与流速,一般则可结合形态断面进行洪水调查,确定比较可靠的某一历史洪水位及其相应的频率,同时确定历史洪水位在形态断面上的过水面积 ω,相对应的洪水比降 I 等资料,据以确定流速,推算形态断面的历史洪峰流量 Q_n,进而求得规定频率 P 时的设计流量 Q_P。

复习思考题

1. 综述小桥涵流量计算常用的4种方法的原理和适用条件。

2. 小桥和涵洞分别有哪些水力图式？各自的判别条件是什么？

3. 石太公路太原某桥,地形为黄土丘陵区。其汇水面积 $F=32\text{km}^2$,主河沟长 $L=8\text{km}$,主河沟平均坡度 $I_z=16‰$。该桥工程点无实测流量资料,现用暴雨推理公式推求频率 $P=2\%$ 时的流量,并以经验公式参证。

4. 云南某公路跨一河沟,其上游汇水面积 $A=9\text{km}^2$,设计频率 $P=1/25$,试计算设计流量(用径流流量经验公式)。

5. 有一小河沟,主河沟平均坡度 $I_z=50‰$,土质粘土,河床弯曲、生长杂草。经调查得25年一遇的历史洪水位时,形态断面近似梯形,底宽4m,边坡1:1.5,最大水深 $H=1.2\text{m}$。现以简化公式推算规定频率 $P=2\%$ 时的流量。

第七章 小桥涵孔径确定及形式布置

教学要求

1. 要求学生能够熟练应用各种计算方法进行不同水力图式的小桥涵孔径计算；

2. 描述涵洞的分类及各种类型的适用条件；

3. 描述小桥涵进出口的形式及其特点，并能根据实地情况，合理选用好洞口形式，确保桥涵及路基的稳定、水流畅通。

桥梁根据其跨径大小不同分为特大桥、大桥、中桥、小桥和涵洞。按照现行部颁《公路工程技术标准》规定，其划分如表7-1。

桥梁涵洞按跨径分类

表7-1

桥涵分类	多孔跨径总长L(m)	单孔跨径L_k(m)	桥涵分类	多孔跨径总长L(m)	单孔跨径L_k(m)
特大桥	$L>1000$	$L_k>150$	小桥	$8\leqslant L\leqslant 30$	$5\leqslant L_k<20$
大桥	$100\leqslant L\leqslant 1000$	$40\leqslant L_k\leqslant 150$	涵洞	——	$L_k<5$
中桥	$30<L<100$	$20\leqslant L_k<40$			

注：①单孔跨径系指标准跨径。

②梁式桥、板式桥涵为多孔标准跨径的总长；拱式桥涵为两岸桥台内起拱线间的距离；其他型式桥梁为桥面系行车道长度。

③圆管涵及箱涵不论管径或跨径大小、孔数多少，均称为涵洞。

④标准跨径：梁式桥、板式桥以两桥墩中线之间桥中心线长度或桥墩中线与桥台台背前缘之间桥中心线长度为准；拱式桥和涵洞以净跨径为准。

在孔径计算中，小桥涵与大中桥有着不同的特点。大中桥允许河床发生一定的冲刷，一般采用天然河槽平均流速作为设计流速。小桥涵一般不允许桥下和涵内的河底发生冲刷，但允许有较大的壅水高度，通常都采用人工加固河床的方法，来提高河床的容许（不冲刷）流速，以达到适当缩减孔径的目的。

小桥涵孔径计算的目的，在于合理地确定桥涵孔径的大小、河床加固的类型和尺寸、壅水高度、桥涵处路基和桥涵顶面的最低标高。

• 第一节 小桥涵设计的一般要求和原则 •

一、设计任务与内容

小桥涵勘测设计任务包括外业勘测和内业设计两部分。其外业有：调查收集公路沿线的工程地质、水文地质、水文、气象、地震、地形、农田水利、环境保护、有关建设及施工条件等资料,按不同设计阶段进行相应的勘测工作;内业有:对已有资料的综合分析和研究,进一步从技术上使设计方案具体化,完成《公路工程基本建设项目设计文件编制办法》规定的设计图表资料,提供概、预算的编制和工程施工的依据。

小桥涵勘测设计内容包括:

(1)确定小桥涵的位置和选定小桥涵的类型;

(2)搜集野外勘测资料,进行必要的水文计算,确定设计流量;

(3)按设计流量,通过水力计算合理确定小桥涵孔径尺寸、河床加固类型、桥涵前壅水高度、桥涵进出水口的冲刷防护与处理;

(4)标准图的选用,对于特殊设计应绘结构设计图;

(5)工程数量计算。

二、设计原则与要求

1. 设计原则

小桥涵设计时,应符合公路桥涵设计规范,力求技术先进、安全适用、经济合理。新建桥涵的设计应尽量采用标准化的装配式结构,在条件许可时应采用机械化和工厂化施工。有关设计原则如下:

(1)根据所在公路的使用任务、性质和未来发展需要,力求安全、经济、适用和美观;

(2)因地制宜,就地取材,便于施工养护;

(3)考虑农田排灌的需要及综合利用。

2. 设计的一般要求

小桥涵是公路的一个重要组成部分,用以连接中断的线路,维持公路的正常通行,保证桥涵排水或通航。

1)行车要求

小桥涵设计首先应满足车辆行驶安全、迅速、经济和舒适。设计必须满足《公路工程技术标准》、《公路桥涵设计通用规范》等规定的桥涵净空、路基宽度、设计荷载、小桥涵的线形及其与公路衔接符合路线布设等。

2)排水要求

小桥涵设计还必须保证设计流量能够得到安全渲泄及桥涵位上游村镇和农田的安全,使其不受壅水淹没的危害,并保证路基的稳定不受影响。此外,应根据不同的结构类型,保证桥涵下有足够的净空,以保证结构物的安全正常使用。桥涵下净空可按计算水位或最高流冰面确定。对于桥下净空必须满足《公路桥位勘测设计规程》中规定的要求。

3)构造要求

桥涵结构在制造、运输、安装和使用过程中,应具有规定的强度、刚度、稳定性和耐久性;结构型式应便于制造、施工和养护;并应视需要设置必要的变形缝和伸缩缝,以适应温度变化、混凝土收缩徐变、地基不均匀沉降以及其他外力所产生的影响。

小桥涵进出口和桥涵所在范围,可将河床挖深,进行整治和加固,必要时也可在进出口处设置减冲、防冲设施。

4)其他方面的要求

当公路与公路或公路与铁路相交时,需修建立体交叉跨线桥时,桥下净空应符合所跨越的公路或铁路的净空界限要求。乡村道路从公路下面通过设置的通道,净空可根据当地通行的车辆组成和交叉情况而定,一般人行通道的净空应大于或等于2.2m,净宽大于或等于4.0m;畜力车及拖拉机通道的净高应大于或等于2.7m、净宽大于或等于4.0m;农用汽车通道的净高应大于或等于3.2m,并根据交通量和通行农业机械的类型选用净宽,但应大于或等于4.0m;汽车通道净高应大于或等于3.5m、净宽应大于或等于6.0m。

●第二节　水 文 计 算●

小桥孔径的计算步骤:首先确定未建桥前天然水深 h_t 和断面平均流速 v_1;然后根据初拟的桥型、桥孔情况,确定桥下临界水深 h_k,并进行水力计算图式判定;接着通过水力计算,确定小桥孔径,进而决定桥长 L;最后确定桥前壅水高度,以及推求路线的路堤和小桥桥面的最低标高。

一、小桥水文计算

1.拟建桥位处主河沟天然水深 h_t 和天然流速 v_t 的确定

1)应收集的资料

为了确定 h_t 及 v_t,应收集的资料包括:拟建桥位处天然设计洪峰流量 Q_P,形态断面的几何形状实测资料,主河沟糙率 n(粗糙系数 $m=1/n$),附近河床的纵坡 i 等(若主河沟纵坡沿程变化不显著时,i 也可以主河沟平均坡度 I_z 代替)。

2)以均匀流公式计算 h_t 及 v_t

天然水深 h_t 可以用均匀流公式(即谢才—满宁公式 $v=\dfrac{1}{n}R^{2/3}i^{1/2}$)进行试算得到。

在拟建桥位形态断面上,假定不同水位,得出不同水深 h,按表7-2格式,列表试算相应的流速及流量。当求得的流量与已知的设计洪峰流量 Q_P 两者相差在±10%范围内时,所求得的流量对应的水深为天然水深 h_t,此时的 v 即是天然流速 v_t。

h_t 及 v_t 计 算　　表7-2

假定水位 H	水深 h (m)	断面面积 A (m²)	湿周 x (m)	水力半径 $R=A/x$ (m)	糙率 n	$R^{2/3}$	$i^{1/2}$	流速 v (m/s)	流量 Q (m³/s)	对比 Q_P (m³/s)
1	2	3	4	5	6	7	8	9	10	11

2.桥下临界水深 h_k 确定

1)桥下水流平均临界水深 h_{kj} 的计算通式

首先根据桥下河床土质或拟建的加固类型,通过流量时的天然平均水深 h_t,从公路桥涵手册《涵洞》中查表选取允许(不冲刷)平均流速 v_y,在计算孔径时,必须使桥下临界流速 v_k 不大于 v_y。选定 v_y 之后,可假定 $v_k=v_y$,则桥下任意形状断面的平均临界水深 h_{kj} 可由通式(7-1)计

算:

$$h_{kj}=\frac{v_k^2}{g}\approx\frac{v_y^2}{g}=0.102v_y^2 \tag{7-1}$$

2)矩形、梯形桥孔断面的 h_k

对于矩形桥孔断面(计算图式判别时可不考虑多孔小桥的桥墩阻水面积),由于实际水面宽度 B 等于临界水深 h_k 时的水面宽度 B_k,所以 $h_k=h_{kj}$。

对于宽而浅的梯形桥孔断面 $h_k\approx h_{kj}$。(宽深比大于 10 的断面为宽浅断面)

但对于狭而深的梯形断面(如图 7-1),h_k 可由已知的 h_{kj} 及 B_k(确定方法见后述)按下式求得:

$$h_k=\frac{B_k-\sqrt{B_k^2-4mB_k\cdot h_{kj}}}{2m} \tag{7-2}$$

式中:m——梯形桥孔断面的边坡系数;

B_k——通过天然洪峰设计流量 Q_P,水深为 h_k 时对应的水面宽度(m),见图 7-1,由于水流通过小桥以自由出流图式为多数,因此 B_k 值可先假定,以式(7-4)和式(7-5)计算。

3. 小桥计算图式判别

小桥计算图式及判别条件为:

当 $h_t\leqslant1.3h_k$ 时,桥下水流为自由出流;

当 $h_t>1.3h_k$ 时,桥下水流为淹没出流(如图 6-6)。

自由出流时,$h_c<h_k$,整个桥孔内呈急流状态,桥孔泄流量受收缩断面水深的控制,下游水位波动对小桥流量无影响;淹没出流时,全桥孔内呈缓流状态,收缩断面处水深大于临界水深,下游水位波动对小桥流量有影响。

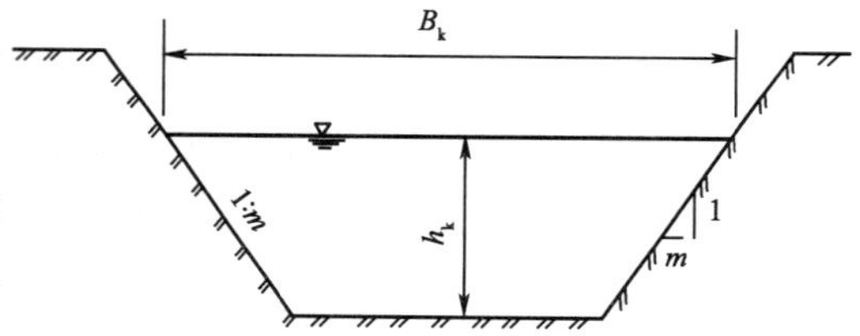

图 7-1 梯形断面中 h_k、B_k 示意图

二、涵洞水文计算

涵洞与小桥对比,其特点是孔径小、孔道长,河沟底往往具有较大的纵坡,涵前水深可以高于涵洞高度。所以涵洞的水流图式比小桥复杂。水流通过涵洞可分为无压力式、半压力式、压力式和倒虹吸管涵洞。

1. 无压力式

进口水流深度小于洞口高度,水流受侧向束挟,进口后不远处形成收缩断面。下游水面不影响水流出口,水流流经全涵保持自由水面。公路上大多数涵洞,都采用无压力式。无压力式涵洞的水流图式如图 6-7a)所示,水力判别条件为:涵前水深 $H\leqslant1.2h_d$ 时(h_d 为涵洞净高);当进口端节抬高时:$H\leqslant1.4h_d$。

2. 半压力式

水流充满进口,呈有压状态,使进口不远的收缩断面及以后的其余部分均为自由表面,呈无压状态。全涵净高相等,涵前允许一定的壅高,且略高于涵洞进口净高。半压力式涵洞的水流图式如图 6-7b)所示,水力判别条件为:涵前水深 $H>1.2h_d$。

3. 压力式

涵前壅水较高,全涵内充满水流,无自由表面。一般出口被下游水面淹没,但升高式(或流线型)进水口,且涵底纵坡 i 小于摩阻坡度时,出口不被下游水面淹没。深沟高路堤,不危害上游农田、房屋前提下,涵前允许较大壅水时使用压力式涵洞。压力式涵洞在设计施工中,必须保证涵身不漏水,即不能让水渗入路基,影响路基强度和稳定性。压力式涵洞的水流图式如图 6-7c)所示,水力判别条件为:涵前水深 $H>1.4h_d$,且涵底纵坡 i 小于磨阻坡度 i_w,或出水口被淹没。

涵洞的磨阻坡度 i_w 为恰好克服水流磨擦力所需的坡度,可由下式确定

$$i_w=\frac{Q^2}{A^2C^2R} \tag{7-3}$$

式中:Q——过涵流量(m^3/s);

A——涵洞洞身断面的全部面积(m^2);

C——谢才系数,$C=\frac{1}{n}R^{1/6}$($m^{1/2}/s$);

R——涵洞洞身断面的水力半径(m)。

●第三节　小桥孔径计算●

经过小桥水文计算后,根据设计流量和施工技术条件,大致估计拟定采用的小桥跨径和孔数,按照自由出流和淹没出流两种情况分别计算。

一、小桥孔径长度 L 的确定

1. 自由出流时需要的桥下水面宽度 B_k 和孔径 L 的计算。

(1)当考虑了桥台和桥墩侧向束挟水流的影响,以式(7-4)和式(7-5)计算需要的桥下水面宽度 B_k:

$$B_k=\frac{Q_P\cdot g}{\varepsilon\cdot v_k^3}+N\cdot d \tag{7-4}$$

式中:ε——桥梁的挤压系数,查表 6-21;

v_k——桥下临界流速(m/s),$v_k=\frac{Q_P}{A_k}$;计算时也可采用河床的容许流速;

A_k——临界流时的过水断面面积;

N——桥墩的个数;

d——单个中墩沿 B_k 水面线上的宽度(m)。

当单孔时,以下式计算 B_k:

$$B_k=\frac{Q_P\cdot g}{\varepsilon\cdot v_k^3} \tag{7-5}$$

式中符号意义同前。

(2)当桥孔断面为矩形时,小桥孔径长度 $L=B_k$。

当桥孔断面为梯形时,如(图 7-2)所示,桥孔长度可以下式计算:

$$L=B_k+2m\cdot\Delta h \tag{7-6}$$

式中:m——横向边坡系数;

Δh——小桥上部结构高出桥下水面的距离(m),$\Delta h=H-h_k+\Delta_1$;

Δ_1——自积水时的壅水位到上部结构底面的净高,取值为:一般不通航时 $\Delta_1=0.5\text{m}$,有流冰的河沟 $\Delta_1=0.75\text{m}$;通航时按通航净空高度计算;

H——桥前水深(m),确定方法见后述。

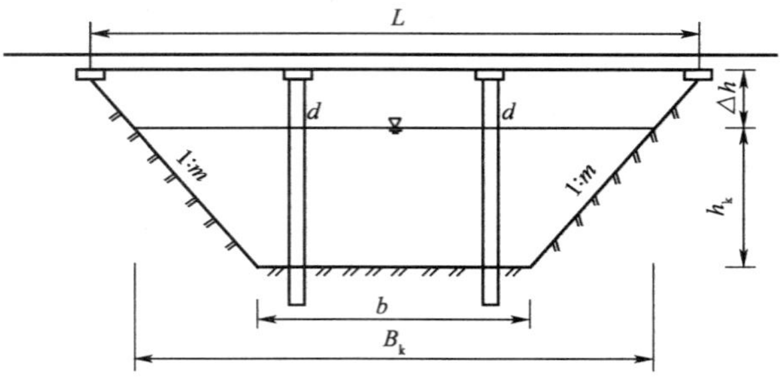

图 7-2 梯形桥孔断面(自由出流)

2. 淹没出流时桥下水流平均宽度 B_0 和孔径长度 L 的计算

(1)淹没出流时,下游天然水深 h_t 会造成桥下一定程度的回流影响。桥下天然水深 h_t 的一半处水流平均宽度 B_0(图 7-3),按下式计算:

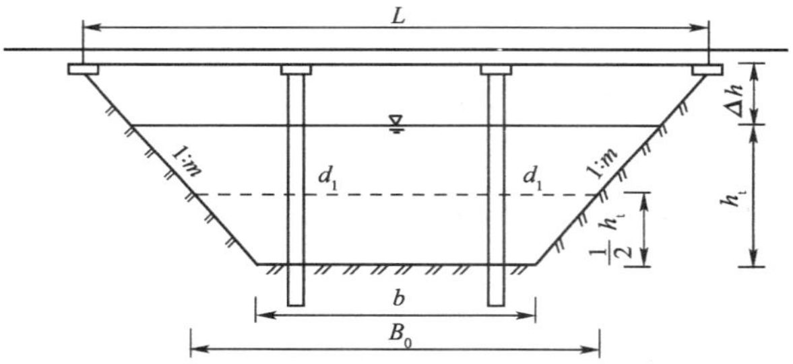

图 7-3 梯形桥孔断面(淹没出流)

$$B_0=\frac{Q_P}{\varepsilon\cdot h_t\cdot v_y}+N\cdot d_1 \tag{7-7}$$

式中:d_1——中墩沿 B_0 时的宽度(m);

其他符号意义同前。

当单孔时,以下式计算 B_0:

$$B_0=\frac{Q_P}{\varepsilon\cdot h_t\cdot v_y} \tag{7-8}$$

(2)当桥孔断面为矩形时,则小桥孔径长度 $L=B_0$。

当桥孔断面为梯形时(图 7-3),则其孔径长度为:

$$L=B_0+m\cdot h_t+2m\cdot\Delta h=B_0+m(h_t+2\Delta h)$$

$$\Delta h=H-h_t+\Delta_1 \tag{7-9}$$

3. 选用小桥标准跨径注意事项

(1)根据计算得到的孔径长度 L 选用标准跨径,尽量使两者相差小于或等于 10%,在此范围内,选用标准跨径的水力图式不变。

(2)当单跨计算孔径长度 L 与采用的标准跨径长度两者相差 >10% 时,水力计算图式可能有变化,可按下列方法予以重新判定。

首先在原定的桥前水深 H(确定方法见后),及已知临界流速或允许流速条件下,按标准跨径在横断面上布置,以 B_b 表示原来自由出流水深 h_t 时的水面宽度,或表示原来淹没出流 $h_t/2$ 时的水流宽度,此时的桥下临界流速为:

自由出流时

$$v_b = v_k \cdot \sqrt[3]{\frac{B_k}{B_b}} \tag{7-10}$$

淹没出流时

$$v_b = v_y \cdot \sqrt[3]{\frac{B_0}{B_b}} \tag{7-11}$$

对应的桥下临界水深

$$h_b = \frac{v_b^2}{g} \tag{7-12}$$

注意：当自由出流时，桥下实际水深为临界水深 h_k；淹没出流时，桥下实际水深仍为 h_t。

水力计算图式判别：

当 $h_t \leqslant 1.3h_k$ 时，桥下水流为自由出流；

当 $h_t > 1.3h_k$ 时，桥下水流为淹没出流。

二、桥前水深 H 的确定

1. 自由出流时，桥前水深 H 按下式计算

$$H = h_k + \frac{v_k^2}{2g\varphi^2} - \frac{v_0^2}{2g} = h_k + \frac{h_{kj}}{2\varphi^2} - \frac{v_0^2}{2g} \tag{7-13}$$

式中：φ——流速系数，查表6-21；

v_0——桥前水流的行近流速(m/s)。当 $v_0 \leqslant 1.0$m/s 时，式中的最后一项可略去不计。

其中 v_0 随 H 而变，须用逐步渐近法求解。其他符号意义同前。其中临界水深和临界流速，应根据确定采用的桥孔长度计算。

当桥孔断面为矩形时，且通常 v_0 值略去不计，φ 取常数1，则上式可以简化为：

$$H = h_k + \frac{v_k^2}{2g} = \frac{v_k^2}{g} + \frac{v_k^2}{2g} \approx 0.153v_k^2 \tag{7-14}$$

2. 淹没出流时，桥前水深 H 按下式计算

$$H = h_t + \frac{v_y^2}{2g\varphi^2} - \frac{v_0^2}{2g} \tag{7-15}$$

式中各项符号意义同前。

当行近流速 $v_0 \leqslant 1.0$ m/s，且 φ 取常数1时，上式可简化为：

$$H = h_t + \frac{v_y^2}{2g} \tag{7-16}$$

三、桥头路堤及桥面最低标高的确定

如(图7-4)所示，桥头路堤最低标高 = 桥前河沟底面标高 + 桥前水深 $H + \Delta$，安全值 Δ 一般可取0.5m。

如图 7-5 所示，桥面最低标高 = 桥前河沟底面标高 + 桥前水深 $H+\Delta_1+D$，D 为上部构造的建筑高度，由上部结构设计而定。

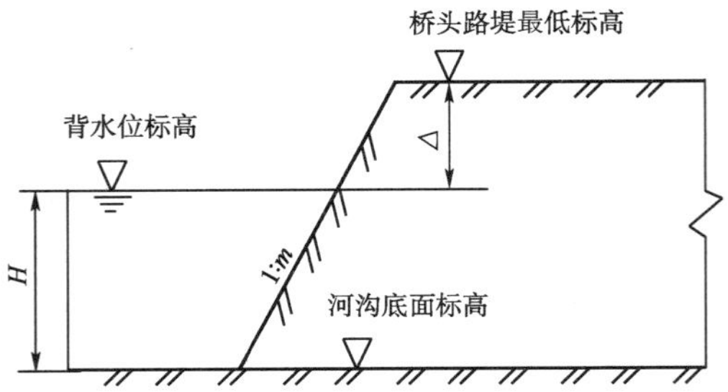

图 7-4　桥头路堤最低标高

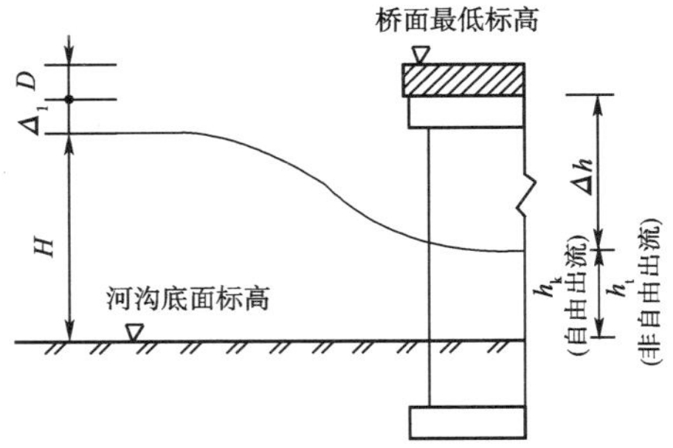

图 7-5　桥面最低标高

桥头路堤及桥面最低标高应小于等于路线桥位处相应的路堤及桥面的设计标高，否则可通过扩大小桥孔径，增加孔数，以降低桥前水深 H，达到符合路线桥位处路堤及桥面设计标高的要求。

四、算　　例

【例 7-1】　经实测得某丘陵地区一桥址河沟横断面图（图 7-6），主河沟平均纵坡 $i=15‰$，两岸平坦、有浅滩，糙率 $n=0.05$，河槽最低点标高为 100.00m，桥位中心桩路线设计标高为 102.90m，设计流量 $Q_P=22\text{m}^3/\text{s}$。河床加固采用碎石垫层，厚 20 ㎝的片石铺砌，桥台采用八字翼墙。拟修建一座钢筋混凝土板桥，试确定其孔径，桥头路堤及桥面最低标高。

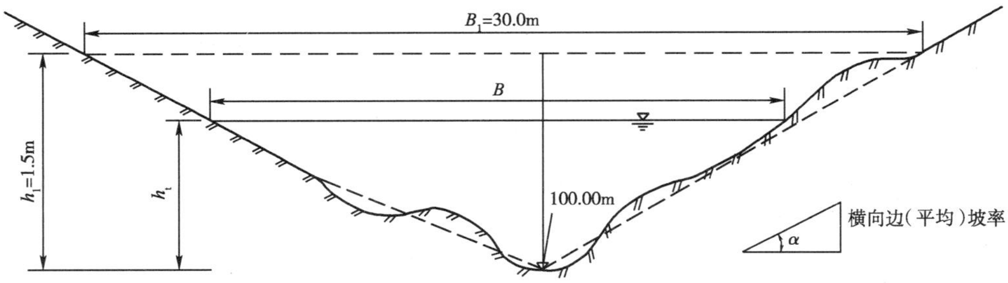

图 7-6　河沟横断面图（尺寸单位：m）

解：1. 确定天然水深 h_t、天然流速 v_t

h_t 和 v_t 可按表 7-2 的格式，以均匀流公式（谢才—满宁公式）试算得到。

假定当水深 $h=1.2\text{m}$，据此列表求得：过水面积 $A=14.4$ ㎡，湿周 $x=29.36\text{m}$，水力半径 $R=0.486\text{m}$。则：

$$v=\frac{1}{n}R^{2/3}i^{1/2}=\frac{1}{0.05}\times0.486^{2/3}\times0.015^{1/2}=1.51(\text{m/s})$$

$$Q=v\cdot A=1.51\times14.4=21.74(\text{m}^3/\text{s})$$

试算的 Q 与设计流量 Q_P 相比之差小于 10%，所以确定 $h_t=1.2\text{m}$，$v_t=1.51\text{m/s}$。

2. 确定桥下临界水深 h_k

当天然水深 $h_t=1.2\text{m}$ 时，由河沟横断面图可得对应的水面宽度 $B=24\text{m}$，则天然平均水深

$$\bar{h}=\frac{A}{B}=\frac{14.4}{24}=0.6(\text{m})$$

按铺砌加固类型，公路桥涵设计手册《涵洞》得 $v_y=3.5\text{m/s}$，取桥下临界流速 $v_k=v_y$，平均临界水深 h_{kj} 由式(7-1)计算：

$$h_{kj}=\frac{v_k^2}{g}\approx 0.102v_y^2=0.102\times 305^2=1.25(\text{m})$$

采用矩形桥孔断面 $h_k=h_{kj}=1.25\text{m}$。

3. 计算图式判别

$1.3h_k=1.3\times 1.25=1.63\text{m}>1.2\text{m}$ 桥下水流为自由出流。

4. 小桥孔径长度 L 的确定

桥孔为矩形断面，桥台为八字翼墙，查表 6-21，得 $\varepsilon=0.85$，采用单孔，$N=0$，以式(7-5)计算：

$$L=B_k=\frac{Q_P\cdot g}{\varepsilon\cdot v_k^3}=\frac{22\times 9.81}{0.85\times 3.5^3}=5.92(\text{m})$$

参照标准图选用单孔 6.00m 的钢筋混凝土板式桥，建筑高度 $D=0.28\text{m}$，与计算的 L 相差未超过 10%，故不用复核水力图式。

5. 确定桥前水深 H

查表 6-21 得 $\varphi=0.90$，先假定行近流速 $v_0=v_t=1.51\text{m/s}$，则以式(7-13)第一次试算：

$$H=h_k+\frac{v_k^2}{2g\varphi^2}-\frac{v_0^2}{2g}=h_k+\frac{h_{kj}}{2\varphi^2}-\frac{v_0^2}{2g}$$

$$=1.25+\frac{1.25}{2\times 0.9^2}-\frac{1.51^2}{2\times 9.8}=1.9(\text{m})$$

当取 $h_t=H=1.9\text{m}$ 时，由河沟横断面图计算得过水面积 $A=36.07\text{m}^2$，则：

$$v_0=\frac{Q_P}{A}=\frac{22}{36.07}=0.61(\text{m/s})$$

与假定相差太大。第二次试算时假定 $v_0=0.61\text{m/s}$

$$H=1.25+0.77-\frac{0.61^2}{2\times 9.8}=2.0(\text{m})$$

再取 $h_t=2.0\text{m}$，由横断面图可得 $A=40\text{m}^2$，则：

$$v_0=\frac{Q_P}{A}=\frac{22}{40}=0.55(\text{m/s})$$

与第二次假定的 $v_0=0.61\text{m/s}$ 比较相差不超过 10%，故可采用。

6. 路堤及桥面最低标高的确定

桥头最低标高 = 桥前河沟底面标高 + 桥前水深 $H+\Delta=100.00+2.00+0.50=102.50\text{m}$

桥面最低标高 = 桥前河沟底面标高 $+H+\Delta_1+D=100.00+2.00+0.50+0.28=102.78\text{m}$

计算得到的桥头路堤最低标高及桥面最低标高均小于路基设计标高 102.90m，说明满足设计要求。

五、图表法计算小桥孔径

生产单位将小桥孔径计算编制成图表，可供设计使用，虽然计算结果与公式计算略有出入，但比较简单，能够满足实用的精度要求。现将图表法介绍如下。

(1)根据河床土的性质或加固类型，确定允许流速 v_y；

(2)通过拟建小桥处的设计流量 Q_P，用试算法或公式法求桥下天然水深 h_t；

(3)先按自由出流计算，由 v_y 查表7-3，即可求得：孔径系数 μ、桥下临界水深 h_k 和桥前水深 H；

(4)水力图式的判别

当 $h_t \leqslant 1.3h_k$ 时，确定桥下水流为自由出流，则计算桥下水面宽度 B_k：

$$B_k = \mu \cdot Q_P + N \cdot d \tag{7-17}$$

式中：N、d——多孔时中墩的个数及各中墩沿水面的宽度(m)，单孔时 $N=0$。

当 $h_t > 1.3h_k$ 时，桥下水流则为淹没出流，应重新查表7-4进行求解。

自由出流的桥梁孔径系数 表7-3

流速(m/s)			2.00	2.25	2.50	2.75	3.00	3.25	3.50	3.75	4.00	4.25	4.50	4.75	5.00	5.25	5.50
孔径系数 μ	桥台形状	伸出锥坡以外	1.53	1.08	0.79	0.59	0.45	0.36	0.29	0.23	0.19	0.16	0.13	0.11	0.098	0.085	0.074
		八字翼墙	1.44	1.02	0.74	0.56	0.42	0.34	0.27	0.22	0.18	0.15	0.12	0.10	0.092	0.08	0.07
		锥坡填土	1.36	0.96	0.70	0.53	0.40	0.32	0.26	0.20	0.17	0.14	0.12	0.098	0.087	0.07	0.066
桥下临界水深 h_k(m)			0.41	0.52	0.64	0.77	0.92	1.08	1.25	1.44	1.63	1.84	2.07	2.30	2.55	2.82	3.09
桥前水深 H(m)	桥台形状	伸出锥坡以外	0.69	0.88	1.09	1.30	1.56	1.83	2.11	2.43	2.75	3.11	3.50	3.89	4.31	4.76	5.23
		锥坡填土或八字翼墙	0.65	0.84	1.04	1.25	1.49	1.75	2.02	2.33	2.64	2.98	3.35	3.72	4.12	4.56	5.00

淹没出流的桥梁孔径系数 表7-4

流速(m/s)			2.00	2.25	2.50	2.75	3.00	3.25	3.50	3.75	4.00	4.25	4.50	4.75	5.00	5.25	5.50
桥下天然水深 h_t	0.5	孔径系数 μ	1.17	1.05	0.94	0.85	0.78	0.72	0.67	0.63	0.59	0.55	0.52	0.50	0.47	0.45	0.43
		桥前水深(m)	0.75	0.82	0.90	0.98	1.07	1.17	1.28	1.39	1.51	1.64	1.78	1.92	2.08	2.34	2.41
	1.0	孔径系数 μ	0.59	0.53	0.47	0.43	0.39	0.36	0.34	0.32	0.30	0.28	0.26	0.25	0.24	0.23	0.21
		桥前水深(m)	1.25	1.32	1.40	1.48	1.57	1.67	1.78	1.89	2.01	2.14	2.28	2.42	2.58	2.74	2.91
	1.5	孔径系数 μ	0.39	0.35	0.31	0.28	0.26	0.24	0.23	0.21	0.20	0.19	0.17	0.16	0.16	0.15	0.14
		桥前水深(m)	1.75	1.82	1.90	1.98	2.07	2.17	2.28	2.39	2.51	2.64	2.78	2.92	3.08	3.24	3.41
	2.0	孔径系数 μ	0.29	0.26	0.24	0.21	0.2	0.18	0.17	0.16	0.15	0.14	0.13	0.13	0.12	0.11	0.11
		桥前水深(m)	2.25	2.32	2.40	2.48	2.57	2.67	2.78	2.89	3.01	3.14	3.28	3.42	3.58	3.74	3.91
	2.5	孔径系数 μ	0.23	0.21	0.19	0.17	0.16	0.15	0.13	0.12	0.12	0.11	0.10	0.10	0.09	0.09	0.09
		桥前水深(m)	2.75	2.82	2.90	2.98	3.09	3.19	3.28	3.39	3.51	3.64	3.78	3.92	4.08	4.24	4.41
	3.0	孔径系数 μ	0.19	0.17	0.16	0.14	0.13	0.12	0.11	0.11	0.10	0.09	0.09	0.08	0.08	0.08	0.07
		桥前水深(m)	3.25	3.32	3.40	3.48	3.57	3.67	3.78	3.89	4.01	4.14	4.28	4.42	4.58	4.74	4.91
	3.5	孔径系数 μ	0.16	0.15	0.13	0.12	0.11	0.10	0.10	0.08	0.08	0.08	0.07	0.07	0.07	0.06	0.06
		桥前水深(m)	3.75	3.82	3.90	3.98	4.07	4.17	4.28	4.39	4.51	4.64	4.78	4.92	5.08	5.24	5.41
	4.0	孔径系数 μ	0.14	0.13	0.12	0.11	0.10	0.09	0.08	0.08	0.07	0.07	0.07	0.06	0.06	0.06	0.05
		桥前水深(m)	4.25	4.32	4.40	4.43	4.57	4.67	4.78	4.89	5.01	5.14	5.28	5.42	5.58	5.74	5.91

注：本表桥台形状为八字翼墙，若实际桥台不是八字翼墙，则应乘以下列系数：伸出锥坡外乘以1.06；锥坡填土乘以0.94。

由表7-4，可查出桥前水深，孔径系数μ，然后计算桥下$\frac{1}{2}h_t$处水流平均宽度B_0：

$$B_0=\mu_1\cdot\mu\cdot Q_P+N\cdot d_1 \tag{7-18}$$

式中：μ_1——桥台形状系数，八字翼墙$\mu_1=1$，伸出锥坡$\mu_1=1.06$，锥坡填土$\mu_1=0.94$；

d_1——多孔时各中墩沿B_0的宽度(m)，小桥孔径长度L的确定方法同前。

(5)桥头路堤及桥面最低标高确定方法同前。

第四节　涵洞孔径计算

一、无压力式涵洞

无压力式涵洞的底坡通常采用临界坡($i=i_k$)和陡坡($i>i_k$)，当底坡为缓坡时($i<i_k$)，涵内水深较大，涵洞的净高要求也较大，所以不经济，很少采用。

1. 规定和基本计算公式

无压力式涵洞进水口处，涵内的最高流水面与涵洞顶之间要保持一个最小净空高度Δ，见表7-5。

无压力式涵洞净空高度Δ　　表7-5

涵洞进口净高 \ 净空高度Δ \ 涵洞类型	圆管涵	拱涵	矩形涵
<3	≥h/4	≥h/4	≥h/6
≥3	≥0.75m	≥0.75m	≥0.5m

从涵前水深H至进水口水深H'的降落系数取0.87，则

$$H=\frac{H'}{0.87}=\frac{h'_d-\Delta}{0.87} \tag{7-19}$$

式中：h'_d——涵洞进水口净高(m)，无升高管节时与涵内净高h_d相同。

无压力式涵洞基本公式为：

$$Q=\varepsilon\cdot\varphi\cdot A_k\cdot\sqrt{2g(H_0-h_k)} \tag{7-20}$$

$$v_k=\frac{Q}{\varepsilon\cdot A_k} \tag{7-21}$$

$$H_0=h_k+\frac{v_k^3}{2g\varphi^2} \tag{7-22}$$

$$H=H_0-\frac{v_0^2}{2g} \tag{7-23}$$

式中：Q——过涵流量，应大于或等于设计流量Q_P；

h_k——涵洞内进水口附近的临界断面水深(m)，无压力式时，涵内收缩断面水深$h_c=0.9h_k$；

v_k、A_k——分别为临界断面的流速(m/s)、过水断面面积(m²)；

v_0、H_0——分别为涵前行近流速(m/s)和包括$\frac{v_0^2}{2g}$项在内的涵前总水头(m);

φ——流速系数,矩形涵 $\varphi=0.95$;拱涵、圆管涵 $\varphi=0.85$;

ε——涵洞侧向压缩系数,$\varepsilon=1/\sqrt{\alpha}$,其中 α 为流速分布系数,对于无升高管节的拱涵 $\alpha=1.1$,则 $\varepsilon=0.96$,其他涵取 $\alpha=1$,则 $\varepsilon=1$。

钢筋混凝土盖板涵泄水能力及水力计算表　　表 7-6

型式	标准跨径 L (m)	净跨径 L_0 (m)	净高 h_d (m)	进水口净高 h_d' (m)	泄水能力 Q (m^3/s)	水深(m)				流速(m/s)		涵洞纵坡(‰)		
						涵洞水深 H	进水口水深 H'	临界水深 h_k	收缩断面水深 h_c	临界流速 v_k	收缩断面流速 v_c	临界坡度 i_k	$v_{max}=4.5m/s$ 时最大坡度 i	$v_{max}=6.0m/s$ 时最大坡度 i
进水口不升高式	1.50	1.10	0.80	0.80	1.17	0.77	0.67	0.49	0.44	2.16	2.40	7.2	56.3	
			1.00	1.00	1.63	0.96	0.83	0.62	0.55	2.39	2.66	7.6	42.5	
			1.20	1.20	2.14	1.15	1.00	0.74	0.67	2.63	2.93	8.2	34.5	
			1.40	1.40	2.70	1.34	1.17	0.80	0.78	2.85	3.17	8.9	29.0	
			1.60	1.60	3.30	1.53	1.33	0.99	0.89	3.03	3.37	9.4	25.6	
			1.80	1.80	3.94	1.72	1.50	1.11	1.00	3.22	3.58	10.1	23.1	
	2.00	1.40	1.00	1.00	2.07	0.96	0.83	0.62	0.55	2.39	2.66	6.4	38.0	
			1.20	1.20	2.72	1.15	1.00	0.74	0.67	2.63	2.93	6.9	30.2	
			1.40	1.40	3.44	1.34	1.17	0.86	0.78	2.85	3.17	7.4	24.9	
			1.60	1.60	4.20	1.53	1.33	0.99	0.89	3.03	3.37	7.7	21.6	
			1.80	1.80	5.01	1.72	1.50	1.11	1.00	3.22	3.58	8.2	19.3	
			2.00	2.00	5.87	1.92	1.67	1.23	1.11	3.41	3.79	8.7	17.6	
	2.50	1.90	1.20	1.20	3.70	1.15	1.00	0.74	0.67	2.63	2.93	5.7		62.0
			1.40	1.40	4.66	1.34	1.17	0.86	0.78	2.85	3.17	6.0		48.8
			1.60	1.60	5.70	1.53	1.33	0.99	0.80	3.03	3.37	6.2		40.8
			1.80	1.80	6.81	1.72	1.50	1.11	1.00	3.22	3.58	6.5		35.0
			2.00	2.00	7.97	1.92	1.67	1.23	1.11	3.41	3.79	6.8		31.0
			2.20	2.20	9.19	2.11	1.83	1.36	1.22	3.56	3.95	7.0		27.8
			2.40	2.40	10.47	2.30	2.00	1.48	1.33	3.72	4.14	7.3		25.4
			2.60	2.60	11.81	2.49	2.17	1.60	1.44	3.88	4.31	7.7		23.4
	3.00	2.40	1.40	1.40	5.89	1.34	1.17	0.86	0.87	2.85	3.17	5.2		44.8
			1.60	1.60	7.20	1.53	1.33	0.99	0.89	3.03	3.37	5.3		37.0
			1.80	1.80	8.59	1.72	1.50	1.11	1.00	3.22	3.58	5.5		31.3
			2.00	2.00	10.07	1.92	1.67	1.23	1.11	3.41	3.79	5.8		27.4
			2.20	2.20	11.61	2.11	1.83	1.36	1.22	3.56	3.95	5.9		24.3
			2.40	2.40	13.23	2.30	2.00	1.48	1.33	3.72	4.14	6.1		22.0
			2.60	2.60	14.92	2.49	2.17	1.60	1.44	3.88	4.31	6.4		20.1
			2.80	2.80	16.67	2.68	2.33	1.73	1.55	4.02	4.47	6.6		18.6
			3.00	3.00	18.48	2.87	2.50	1.85	1.66	4.16	4.46	6.8		17.5

2. 编表查表计算

根据上述公式进行计算,对通常采用的涵洞类型及一些有关系数,求得盖板涵及箱涵、拱箱、圆管涵等各类型涵洞的简化公式。同时编制出各类涵洞的泄水能力及水力计算表。具体可查公路桥涵手册《涵洞》中各有关表格，节选的表7-6仅供例题用。

3. 算例

【例7-2】 拟建一座无压力式钢筋混凝土盖板涵，进水口不升高。已知所需通过的设计流量 $Q_P=5.0m^3/s$，根据确定的路堤设计标高以及上游允许壅水情况，推算出涵前允许最大水深 $H_{允}=1.5m$，行进流速 v_0 引起的 $\frac{v_0^2}{2g}$ 项略去不计；采用浆砌片石涵底铺砌，$n=0.016$，允许流速 $v_y=6.0m/s$，试查表选择孔径和水力计算。

解：1. 选择涵洞孔径

从技术和经济角度，主要是在满足所需通过的设计流量的前提下，选择孔径小但满足涵前最大水深在允许范围内的涵洞。

查表7-6，假定选择标准跨径 $L=2.00m$、净高 $h_d=1.80m$，可通过的流量 $Q=5.01m^3/s$ 大于等于 Q_P，但涵前水深 $H=1.72m$，大于 $H_{允}=1.5m$，将会造成上游壅水过高淹没影响。

再选择 $L=2.50m$（内插）时，可通过流量 $Q=5.18m^3/s$，涵前水深 $H=1.44m$，小于 $H_{允}$，能满足需要。

2. 查表水力计算

继续查表7-6，内插可得进水口水深 $H'=1.25m$，临界水深 $h_k=0.93m$，收缩断面水深 $h_c=0.84m$，临界流速 $v_k=2.94m/s$，收缩断面流速 $v_c=3.27m/s$，临界坡度 $i_k=6.1‰$，当流速为 $v_{max}=6.0m/s$ 时的最大坡度 $i_{max}=44.8‰$。

3. 流速和涵底铺砌坡度控制

从查表可见涵内最大流速为收缩断面流速 $v_c=3.27m/s<v_y=6.0m/s$。

同时可见涵底铺砌坡度 i 设计时应控制的范围为：$i_k=6.1‰<i<i_{max}=44.8‰$。

二、半压力式涵洞

当路堤较高，上游较高的壅水水位不致使附近农田、房屋遭受严重影响时，可以采用半压力式涵洞。半压力式涵洞水流图式如图6-7b）所示。

1. 基本计算公式

$$Q=v_c\cdot A_c=\varphi\cdot A\sqrt{2g(H_0-h_c)} \tag{7-24}$$

$$H_0=h_c+\frac{v_c^2}{2g\varphi^2} \tag{7-25}$$

式中：h_c——收缩断面水深（m），当进水口为不升高式时，$h_c=0.6h_d$（h_d 为涵身净高），进水口为升高式时，$h_c=0.6h'_d$（h'_d 为进水口净高）；

φ——流速系数，进水口不升高式 $\varphi=0.85$，升高式（或流线型）$\varphi=0.95$；

H_0——涵前总水头（m），$H_0=H+\frac{\alpha v_0^2}{2g}$，当 $v_0\leqslant 1m/s$ 时，$\frac{\alpha v_0^2}{2g}$ 项略去不计，$H_0=H$（H 涵前水深）。

表7-7是从《涵洞》中节录的半压力式圆管涵泄水能力及水力计算表。

半压力式圆管涵泄水能力及水力计算表 表 7-7

管径 d (m)	泄水能力 Q (m^3/s)	水深(m)				流速(m/s)		涵洞纵坡 i		
		涵前总水头 H_0	临界水深 h_k	收缩断面水深 h_c	当流速 $v_{max}=6m/s$ 时出水口水深 h	临界流速 v_k	收缩断面流速 v_c	临界坡度 i_k	收缩断面水深时的坡度 i_c	当流速 $v_{max}=6m/s$ 时的最大坡度 i
0.50(农用灌溉)	0.30	0.73	0.37	0.30	0.15	1.94	2.42	8.0	14.0	179.0
	0.40	1.09	0.43	0.30	0.19	2.28	3.29	11.1	25.6	135.0
	0.60	2.02	0.49	0.30	0.26	3.09	4.94	24.2	57.5	96.1
	0.73	2.84	0.49	0.30	0.30	3.74	6.00	35.5	84.4	84.4
0.75	0.80	1.06	0.55	0.45	0.26	2.29	2.93	6.5	11.8	81.6
	1.00	1.40	0.62	0.45	0.30	2.57	3.66	8.1	18.4	68.6
	1.20	1.82	0.66	0.45	0.35	3.13	4.40	10.7	26.5	60.1
	1.40	2.31	0.77	0.45	0.40	3.55	5.13	14.3	36.0	55.6
	1.60	2.87	0.72	0.45	0.44	3.58	5.86	17.1	47.1	50.5
	1.64	2.99	0.74	0.45	0.45	3.64	6.00	20.2	49.4	49.4
1.00	1.60	1.37	0.73	0.60	0.38	2.58	3.30	5.6	10.1	50.1
	2.00	1.80	0.81	0.60	0.44	2.93	4.12	7.1	15.8	43.4
	2.40	2.32	0.87	0.60	051	3.30	4.94	9.3	22.8	38.4
	2.80	2.95	0.92	0.60	0.58	3.72	5.77	12.3	31.1	35.1
	2.92	3.14	0.93	0.60	0.60	3.86	6.00	13.4	33.8	33.8
1.25	2.80	1.71	0.91	0.75	0.51	2.89	3.69	5.2	9.5	34.1
	3.20	2.04	0.97	0.75	0.56	3.09	4.22	5.9	12.3	31.7
	3.60	2.34	1.02	0.75	0.61	3.33	4.75	6.9	15.6	29.3
	4.00	2.71	1.08	0.75	0.68	3.55	5.27	7.9	19.3	27.9
	4.40	3.12	1.11	0.75	0.73	3.81	5.80	9.3	23.3	26.1
	4.57	3.29	1.13	0.75	0.75	3.93	6.00	10.0	25.2	25.2
1.50	4.40	2.05	1.10	0.90	0.66	3.15	4.03	4.9	8.8	25.1
	4.80	2.27	1.14	0.90	0.71	3.28	4.40	5.2	10.5	23.9
	5.20	2.50	1.19	0.90	0.74	3.45	4.76	5.8	12.3	22.9
	5.60	2.76	1.22	0.90	0.80	3.64	5.13	6.4	14.3	22.0
	6.00	3.03	1.26	0.90	0.84	3.77	5.49	6.9	16.4	21.3
	6.40	3.32	1.29	0.90	0.88	3.95	5.86	7.7	18.7	20.0
	6.56	3.34	1.31	0.90	0.90	4.01	6.00	8.0	19.6	19.6

注:①表中所列泄水能力是单孔涵洞的泄水能力,双孔涵洞的泄水能力为单孔涵洞的 2 倍。

②当涵前行进流速 $v_0>1m/s$ 时,$H=H_0-\frac{v_0^2}{2g}$,v_0用试算法确定,当 $v_0\leqslant 1m/s$ 时,$\frac{v_0^2}{2g}$项略去不计,即 $H=H_0$。

2. 例题

【例 7-3】 拟建一半压力式圆管涵,进水口不升高。已知设计流量 $Q_P=2.4m^3/s$,涵前允许最大水深 $H_允=2.5m$,圆管涵的糙率 $n=0.013$,允许流速 $v_y=6.0m/s$,试查表选择圆管涵的管径,并进行水力计算。

解:

1. 选择圆管涵管径

查表7-7,可得:临界水深 $h_k=0.87$m,收缩水深 $h_c=0.6$m,当 $v_{max}=6$m/s 时出水口水深 $h=0.51$m,临界流速 $v_k=3.3$m/s,收缩断面流速 $v_c=4.94$m/s,临界坡度 $i_k=9.3‰$,当 $v_{max}=6$m/s 时的最大坡度 $i_{max}=38.4‰$。

2. 流速和涵底铺砌坡度 i 的控制

从上可见涵内最大流速为收缩断面流速 $v_c=4.94\text{m/s}<v_y=6.0\text{m/s}$,安全。

涵底铺砌坡度 i 设计时应控制的范围为:$i_k=9.3‰<i<i_{max}=38.4‰$。

三、压力式涵洞

压力式涵洞一般采用进水口升高式(或流线形)的洞口建筑,使涵顶与水流线形基本一致,即充分利用断面,达到缩小孔径的目的。

1. 基本计算公式

当涵洞坡度 i 小于摩阻坡度 i_w,计算见式(7-3),式中 Q 以 Q_P 代替,从图7-7可以看出存在如下关系:

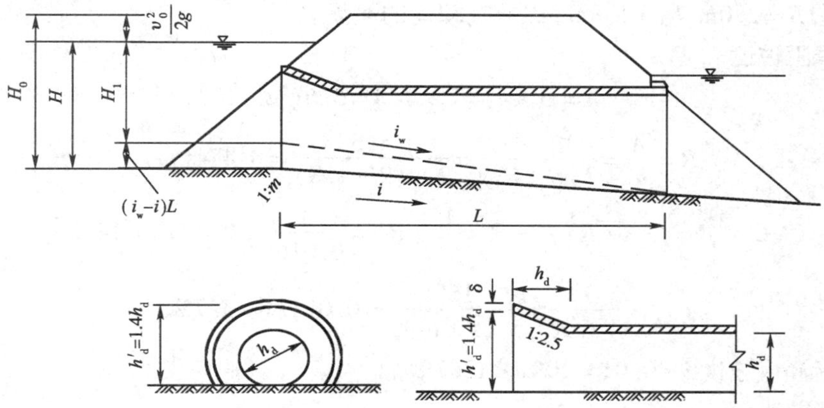

图7-7 升高管节的压力式涵洞

$$H_0=H_1+(i_w-i)\cdot L+\frac{v_0^2}{2g} \tag{7-26}$$

式中:H_0——涵前总水头(m);

H——涵前水深(m),$H=H_1+(i_w-i)\cdot L$;

H_1——从假想的摩阻坡度线起算的涵前水深(m);

L——涵洞长度(m)。

压力式涵洞的坡度不应大于按式(7-3)所算出的摩阻坡度 i_w,否则将成为半压力式涵洞。

压力式涵洞的孔径与流速、流量的关系可由以下公式确定:

$$v=\varphi\cdot\sqrt{2g[H-(i_w-i)\cdot L-h_d]} \tag{7-27}$$

$$Q=v\cdot A \tag{7-28}$$

式中:φ——考虑进水口局部水头损失影响流速系数,进口升高式 $\varphi=0.95$,不升高式 $\varphi=0.85$;

A——涵洞洞身断面的全部面积(m^2);

h_d——涵洞洞身净高(m)。

2. 算例

【例 7-4】 拟建一压力式箱涵,进水口升高式。已知设计流量 $Q_P = 16m^3/s$,考虑壅水,涵前允许最大水深 $H_{允} = 3.5m$,涵洞长度 $L = 20m$,糙率 $n = 0.016$,允许流速 $v_y = 4.5m/s$,试选择箱涵孔径,并进行水力计算。

解:1. 选择涵洞孔径

先假设箱涵 $v = v_y = 4.5m/s$,过水全部面积 $A = Q/v = 16 \div 4.5 = 3.56(m^2)$

从涵前水深 H 至进水口水深 H' 的降落系数取 0.87,则

$$H' = 0.87H = 0.87 \times 3.5 = 3.05(m)$$

初拟箱涵涵身净宽 $B = 1.5m$,净高 $h_d = A/B = 3.56 \div 1.5 = 2.37(m)$

升高式进水口净高 $h'_d = 1.4h_d = 1.4 \times 2.37 = 3.32m > H' = 3.05(m)$

说明进水口净高 h'_d 过高,不能造成压力式水流。

再拟 $B = 2.0m$,$h_d = A/B = 3.56 \div 2 = 1.78m$,采用 $h_d = 1.8m$。

$h'_d = 1.4h_d = 1.4 \times 1.8 = 2.52m < H' = 3.05m$。符合压力式水流。

所以选定一孔 $B = 2.0m$,$h_d = 1.8m$,$h'_d = 2.52m$ 的箱涵。

2. 计算摩阻坡度 i_w

$$A = B \cdot h_d = 2 \times 1.8 = 3.6(m^2)$$

$$R = \frac{A}{x} = \frac{B \cdot h_d}{2(B + h_d)} = \frac{3.6}{2 \times (2 + 1.8)} = 0.474(m)$$

$$C^2 \cdot R = (\frac{1}{n} \cdot R^{\frac{1}{6}})^2 \cdot R = \frac{1}{n^2} \cdot R^{\frac{4}{3}} = \frac{1}{0.016^2} \times 0.474^{\frac{4}{3}} = 1442$$

$$i_w = \frac{Q^2}{A^2C^2R} = \frac{16^2}{3.6^2 \times 1442} = 0.0137 = 13.7‰$$

假定实际涵底坡度 $i = 0.01 = 10‰ < 13.7‰$。

3. 确定涵前水深

$$v = Q_P/A = 16 \div 3.6 = 4.44m/s < v_y = 4.5(m/s)$$

由式(7-27)可得涵前水深

$$H = \frac{v^2}{2g\varphi^2} + (i_w - i) \cdot L + h_d$$

$$= \frac{4.44^2}{2 \times 9.81 \times 0.95^2} + (0.0137 - 0.01) \times 20 + 1.8 = 2.99 < H_{允} = 3.5(m)$$

进水口水深 $H' = 0.87H = 0.87 \times 2.99 = 2.60(m)$

$H' > h'_d = 2.52m$,即符合压力式水流。

四、倒虹吸管涵洞

倒虹吸涵洞有竖井式及斜管式两种,如图 7-8。公路上一般多用竖井式倒虹吸管,构造如图 7-9。涵身断面形状一般有方形及圆形两种,方形常用于钢筋混凝土方涵或浆砌条石盖板

涵,圆形常用于钢筋混凝土管或混凝土管涵。钢筋混凝土方涵及管涵适用于较高水头及较大水压情况,混凝土、浆砌条石盖板涵仅适用于3m以下水头高度的情况。

倒虹吸管涵洞孔径计算的基本公式如下:

断面为圆形时

$$d = \sqrt{\frac{Q_P}{3.48\mu \cdot \sqrt{Z}}} \tag{7-29}$$

断面为方形时 $$b = \sqrt{\frac{Q_P}{4.43\mu \cdot \sqrt{Z}}} \tag{7-30}$$

式中:Q_P——设计流量(m^3/s);

d——倒虹吸管的净管径(m);

b——方形断面的净孔径(m);

Z——上下游水面的水位差(m);

μ——水头损失综合系数,包括沿程摩擦损失、进出口和转弯的局部损失,$\mu = \frac{1}{\sqrt{\sum_{i=1}^{n}\xi_i}}$,

ξ_i 为各项阻力系数,具体确定见《涵洞》手册有关章节。

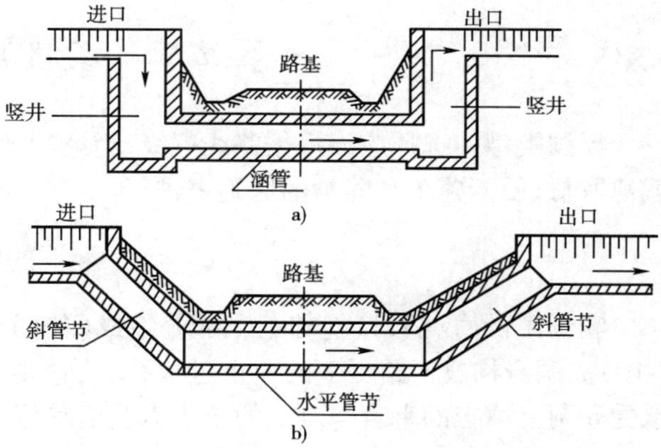

图 7-8 倒虹吸管类型

a)竖井式 ;b)斜管式

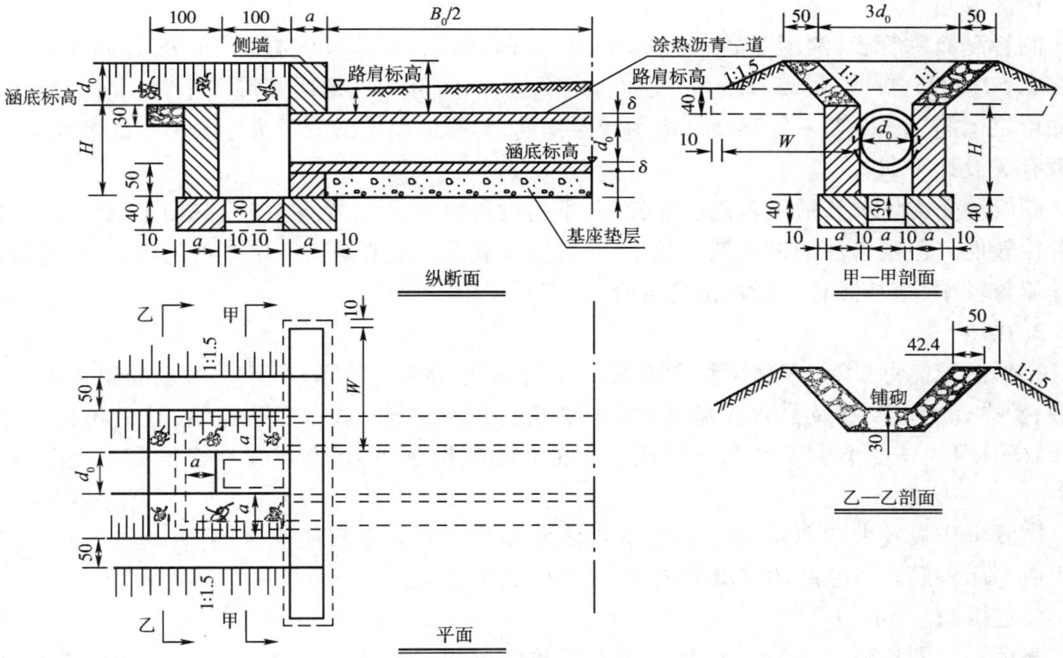

图 7-9 倒虹吸管构造(尺寸单位:cm)

第五节　涵洞类型的选择

涵洞类型的选择应该根据路线等级，当地的地形、水文、材料和施工条件，按照因地制宜、就地取材、便于施工和养护的原则来进行。

一、涵洞的组成

涵洞由洞身、洞口、基础三个部分组成（如图7-10）。洞身构成了路堤下的一个过水孔道，它要承受涵洞上填土的垂直与侧向的土压力及活载压力。基础把涵洞所受的荷载均匀的分布和传递到土基上，并使地基免受水流的直接冲刷。洞口用以连接洞身与上下游水道，使水流能顺畅地通过洞身，并保证洞口周围的路基边坡免遭冲刷。涵底坡一般为 $i=0.4\%\sim6.0\%$，其中应有 $i_{min}\geq0.4\%$，以利排水。

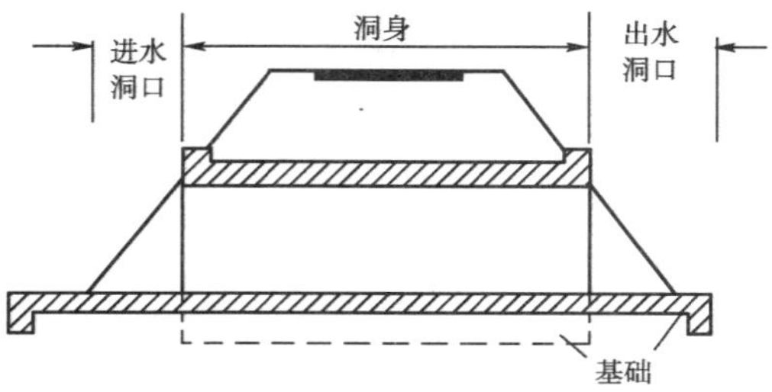

图7-10　涵洞构造简图

二、涵洞的分类与选择

根据涵洞的构造型式不同，涵洞可分为：圆管涵、拱涵、盖板涵和箱涵。

1. 圆管涵

圆管涵简称管涵，常用混凝土制成，如图7-11a）所示，管节长度有0.5m及1.0m两种，管径有0.50、0.75、1.00、1.25、1.50m五种。当管径 $d<0.5$m 时，常用素混凝土管，$d=0.5$m 时，应加单层钢筋；$d=0.75\sim1.5$m 时，应用双层钢筋，其管壁厚度随管径大小及填土高度而异，可参考有关设计手册。

圆管涵受力情况和适应基础性能较好，不需设置墩台，圬工数量较小，又便于场地预制，所以造价较低。但圆管涵的过水能力较小，而且要求涵顶以上必须有一定高度的填土，因此仅在设计流量较小、路基又有一定填土高度时，被广泛采用。

2. 拱涵

拱形涵洞简称拱涵，多采用浆砌石或干砌石制成，如图7-11b）所示。拱涵的组成部分有拱圈、护拱、涵台、铺砌及排水设施等，其中拱圈为承重结构，多为等圆弧拱，其矢跨比常用：1/2、1/3、1/4。一般不小于1/4，矢跨比小于1/6的叫坦圆拱，坦圆拱仅在建筑高度受限时采用。

拱涵可作成较大的孔径，能通过较大的洪水流量。石料丰富的地区，容易就地取材，可以少用或不用钢筋。拱涵的超载潜力较大，现被广泛采用。

3. 盖板涵

盖板涵如图7-11d）、e）所示，其上方有承重的盖板。当跨径在2m以下，常用石盖板，厚15～40cm，视填土高度及跨径而定；当跨径大于2m时，常用钢筋混凝土盖板，厚度为8～30cm，随填土高度确定。盖板涵的基础厚度一般为60cm，铺砌厚度一般为30cm。

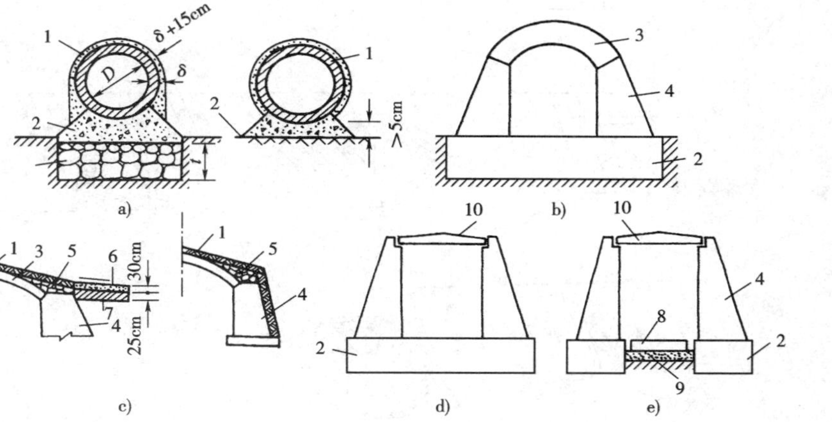

图 7-11　涵洞构造

a）圆管涵；b）拱涵；c）石拱涵排水设施；d）整体式基础盖板涵；e）分离式基础盖板涵

1-胶泥层；2-管座；3-拱圈；4-涵台台身；5-护拱；6-碎石盲沟；7-夯实粘土层；8-流水板；9-反滤层；10-盖板

盖板涵对洞顶填土高度的要求较低，甚至可以不填土，所以盖板涵可以在低路堤上设置。

箱涵与盖板涵同属矩形断面的涵洞，箱涵为钢筋混凝土封闭式刚架。箱涵适用于软土地基，但施工困难，造价较高，一般不常采用。

此外，路线通过平原区，填土高度不能满足设置涵洞的要求时，或在浅路堑处，可以考虑采用倒虹吸管，如图 7-12 所示。

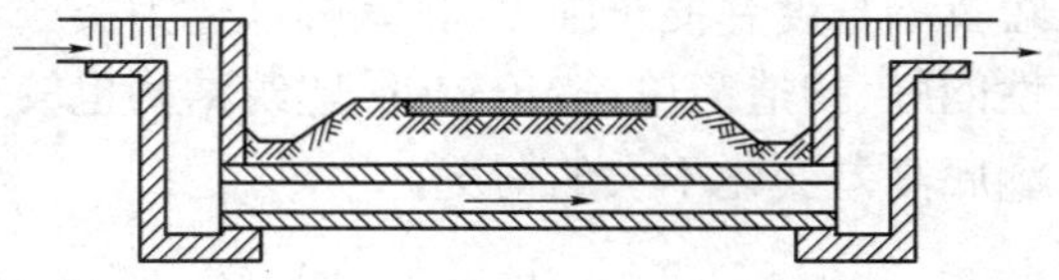

图 7-12　倒虹吸管涵

为了便于施工，一段路线上的涵洞不宜采取过多的类型，以便于集中预制，节省模板，保证质量。为了便于养护，当涵洞长度为 15 ~ 30cm 时，其孔径（或净高）不宜小于 1.0m；长度大于 30m 时，则不宜小于 1.25m。除为农田灌溉专设的涵管以外，一般涵管的管径不得小于0.75m。

一般新建涵洞，较多采用无压力式涵洞。在不受涵前蓄水限制时，才允许采用压力式或半压力式涵洞，并须保证涵身不漏水，进水口、基底及路基不被冲毁。

●第六节　小桥涵洞进出口布置形式●

小桥涵进出口的形式多样、构造多变、十分灵活。如何根据涵洞类型、河沟水流特点、地形及路基断面形式因地制宜地选择好洞口形式，作好进出口处理对于确保桥涵及路基的稳定、水流畅通有着重要作用。

小桥涵进出水口布置类型有：八字式、端墙式、锥坡式、直墙式、扭坡式、平头式、走廊式及流线形等（图 7-13），其中常用的有八字式、端墙式、锥坡式、走廊式和平头式。

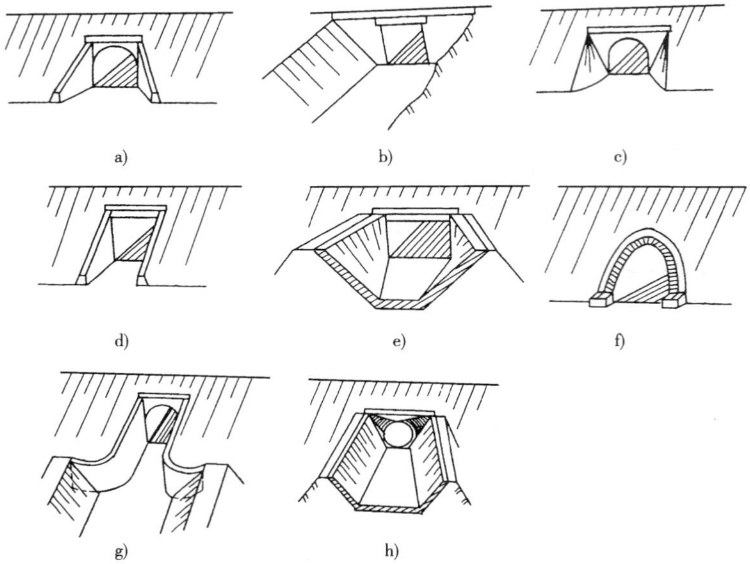

图 7-13　进出水口各种类型

a）八字式；b）端墙式；c）锥坡式；d）直墙式；e）扭坡式；f）平头式；g）走廊式；h）流线形式

一、八　字　式

如图 7-13a）所示，两边敞开斜置的八字形翼墙的墙身高度是随路堤的边坡而变的。为缩短翼墙长度并便于施工，将其端部建为矮墙。八字翼墙配合路基边坡设置，工作量较小、水力性能好、构造简单、造价较低、建筑结构也较美观，常用于河沟平坦顺直、无明显河槽，且沟底与涵底高差变化不大的情况。

二、端　墙　式

如图 7-13b）所示，端墙式（又称一字墙式）的主要结构为平行路线轴线、部分挡住路堤边坡的矮墙。墙身高度由桥涵前壅水高度而定，若兼做路基挡土墙时，应按挡土墙需要的高度确定。端墙式构造简单，但水力性能不好，适用于流速较小的人工渠道或不易受冲刷影响的岩石河沟上。

三、锥　坡　式

如图 7-13c）所示，锥坡式结构是在端墙式的基础上，将侧向伸出的锥形填土表面予以铺砌，视水流被桥涵的侧向挤束程度和水流流速的大小，可采用浆砌或干砌，这种型式多用于宽浅河流及桥涵对水流压缩较大的河沟。锥坡式圬工体积较大，不如八字式经济，但对于较大较高的小桥涵，因这种结构形式的稳定性较好，是常用的进出水口形式。

四、直　墙　式

如图 7-13d）所示，直墙式可视为敞开角为零的八字式进出水口。这种型式要求小桥涵跨径与沟宽基本一致且无需集纳与扩散水流,适用于边坡规则的人工渠道,以及窄而深、河床纵断面变化不大的天然河沟。这种型式因翼墙短,较为经济。在山区进水口前、迎陡坡设置的急流槽后,配合消力池也常采用直墙式翼墙与之衔接。

五、扭　坡　式

如图7-13e)所示,扭坡式进水口主要用于盖板桥涵、箱涵,拱桥涵身与人工灌溉渠的连接。其设置目的是将原灌溉渠梯形断面的边坡逐渐过渡为桥涵身迎水面的坡度(迎水面常做成重直的),这样可使水流顺畅,但施工工艺稍复杂。

六、平　头　式

如图7-13f)所示,平头式(又称领圈式)常用于混凝土圆管涵。因为需要制作特殊的洞口管节,所以模板耗用较多。平头式适用于水流通过涵洞挤束不大和流速较小的情况。流速较大时,应对路堤边坡迎水面铺砌加固。

七、走　廊　式

如图7-13g)所示,走廊式进水口是由两道平行的翼墙在前端展开成八字形或圆曲线形构成的。这种涵洞进水口建筑,使涵前的壅水水位在洞口部分提前收缩降落,因此,可以降低无压力涵洞的计算高度,有效地提高了涵洞中的计算水深,从而提高了涵洞的宣泄能力。

八、流　线　型

如图7-13h)所示,流线型洞口建筑,主要是指将涵洞进水口端节在立面上升高形成流线型,有时平面上也做成流线型,使沿涵长方向的涵洞净空符合水流进洞收缩的实际情况,有效地提高涵洞的宣泄能力。这种型式适用于需通过流速、流量较大的水流,路幅较宽,涵身较长时,能充分发挥涵洞孔径的宣泄能力,水力性能较好,但施工工艺复杂,材料用量较多。

各种洞口型式的选择,应按涵洞所在的河沟及洞口附近的地形情况而定。另外,涵洞水毁大部分是由于进出口处理不当所致,并且出水口引起的问题较进水口多,因此必须做好涵洞进出口沟床的加固处理与防护,以保证涵洞的安全与行车畅通。

本 章 小 结

本章主要介绍了小桥涵在设计中的一般要求和原则,以及小桥涵在水文计算方面的程序和方法,计算时所依据的水流图式。重点学习了小桥涵的孔径计算,根据不同的水流图式,选择不同的计算公式,分别计算小桥和涵洞的孔径,以及桥头路基的标高,并通过例题熟悉和掌握各种型式的小桥涵的计算程序。涵洞按照其构造型式分为盖板涵、圆管涵、拱涵和箱涵,每一种类型的涵洞都有其构造上的特点和适用条件,在工程中要按其实际需要选择不同类型的涵洞。小桥涵进出口的形式多样、构造多变、十分灵活。根据涵洞类型、河沟水流特点、地形及路基断面形式因地制宜地选择好洞口型式,确保桥涵及路基的稳定、水流畅通。

复习思考题

1. 小桥涵孔径计算的目的是什么?
2. 确定小桥孔径有哪些计算步骤?
3. 小桥与涵洞分别有哪些水力图式?
4. 涵洞按照构造型式分为哪几类?
5. 小桥涵的进出水口有哪些类型,各自的适用性如何?

第三篇

常见的地质灾害与公路工程地质勘测

第八章 常见的地质灾害

教学要求

1. 分析各种不良地质现象的成因和发生条件；
2. 分析各种不良地质现象对公路工程建设的影响；
3. 分析处理各种不良地质现象对公路工程建设危害的措施；
4. 进行一般工程地质问题的初步评价。

特殊地质及不良地质地区（地段）是多种多样的，常见的有崩塌、岩堆、滑坡、泥石流、岩溶、地震、风沙、雪害、沼泽等，不同地区可根据需要进行选择学习。

● 第一节　崩塌与岩堆 ●

一、崩　　塌

1. 崩塌的一般概念及对公路工程的危害

在陡峻的斜坡上，巨大岩块在重力作用下突然而猛烈地向下倾倒、翻滚、崩落的现象，称为崩塌。规模巨大的山坡崩塌称为山崩。悬崖陡坡上个别较大岩块的崩落称为落石。

崩塌是山区公路常见的一种病害现象。它来势迅猛，常可摧毁路基和桥梁，堵塞隧道洞门，击毁行车，对公路交通造成直接危害。有时因崩塌堆积物堵塞河道，引起壅水或产生局部冲刷，导致路基水毁。

2. 形成崩塌的基本条件

崩塌虽发生比较突然，但有它一定的形成条件和发展过程。崩塌形成的基本条件，归纳起来，主要的有以下几方面：

1）地形条件

（1）斜坡高、陡是形成崩塌的必要条件。规模较大的崩塌，一般多产生在高度大于30m，坡度介于55°~75°之间的陡峻斜坡上。

（2）斜坡的外部形状，对崩塌的形成也有一定的影响。一般在上缓下陡的凸坡和凹凸不平的陡坡上易于发生崩塌。

2）岩性条件

崩塌一般发生在较坚硬性脆岩石岩层（如厚层石灰岩、花岗岩、砂岩、石英岩、玄武岩等）中。此外，由软硬互层（如砂页岩互层、石灰岩与泥灰岩互层、石英岩与千枚岩互层等）构成的

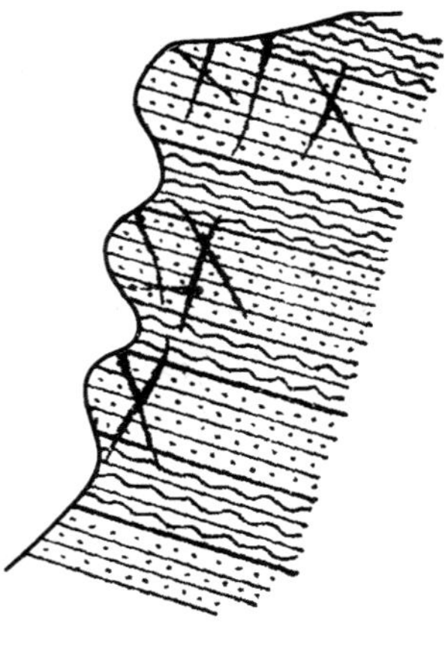
图 8-1　软硬岩互层形成的坡面

陡峻斜坡，由于差异风化，斜坡外形凹凸不平，因而也容易产生崩塌（图 8-1）。

3）地质构造条件

地质构造条件是影响斜坡稳定的主要因素之一。地质构造形成各种结构面。而结构面的种类、发育程度、性质、空间组合与崩塌的产生又有着密切的关系，只有当结构面的力学强度低，且组合有利于岩块脱离并且有滑动的临空面时，崩塌才会产生。裂隙是产生崩塌的主要结构面，崩塌往往是岩体受裂隙切割或裂隙与其他结构面组合而产生分离体的崩落（图 8-2）。例如：岩层倾向与斜坡坡向相同且岩层倾角大于 45°而小于坡角时，容易形成崩塌。

图 8-2　楔形体崩塌示意图
1-裂隙；2-楔形槽；3-崩塌堆积体

4）其他因素

水的破坏作用、地震、爆破、人工开挖斜坡、列车的振动等常使胁迫的不稳定因素增加，造成崩塌。

了解崩塌产生的原因，掌握其运动规律，整治措施应在崩塌之前，能收到事半功倍的效果。这样做，对施工安全，降低造价，提高线路质量效果均较好。

3. 崩塌的防治

由于崩塌发生得突然而猛烈，治理比较困难而且复杂，特别是大型崩塌，所以一般多采取以防为主的原则。

（1）清除坡面危岩。

（2）加固坡面岩体，如坡面喷浆、抹面、砌石铺盖等以防治软弱岩层进一步风化；灌浆、勾缝、镶嵌、锚栓以恢复和增强岩体的完整性。

（3）危岩支顶，如用石砌或用混凝土作支垛、护壁、支柱、支墩、支墙等以增加斜坡的稳定性。

（4）拦截防御，如修筑拦石堤、拦石墙、拦石峰等。

（5）调整水流，如修筑截水沟、堵塞裂隙、封底加固附近的灌溉引水、排水沟渠等，防止水流大量渗入岩体而恶化斜坡的稳定性。

二、岩　　堆

1. 岩堆的基本概述

由碎落、崩塌和落石在山坡的低凹处或坡脚形成的疏松堆积体，称为岩堆。多见于地质构造作用强烈，气候比较干旱，风化严重的山区和高山峡谷地区。特别在页岩、千枚岩、板岩、片岩等岩性软弱易风化的岩层分布地区，以及在破碎的花岗岩、石灰岩等组成的山坡和坡脚地带，常有岩堆分布。岩堆有时互相连接，成片分布，长达几公里至几十公里。岩堆的平面形态是多种多样的，主要决定于局部地形条件。岩堆床纵剖面形态一般呈 3 种典型形状，如图8-3所示，它主要由岩堆基底、傍依区和搬运区组成。发育在峡谷地区的岩堆，上为陡壁，下为急流，其本身又处于极限平衡状态，具有一定的活动性，常给选线和路基设计造成很大困难，其影响程度，决定于岩堆的工程地质特征。

2. 岩堆的工程地质特征

1）位置及形状

岩堆多位于高陡崩塌斜坡坡脚处。从平衡看，上窄、下宽，如三角形或梯形。

2）表面坡度

岩堆表面坡度与组成岩堆物质的天然休止角接近。休止角是松散物质在自然状态下保持稳定的极限坡角。它的大小与组成物质的形状、大小、岩石种类等有关，见表8-1。

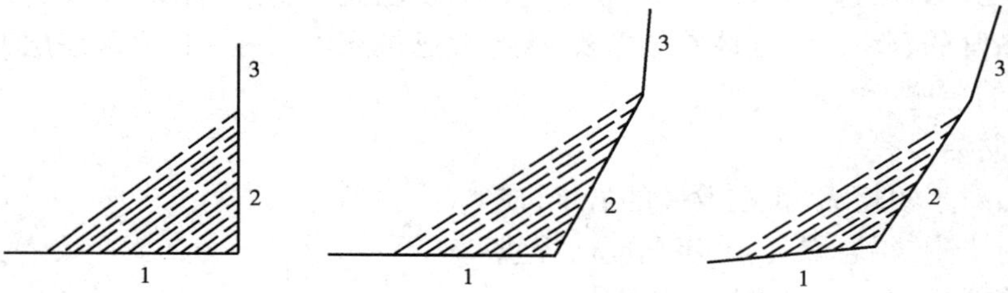

图8-3　岩堆床纵剖面组成图

1-岩堆基底；2-傍依区；3-搬运区

不同岩石组成的岩堆天然作业均参考值　　表8-1

岩石组成	岩堆天然休止角花岗岩
花岗岩	37°
砂岩	32°～33°
钙质砂岩	34°～35°
页岩	38°
砂页岩	35°
石灰岩	32°～36.5°
片麻岩	34°
云母片岩	30°

3）结构、构造

岩堆内部结构疏松，多为大小块石、碎石天然杂乱叠置而成，细粒泥沙较少，充填千块碎石空隙中，一般没有胶结或稍有胶结。岩堆内都稍具层理，层理面与表面坡度大致平行。

4）岩堆底部坡度

岩堆底部为原坡脚地面，上陡下缓。由于岩堆与下伏原地面之间连接薄弱，在外力及水的作用下，岩堆易沿底面滑动。

综上所述，可以看出岩堆的稳定性差，当公路通过岩堆体时，容易发生路基变形的边坡坍塌等病害，这是岩堆分布地区路线勘测、设计和施工中须要认真对待的问题。

3. 岩堆按稳定程度分类

岩堆按稳定程度可分为以下3种：

1）正在发展的岩堆

山坡基岩裸露，坡面参差不齐，有新崩塌痕迹，常有落石和碎落。岩堆表面呈直线形，坡角近于其天然休止角。坡面无草木生长或仅有很稀少的杂草，堆积的石块大部分颜色新鲜。内部结构松散，岩块间无胶结现象，孔隙度大。表层松散零乱，人行其上有石块滑落。

2)趋于稳定的岩堆

岩堆上方的基岩大部分已稳定，具有平顺的轮廓，仅有个别的落石和碎落。岩堆坡面近于凹形，大部分已生长杂草和灌木。岩堆的石块大部分颜色陈旧，仅个别地点有颜色新鲜的石块零星分布。岩堆内部结构密实或中等密实，但表层还是松散的，由于草木生长已不致散落，岩堆坡面上部的坡度常稍陡于其天然休止角 0°。

3)稳定的岩堆

岩堆上方的基岩已稳定，坡度平缓，不稳定的岩块已完全剥落，岩堆的坡面呈凹形，已长满草木，无颜色新鲜的石块。岩堆体胶结密实，大孔隙已被充填。有些地方因表层失去植被覆盖而有水流冲刷的痕迹。

4. 岩堆的防治

以防为主，对于规模大、正在发展的岩堆，应以绕避为宜；对于中、小岩堆、已趋停止或已停止发展的岩堆，路线通过岩堆时可采取以下措施：

(1)排除地表水及地下水；

(2)线路位置选择：以路堑通过时，路堑位置应选在岩堆顶部；以路堤通过时，路堤位置应选在岩堆下部(图 8-4)；

(3)在岩堆上的线路，应尽量少填少挖。填方底部原地面应作成台阶形以防填土路基滑动。在线路上、下均应设置挡墙，挡墙基础均需穿透岩堆深入下部稳定基岩中。

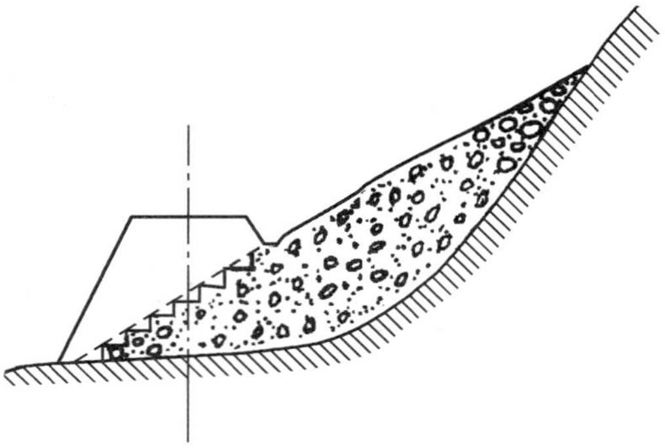

图 8-4　路堤在岩堆下部通过

第二节　滑　坡

1. 滑坡的一般概念及对公路工程的危害

滑坡是斜坡上大量土体和岩体在重力作用下，沿一定的滑动面(或带)整体向下滑动的一种地质现象。

滑坡是山区公路的主要病害之一。由于山坡或路基边坡发生滑坡，常使交通中断，影响公路的正常运输。大规模的滑坡，可以堵塞河道，摧毁公路，破坏厂矿，掩埋村庄，对山区建设和交通设施危害很大。西南地区(云、贵、川、藏)是我国滑坡分布的主要地区，不仅滑坡的规模大，类型多，而且分布广泛，发生频繁，危害严重。在云南省几乎每条公路上都有不同规模的滑坡发生。

为了防治滑坡，必须了解滑坡的形态特征、形成机理、类型，学会识别滑坡的存在。

2. 滑坡的基本要素和形态特征

一个发育完全的典型滑坡，一般具有下面一些基本的组成部分(图 8-5)。

1)滑坡体

斜坡沿滑动面向下滑动的土体或岩体称为滑坡体。其内部一般仍保持着未滑动前的层位

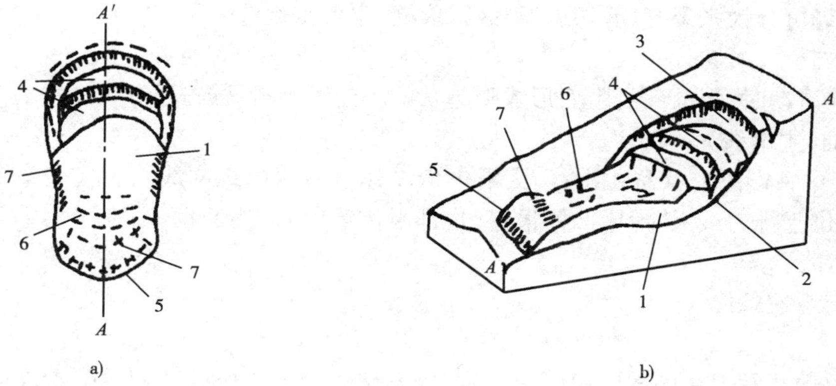

图 8-5 滑坡形态要素图示

a）平面图；b）块状图

1-滑坡体；2-滑坡面和滑坡床；3-滑坡后臂；4-滑坡台阶；5-滑坡舌；6-滑坡鼓丘；7-滑坡裂隙；AA'-滑坡轴

和结构，但产生许多新的裂缝，个别部位还可能遭受较强烈的扰动。滑坡体的规模大小不一，大者达几亿立方米到十几亿立方米。

2）滑动面、滑动带和滑坡床

滑坡体沿其向下滑动的面称为滑动面。滑动面以上，被揉皱了的厚数厘米至数米的结构动带，称为滑动带。有些滑坡的滑动面（带）可能不只一个。在最后滑动面以下稳定的土体或岩体称为滑坡床。滑动面（滑动带）是表征滑坡内部结构的主要标志，它的位置、数量、形状和滑动面土石的物理力学性质，对滑坡的推力计算和工程治理有重要意义。

在一般情况下，滑动面（带）的土石挤压破碎，扰动严重，富水软弱，颜色异常，常含有夹杂物质。当滑动面（带）为粘性土时，在滑动剪切作用下，常产生光滑的镜面，有时还可见到与滑动方向一致的滑坡擦痕。在勘探中，常可根据这些特征，确定滑动面的位置。滑动面的形状，因地质条件而异。一般说来，发生在均质土中的滑坡，滑动面多呈圆弧形；沿岩层层面或构造裂隙发育的滑坡，滑动面多呈直线形或折线形。

3）滑坡壁

滑动面的上缘，即滑动体与斜坡断开下滑后形成的陡壁，称为滑坡壁。它在平面上多呈圈椅状，其高度自几厘米至几十米，陡度一般为60°～80°。

4）滑坡周界

滑坡体与周围未滑动的稳定斜坡在平面上的分界线，称为滑坡周界。滑坡周界圈定了滑坡的范围。

5）滑坡台阶

有几个滑动面或经过多次滑动的滑坡，由于各段滑坡体的运动速度不同。而在滑坡体上出现的阶梯状的错台，称为滑坡台阶。

6）滑坡舌

滑坡体的前缘，形如舌状伸出的部分，称为滑坡舌。

7）滑坡裂缝

滑坡体的不同部分，在滑动过程中，因受力性质不同，所形成的不同特征的裂缝。按受力性质、滑坡裂缝可分为张裂缝、剪切裂缝、鼓张裂缝、扇形张裂缝 4 种。

8）滑坡鼓丘

滑体向前滑动时，因前部受阻而形成隆起状的小丘秒为滑坡鼓丘。

9）滑坡轴（主滑线）

即图 8-5 中 AA' 轴线，又称主滑线，为滑体滑动速度最快的纵向线。它代表整个滑坡滑动的方向，一般位于推力最大、滑床凹槽最深（也即滑体最厚）的纵断面上；在平面上可以是直线或曲线。

3. 滑坡产生的条件

1）岩性

滑坡现象主要发生在松散堆积层中，基岩滑坡相对较少。松散堆积层的滑坡主要和粘土有关，特别是和蒙脱石、伊利石和高岭石等粘土矿物的关系更为密切，尤以蒙脱石的影响最大。滑动面主要发生在粘土夹层中。对于基岩滑坡来说，主要与千枚岩、页岩、泥灰岩、云母片岩、绿泥石片岩、滑石片岩、碳酸质页岩等遇水容易软化的岩石有关。

2）构造

滑坡与构造的关系主要有两个方面：一是与软弱结构面的关系，不论是松散堆积层还是基岩，滑动面常常发生在顺坡的层面、节理面、不整合接触面、断层面（带）及劈理页理面上；二是与上部透水层和下部不透水层的构成特征有关。

3）地貌

滑坡与地貌的关系主要是通过临空面、坡度和坡地基部受冲刷来体现的。河流及沟谷水流对地表的切割，首先为滑坡创造了临空面。凡是河流冲刷坡地基部的地方，也是最容易发生滑坡的地方。

4）水

水是滑坡产生的重要条件。绝大多数滑坡都是沿饱含地下水的岩体软弱面产生的。当水渗入岩土层的孔隙、裂隙中，或形成含水层时，它能降低岩（土）的粘聚力值，甚至发生软化、膨胀、崩解，削弱抗剪强度，使抗滑阻力减小；同时水充填于岩土孔隙，使之容重增大，从而加大了岩土的下滑力 T。此外，在含水层中，潜水面的变化产生动水压力和静水压力，改变了斜坡的稳定性，大大降低了摩阻系数，也加大了岩土体的下滑力。这些都能导致滑坡的发生。大气降水是地下水的主要来源，阵发性的大量增加地下水量会引起滑坡的产生。据统计，90% 以上的滑坡与降雨有关，故有“大雨大滑、小雨小滑、无雨不滑”之说。

5）气候

气候主要通过降雨和温度对滑坡产生影响，其中尤以降雨影响最为显著。降雨不仅增加滑坡体的重量，而且雨水还起到润滑的作用。另外，滑坡还和冻融作用有关，在融冻季节较常出现滑坡。

6）地震

地震可通过松动斜坡岩土体结构、造成破裂面和引起弱面错位等多种方式，降低斜坡的稳定性。反复作用所造成之后果的累积则可导致斜坡的失稳。另外，地震作用力突然施加还会对斜坡的破坏产生触发效应。

7）人为因素

人工切坡使边坡过陡、用大爆破方法施工、斜坡上工程建筑的荷载作用(地基基础荷重、选料或堆渣等)、人工集水建筑物的漏水、护坡无排水管或排水设计不当等人为因素都是促使滑坡发生的可能原因。

可将上述影响斜坡稳定性的诸多因素分为两类:一类是可使斜坡稳定性产生可逆变化的因素,如降雨或潜水面的上升、周期性的自然或人为的震动,当此类作用停止后,原来的平衡条件就会恢复;另一类是引起斜坡稳定性发生不可逆变化的因素,例如岸坡水流的冲刷作用、地下水的潜蚀作用、人工挖方以及在斜坡上兴建工程建筑或结构物等,这些因素的特点是,其作用停止后,原来的平衡条件不会恢复,因此这些因素的不断作用,最终将导致斜坡的失稳。所以,为了保证斜坡的稳定性,就要使斜坡在第一类因素的作用下不失稳,并设法使第二类因素的作用不产生或不发展。

应该指出的是,由于影响斜坡稳定性因素的多样性和复杂性,对于一个具体的滑坡,应具体分析哪些因素是主要的、起决定作用的,哪些是次要的,以便采取相应的防治措施。

4. 滑坡的分类

为了对滑坡进行深入研究和采取有效的防治措施,需要对滑坡进行分类。但由于自然地质条件的复杂性,且分类的目的、原则和指标也不尽相同,因此,对滑坡的分类至今尚无统一的认识。结合我国的区域地质特点和道路工程实践,交通部部颁标准(JTJ 064—98)《公路工程地质勘查规范》分类如下:

1)按滑坡体的主要物质组成分类

按滑坡体的主要物质组成可以把滑坡分为以下4个类型:

(1)粘性土滑坡。发生在各种成因的均质和非均质粘性土中的滑坡,常见于风化剥蚀残丘和低缓丘陵的堆积斜坡中,多成群出现。滑体常沿下伏基岩顶面或土体中的软弱夹层滑动,也有沿剪切面滑动的。滑面(带)土一般是软塑状,与水作用有关。滑面坡度平缓,当沿剪切面滑动时,滑面一般是圆弧形。

(2)黄土滑坡。发生在各时期和各种成因黄土中的滑坡,一般发育在阶地前缘的斜坡上,常成群出现。滑体多沿透水性质不同土层的接触面、裂隙面或土体中的剪切面滑动,也有沿下伏古剥蚀面滑动的。这种滑坡变形急剧,滑动迅速,常具崩塌性质。当滑体沿不同性质的地质分界面滑动时,滑面与地质界面的产状大体一致,有明显含水层,受水作用显著;当沿裂隙或剪切面滑动时,滑面常呈上陡下缓的圆弧形。

(3)碎(砾)石土滑坡。发生在第四纪砾石土、碎石土、碎块石土等各种成因的堆积物中的滑坡,广泛分布于山区斜坡的低洼处,滑坡规模较大,滑动速度较慢。滑体多沿下伏基岩顶面或堆积物内部不同时期的堆积面滑动,也有沿下伏基岩不同风化程度的风化面滑动的。当滑体沿基岩顶面滑动时,滑带土常由基岩表面的风化残积物构成,地下水多,滑面呈凹弧形;当滑体沿堆积物内部的堆积面滑动时,滑带土多由夹层或堆积面较塑土构成,滑面多与夹层或堆积面的产状大体一致,地下水不多;当滑体沿下伏风化面滑动时,滑床多为较完整的基岩,滑带土常为风化带内的粘性土富集层,地下水较多。

(4)岩石滑坡。发生在各种成因的层状或非层状岩体中的滑坡,在地质构造复杂的褶皱带与断裂带中均有分布。滑体多沿岩体中的原生结构面(如岩层层面、片理面、同生夹层等)、构造结构面(如构造裂隙面、层间错动面、断层面等)和次生结构面(如卸荷裂隙面、次生夹层等)滑动,在岩性松软或破碎严重的岩体中,也有沿剪切面滑动的。这种滑坡滑带薄、滑面明显、富水,常与层面、夹层及裂隙填充物的泥化有关,滑面形状与结构面的产状及其组合关系有关,常呈直线形或折线形。

2)按滑坡体规模分类(表8-2)

按滑坡体规模分类见表 表8-2

滑坡类型	滑坡体积(或滑面埋深、滑坡面积)	简 要 说 明
小型滑坡	滑坡体积一般小于10 000m^3(或滑面最大埋深约5m,滑坡分布面积小于2 500m^2)	路线通过时,可根据滑动原因,采取调治地表水与地下水、清方、支挡等工程措施进行处理,并注意防止其进一步发展
中型滑坡	滑坡体积约为10 000 ~ 100 000 m^3(或滑面最大埋深的5 ~ 20m;滑坡分布面积约2 500m ~ 8 000m^2)	路线通过时,需慎重考虑滑坡的稳定性,注意调整路线平面位置,选择较有利部位通过,并采取相应的综合工程处理措施
大型滑坡滑	坡体积大于100 000m^3(或滑面最大埋深大于20m;滑坡分布面积大于8 000m^2)	路线应首先考虑绕避方案。如绕避困难或路线增长过多时,应结合滑坡稳定程度、道路等级和处理难易程度,从经济与施工条件等方面做出绕避整治两个方案进行比较。采取整治方案时,则应作全面规划,分清主次缓隐,分期进行综合治理

5. 滑坡的野外识别

在路线勘测工作中,经常造见滑坡现象。但如何识别滑坡,并判断滑坡的稳定性,是合理布设路线、拟定防治方案的一个基本前提。

在野外识别滑坡是比较困难的,但一般滑坡在发生之前,常有一些先兆现象。如地下水位发生显著变化,干涸的泉水重新出水变浑浊,坡脚附近湿地增多。范围扩大,或者井水水位明显上升,斜坡上部不断下陷。外围出现弧形裂缝,其上树木逐渐倾斜,建筑物开裂变形,斜坡前缘土石零星掉落,坡脚附近的土石被挤紧、并出现大量鼓涨裂缝等。

斜坡滑动之后会出现一系列的变异现象。为我们提供了在野外识别滑坡的标志。其中主要有:

1)"醉林"及"马刀树"

斜坡上的土体向下滑动时,在地表面的树木,带出现"醉林"(图8-6)及"马刀树"(图8-7)。

2)在地形上出现双沟同源现象

图8-6 "醉林"

图8-7 "马刀树"

斜坡上的土体在滑动时，常使斜坡不顺直、不圆滑而造成圈椅状地形和槽谷地形，其上部有陡壁及弧形拉张裂缝；中部坑洼起伏，有一级或多级台阶，其高程与外围河流阶地不同，两侧可见羽毛状剪切裂缝；下部都有鼓丘，呈舌状向外突出，表面多鼓张扇形裂缝；两侧常形成沟谷，出现双沟同源现象，如图 8-8 所示；有时内部多积水洼地，喜水植物茂盛。

3）地层构造标志

发生滑坡地区内，地层整体性常因滑动而破坏，有扰乱松动不连续，出现缺失某一地层或重叠地层层序，层位标高有升降等特殊变化，岩层产状有明显的变化，构造不连续等，都是滑坡存在的标志。

4）水文地质标志

滑坡在滑动时，常使滑坡地段含水层的原有状况被破坏，使滑坡体成为单独含水体，水文地质条件变得特别复杂，无一定规律可循。如潜水位不规则、无一定流向，斜坡下都有成排泉水溢出等。这些现象均可作为识别滑坡的标志。

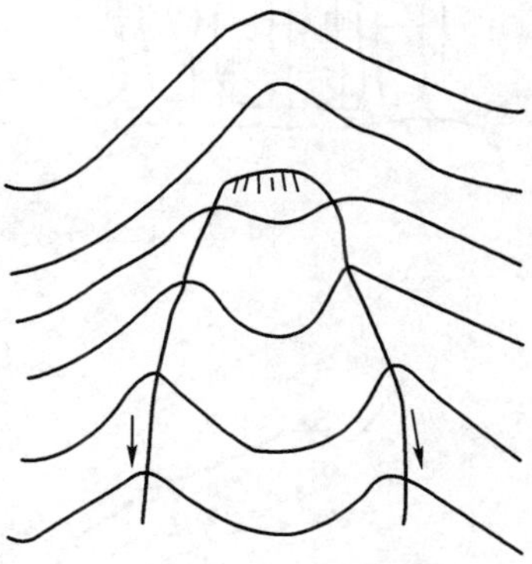

图 8-8 双沟同源现象

上述各种变异现象是滑坡运动的产物，它们之间有不可分割的内在联系。因此，在调查实践中必须综合考查几个方面的标志，互相验证、分析才能准确无误。

6. 滑坡的防治措施

1）防治原则

防治原则应以防为主，及时治理，并根据工程的重要性制订具体整治方案。

（1）大型滑坡地段：由于滑坡范围大，需要工程量很大，技术复杂、时间较长。所以路线以绕避为最佳方案。在已建成的路线上发生的大型滑坡，如改线绕避会废弃很多工程，应综合各方面的情况，做出绕避或整治的比绞方案。对大型复杂的滑坡，常采用多项工程综合治理，应做出整治规划，工程安排要有主次缓急，随时修正整治措施。

（2）中、小型滑坡地段：一般情况路线可以不绕避，但应注意调整路线平面位置，以求得工程量小，施工方便，经济合理的施工方案。

（3）路线通过滑坡地段：首先必须对滑坡地段进行详细的工程地质勘测，查明滑坡形成的条件及原因、滑坡的性质、稳定程度及其对公路工程的危害性，从而制定出全面系统的防治措施。但要一次根治不留后患。

（4）因地制宜、适合当地情况。

2）防治措施

综合国内外的经验，滑坡整治的措施，通常采用排、挡、减、固等。

（1）排是排除地表水和疏干地下水，增强抗滑力。在滑体上方和两侧设置截水沟，在滑体上布置树枝状排水沟，使地表水不能进入或渗入滑体内。对于滑体内部的地下水，通常用盲沟、盲洞来疏导、引流，如图 8-9 所示。目前有采用打“水平钻孔群”引流的新技术。

（2）挡是修建支挡建筑物，改善滑坡体的力学平衡条件，提高滑体的抗滑阻力。这类工程措施主要是在滑体的下部修筑支挡建筑物，如抗滑挡土墙（图 8-10）、抗滑片石垛、抗滑桩等等措施。靠近河岸地段的滑坡，为了防止河水对滑体下方的冲刷、掏蚀，通常修筑防护堤，“格

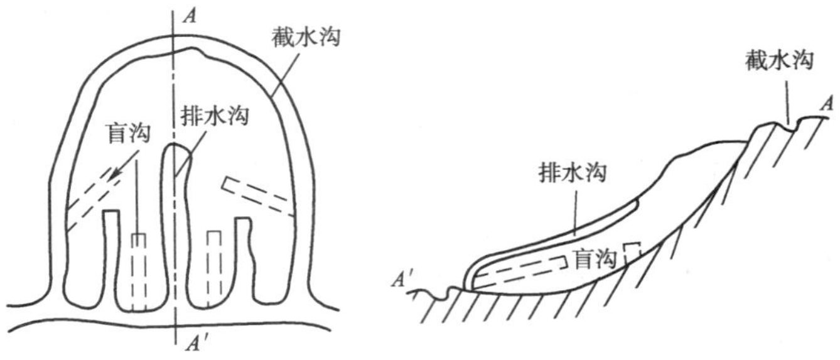

图 8-9　排除滑坡地表水和地下水示意图

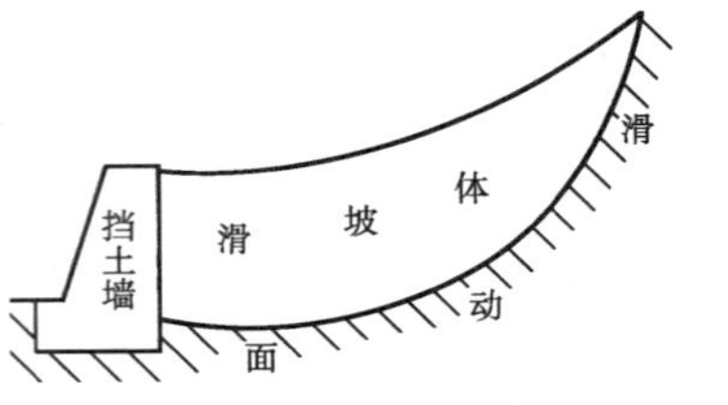

图 8-10　抗滑挡土墙

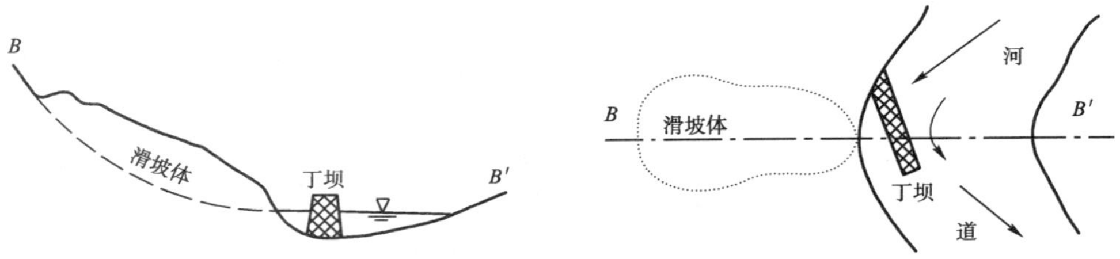

图 8-11　河岸防护堤示意图

栅坝”或“丁坝”(图 8-11)。

(3)减是在滑坡体上方“滑动部分”刷方减重,减小下滑力。对于圆弧面滑床上的滑体,应根据其力学平衡的原理,如图 8-12 所示。在其“滑动部分”的上部刷方减重,可减小“滑动力矩”的数值,就可加大稳定系数。如果将刷方转到“滑动部分”,则起到填方加压的作用,更能促使滑坡体趋于稳定。

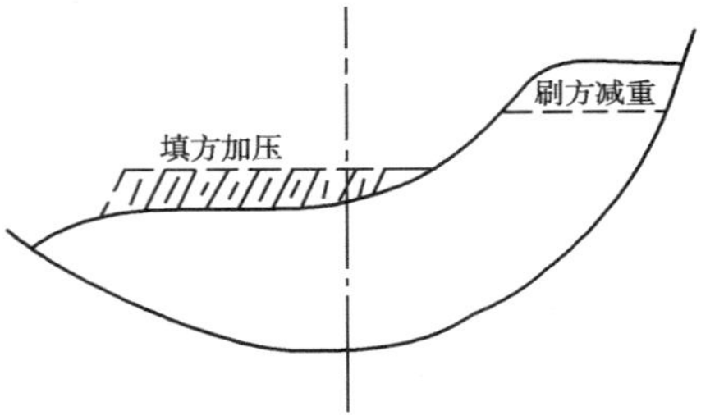

图 8-12　改善滑坡力学平衡示意图

(4)固是使滑体固定或胶结在滑床上,以增大抗滑阻力。对于较大的滑坡体,目前国内外大量应用钢筋混凝土浇灌而成的锚固桩;对于单斜构造的岩层滑坡可采用锚杆锚固;还可采用焙烧(>800℃)滑面土体使之胶结,裂隙土和大孔隙土可用水泥烧灌或用沥青胶结。

●第三节　泥　石　流●

1. 泥石流的一般概念及其危害

泥石流是在地质不良、地形陡峻的山区,由于暴雨或积雪骤然融化,形成一种携带有大量泥砂石的间歇性的特殊洪流。由于泥石流含有大量的固体物质、突然爆发,持续时间短,侵蚀、搬运和沉积过程异常迅速,比一般洪水具有更大的能量,能在短时间内冲出数万至数百万立方米的固体物质,将数十至数百吨的巨石冲出山外。

泥石流是水、泥、石的混合物,其密度可达 1.8t/m^3,对公路工程的危害性很大。它能堵塞、淤埋、冲毁道路和桥涵;摧毁村庄、淹没农田和森林,甚至堵塞河流,给人民生产生活带来严

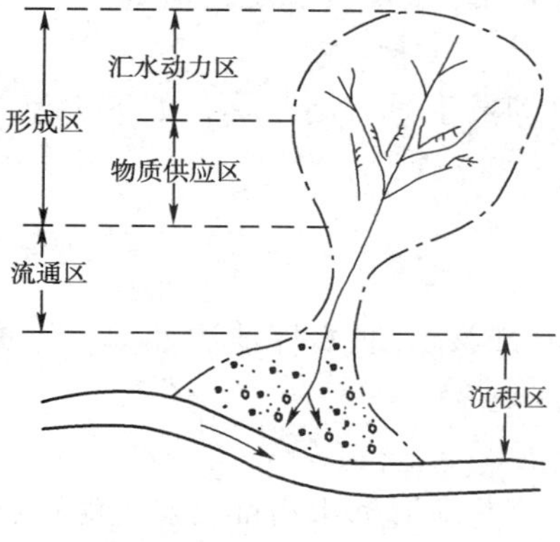

图 8-13 典型泥石流示意图

重的危害。

2. 泥石流的特征

典型的泥石流流域分为形成区、流通区和堆积区如图 8-13 所示。

1）形成区

位于流域上游或中游，包括汇水动力区和固体物质共给区。汇水动力区多为高山环抱的山间盆地，山坡陡峻，沟床下切，纵坡较陡，有较大的汇水面积。固体物质供给区是为泥石流储备与提供大量泥沙石块松散物质的地段，这里山体裸露，风化严重，植被稀少，水土流失严重，崩塌、滑坡发育。

2）流通区

一般位于泥石流的中下游地段，在地形上常为狭窄而幽深的峡谷，谷壁陡峻，沟谷狭窄，纵坡大，多为陡坎或跌水。泥石流在重力及水动力作用下，沿着沟谷前阻后拥，穿峡而出。

3）堆积区

多在沟谷的出口处，地形开阔、纵坡平缓，泥石流至此多漫流扩散，流速减低固体物质大量堆积，形成规模不同的堆积物，在外形上多为扇形或锥状成为洪积扇。

3. 泥石流的形成条件

泥石流的形成和发展，与流域的地质、地形和水文气象条件有密切的关系，同时也受人类活动影响。它的发生和发展受多种因素的控制与影响。

1）地质条件

地质条件是形成泥石流的基本条件之一，泥石流发育的地方，都是岩性软弱，岩石风化强烈，地质构造复杂。褶皱、断裂发育新构造运动强烈，地震频繁，几种构造单元衔接的地区。因为地质构造复杂，几种构造单元相接触的地带往往形成断裂，节理发育。岩性破碎、疏松，易形成崩塌、滑坡等各种不良地质现象普遍发育，为泥石流的发生发展准备了丰富的固体物质。

2）地形条件

泥石流流域的地形特征，是山高谷深、地形陡峻、沟床纵坡大、并有面积较大汇水区。完整的泥石流流域，多为三面环山，一面出口为扇形或漏斗状围谷。这种地形有利于承受和接纳周围山坡上由于重力作用或水动力作用带来的松散固体物质，也有利于汇集坡面径流（暴雨和冰雪融化的水流）。

3）水文气象条件

水既是泥石流的组成部分之一，也是泥石流活动的基本动力和触发条件。泥石流的发生与短时间内的大量流水密切相关；没有大量的流水，泥石流就不可能形成。降雨、冰川、积雪，特别是强大暴雨，还有高山、湖泊、水库的突然溃决等也能形成泥石流。

高低气温反复骤变，以及长时间的高温干燥，均有利岩石的风化破碎。再加上水对山坡岩土的软化，潜蚀、侵蚀和冲刷，破碎物质得以迅速增加，而有利于泥石流的产生。

4）人类活动的影响

良好的植被，可以减弱剥蚀过程，延缓径流汇集，防止冲刷，保护坡面。但是，由于人类在山区不合理的经济活动(如砍伐森林、开垦陡坡、筑路和采矿等)使山体稳定性遭到破坏,不良地质作用发育,为泥石流的发生创造了条件。

综上所述,泥石流的形成因素是错综复杂的。泥石流的发生只有同时具备如下3个基本条件才能形成:

(1)流域内有丰富的固体物质补给泥石流;

(2)有陡峻的地形和较大的沟床纵坡;

(3)在流域中、上游,有强大的暴雨或冰川积雪强烈消融及湖泊、水库溃决而提供了充沛水源。

4. 泥石流发育规律

泥石流的发育具有区域性和间歇性(同期性)的特点,不是所有的山川都会发生泥石流。

(1)水文气象、地形、地质条件的分布有区域性的规律,所以泥石流的发育也具有区域性的特点。如我国的泥石流多分布于大断裂发育、地震活动强烈和高山积雪、有冰川分布的山区。

(2)水文气象具有周期性变化的特点,同时泥石流流域内大量松散固体物质的再积累,也不是在短时期内所能完成的,因此泥石流的发育也具有一定的间歇性。

5. 泥石流的分类

《公路工程地质勘查规范》(JTJ 064—98)分类方法:

1)按固体物质成分分类

(1)泥流　泥石流中粉粘粒约占80%～90%,其中粘粒约占15%～20%,粉粒约占60%～70%,砂砾碎石约占10%～20%;

(2)水石流　泥石流中粉粘粒总含量一般小于10%,其余为砂砾、碎石、块石,平均粒径约在20～100mm;

(3)泥石流　泥石流中粉粘粒约占10%～30%,其中粘粒约占2%～15%,砂砾碎石约占40%～50%,碎石、块石、漂砾约占30%～40%,平均粒径约在10～20mm。

2)按流体性质分类

(1)稀性泥石流　由稀性浆体与砂砾石块组成。

(2)粘性泥石流　由粘性浆体与砂砾组成。比稀性泥石流破坏力大,大冲、大淤,以淤积危害为主。

6. 泥石流的防治措施

整治泥石流一般应根据泥石流的形成条件,发育阶段,流域的特点、流态特征、规模大小与工程位置关系而采用不同的措施。具体整治措施不外"一保"、"二截"、"三排"。

1)水土保持

水土保持是稳固山坡土体,减少固体物质补给来源。大致可分为植物措施及工程措施两方面。植物措施就是植树造林、种植草皮、封山育林加固土壤、抵抗风化和减缓地表径流,工程措施就是在山坡上做截水沟或分洪沟,减少水流迅速集中下泻,封固风化坡面,填砌冲沟,用支挡锚固、排水等有效方法防止坍方、滑坡地段。水土保持虽然是根治泥石流的一种方法,但需要有一定的自然条件,收效时间也较长,一般应与其他措施配合进行。

2)拦截措施

拦截泥石流的作阳是使泥石流的流速减低,使固体物沉积下来,以免冲毁建筑物。一般多在中游流通区设置一级或多级拦挡工程,如拦沙坝、拦石坝及溢流坝等,将泥石流的碎屑物质的一部或全部拦截在流通区以上,并减低泥石流的流速,使泥石流携带的物质停积下来。改变沟谷纵坡,防止沟床下切和沟壁坍塌。拦挡工程一般要求坚固、基础要牢固、不被泥石流冲毁,否则突然毁坝将会造成比未拦挡前凶猛多倍的泥石流,危害将更加严重。

3)排泄措施

当线路通过泥石流地段时、常采用桥渡、导流坝、丁坝及急流槽、渡槽等建筑物。使泥石流顺利通过,不使泥石流中途停顿而造成淤积,危害建筑物安全。必须要按治理对象的具体情况,因地制宜地正确使用。对于危害较大的泥石流,一般使用综合的多种措施治理。这是防止泥石流发生和发展的积极性措施。是整治泥石流的有效办法。

第四节 岩 溶

1. 岩溶的一般概念及研究的意义

岩溶,原称喀斯特。是可溶岩地区一系列特殊的地貌过程和水文现象。

凡是以地下水为主、地表水为辅,以化学过程(溶解和沉淀)为主、机械过程(流水侵蚀和沉积、重力崩塌和堆积)为辅的对可溶性岩石的破坏和改造作用都叫岩溶作用。这种作用所造成的地表形态和地下形态叫岩溶地貌。岩溶作用及其所产生的水文现象和地貌现象统称岩溶。

岩溶在我国分布非常广泛。广西的桂林山水、云南的路南石林,皆闻名于世。这种奇异的景观都发育在碳酸盐岩地区。全国石灰岩分布面积约 1 300 000 km^2。

由于岩溶地区有着独特的水文特征和地貌特征,因此在岩溶地区进行各种经济建设和生产活动都会遇到非岩溶地区所没有的问题。在岩溶地区,由于存在大量的地下空洞,进行水库修建时要注意防止渗漏问题,在开凿隧道和建设矿井时要注意涌水排水问题,在建筑公路、铁路、桥梁和厂房时要注意地基的塌陷问题。

2. 岩溶作用的基本条件

在岩溶地区,水与岩石是构成岩溶作用的一对矛盾。就岩石而言,首先必须是可溶的,否则水就不可能进行溶蚀,岩溶作用也就无从发生;其次,岩石必须是透水的,当岩石具有透水性时,地表水才能渗入地下并转化为地下水,这样地下水才能起主导作用,形成作为岩溶标志的地下洞穴。就水而言,首先水必须具有溶蚀力,如果水没有溶蚀力,岩溶作用就很难进行;其次,水必须是流动的,因为停滞的水很快就会变成饱和溶液,因而失去溶蚀力,岩溶作用就会停止。因此,岩石的可溶性、透水性,水的溶蚀力、流动性,就成为岩溶作用的基本条件。

1)岩石的可溶性

岩石的可溶性主要取决于岩石的成分和结构。岩石成分指岩石的矿物成分和化学成分;岩石结构指组成岩石的颗粒大小、形状和排列,以及岩石的胶结物的性质(胶结物质、胶结方式和胶结程度)等。

从岩石成分来看,可溶性岩石基本上分为 3 类:碳酸盐类岩石(石灰岩、白云岩、硅质灰岩和泥灰岩);硫酸盐类岩石(石膏、芒硝);卤盐类岩石(石盐和钾盐)。就溶解度而言,卤盐 > 硫

酸盐 > 碳酸盐。但是，由盐类岩石和硫酸盐类岩石分布不广，岩体较小，而碳酸盐类岩石分布很广，岩体一般都很大。所以发育在碳酸盐类岩石中的岩溶较之卤盐类和硫酸盐类岩石中的岩溶要普遍得多。

碳酸盐类岩石的矿物成分主要是方解石 $CaCO_3$或白云石（Ca，Mg）CO_3，其次是 SiO_2、Fe_2O_3、Al_2O_3，以及粘土物质。石灰岩的成分以方解石为主，白云岩的成分以白云石为主，硅质灰岩是含有燧石结核或条带的石灰岩，泥灰岩则为粘土物质与 $CaCO_3$的混合物。一般说来，石灰岩比白云岩易溶蚀，白云岩比硅质灰岩易溶蚀，硅质灰岩又比泥灰岩易溶蚀。

碳酸盐岩结构对岩溶发育的影响，主要是原生孔隙性的影响。一般说来，盆地或大陆架深水区沉积生成的碳酸盐岩孔隙小而少，不利于岩溶发育，而过渡性沉积区生成的碳酸盐岩多孔隙，有利于岩溶发育。

2）岩石的透水性

岩石的透水性取决于岩石的裂隙度和孔隙度，对可溶岩的透水性来说，前者较后者更为重要。褶皱和断裂使岩石透水性加强，对岩溶发育具有一定的控制作用。岩层在褶皱的弯曲过程中，往往产生裂隙，尤其在褶皱轴部裂隙更加密集和开扩，使透水性更加增强，有利于碳酸盐岩的溶蚀和岩溶发育。背斜顶部有张裂隙，宽度较大，分布深，岩溶以漏斗和竖井等垂直形态为主；相对低洼的向斜轴部、下部也有张裂隙，且易积水，多发育地下河，由于洞顶坍塌，又产生漏斗和落水洞，所以向斜轴部垂直和水平通道都易发育。因此，在褶皱区，地表岩溶具有沿褶皱走向呈条带状分布的特点。

富水优势断裂常为较大的地表水和地下水汇集的地方，往往发育成管状水道或地下河，也是地面塌陷集中分布的地带。

3）水的溶蚀性

纯水的溶蚀力是微弱的，只有当水中含有 CO_2时，才有较强的溶蚀作用，将 $CaCO_3$溶解，把不能溶解的残余物质留下，或呈悬浮状态带走。

在含 CO_2的水中，CO_2与 H_2O 化合成碳酸，碳酸又离解为 H^+ 与 HCO^- 离子。水中 CO_2含量越高，H^+ 也越高，而 H^+ 是很活跃的离子。当含多量 H^+ 的水对石灰岩作用时，H^+ 就会与 $CaCO_3$中的 CO_3^{2-} 结合成 HCO_3^-，分离出 Ca^{2+}，而使 $CaCO_3$溶解于水。上述化学反应是可逆的，正反应的速度取决于 CO_2的浓度，逆反应的速度取决于 Ca^{2+}的浓度。

4）水的流动性

降水沿着碳酸盐岩的裂隙和孔隙向下渗透，在达到潜水面以前，已被 $CaCO_3$所饱和，丧失了融蚀力。但如果为 $CaCO_3$所饱和的水溶液一直处于流动状态，由于水量、水温、气压等条件的变化，或形成混合溶液，那么它就有可能随时变饱和溶液为不饱和溶液，重新获得溶蚀力，或者变饱和溶液为过饱和溶液，发生沉淀作用。

3. 岩溶地貌

1）石芽与溶沟

地表水流沿着坡面上的节理裂隙流动，溶蚀和冲蚀出许多凹槽和坑洼，凹槽为溶沟，沟间的突起为石芽（见图 8-14）。

图 8-14　石芽

石芽有裸露的，也有埋藏的。从山坡的上部到下部，石芽常呈有规律的分布；全裸露石芽—半裸露石芽—埋藏石芽（图 8-15）。

石林是一种非常高大的石芽。

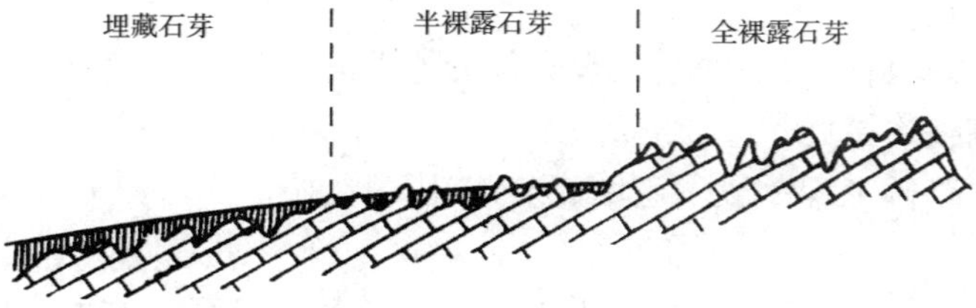

图 8-15 斜坡上的石芽

2）漏斗

漏斗是呈碗碟状或倒锥状的洼地。直径一般数米至数十米，深数米至数十米，底部常有管道通往地下，因此它起着集水和消水的作用。如果下部管道被溶蚀残余物堵塞，则可积水成池。

3）落水洞

落水洞又名天坑或竖井，是地表水流入地下的进口。其大小不一，形态各异。竖井和漏斗的形成主要是溶蚀作用与塌陷作用，而落水洞的形成则除溶蚀作用外还有机械侵蚀作用，特别是当大量地面水通过落水洞转为地下河的情况下，侵蚀作用非常强烈。

4）溶蚀洼地

溶蚀洼地是一种盆状洼地，周围被石灰岩山丘包围，底部常附生着漏斗（图 8-16）。溶蚀洼地也可由许多漏斗逐渐融合而成。在广西一带，溶蚀洼地的直径可达 500 m，最大可达 1 ~2 km。洼地底部有厚约 2 ~3m 的红土覆盖，上面常有耕地分布。

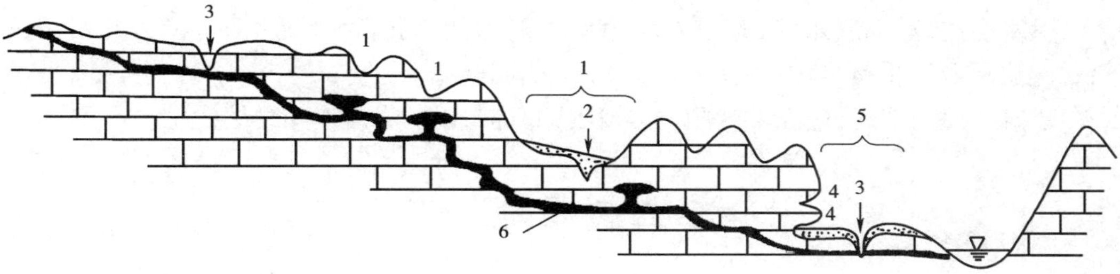

图 8-16 溶蚀洼地、漏斗和竖井在山地中的分布

1-溶蚀洼地；2-漏斗；3-竖井；4-溶洞；5-阶地；6-地下河

5）坡立谷

坡立谷是指宽广而平坦的岩溶谷地，大都沿断裂带或构造带溶蚀发育而成。其宽度可从数百米到数千米，长度数千米至数十千米。底部平坦，覆盖着溶蚀的黄色、棕色或红色粘土，有的地方还覆盖着河流冲积层。

6）溶洞

溶洞是地下水沿可溶性岩体的各种构造面（层面、节理面或断裂面），特别是沿着各种构造面互相交叉的地方，逐渐溶蚀和侵蚀而开拓出来的地下洞室。当地下孔洞较小时，地下水运动缓慢，主要的作用是溶蚀。随着孔洞的不断扩大，地下水的运动随之加快，除溶蚀作用外，还产生机械侵蚀作用,使地下通道迅速扩大。

7)地下河(暗河)

在岩溶地区,具有自由水面的地下水流称为地下河。

4. 岩溶区路基整治措施

在岩溶地区的路桥工程一般采用堵、疏、跨、固等措施。

1)堵塞

对一般干涸无水的地下岩溶,可用堵塞法。例如对路基底部不太大的溶洞,用片岩填塞,洞口用浆砌块石或混凝土封闭。对挡土墙基部的空洞,用混凝土灌注;若洞内有松散充填物时,则应先清除后浇灌。

2)疏导

对经常有水或季节性有水的岩溶空洞,一般宜疏不宜堵。路基底部若有周期性冒水的孔洞,应增设排洪渠或涵洞。

3)跨越

路基底部遇有暗河,其顶板薄且破碎,则宜炸开顶板,以桥涵跨越。

4)清基加固

对桥涵基础下的岩溶化岩体,应将上部多溶孔、洞穴的岩体揭开,清除充填物,使桥涵直接修建在完整的基岩上;或在洞穴内填以片石,灌注混凝土,再加钢筋混凝土盖板,桥基建于盖板上。洞穴较深者,可用粘土、混凝土灌浆压注。若路基基底溶洞顶板薄时,可采用爆破清除的方法处理。

隧道工程中的岩溶处理较为复杂。隧道内常有岩溶水的活动,若水量很小,可在衬砌背后压浆以阻塞渗透;对成股水流,宜设置管道引入隧道侧沟排除;水量大时,可另开横洞(泄水洞);长隧道可利用平行导坑(在进水一侧),以截除涌水。

在建筑物使用期间,应经常观测岩溶发展的方向,以防岩溶作用继续发生。

第五节 地 震

一、地震概述

地下深处的岩层,由于某种原因突然破裂、塌陷以及火山爆发等而产生震动,并以弹性波的形式传递到地表,这种现象称为地震。地震是一种地质现象,是地壳构造运动的一种表现。

我国是一个多地震的国家。全球每年发生地震约 500 万次,其中能感觉到的有 5 万多次,能造成破坏性的 5 级以上的地震约 1000 次,而 7 级以上有可能造成巨大灾害的地震约十几次。本世纪以来,我国已经历了 4 次地震活动期,第四个活动期大体是 1966 ~ 1976 年。在这 10 年间,我国大陆共发生 14 次 7 级以上的大地震,造成 27 万人死亡和数百亿元的经济损失。根据多数专家的研究判定,20 世纪 90 年代到本世纪初可能是我国大陆地区地震活动的第五个高潮期,其间可能发生多次 7 级,个别甚至更大的地震,强震的主体活动地区将在我国西部,东部地区中强地震活动也将相对活跃。

二、地震的成因类型

地震一般可分为人工地震和天然地震两大类。由人类活动(如开山、开矿、爆破等)引起的叫人工地震,除此之外便统称为天然地震。天然地震按成因主要分为以下几种类型:

1. 构造地震

因为地壳运动引起地壳构造的突然变化,地壳岩层错动破裂而发生的地壳震动,也就是人们平常所说的地震。由于地球不停地运动变化,从而内部产生巨大的力,这种作用在地壳单位面积上的力,叫地应力。在地应力长期缓慢的作用下,造成地壳的岩层发生弯曲变形,当地应力超过岩石本身能承受的强度时便会使岩层断裂错动,其巨大的能量突然释放,其中以波的形式传到地面,这就是地震。世界上的90%以上的地震,都属于构造地震。强烈的构造地震破坏力很大,是人类预防地震灾害的主要对象。

2. 火山地震

由于火山活动时岩浆喷发冲击或热力作用而引起的地震叫火山地震。这种地震一般较小,造成的破坏也极少,并且只占地震总数的7%左右。目前世界上大约有500座活火山,每年平均约有50起火山喷发。我国的火山主要分布在东北黑龙江、吉林省和西南的云南等省。近代活动喷发的有黑龙江省的五大莲池、吉林省的长白山、云南省的腾冲及海南岛等地的火山。

3. 陷落地震

由于地下水溶解了可溶性岩石,使岩石中出现空洞并逐渐扩大,或由于地下开采矿石形成了巨大的空洞,造成岩石顶部和土层崩塌陷落,引起地震,叫陷落地震。这类地震约占地震总数的3%左右,震级都很小。

4. 诱发地震

在特定的地区因某种地壳外界因素诱发而引起的地震,叫诱发地震。

三、地震波及其传播

1. 震源和震中

地下发生地震的地方,叫“震源”。震源正对着的地面,叫“震中”。震中附近震动最大,一般也是破坏性最严重的地区,也叫“极震区”。从震中到震源的垂直距离,叫“震源深度”。在地面上,受地震影响的任何一点,到震中的距离,叫“震中距”,到震源的距离,叫“震源距”。在地图上,把地面破坏程度相似的各点连接起来的曲线,叫“等震线”。

通常根据震源的深浅,把地震分为浅源地震(震源深度小于70km)、中源地震(震源深度70~300km)和深源地震(震源深度大于300km)。全世界95%以上的地震都是浅源地震,震源深度集中在5~20km上下。如图8-17所示。

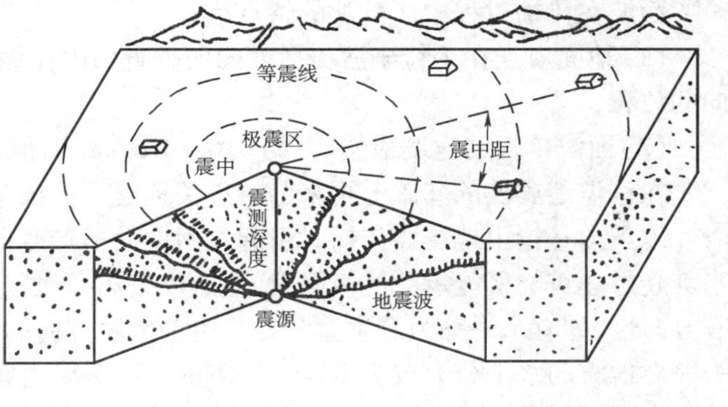

图8-17　地震示意图

2. 地震波与地震力

地震时从震源处释放出来的能量以弹性波的形式向四周传播所产生的颤动现象，称为地震波。

地震波分为体波和面波。

1）体波

是在地球内部传播的地震波。按其传播特性，将体波分解为纵波和横波。

（1）纵波通常记作 P 波，纵波每秒钟传播速度 5 ~ 6km，能引起地面上下跳动；与振动传播方向一致，由质点的扩张和压缩的方式传播。P 波在所有振波中是最快的，纵波对建筑物摧毁力较小。

（2）横波通常记作 S 波，传播方式与水波相似，质点振动方向与波的传播方向互相垂直。横波传播时，物体体积不变，但形状要以切变方式产生变形，故又称为剪切波。横波传播速度较慢，每秒 3 ~ 4km，能引起地面水平晃动。

由于纵波衰减快，离震中较远的地方，只感到水平晃动。在一般情况下，地震时地面总是先上下跳动，后水平晃动，两者之间有一个时间间隔，可根据间隔的长短判断震中的远近，用每秒 8km 乘以间隔时间可以估算出震中距离。

2）面波

通常记为 L 波，它是体波到达地表后，在一定条件下激发的次生波。面波按振动方向又分为瑞雷波和拉夫波（图 8-18）。

瑞雷波，是 1885 年瑞雷（L. J. W. S. Rayleigh）在计算半空间中的地震波时，发现一种只存在于半空间表面附近的波，于是命名为瑞雷波。

拉夫波，是拉夫（A. E. H. Love）根据理论计算而发现的一种波，故称为拉夫波。

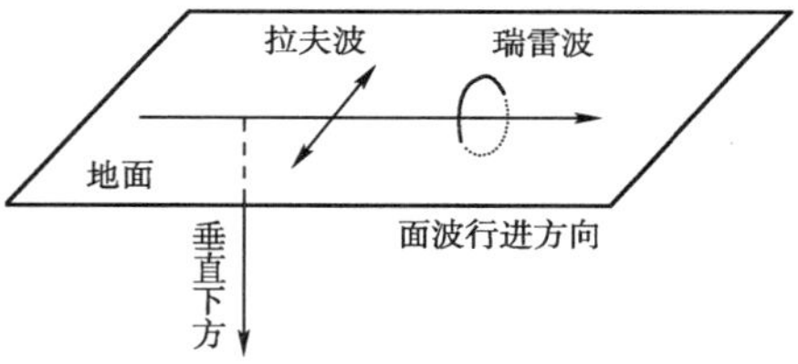

图 8-18　面波示意图

在垂直于界面的方向上，面波的振幅随深度按指数规律迅速衰减，但在水平方向上，随距离的增加，面波振幅的衰减比体波缓慢。一般说来，面波的速度比体波的速度小，而周期却比体波长。因此，在远震记录图上，往往面波比较明显。

面波在传播过程中所反映的特点是：

（1）地面质点在平行于波传播方向的垂直面内作振动，既有水平方向的位移，也有垂直方向的位移；

（2）面波传播的速度最慢，大约 0.6 ~ 3.5 km/s，但振幅大，对地面的破坏性最大。

在认识地震波的基础上再来分析有关地震力的概念。

地震力是指由地震波传播时引起地面振动所产生的惯性力。这种惯性力作用于建筑物，当其超过建筑物所能承受的极限时，即造成破坏。地震力愈大，造成的破坏也愈大。地震力具有方向性，即有水平分力和垂直分力。由于水平方向的地震力对建筑物的破坏作用最大，因而一般对地震的水平分力较为重视。抗震的一个重要内容就是要针对可能发生水平方向地震力的大小，采取预防措施。

根据静力地震系数法，作用于建筑物的水平地震力 P，可按下式计算：

$$P=\frac{a}{g}\cdot G=k_c G$$

式中：a——地震最大水平加速度（cm/s^2）；

g——重力加速度；

k_c——地震系数，$k_c \approx 0.001$。

四、地震震级与地震烈度

地震震级与地震烈度是衡量地震大小的两个不同的概念。若把地震比做炸弹，则震级相当于这个炸弹的炸药量，而烈度就相当于这个炸弹的杀伤力。

1. 地震震级

地震震级是表示一次地震本身能量大小的尺度。一次地震只有一个震级。震源释放的能量越大，震级就越大。震级的数值是根据地震的纪录确定的。

通过计算，一级地震所释放的能量为 2.0×10^{13} 尔格①；二级地震所释放的能量为 6.3×10^{14} 尔格；三级地震所释放的能量为 2.0×10^{16} 尔格；四级地震所释放的能量为 6.3×10^{16} 尔格；五级地震所释放的能量为 2.0×10^{19} 尔格；六级地震所释放的能量为 6.3×10^{20} 尔格；七级地震所释放的能量为 2.0×10^{22} 尔格；八级地震所释放的能量为 6.3×10^{23} 尔格。

可见，震级越大，释放的能量也就越多。震级相差一级，能量就要相差 32 倍。因此，一次大地震所释放的能量十分惊人的。一个 6 级地震释放的地震波能量相当于第二次世界大战美国在日本广岛投下的原子弹的能量。M 小于 3 级的地震，人们一般不易感觉到，称为小震或微震；M 在 3～5.0 级的地震，震中附近的人会有不同程度的感觉，称有感地震；M 大于 5.0 级的地震，会造成建筑物不同程度的损坏，称破坏性地震。

2. 地震烈度

地震地震烈度某一地区的地面和各种建筑物遭受地震影响的破坏程度。对于同一次地震，震级只有一个，而烈度却可以随地区不同而异。

地震发生后，地震波传播到地面，会给地面各种物体造成不同的破坏现象。通常把地震对地面所造成的破坏或影响的程度叫烈度，它由物体的反应、房屋建筑物的破坏和地形地貌改观等宏观现象来判定。许多国家采用地面运动加速度值来表示地震烈度，一般在设定的不同地点安装加速度仪，直接记录当地的地面运动参数。地震烈度的大小，受地震大小、震源深浅、离震中远近、当地工程地震地质条件等因素的影响。因此，一次地震，震级只有一个，但烈度却是根据各地遭受破坏的程度和人为感觉的不同而不同。我国目前使用的地震烈度共分为 12 度，5 度以上才会造成破坏。1976 年唐山 7.6 级大地震，极震区烈度达 11～12 度，北京、天津的烈度则为 6～7 度。

五、公路震害及防治原则

1. 平原地区的路基震害及防震原则

1）平原地区路基的震害

---

① 1 尔格 = 1erg = 10^{-7}J。

平原地区路基多以路堤为主。易于发生震害的路堤是软土地基上的路堤、桥头路堤、高路堤与砂、土路堤等，其中尤以软土路堤为最常见。一些常见的震害类型有：

（1）纵向开裂　是最常见的路堤震害，多发生在路肩与行车道之间、新老路基之间。在软弱地基上的路堤，纵向开裂可达很大规模。

（2）边坡滑动　一般是路堤主体与边坡部分的碾压质量差别较大，震荷坡脚又受水浸，地震时土的抗剪强度急剧降低，而形成边坡滑动。

（3）路堤坍塌　这种震害多见用低压缩性粘土、砂土填筑的路堤。由于压实不够，又受水浸，在地震的振动作用下，土的抗剪强度急剧降低或消失而形成路堤坍塌，使之完全失去原来形状。

（4）路堤下沉　在宽阔的软弱地基上地震时，由于软弱粘性土地基的触变或饱和粉细砂地基的液化，路堤下沉，两侧田野地面发生隆起。

（5）纵向波浪变形　路线走向与地震波传播方向一致时，由于面波造成地面波浪起伏，使路基随之起伏，并在鼓起地段的路面上，产生众多的横向张裂缝。

（6）桥头路堤的震害　连接桥梁等坚固构造物的路堤震害最普遍，一般均较邻近路段严重，形式有下沉、开裂、坍塌等。

（7）地裂缝造成的震害　由地裂缝造成的路基错断、沉陷、开裂，往往贯穿路堤的全高全宽。其分布完全受地裂缝的控制，与路堤结构没有联系。在低湿平原与河流两岸，沿地裂缝带常有大量的喷水冒砂出现。

2）平原地区路基的防震原则

（1）尽量避免在地势低洼地带修筑路基。尽量避免沿河岸、水渠修筑路基，不得已时，也应尽量远离河岸、水渠。

（2）在软弱地基上修筑路基时，要注意鉴别地基中可液化砂土、易触变粘土的埋藏范围与厚度，并采取相应的加固措施。

（3）加强路基排水，避免积水。

（4）严格控制路堤压实，特别是高路堤的分层压实。尽量使路肩与行车道部分具有相同的密实度。

（5）注意新老路基的结合。旧路加宽时，应在旧路基边坡上开挖台阶，并注意对新填土的压实。

（6）尽量采用粘性土做填筑路堤的材料，避免使用低塑性的粉土或砂土。

（7）加强桥头路堤的防护工程。

2. 山岭地区路基震害及防震原则

1）山岭地区路基震害

山岭地区地形复杂，路基断面形式很多，防护和支挡工程也多，在此只以路堑、半填半挖和挡土墙为代表，对其震害作些介绍。

（1）路堑边坡的滑坡与崩塌　在 7 度烈度区一般比较轻微，在 8 烈度区比较严重。对岩质边坡主要震害类型是崩塌，对松散堆积层边坡则多崩塌性滑坡。崩塌常常发生在裂隙发育、岩体破碎的高边坡路段，崩塌性滑坡则多与软质岩石、地下水活动、构造软弱面等的存在有关。

（2）半填半挖的上坍与下陷　上坍是指挖方边坡的滑坡与崩塌，其情况与路堑边坡类似。

下陷是指填方部分的开裂与沉陷,此种震害比较普通而且严重。由于填方与挖方路基的密实度不一致,基底软硬不一致,故地震时易沿填挖交界面出现裂缝和坍滑。

(3)挡土墙的震害　挡土墙等抵抗土压力的建筑物,地震时由于地基承载力降低,土压力增大,所遭受的震害比较多。尤其是软土地基上的挡土墙、特别高的挡土墙、干砌片石挡土墙等遭受震害的实例更多。对于目前公路上大量使用的各种石砌挡土墙的主要震害类型有砌缝开裂、墙体变形与墙体倾倒。前两者主要见于 7 ~ 8 度烈度区,后者主要见于≥9 度烈度区。砌缝开裂是最常见的震害,主要与地震时地基的不均匀沉陷和砂、浆强度不够有关。墙体的膨胀变形主要与地震时墙背的土压力增大有关。墙体倒塌可能与地基软弱、地震力强、土压力增大等因素有关。

2)山岭地区路基的防震原则

(1)沿河路线应尽量避开地震时可能发生大规模崩塌、滑坡的地段。在可能因发生崩塌、滑坡而堵河成湖时,应估计其可能淹没的范围和溃决的影响范围,合理确定路线的方案和标高。

(2)尽量减少对山体自然平衡条件的破坏和自然植被的破坏,严格控制挖方边坡高度,并根据地震烈度适当放缓边坡坡度。在岩体严重松散地段和易崩塌、易滑坡的地段,应采取防护加固措施。在高烈度区岩体严重风化的地段,不宜采用大爆破施工。

(3)在山坡上它尽可能避免或减少半填半挖路基,如不可能,则应采取适当加固措施。在横坡陡于 1:3 的山坡上填筑路堤时,应采取措施保证填方部分与山坡的结合,同时应注意加强上侧山坡的排水和坡脚的支挡措施。在更陡的山坡上,应用挡土墙加固,或以栈桥代替路基。

(4)在≥7 度烈度区内,挡土墙应根据设计烈度进行抗震强度和稳定性的验算。干砌挡土墙应根据地震烈度限制墙的高度。浆砌挡土墙的砂浆标号,较一般地区适当提高。在软弱地基上修建挡土墙时,可视具体情况采取换土、加大基础面积、采用桩基等措施。同时要保证墙身砌筑、墙背填土夯实与排水设施的施工质量。

3. 桥梁震害及防震原则

1)桥梁的震害

强烈地震时,桥梁震害较多。1976 年唐山地震,震区桥梁十之三、四遭到破坏。桥梁遭受震害的原因,主要是由于墩台的位移和倒塌,下部构造发生变形引起上部构造的变形或坠落。下部构造完整,上部构造滑出、脱落的也有,但比较少见,而且多与桥梁构造上的缺点有关。所以,地基的好坏,对桥梁在地震时的安全度影响最大。

在软弱地基上,桥梁的震害不仅严重,而且分布范围广。仍以唐山地震为例,该次地震在 10 ~ 11 度烈度区内,桥梁全都遭到极其严重的破坏。在≥9 度烈度区内,由于砂、土液化、河岸滑坡,普遍出现墩台滑移和倾斜、桥长缩短、桩柱断裂、桥梁纵向落梁、拱桥拱圈开裂或断裂等破坏。除此而外,也有上部构造产生较大横向位移,甚至横向落梁的破坏。在 8 度烈度区内,也有一部分桥梁遭到严重破坏。远至 100km 外的 7 度烈度区内,仍有桥梁遭到轻微损坏。在一般地基上,也可能产生某些桥梁震害,如墩台裂缝、因土压力增大水平方向抵抗力降低而引起墩台的水平位移和倾斜等。但这些震害只出现在更高的烈度区内。如 1923 年日本关东地震时,上述震害只限于≥11 度烈度区内。唐山地震时,上述震害也只限于≥10 度烈度区内。值得注意的是,唐山地震时,在 9 度烈度区内,建于砂、卵石地基上的两座多孔长桥,也遭到严重破坏，桥墩普遍开裂、折断，导致落梁。这可能是由于桥长与地震波长相近，在地震时桥梁基础产生差动，使得某些相邻桥墩向相反方向位移，造成某些桥孔的孔径有较大的增长或缩短的缘故。

2）桥梁防震原则

（1）勘测时查明对桥梁抗震有利、不利和危险的地段，按照避重就轻的原则，充分利用有利地段选定桥位。

（2）在可能发生河岸液化滑坡的软弱地基上建桥时，可适当增加桥长、合理布置桥孔，避免将墩台布设在可能滑动的岸坡上和地形突变处。并适当增加基础的刚度和埋置深度，提高基础抵抗水平推力的能力。

（3）当桥梁基础置于软弱粘性土层或严重不均匀土层上时，应注意减轻荷载、加大基底面积、减少基底偏心、采用桩基础。当桥梁基础置于可液化土层时，基桩应穿过可液化土层，并在稳定土层中有足够的嵌入长度。

（4）尽量减轻桥梁的总重量，尽量采用比较轻型的上部构造，避免头重脚轻。对震动周期较长的高桥，应按动力理论进行设计。

（5）加强上部构造的纵横向联结，加强上部构造的整体性。选用抗震性能较好的支座，加强上、下部的联结，采取限制上部构造纵、横向位移或上抛的措施，防止落梁。

（6）多孔长桥宜分节建造，化长桥为短桥，使各分节能互不依存地变形。

（7）用砖、石、圬工和水泥混凝土等脆性材料修建的建筑物，抗拉、拉冲击能力弱，接缝处是弱点，易发生裂纹、位移、坍塌等病害，应尽量少用，并尽可能选用抗震性能好的钢材或钢筋混凝土。

第六节　风　沙

一、风沙的一般概念及研究的意义

沙漠是指地表大面积为风积的疏松沙所覆盖的荒漠地区，沙地是指地表大面积为风积的疏松沙所覆盖的草原地区，在不需要区分沙漠与沙地时则统称为沙漠。大部分沙漠的沙是由冲积物、湖积物或洪积物等受风力吹扬作用而形成。干旱的气候是形成沙漠的主要原因，不合理的人为活动则可促进沙漠的形成。沙漠地区的共同特征是：气候干旱、日照强烈、温差悬殊、植被稀少、易溶盐多、风大沙多。在沙漠地区，风的作用特别活跃，特别突出。

全世界沙漠面积约占地球陆地面积的1/5。我国沙漠和戈壁的面积109.5万km^2、约占全国总面积的11.4%。沙漠区不但有重要的矿产资源，而且有一定的水土资源。但是由于气候干旱沙丘移动，往往掩埋农田、村庄和道路。所以研究、改造、利用和治理沙漠是一项重要工作。

二、风沙地貌

风对地表岩石和风化碎屑物的侵蚀、搬运和堆积过程中所形成的各种地貌形态。风经过地表时，将不同粒级的沙粒吹离地表，它们以悬移、跃移和蠕移三种方式随气流运动，并形成风沙流。

风沙流对地表物质的侵蚀、搬运和堆积作用，称为风沙作用。风吹过地表时，产生紊流，使泥沙离开地表，使地表面遭受破坏，称为吹蚀作用。风携带泥沙形成风沙流，风沙流在地表附近流动时，产生对地表和岩石的冲击和摩擦作用，称为磨蚀作用。吹蚀作用和磨蚀作用，统称为风沙侵蚀作用。

在气流中悬浮运行的沙粒，由于风速减弱，使沙粒按粒径大小先后沉降到地表，称为沉降堆积。风沙流因遇障碍减速，使部分沙粒沉降下来，叫遇阻堆积。沉降堆积和遇阻堆积都属风沙堆积作用。

1. 风蚀作用形成的主要地貌类型

1）石窝（风蚀壁龛）

在陡峭的岩壁上，经风蚀形成大小不等、形状各异的小洞穴和凹坑。有分散的和群集的，使岩壁形成蜂窝状外貌。凹坑有时深达10～25cm，口径可达20cm左右。

2）风蚀蘑菇和风蚀柱

在风沙强劲的地方，如果出露地表的岩石水平节理、层理很发育，易被风蚀成奇特的外形，特别是一块孤立突起的岩石如果下部岩性较软，经长期差别侵蚀，可能会形成顶部大于下部的蘑菇外形，称为风蚀蘑菇。如果垂直节理裂隙发育的岩石，经长期侵蚀，可能形成各种形态的柱状地形，称为风蚀柱。风蚀柱有时成群分布，大小高低不一，如图8-19所示。

3）风蚀垄槽（雅丹地貌）

在干旱地区的湖积平原上，粘性土干缩裂缝，风沿裂隙不断吹蚀，形成不规则的顺风向垄岗和宽浅不一的槽沟，称为风蚀垄槽。这种地貌以罗布泊附近雅丹地区最为典型，因此又称雅丹地貌。沟槽一般深为1～2m，最深达十余米，长度由数十米到数百米不等，沟槽内常有沙粒分布。

风蚀蘑菇

风蚀柱

图8-19 风蚀蘑菇和风蚀柱

4）风蚀洼地

松散物质组成的地面，经长期风蚀作用，常形成与风向一致的椭圆形洼地。有时也能形成巨大围椅状风蚀洼地，洼地背风坡较陡。

5）风蚀谷地与风蚀残丘

在干旱地区，可能因暴雨洪水冲刷形成一些沟谷，但这些先成的沟谷长期无水，却成为地面风沙的通道，经长期风蚀，形成谷底崎岖，谷形不定，宽窄不均的狭长壕沟，称为风蚀谷地。风蚀谷可蜿蜒曲折延伸数十公里。风蚀谷地不断发展扩大，原始地面不断缩小，最后只有部分孤立残丘存在，称为风蚀残丘。它们常随风向呈带状分布，高度一般为10～20m左右。柴达木盆地中的风蚀残丘一般在数米至30m之间。

6）风蚀城堡

如果隆出地面的基岩近似水平层理，且岩性软硬不均，垂直节理发育，但分布不均，经长期强劲的风蚀作用，被分割残留下大小不等、高低错落的平顶小丘，远观犹如一座破旧的古城，故称为风蚀城堡。新疆吐鲁番盆地哈密西南就有典型的风蚀城堡。

2. 由风沙堆积作用形成的地貌类型

1）沙堆

当风沙流遇到障碍物时，使风速减低，在背风面发生沙粒堆积，称为沙堆，如图8-20）所示。最初的沙堆是与风向平行呈蝌蚪状，称为蝌蚪形沙堆。沙堆形成后，自身成为风沙流的更大障碍，使沙粒堆积更多，沙堆不断扩大，形成盾状沙堆，如图8-20b）所示。沙堆大小不等，形态不同。一般高度不超过10m，长度由数十米至数百米不等。

2）沙丘

如果沙源丰富，风速增大，可使盾状沙堆进一步发展扩大，形成规模更大，形态更复杂的沙丘。因风向、风速的变化和原始地形的不同，会形成不同类型的沙丘。

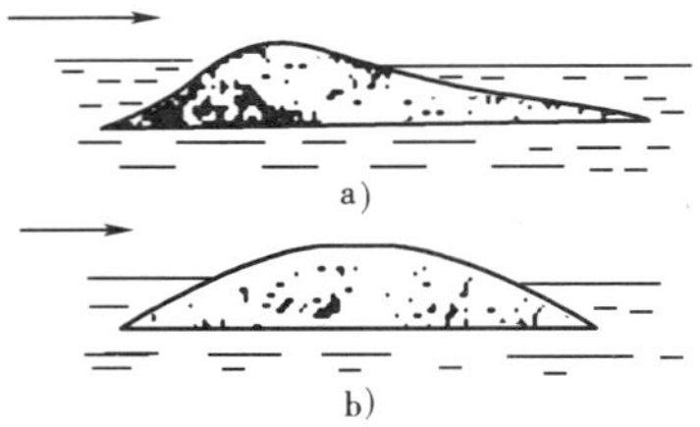

图8-20　a）蝌蚪形沙堆；b）盾状沙堆

（1）新月形沙丘　盾状沙堆进一步发展，加剧了地形的起伏，影响地面气流的运行，在迎风坡丘顶的风速大于背风坡坡脚，在背风坡产生涡流，并开始形成浅小的马蹄形凹地，沙粒被涡流带到凹形地两侧向前堆积形成两翼。随着沙丘增高，背风坡凹地进一步扩大，则形成丘体中部宽，迎风坡凸而缓，背风坡凹而陡，两坡不对称，两翼尖窄，顺风向延伸，形似弯月，称为新月形沙丘（图8-21）。

（2）抛物线沙丘　如果原来的沙堆两侧有植物生长，在沙丘移动过程中，因其边缘部分受阻，移动速度缓慢，而中部受风力作用较强，相对移动较快，逐渐形成迎风坡凹进，背风坡凸出，两翼指向风之来向，平面形态如同抛物线，故称抛物线沙丘（图8-22）。

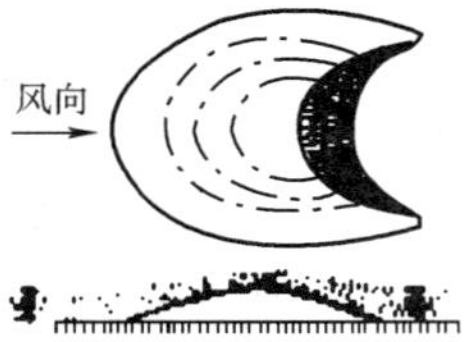

图8-21　新月形沙丘

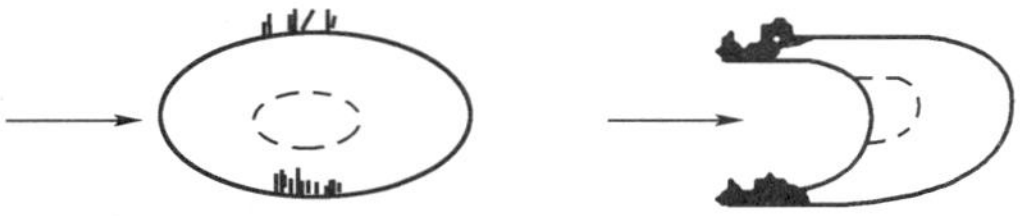

图8-22　抛物线沙丘

（3）金字塔沙丘　在多风向地区，而且各向风力相差不大，特别是主风向向前流动时遇到山势阻碍而产生折射时，使气流受到干扰，往往形成尖顶三角锥形沙体堆积，称为金字塔沙丘。它具有三角形斜面，一般坡度为25°~30°左右，丘体高大，一般在50~100m左右。在两个风向相反，但以一个风向为主，地面有草丛或灌木生长的情况下，常形成由隆起的弧状沙梁和半月形沙窝相间组成的固定或半固定沙丘，称为梁窝状沙丘。

在我国准噶尔古尔班通古特沙漠和毛乌素沙漠地区多见这种沙丘。如有两个近似垂直的风向，主风向形成的沙丘链（主梁）与次风向形成的低矮沙埂（次梁）交叉分隔着丘间低地，形似格状，称为格状沙丘。如果有多种风向，且风力较均衡，常形成圆形或椭圆形沙埂围成的沙窝，较多的沙窝均匀分布呈蜂窝状，故称蜂窝状沙丘。

（4）沙丘链或沙垄　在沙源比较丰富的地区，经过较长时间的发育，新月形沙丘相互连接，形成横向新月形沙丘链（或称沙垄）。在沙丘链的迎风坡上层层迭置着次一级的新月形沙丘，称为复合新月形沙丘链（图8-23）。新月形沙丘链一般高10~30m，长达数百米至数公里。

我国南疆塔克拉玛干沙漠西南部的复合沙丘链最为典型。

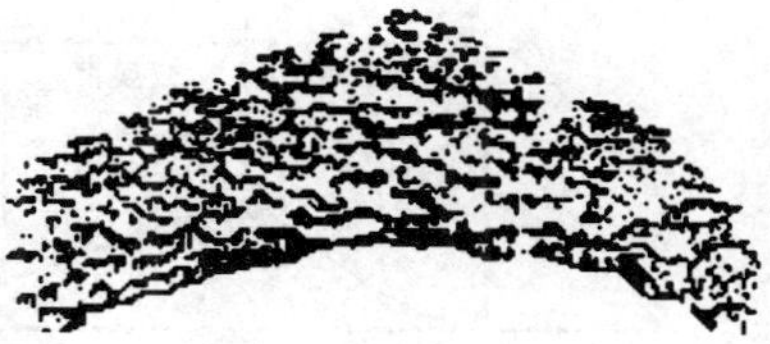
图 8-23　复合新月形沙丘链

三、风沙运动

风沙运动是指沙在风力作用下遭受吹扬、搬运和堆积的过程。研究风沙运动的规律，对于认识风沙地貌、防止公路沙害都是十分重要的。风沙运动通常分为风沙流与沙丘两种形式，它们是相互区别又相互联系的。下面分别介绍这两种风沙运动的若干规律和特点。

1. 风沙流的结构与强度

1）风沙流结构

气流中搬运的沙量，在其搬送层内沿高度的分布情况，称为风沙流结构。风沙流中含沙量的垂直分布是随高度的增加而迅速递减的（表 8-3）。风沙流中搬运的沙量，绝大部分是在离地面 30cm 的高度范围内通过的，其中又特别集中在贴近地面 0～10cm 的气流层内。风沙流结构的这一特点，是由沙粒的运动形式所决定的，它对于采用工程措施防沙是非常重要的。

风速为 9.8m/s 时不同高度气流层内的含沙量（%）　　表 8-3

高度（cm）	0～12	10～20	20～30	30～40	40～50	50～60	60～70
含沙量（%）	70.32	12.30	4.70	1.50	0.95	0.74	0.40

2）风沙流的强度

风沙流的强度一般以输沙率表示，输沙率是指风沙流在单位时间内通过单位宽度断面输送的沙的重量。输沙率随着起沙风风速的增大而迅速增加，与起沙风超过临界风速的差值的三次方成正比。在其他条件相同的情况下，一定的风速有一定的输沙率。当风沙流达到相应的输沙率时，它即处于饱和状态，此时由沙地表面进入气流中的沙量和从气流中沉落的沙量近似相等，既不产生吹蚀也不产生堆积；如超过相应的输沙率时，即处于过饱和状态，则产生堆积；如未达到相应的输沙率时，即处于未饱和状态，则有利于吹蚀。

2. 沙丘的移动

沙丘是具有一定形态的沙粒集合体，沙丘的移动是在风力作用下沙粒运动的总合。沙丘沙的运动也是通过风沙流的形式，但不同形态的沙丘各有其特点。

1）新月形沙丘的移动

如前所述，典型的新月形沙丘迎风坡缓而长，背风坡（即落沙坡）陡而短，丘顶有明显的脊线。新月形沙丘这种剖面特点，使得地表的连续渐变在丘顶有一个突然的转折。越过沙丘的风不能沿地表平滑地通过，便在背风面形成风荫区。在风荫区内虽有涡旋气流，但它们的平均向前流速很低。风沙流中的沙粒流经风荫区时，几乎全部沉落在落沙坡上。通过落沙坡的不断堆积—塌落，整个新月形沙丘不断向前移动。据此，可粗略推求沙丘的移动速度。

2）新月形沙丘的移动分带

在成群分布的新月形沙丘地区，沙丘不同部位的风沙流运动具有明显的分带性，一般可分为如下 4 个带，如图 8-24 所示。

（1）中立带　两个沙丘之间的空地为中立带。在这一带内，无论吹蚀作用或堆积作用都不能得到充分发展，故地表比较稳定。这一带的宽度主要取决于沙丘的高度和沙源的供应情

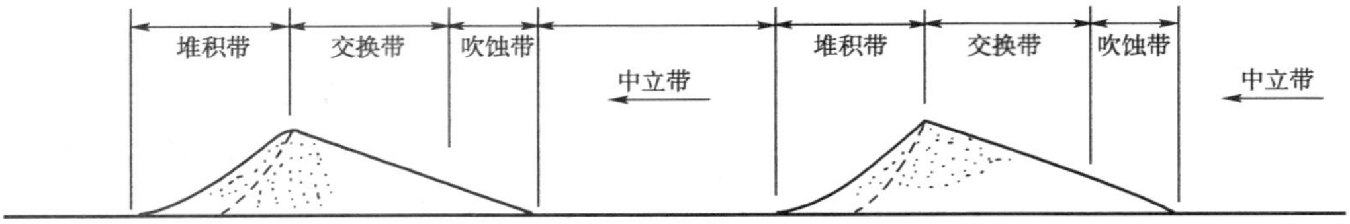

图 8-24　新月形沙丘的移动分带

况。沙丘愈高,此带愈宽;反之,则变窄。沙的供应愈充分,此带愈窄;反之,则变宽。

(2)吹蚀带　在沙丘迎风波的下部,约占迎风坡宽度的 1/3。这一带在主导风的作用下发生吹蚀,起动的沙粒被向前搬运。

(3)交换带　在沙丘迎风坡的上部,约占迎风坡宽度的 2/3。在这一带内,地表原有沙粒在主导风的作用下被吹蚀搬运,同时又接受风沙流中来自吹蚀带的部分沙粒的暂时停积,但总的趋势是风沙流的密度继续有所增大。

(4)堆积带　从丘顶脊线到落沙坡脚整个背风坡都属堆积带。如前所述,这里是风荫区,越过脊线的风沙流中的沙粒几乎全部沉落在落沙坡上。

很明显,新月形沙丘的上述移动分带规律,无论对于公路选线或是沙丘治理,都是十分重要的。

3)沙丘移动的基本形式

沙丘整体移动的形式取决于当地的风型,分为前进式沙丘、往返式沙丘、往返前进式沙丘、迂回式几种基中形式。

4)沙丘移动的总方向

沙丘移动的总方向是指全年(或某一个时期内)沙丘移动的总合方向。由于一个地区起沙风的方向和速度是随时间变化的,所以沙丘的移动方向和速度也是随之不断变化的,欲求沙丘在一个时期内移动的总方向,就需求这个时期内起沙风总的合成方向。为此,可根据附近气象台(站)和野外观测的资料,绘制动力风向图或起沙风矢量图,如图 8-25、图 8-26 所示,图中数字代表一年 12 个月沙丘移动方向。

5)沙丘的移动速度

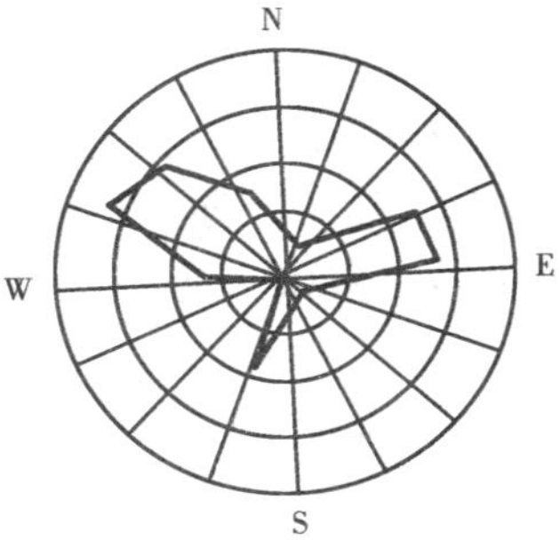

图 8-25　动力风向图示例

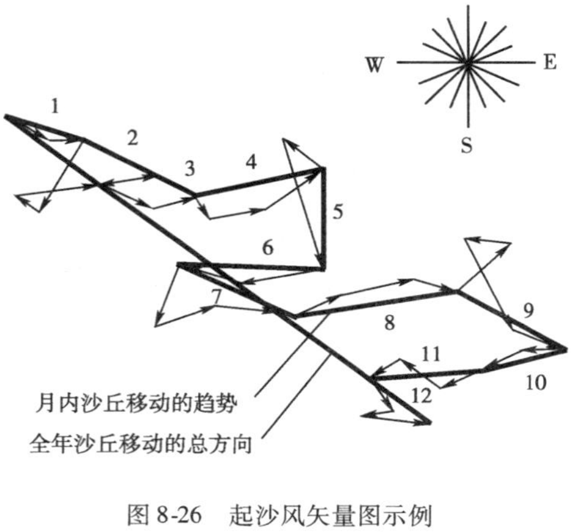

图 8-26　起沙风矢量图示例

沙丘的移动速度，主要取决于当地风的情况，同时也受多种因素的影响，其一般规律可概括如下：

(1)起沙风频率愈大、风速愈大，则沙丘移动愈快。

(2)沙丘的移动速度与其高度成反比。在其他条件相同的情况下，沙丘较高，则移动较慢，沙丘较低，则移动较快。

(3)沙粒粗的沙丘移动慢，沙粒细的沙丘移动快。

(4)沙丘表层湿度大时移动较慢，反之则移动较快。这是由于沙在湿润状况下，增加了粘滞性，加强了团聚作用，因而大大提高了起动风速。

(5)植被对沙丘移动的影响是非常明显的。裸露的沙丘移动快，有部分植被覆盖的沙丘移动慢，覆盖比较完全的沙丘可能稳定下来。植被影响沙丘移动的主要原因是由于增加了地面的粗糙度，从而削弱了近地面层风沙流的速度，使沙的吹蚀和搬运大大减少。

(6)下伏地貌也影响沙丘移动的速度。在平坦地面上，沙丘前进无阻碍，移动速度较快；地表崎岖不平，则限制沙丘移动的速度。

四、风沙与公路

1. 风沙对公路的危害

风沙对公路的危害，主要表现为沙埋与风蚀，其中又以沙埋为主。

1)沙埋

公路遭受沙埋可来自两种风沙运动：其一是在风沙流活动地区，由于路基的屏障作用，使风速减弱，导致沙粒的沉落、堆积，掩埋路基；其二是在流动沙丘地区，由于沙丘向前移动，掩埋路基。

2)风蚀

在沙漠地区，没有适当防护的路基及其两侧地面均可能遭受风蚀。路基遭受风蚀会出现削低、掏空和坍塌等现象，从而造成路基的宽度和高度不足。两侧地面则遭受风蚀，将引起路基不稳固和沙埋等不良后果。

2. 风沙地区修建公路应注意的问题

1)路线设计应注意的问题

路线穿过沙漠地区时，宜尽量绕避严重的流沙地段，并尽可能选择在沙害较轻的地带通过。属于沙害较轻的地带有：①河岸、湖岸以及盐渍土分布的地带；②沙漠前沿的固定、半固定沙丘地带；③沙地下伏古河床的地带以及地下水溢出带；④大山或高地前缘的背风地带。

路线必须穿过流沙地区时，则应注意以下几点：①在经由沙区最短的地方通过；②在沙丘起伏不大的地段通过；③在沙丘间的中立地带通过；④路线走向宜与当地的主风向大致平行；⑤路线尽量少用曲线，特别不宜用小半径曲线；⑥必须设置曲线时，只宜用在路堤地段并将凸弧朝向主风向。

由于筑路材料与防护材料、工程用水与生活用水，对沙漠地区公路的施工和养护都十分重要，因此路线应尽量靠近材料产地和水源，以降低工程造价，并减少施工、养护的困难。

为防止积沙和便于清除积沙，路线纵断面设计应尽量避免不填不挖、低填、浅挖和深路堑，而宜于采用适当高度的路堤。

2）路基设计应注意的问题

为防治风沙危害，路基防护不仅应包括主体部分，还应包括路侧相当宽度的地带，因此需要有总体的规划与布置。

流沙地区的路基主体，无论路堤或路堑皆为疏松沙所组成，因此均需进行全面的固沙防护，以防止风蚀和保证路基的稳固。

植物固沙是防治沙害的根本措施。为防止破坏原有植被，引起新的沙源，路侧应设封沙育草带，禁止不合理的开垦、放牧与樵采。

为防治沙害，无论哪种情况，工程防护措施都是不可缺少的。在不宜采用植物固沙的地区，即为惟一措施；在采用植物固沙的地区，修路初期为防治沙害并为植物固沙创造条件，也是不可缺少的过渡性措施。公路常用的工程防护措施有固、阻、输、导四种类型，可单独使用，也可配合使用，应根据因地制宜、就地取材的原则加以选择。

●第七节　雪　　害●

雪害是一种常见的自然灾害，地球上分布广泛，不仅可诱发并加重雪崩、泥石流等自然灾害，还直接给交通、农牧业和人民群众的生产生活造成严重损失。公路雪害主要有积雪和雪崩，这一节主要介绍这两种常见的雪害。

一、积　　雪

1. 积雪的基本概念及其分类

积雪系指自然降雪及风吹雪在一定条件下堆积的总称。积雪可分为自然降雪积雪和风吹雪积雪。自然降雪积雪，系指降雪时形成的松散积雪。这种积雪一般危害不大，只有当积雪厚度大于30cm时，才会影响交通，清除积雪的工作量也很大。风吹雪积雪，系指降雪时或降雪之后，当风力大于起动风速（离地面高1m，风速4～5m/s）时，风挟着雪粒运行，形成风雪流，风雪流通到障碍物或地形变化处，风速急剧减弱，风雪流中挟带的雪粒在减速区沉降、堆积，这个过程称为风吹雪积雪，简称风吹雪。雪害一般系指风吹雪，大的风吹雪能造成公路淹没、交通阻断，埋没车辆，危害极大。风吹雪形成条件及堆积类型

1）风吹雪形成条件

丰富的雪源，起动风力，使风力减弱的地形、地貌或地物条件。

2）风吹雪堆积类型

（1）背风积雪　风顺山坡坡向吹，公路处在山坡背风面，风雪流进入地形改变处或边坡上方向，风截面急剧扩大，产生旋流，风速减小，雪粒沉积，积雪在背风坡以雪檐或雪包形式向前推进，堵塞交通。

（2）迎风积雪　风逆山坡坡向吹，公路在山坡上处于迎风面，风雪流越过路基边缘时，风截面急剧收缩产生旋流，风速减小，雪粒沉积在迎风一侧堆积延伸，堵塞路基。

（3）弯道水平绕流积雪　风向平行或基本平行公路走向，当公路绕山转弯或回头转弯，风雪流截面扩大或受阻产生水平或竖向统流，雪粒沉积，弯道半径越小，回头愈靠近山，则积雪越严重。

(4)沟口辐散积雪　风向平行沟谷走向吹,风雪流到达沟口时,风截面急剧扩大,风速减小,雪粒沉积形成积雪。

(5)复合型积雪　上述几种积雪类型兼而有之,一般称为复合型积雪。

2. 风吹雪与地形、地物及路基断面形式的关系

1)风吹雪与地形、地物的关系

风吹积雪都是在特定的地形环境和一定的地理部位形成的。风雪流在平坦地区沉积较少,当遇到地形突然变化如陡崖、山丘、沟谷口等,或者遇到障碍物如树林、草丛、土丘、乱石堆等,风速急剧减弱,形成大量的积雪堆积。

2)风吹雪与路堤的关系

(1)当路线走向与风向平行或基本平行,路堤上一般不积雪;路堤高于当地最大积雪深度,路面上一般不积雪。

(2)路线与风向正交或斜交时,可放缓边坡,一般采用1:4,路堤上一般不产生风吹积雪。

3)风吹雪与路堑的关系

风吹雪地区应避免设计路堑,尤其是路线走向与风向有交角时,必然会产生积雪,即使做大量防治工程也难于避免积雪。为此应尽量提高路基标高,设浅路堑(小于1m)或设敞开式断面,增设贮雪场以减轻积雪的危害。

3. 风吹雪地区选线原则

路线走向力求与冬季主导风向平行或交角尽量减小;越岭线尽量选择最低标高垭口;路线尽量设在阳坡;充分利用开阔谷地、台地、山梁、山脊等有利地形;路线尽量设在迎风坡上;路线尽可能采用大半径、小纵坡,尽量避免在一个山坡上设回头弯。

二、雪　崩

1. 雪崩的基本概念及其分类

巨厚的雪层从陡的山坡滑下或沿沟槽中溜滑,由此引起大量的雪体崩塌,称之为雪崩。

雪崩的分类方法很多,通常按雪崩运动的地貌特点分为:

1)坡面雪崩

沿平缓的山坡面下滑,速度慢、冲击力小,崩塌量不大。

2)沟槽雪崩

沿固定沟槽运动,速度快、冲击力大,崩塌量多,常造成构造物破坏、交通中断。

3)跳跃雪崩

雪崩运动时遇到陡崖或急转弯,雪体发生跳跃,腾空而起,其运动速度大而引起气浪,破坏力最大。

2. 雪崩的形成的地形、地貌、气象和雪源条件

雪崩多发生在山高坡陡、沟槽较长、高差大、沟源头有大的积雪盆地或积雪漏斗等储雪之地。气候冬季漫长而寒冷,春季融雪水下渗,在底部形成融冰层,雪层的抗断强度降低,加之枯草向下倾伏成天然的滑动面,雪崩一般发生在20°~60°的山坡上,或纵坡较大、一般在35°的沟谷中。根据这一特点,在调查中应着重选择好调查时间和发生雪崩的地形环境和雪崩后留下的痕迹。雪崩一般发生在每年的3~4月。调查地点以储雪盆地、凹地、纵坡度(35°左右)

较大的沟槽及雪崩堆积锥。储雪盆地多分布在不同高度的分水岭附近，底部比较平缓（15°～25°），而后壁坡度陡达30°以上，出口比较窄而陡。积雪融化后，这些低洼盆地内仍然可看到残雪或堆雪斑点，雪融化后，土比较潮湿，植被生长比附近的晚，多生长喜冷喜湿植物群；雪崩沟槽由于雪崩运动时的破坏，沟槽内无多年生的树木，基岩常裸露，偶尔有少数灌木，但多半向下坡方向弯曲或折断，沟槽内由于比较潮湿草本植物生长较好。有时在裸露的新鲜基岩壁上，还可以见到雪崩运动时所携带的石块刻蚀的擦痕。在大的雪崩槽中，在两侧还有较大石块堆积的石垄。在沟口常可见到不稳定碎石、块石堆积的雪崩锥。有些大的雪崩，巨块石可以冲到河谷对岸，将河中的沉积物翻起，形成雪崩鼓丘。

3. 雪崩区选线原则

路线应尽量选择在雪崩沟槽较少的地带通过，如果必须通过，路线应尽量在雪崩锥的外侧通过，以减少雪崩对公路的冲击力，减少公路上的堆雪量。越岭线尽可能敷设于雪崩安全区，绝不可在同一雪崩沟槽内回头多次通过。布线时不仅要考虑本岸雪崩的分布及危害，还要考虑对岸雪崩的冲击或气浪的影响。

4. 雪害的防治

各类雪害的防治应通过全面的调查研究，摸清雪害的成因与基本规律，了解现有防雪设施的效果，保持防雪设施的完好，增添必要的防雪设施，以减少雪害对公路及交通的危害。

1）使路线走向与主导风向平行

路线通过迎风或背风山坡的坡脚处和距离坡度转折点5～10m处最易积雪。在有条件的地方可采取局部改线，尽量使路线位置避开“风雪流”减速区，否则应根据实际情况增设相应的防雪设施。

2）提高路基高度，消除雪阻

开阔地区低于该地平均积雪深度或草丛深度0.6m的路基和深度小于6m的路堑也易积雪，在有条件的地方可采取提高路基标高的办法解决；在低洼路段修筑路基，高度应在1.0m以上，否则应根据实际情况增设相应的防雪设施。

3）设置阻雪设施

（1）下导风板　设在公路的上风侧路基边缘，先埋设立柱，在立柱上部钉上木板或涂以沥青的铁丝网，使风雪流被阻挡，集中加速在下部缺口处通过，并吹走路上疏松的积雪。

（2）屋檐式导风板　适宜于山区背风山坡路段设置。雪季应进行维修，以保持结构完好。板面坡度与山坡自然坡度一致，并具有原设计的足够长度。

（3）防雪墙　设在公路上风侧的阻雪设施。用木、石、土、树枝或雪块等筑成。

（4）防雪堤　设在雪阻路段迎风口一侧，距离路基15～20m，高度不低于16m。边坡为1:1，长度与雪阻路段同长。

（5）防雪栅　作用同防雪墙。一般用木材制成，具有较大的透风度。

4）防雪林带是防治风雪的重要措施

防雪林应栽植在雪季主导风向的上风侧，与同侧路基边缘的距离应为防雪林高度的10倍左右。防雪林带宜选用不同树种组成具有一定宽度、高低错落的林带，以更好地起到阻雪的作用。

5）人工、机械除雪

受风雪流影响形成雪阻时,应及时用人工、推土机或除雪车等机械清除积雪,尽快恢复交通。弃雪应抛掷于下风一侧、以免造成重复雪阻。有条件时,还可采用化学除雪的方法。

6)设置导向桩

风雪流影响能见度的路段、为保障行车安全,在公路两侧设置红色标志或导向桩。

此外,受风雪流影响的公路,路基边坡应尽量放缓,与路肩交接处应筑成和保持流线形。

本章小结

公路是一种线性构造物,它常穿越许多自然条件不同的地段,特别是不良地质条件地段。本章重点介绍了几种常见的不良地质现象,不同地区根据不同特点选择学习。如:岩溶在北方就不是很常见的,而雪害在南方也是很稀少的。因此,学习过程中,应有侧重点,注重理论联系实际,分析每种不良地质现象的特点、发生条件,把重点放在工程防治上。

复习思考题

1. 简述崩塌与滑坡的一般概念、发生的条件及防治原则。
2. 在野外路线测设中,怎样识别滑坡?
3. 什么叫泥石流?泥石流的形成必须具备哪些条件?
4. 在可能发生泥石流的地段,应采取哪些措施?
5. 地震波与地震力有何区别?地震波分为哪几类?对地面破坏性最大的是哪种地震波?
6. 地震震级和地震烈度有何区别?它们之间又有何关联?
7. 地震对路基和桥梁所产生的震害表现在哪些方面?一般采取哪些防震措施?以桥梁为例,作出简要说明。
8. 在岩溶地区的公路路基可能遇到一些什么样的工程地质问题?应采取哪些相应的措施?
9. 风沙对公路会产生哪些危害?应采取哪些措施?
10. 常见的雪害有哪些?对公路工程有哪些危害?如何防治?

第九章

公路工程地质勘测

教学要求

1. 描述收集和研究路线通过地区既有的有关资料；
2. 描述工程地质调查、工程地质测绘方法及内容；
3. 描述挖探、简易钻探、地球物理勘探等勘探方法；
4. 进行室内及野外工程地质试验及长期观测；
5. 分析山岭区沿河线、越岭线的主要工程地质问题；
6. 进行文件编制。

•第一节　公路工程地质勘测主要方法简介•

一、概　　述

1. 公路工程地质勘察的任务

工程地质勘察的任务可归纳为：①查明建筑场地的工程地质条件，选择地质条件优越合适的建筑场地；②查明场区内崩塌、滑坡、岩溶、岸边冲刷等物理地质作用和现象，分析和判明它们对建筑场地稳定性的危害程度，为拟定改善和防治不良地质条件的措施提供地质依据；③查明建筑物地基岩土的地层时代、岩性、地质构造、土的成因类型及其埋藏分布规律，测定地基岩土的物理力学性质；④查明地下水类型、水质、埋深及分布变化；⑤根据建筑场地的工程地质条件，分析研究可能发生的工程地质问题，提出拟建建筑物的结构形式、基础类型及施工方法的建议；⑥对于不利于建筑的岩土层，提出切实可行的处理方法或防治措施。

2. 公路工程地质勘察的主要内容

1）路线工程地质勘察

在视查、初测、详测各阶段，与路线、桥梁、隧道专业人员密切配合，查明各条路线方案的主要工程地质条件，选择地质条件相对良好的路线方案；在地形、地质条件复杂的地段，确定路线的合理布设，以减少病害。路线工程地质勘测并不要求查明全部工程地质条件，但对路线方案与路线布设起控制作用的地质问题，则应进行重点调查，得出正确结论。

2）特殊地质、不良地质地区（地段）的工程地质勘察

特殊地质地段及不良地质现象，诸如盐渍土、多年冻土、岩溶、沼泽、风沙、积雪、滑坡、崩塌、泥石流等，往往影响路线方案的选择、路线的布设与构造物的设计，在视查、初测、详测各阶

段均应作为重点,进行逐步深入的勘测,查明其类型、规模、性质、发生原因、发展趋势和危害程度,提出绕越根据或处理措施。

3)路基路面工程地质勘察

亦称沿线土质地质调查。在初测、详测阶段,根根选定的路线方案和确定的路线位置,对中线两侧一定范围的地带,进行详细的工程地质勘测。为路基路面的设计和施工提供土质、地质、水文及水文地质方面的依据。

4)桥渡工程地质勘察

大桥桥位影响路线方案的选择,大、中桥桥位多是路线布设的控制点,常有比较方案。因此,桥渡工程地质勘测一般应包括两项内容:首先应对各比较方案进行调查,配合路线、桥梁专业人员,选择地质条件比较好的桥位;然后再对选定的桥位进行详细的工程地质勘测,为桥梁及其附属工程的设计和施工提供所需要的地质资料。前一项工作一般是在视查与初测时进行;后一项则在初测与详测时分阶段陆续完成。

5)隧道工程地质勘察

隧道多是路线布设的控制点,长隧且影响路线方案的选择。隧道工程地质勘测同桥渡一样,通常包括两项内容:一是隧道方案与位置的选择;二是隧道洞口与洞身的勘测。前者,除几个隧道位置的比较方案外,有时还包括隧道与展线或明挖的比较;后者是对选定的方案进行详细的工程地质勘测,为隧道的设计和施工提供所需要的地质资料。前一项工作一般应在视查及初测时完成;后一项则在初测与详测时分阶段陆续完成。

6)筑路材料勘察

修建公路需要大量的筑路材料,其中绝大部分都是就地取材,特别是像石料、砾石、砂、粘土、水等天然材料更是如此。这些材料品质的好坏和运输距离的远近,直接影响工程的质量和造价,有时还会影响路线的布局。筑路材料勘测的任务是充分发掘、改造和利用沿线的一切就地材料,当就近材料不能满足要求时,则应由近及远扩大调查范围,以求得数量足够,品质适用,开采、运输方便的筑路材料产地。

二、公路工程地质勘察的主要方法

公路工程地质勘察的方法,主要有工程地质调查与测绘、勘探、试验与长期观测等几种。

勘察方法应根据勘察阶段要求的内容和深度、所勘察的道路等级、工程规模及其工作难易程度的不同而加以选择。

初勘阶段所采用的勘察方法,主要为工程地质调查与测绘及综合勘探。一般情况下,采用物探、钻探、原位测试与室内试验等,以必要的工作量完成本阶段的勘察任务。

详勘阶段的勘察方法,主要是以钻探、原位测试和室内试验为主,必要时进行物探和工程地质测绘工作,以详细查明工程地质条件。

施工时的补充工程地质勘察,是针对个别路段、桥位、隧道方案或桥梁的墩台位置、形式、埋深等的变动,以及对所增加的新项目或有特殊地质内容的工程进行的。

1. 工程地质调查与测绘

1)工程地质调查与测绘的内容

工程地质调查测绘的内容应视要求而定。调查测绘的重点也因勘测设计阶段及工程类型的不同而各有所侧重。但其基本内容有以下几个方面：

(1)地形、地貌　地形、地貌的类型、成因、特征与发展过程；地形、地貌与岩性、构造等地质因素的关系地形、地貌与工程地质条件的关系，对路线布设及路基工程的影响等。

(2)地层、岩性　地层的层序、厚度、时代、成因及其分布情况；岩性、风化破碎程度及风化层厚度；土石的类别，工程性质及对工程的影响等。

(3)地质构造　断裂、褶曲的位置、构造线走向、产状等形态特征和地质力学特征；岩层的产状和接触关系，软弱结构面的发育情况及其与路线的关系、对路基的稳定影响等。

(4)第四纪地质　第四纪沉积物的成因类型、土的工程分类及其在水平与垂直方向上的变化规律；土的物理、水理、化学、力学性质；特殊土及地区性土的研究和评价。

(5)地表水及地下水　河、溪的水位、流量、流速、冲刷、淤积、洪水位与淹没情况；地下水的类型、化学成分与分布情况，地下水的补给与排泄条件，地下水的埋藏深度、水位变化规律与变化幅度。地面水及地下水对公路工程的影响。

(6)特殊地质、不良地质　各种不良地质现象及特殊地质问题的分布范围、形成条件、发育程度、分布规律及其对公路工程的影响。

(7)地震　根据沿线地震基本烈度的区划资料，结合岩性、构造、水文地质等条件，通过调查访问，确定≥7度的烈度界线。

(8)工程经验　对既有建筑物的稳定情况和工程措施，进行调查访问，以兹借鉴。

2)工程地质调查

工程地质调查主要是用直接观察和访问群众的方法，需要时可配合适量的勘探和试验工作。

(1)直接观察　直接观察是工程地质调查最重要最基本的方法。它主要利用自然迹象和露头，进行由此及彼、由表及里的观察分析工作，以达到认识路线通过地带工程地质条件的目的。

观察工作的质量，一方面取决于观察点的数量和选择是否恰当，另一方面则取决于调查人员的知识和经验。我们知道，只有理解了的东西才能更深刻地感觉它，如果不具备丰富的理论知识，不熟悉各种地质现象的本质及其相互联系，是很难进行深刻的观察分析工作的。

有经验的地质人员，能充分利用各种自然迹象和露头，运用多种方法互相配合进行观察分析，不仅可保证工作的质量，还可减少不必要的勘探工作。

在公路工程地质调查工作中，常常采用地貌学和地植物学的方法观察分析有关自然迹象。前者根据地貌的形态特征，推断其形成原因和条件，并评价其工程地质条件；后者根据植物群落的种属、分布及其生态特征，推断当地的气候、土质以及水灾地质等条件。有些对土质、水分、盐分等条件要求特别严格的植物，可以作为指示植物加以利用。

(2)访问群众　访问群众是工程地质调查常用的方法。对沿线居民调查访问，可以了解有关问题的历史情况、多年情况及当地与自然灾害作斗争的经验，这对于直接观察往往是必不可少的补充。在某些情况下，这种方法显得尤其重要，例如，对历史地震情况的调查，对沿线洪水位的调查，对风沙、雪害、滑坡、崩塌、泥石流等不良地质的发生情况、活动过程和分布规律的调查都离不开调查访问。

3)工程地质测绘　工程地质测绘是最基本的勘察方法和基础性工作，通过测绘将测区的工程地质条件反映在一定比例尺的地形底图上。工程地质测绘的最终成果是绘制工程地质图。

(1)工程地质测绘范围及比例尺

①测绘范围　应包括路线正线及各比较方案的走廊地带。大桥、特大桥轴线附近的河床和两岸谷坡及阶地,以及河流上、下游,其测绘范围与桥位图相同。长、大隧道所穿越的全部地段(包括洞口路堑)。对于不良地质和特殊性岩土的测绘范围,应视具体情况和类别以及处理范围加以确定。

②测绘比例尺　工程地质测绘所用地形图的比例尺,一般有以下三种:

小比例尺测绘,比例尺1:5000 ~ 1:50 000,一般在可行性研究勘察、城市规划或区域性工业布局时使用;

中比例尺测绘,比例尺1:2000 ~1:5000,一般在初步勘察阶段时采用;

大比例尺测绘,比例尺1:200 ~1:1000,适用于详细勘察阶段或地质条件复杂和重要建筑物地段,以及需要解决某一特殊问题时采用。

对于建筑地段的地质界线,测绘精度在图上的误差不应超过3mm,其他地段不应超过5mm。

(2)工程地质测绘方法要点

工程地质测绘方法有像片成图法和实地测绘法。像片成图法是利用地面摄影或航空(卫星)摄影的像片,在室内根据判释标志,结合所掌握的区域地质资料,把判明的地层岩性、地质构造、地貌、水系和不良地质现象等,调绘在单张像片上,并在像片上选择需要调查的若干地点和线路,然后据此做实地调查,进行核对、修正和补充。将调查的结果转绘在地形图上而成工程地质图。

当该地区没有航测等像片时,工程地质测绘主要依靠野外工作,即实地测绘法。常用的实地测绘法有3种:

①路线法　它是沿着一些选择的路线,穿越测绘场地,将沿线所测绘或调查的地层、构造、地质现象、水文地质、地质界线和地貌界线等填绘在地形图上。路线可为直线型或折线型。观测路线应运择在露头及覆盖层较薄的地方;观测路线方向大致与岩层走向、构造线方向及地貌单元相垂直,这样就可以用较少的工作量而获得较多的工程地质资料。

②布点法　它是根据地质条件复杂程度和测绘比例尺的要求,预先在地形图上布置一定数量的观测路线和观测点。观测点一般布置在观测路线上,但要考虑观测目的和要求,如为了观察研究不良地质现象、地质界线、地质构造及水文地质等。布点法是工程地质测绘中的基本方法,常用于大、中比例尺的工程地质测绘。

③追索法　它是沿地层走向或某一地质构造线,或某些不良地质现象界线进行布点追索,主要目的是查明局部的工程地质问题。追索法通常是在布点法或线路法基础上进行的,它是一种辅助方法。

2. 勘探

工程地质勘探的目的,是了解地质构造、地下水的埋藏,采取土样和水样以便研究岩石性质和地下水化学成分,有时进行野外试验和长期观测也要进行勘探。公路工程地质勘测中,勘探方法有简易勘探、钻探、地球物理勘探等几种。

1)简易勘探

(1)挖探　挖探是公路工程地质勘探中广泛采用的一种方法。它的优点是能取得详尽的直观资料和原状土样。但勘探深度有限,而且劳动强度大。挖探常用的有剥土、槽探和坑探。

剥土　人工将覆盖土清除表层,一般表层厚不超过0.25m,挖至岩层面。

槽探　槽深挖掘成狭长的槽形,其宽度为0.6～1.0m。长度视需要而定,深度小于2m。槽探适用于基岩覆盖不厚的地方,槽探一般应垂直岩层走向或构造线布置。

坑探　抗探是垂直向下掘进的土坑。浅者称为试坑,深者称为探井,坑探断面一般采用1.5×1.0m的矩形,或直径0.8～1m的圆形。坑探深度一般为2～3 m,很少超过10m。坑探适用于不含水或地下水量很少,主要用来查覆盖层的厚度和性质、滑动面、断层、地下水位以及采取原状土样等,如图9-1所示。

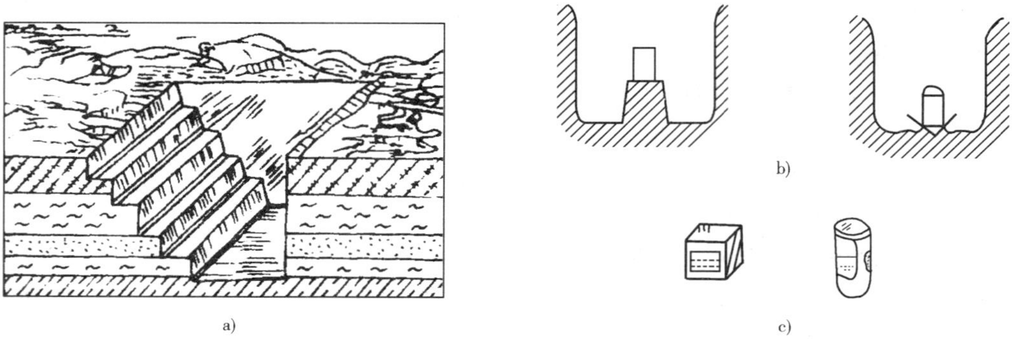

图9-1　试坑

a)探井;b)在探井中取原状土样;c)原状土样

挖探优点是成本低,工具简单、进度快、能取得直观资料和原状土样。缺点是劳动强度大,勘探深度较浅。

(2)轻便勘探　轻便勘探是道路工程地质勘探中经常使用方法。其优点是工具轻、体积小、操作方便,进尺快、劳动强度小,缺点是不能采取原状土样,在密实或坚硬的地层内不易钻进或不能使用。

①小螺纹钻勘探小螺纹钻是用人工加压回转钻进适用于粘性土及亚砂土地层,可以取得扰动土样。一般探深在6m以内。由手把、钻杆、接头及螺纹钻头组成,如图9-2所示。

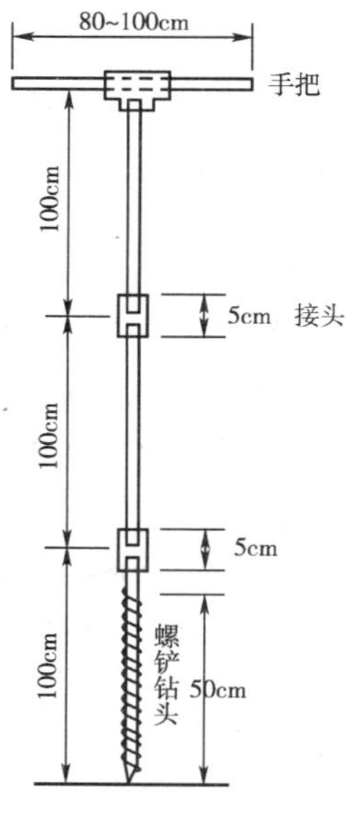

图9-2　螺纹钻头组成

②锥探　锥探是用推具向下冲入土中,凭感觉探查疏松覆盖层的厚度或基岩的埋藏深度。探深一般达10m左右。常用查明黄土陷穴、沼泽、软土的厚度及其基底坡度等如图9-3所示。

③洛阳铲勘探　洛阳护勘探是借助洛阳铲如图9-4所示。用重力冲入土中,钻的直径较小而深度较大的圆形孔。能采取扰动土样。冲进深度一般为10m。在黄土层中可达30m以上。弧形铲头1适用于黄土及粘性土层;圆形铲头2、3可安装铁十字或活叶,既可冲进也可采取砂石样。掌形铲头4可将孔内较大的卵石击碎。

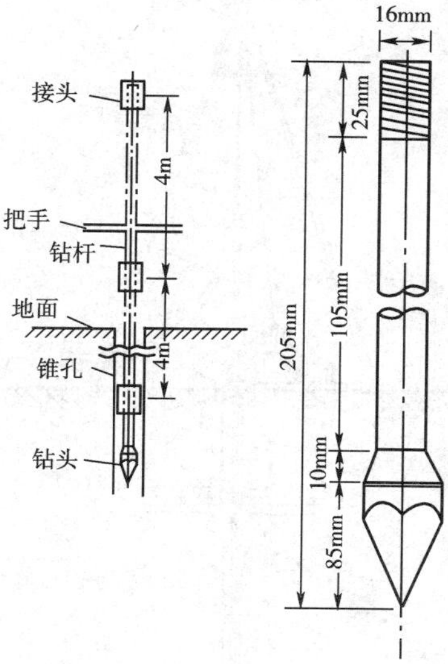

图 9-3　锥探

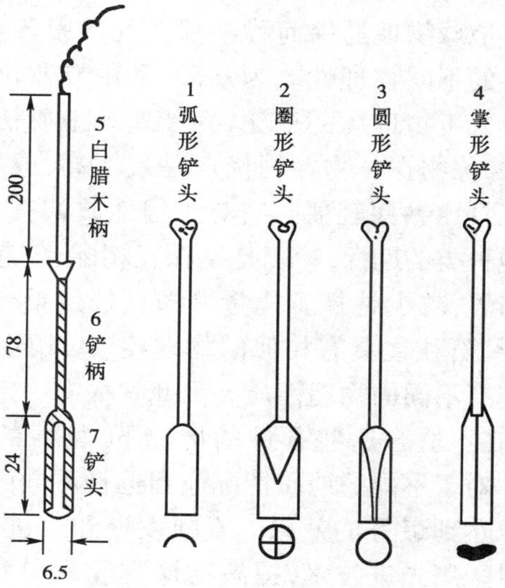

图 9-4　洛阳铲

轻便勘探的优点是工具轻便、简单,操作方使,进尺快,成本低,劳动强度不大。缺点则是不能取原状土样,在密实或坚硬的地层中不易钻进。故这种勘探方法一般用于疏松的地层。

2)钻探

钻探基本上不受地形、地层软硬及地下水的影响和限制,凡简易勘探不能达到目的时均可使用。在工程地质勘测工作中,钻探是广泛采用的一种勘探手段,它可以获得深部地层的地质资料。在道路勘测中,钻探主要用于桥梁,隧道及大型滑坡等不良地质现象的勘探。为保证工程地质钻探工作的质量,在钻进的过程中不放过任何可疑的地方,对所获得的地质资料应进行准确的分析判断,并且要把地面观察的地质资料来指导钻探工作,校核钻探结果。

根据钻进对破碎岩石的方法,钻探可分为冲击钻进、回转钻进、冲击—回转钻进及振动钻进 4 种。下面介绍前 3 种:

(1)冲击钻进　冲击钻进是利用钻具的重力和冲击力,使钻头冲击孔底以破碎岩石。这种方法能保持较大的钻孔口径。人力冲击钻进,使用于粘性土、黄土、砂性土等疏松的覆盖层,可是劳动强度大,难以取得完整的岩心。而机械冲击钻进快,则可减轻劳动强度,并适用基岩、卵、砾石层,但也不能取得完整岩心。

(2)回转钻进　回转钻进一般可分孔底全面钻进和孔底环状钻进(岩心钻进)两种。

回转钻具的原理是利用钻具回转,使钻头的切削对或研磨材料削磨岩石,工程地质勘探经常采用岩心钻进,因为这种方法能得原状土和比较完整的岩心。机械回转钻进,有多种钻头与研磨材料,它能适应各种软硬不同的岩石地层如图 9-5 所示为机械回转钻进的装置。而人力回转钻进仅适用于沼泽、软土、粘性土、砂性土等松软地层,设备简单,但劳动强度较大。

(3)冲击—回转钻进　冲击—回转钻进是在钻进过程中冲击与回转综合作用下进行的,也称综合钻进。在道路桥梁工程地质勘探中广泛使用,因为它适用于各种不同的岩石地层,并能采取完整的岩心。

3) 地球物理勘探

地球物理勘探简称物探。凡是以各种土、石所具有的不同物理性质为基础，采用专业仪器观测天然或人工物理场的变化，判断地下地质情况的一种方法，称物探。物探的优点是效率高、成本低、仪器和工具比钻探轻便。它与工程地质调查、测绘以及其他种类的勘探，特别是钻探互相配合，起到指导钻探布置，减少钻探工作量等的良好效果。但是不同的土、石往往具有相似的物理性质、或同一种土、石可能有不同的物理性质。因此物探有一定的适用条件，在不适合这些条件的情况下，物探的效果就较差。对于不同的地质情况应当选择不同的物探方法以求达到最好的效果。不断发展和改进物探方法，大量采用先进技术，提高物探质量是当前工程地质勘探中的努力方向之一。

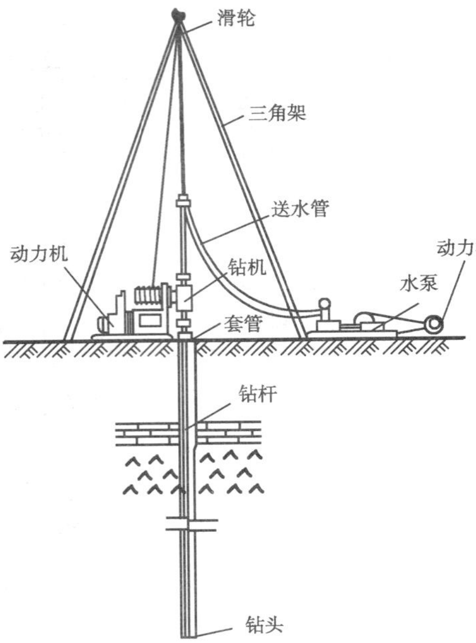

图 9-5　机械回转钻进装置

不断发展和改进物探方法，大量采用先进技术，提高物探质量是当前道路工程地质工作中重要的努力方向之一。工程地质工作中当前常用的物探方法简介如下：

（1）电法勘探　通过测定土、石导电性的差异识别地质情况的方法。电探是很多勘测部门应用较多的方法，经常使用的有电阻率法、充电法、激发极化法和自然电场法等。电探可用于确定基岩埋深，岩层分界线位置，地下水流向、流速及寻找滑坡的滑动面等。

（2）地震勘探　根据土、石的弱性不同、利用人工地震产生的地震弹性波穿过不同的土、石时，其传播速度不同的原理，用地震仪收集这些弹性波传播的数据、借以分析地下地质情况。地震勘探适用于探测覆盖层厚度，岩层埋藏深度及厚度，断层破碎带位置及产状等；还可以根据弹性波传播速度推断岩石某些物理力学性质、裂隙和风化发育情况。

（3）声波探测　属于弹性波勘探的一种方法。它与地震勘探的区别主要是：地震勘探用的是低频弹性波，频率荡围从几赫兹到几百赫兹；主要是利用反射波和折射波勘探大范围地下较深处的地质情况。声波探测用的是高频声振动，常用频率为几千赫兹到 20kHz。

利用直达波的传播特点，了解较小范围岩体的结构特征，研究节理、裂隙发育情况，评价隧道围岩稳定性等，以便解决岩体工程地质力学等方面的一些刚。根据岩体弹性纵波速度，是判定岩体质量和围岩分级的重要指标。因此，对于重要工程应尽量开展地震勘测和声波探测。

（4）磁法勘探　是以测定岩石破性差异为基础的方法。可以用这种方法确定岩浆岩体的分布范围，确定接触带位置，寻找岩脉、断层等。

（5）触擦　是把装有电阻应变仪或电子电位差计的探头顶入或打入地下，根据探头进入地基土层进所遇到的阻力，直接得到地基承载力的方法。连续缓慢压人者为静力触探；振动冲击打入者为动力触探。静力触探适用于一般粘性土和砂类土中，动力触探可用于碎石一卵石类土中。在广大平原地区第四纪松散沉积物的勘探和试验工作中，采用触探方法能提高效率，简化工作过程，较合理、准确地提供地基承载力数值，而且设备轻便，劳动强度降低。近年来在工程建筑部门研究使用触探方法取得了良好效果。

(6)测井　是在钻孔中进行各种物探的方法，有电测井、磁测井之分。正确应用测井法有助于降低钻探成本，提高钻孔使用率，验证或提高钻探质量，充分发挥物探与钻探相结合的良好效果。

其他的物探方法还有重国勘探、放射性勘探及电磁波探测、钻孔电视、地质雷达探测等，目前在工程地质勘测中已开始使用。

4)航空勘测及遥感技术在工程地质中的应用

(1)航空工程地质工作　是直接或是间接利用飞机或其他飞行工具，并借助各种仪器对地面做地质调查，通过野外核对工作，编制工程地质图的一种专门方法。当前航空工程地质勘测主要是航空目测和航空摄影资料判释。航空摄影资料判释是利用航摄相片进行内业判释和外业核对。航空工程地质勘测可以解决如下几个问题：

①可将一部分野外工作转为室内工作；

②划分岩石的分界线，岩石类别及年代和地质构造；

③了解水文地质情况；

④能确定地貌形态，植被及地表水情况；

⑤不良地质现象的分布范围；

⑥初步确定建筑材料产地。

(2)航片与卫片判释在公路工程地质测绘中的应用　航片、卫片能真实、集中地反映大范围的地层岩性、地质构造、地貌形态和物理地质现象等，对其详加判释研究，能够迅速给人以全面认识；与测绘工作相结合，能起到减少工作量并提高精度和速度的作用。尤其在人烟稀少、交通不便的偏远山区测绘，充分利用航片、卫片判释，更有特殊的意义。近年来，我国在工程地质测绘中应用航片、卫片已取得不少经验，值得进一步推广，不断提高判释水平。这一方法，一般在工程初级勘察阶段的中、小比例尺工程地质测绘中，效果较为显著。新路线的选择，利用航片、卫片能清楚地了解地形条件，在室内初选结合地质判释，非常方便。断层的分布及其活动性，能在图像上清楚显示，并能发现一些隐伏断层；论证区域稳定性提供较可靠的依据，利于选择；可扩大视域，对公路工程地质环境获得宏观的认识，避免工程地质测绘中因范围大小而造成的错觉。航片、卫片判释，能从较大范围比选工程场地或线路，能及时淘汰显著不利的方案。

航片、卫片判释，必须与实地观察结合，互相印证，才能较好地发挥作用。判释地质体及地质现象，需依靠判释标志。卫片与航片的判释大同小异，判释标志是色调特征和形态(阴影、形状、大小)，两者缺一不可。标志建立后，即可进行判释。

辨认岩性地层，航片通常比卫片好。卫片分辨率低，辩认岩性地层单位较困难。有时只能建立“遥感”单位。实践证明，岩类分布广、色调和性质差异大，容易判释；反之，难以判释。沉积岩判释效果稍佳，岩浆岩次之，变质岩最难判释。侵入岩呈单一均匀色调，酸性岩色浅，基性岩色深，呈现团块状或条带状纹理，水系多为树技状或放射状。沉积岩因具层理，象片上常呈条带状花纹。砾砂岩多成陡坡，色调较暗，石灰岩、白云岩常是陡峻山崖及岩溶地貌，色浅。石英岩、大理岩色调也浅，不易风化，常成高山峻岭，成陡壁。片岩常呈梳状地形。片麻岩像岩浆岩，多呈块状，有时看到受片麻构造控制的沟谷发育。松散土密实程度和含水情况不同，像片上的表现不同。

航片、卫片判释地质构造的效果最好，尤其当地形切割强烈、露头良好、中小型地貌发育的情况下判释较容易。水平岩层显露的轮廓线与地形轮廓线相似，呈花瓣状纹理，水系常呈放射状，色调多为深浅相间的环带形。倾斜岩层的地表露头线，服从"*V*"字形法则。断层明显呈现为线状分布，沿线出现三角面、垭口、断层沟槽、串珠状的洼地、山脊错位等，并常有一系列泉水；区域性大断裂还呈现山地与平原截然相接的现象。利用红外扫描图像可较易判释大断层，发现隐伏大断裂；其两侧显示不同色调，表现为线性特征。

地下水判释主要靠红外扫描图像，它对浅层地下水有一定"透视"能力。含水丰富的土层，白天的图像上显示冷异常，呈黑色；夜间和凌晨的图像上则显示热异常，呈白色；籍此可判释浅层地下水的存在、泉水或地下水溢出带也有清楚显示。狭长地带的冷异常是古河道和富水构造破碎带的显示，线性异常两侧色调明显差异反映断层富含浅层地下水。植物覆盖的热辐射特性也可间接显示浅层地下水的存在。干旱区，植物覆盖常在浅层地下水地段发育。小比例尺卫片适于大地貌类型的研究，大比例尺卫片对中小地貌及物理地质现象的研究效果较好。像片上滑坡形态很清楚，滑坡周界呈现深色色环，陡立滑坡壁色调较深。区域研究可看出滑坡分布规律，发现主要控制因素，还可根据滑坡形态的保留情况、色调和水系等，判释滑坡稳定性。稳定状态的老滑坡呈较均匀深色调，两侧沟槽深切，双沟同源。稳定或暂时稳定的新滑坡呈均匀的灰或浅灰色调，沿周界有较明显色差。刚发生仍在活动的滑坡呈现灰白、白色色调相间的"色斑"，地形破碎起伏，周界棱角清晰，裂缝可见。泥石流的分布、规模及形成过程。也可判释研究，现在已经可以利用航空遥感估算泥石流流量。通过向片判释泥石流的分布界限和形成区岩屑泥土的堆聚情况，提供公路选线的参考。像片判释对沙丘的分布范围、规模、成因类型及发展过程和趋势的研究；效果特别显著，可用于公路选线和制定工程防护措施。

3. 试验

试验是工程地质勘测的重要环节，是对土石工程性质进行定量评价的必不可少的方法，是解决某些复杂的工程地质问题的主要途径。工程地质试验可分为室内试验和现场原位测试两种。

1）室内试验

土的试验一般包括土的成分、物理性质、水理性质与力学性质 4 个主要部分。岩石的试验一般包括物理性质与力学性质两个部分。选择室内试验的项目、数量和条件时，应根据工程要求，设计阶段和当地自然条件等因素确定。一般试验项目包括以下内容：

（1）粘性土：天然容重、天然含水量、比重、孔隙比、可塑性、压缩性和抗剪强度等。

（2）砂土：颗粒分析、天然容重、天然含水量、比重和自然休止角等。

（3）碎石土：可做颗粒分析、现场大体积的容重和含有粘性土较多的碎石土要做粘土的天然含水量和可塑性指标试验。

（4）岩石：必要时测定饱和状态下的单轴极限抗压强度。

（5）地下水：一般要测定水的 pH 值、Ca^{++}、M_g^{++}、Cl^-、SO_2^{--}、HCO_3^-、游离的 CO_2 和侵蚀性的 CO_2。在地下水被工业污染时，尚应测定 Cu^{2+}、Zn^{2+}、NH_4^+、Fe^{2+}、Al^{3+}、H_2S 等。这些试验在其他课程中详细介绍，这里从略。

2）现场原位测试

所谓现场原位测试就是在岩土层原来所处的位置基本保持的天然结构、天然含水量以及天然应力状态下，测定岩土的工程力学性质指标。工程地质现场原位测试的主要方法有静力载荷试验、触探试验、剪切试验和地基土动力特性试验等。选择现场原位测试试验方法应根据建筑类型、岩土条件、设计要求、地区经验和测试方法的适用性等因素选用。本节仅就现场原位测试的一些主要方法加以介绍。

（1）静力荷载试验　静力荷载试验包括平板载荷试验（PLT）和螺旋板荷载试验（SPLT）。平板荷载试验适用于浅部各类地层，螺旋板荷载试验适用于深部或地下水位以下的地层。静力荷载试验可用于确定地基土的承载力、变形模量、不排水抗剪强度、基床反力系数及固结系数等。下面主要以平板荷载试验为例介绍静力荷载试验的基本原理和方法。

①静力荷载试验装置和基本技术要求　静力荷载试验的主要设备有3个部分，即加荷与传压装置、变形观测系统及承压板（图9-6）。试验时将试坑挖到基础的预计埋置深度，整平坑底，放置承压板，在承压板上施加荷重来进行试验。基坑宽度不应小于承压板的宽度或直径的3倍。注意保持试验土层的原状结构和天然温度。承压板应为刚性圆形板或方形板，其面积为0.25～0.50 m^2。加荷等级不应少于8级，最大加载量不少于荷载设计值的两倍。每级加载后按时间间隔10min、10min、10min、15min、15min测读沉降量，以后每隔30min测读一次沉降量。当连续两个小时内，每小时的沉量小于0.1mm时，则认为已趋稳定，可加下一级荷载。当出现下列情况之一时，即可终止加载。

a. 承压板周围的土明显侧向挤出；

b. 沉降量（S）急剧增大，荷载—沉降曲线（p-S曲线）出现陡降段；

c. 在某一级荷载下，24h内沉降速率不能达到稳定标准；

d. 相对沉降量$S/b \geq 0.06$（b为承压板的宽度或直径）时。

②静力荷载试验资料的应用

a. 确定地基承载力。根据静力荷载试验成果绘制出的p-S曲线（图9-7）按下述方法确定地基承载力，图中I为压密阶段，II为塑性变形阶段，III为破坏阶段。

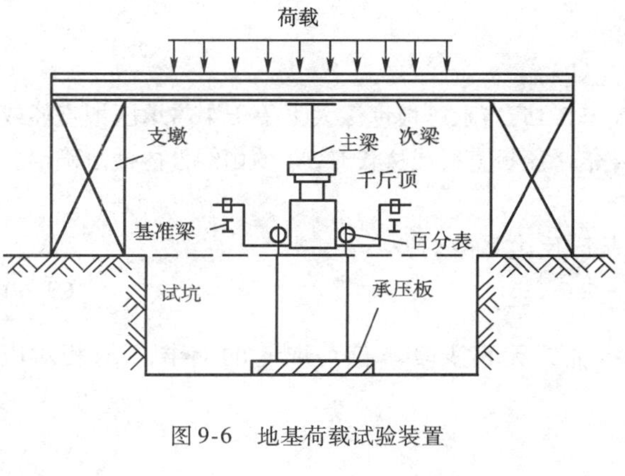

图9-6　地基荷载试验装置

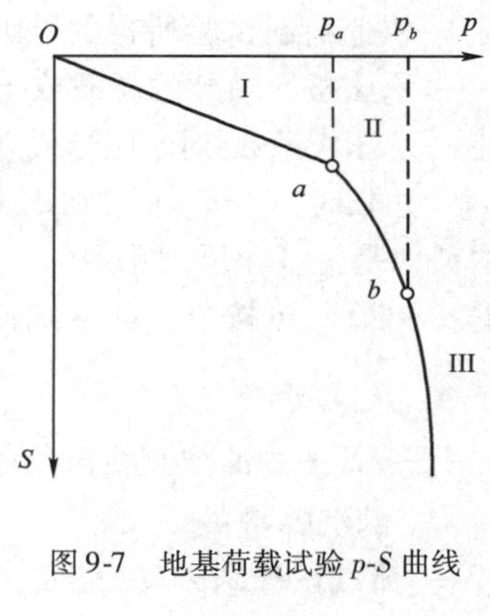

图9-7　地基荷载试验 p-S 曲线

• 当 p-S 曲线上有明显的比例界限时，取该拐点 a 所对应的荷载值 p_a 作为地基承载力基本值，即取 $f_0 = p_a$；

• 当极限荷载(p_u)能够确定，即对应曲线上的 b 点，且该值小于对应的比例界限荷载 p_a 的1.5倍时，取极限荷载值的一半作为地基承载力基本值，即取 $f_0 = \frac{1}{2}p_a$；

• 不能按上述两点确定时，如承压板面积为0.25～0.50 m，对于低压缩性土和砂土，可取 $S/b = 0.01 \sim 0.015$ 所对应的荷载值作为地基承载力基本值；对于中高压缩性土，可取 $S/b = 0.02$ 所对应的荷载值作为地基承载力基本值。

静力荷载试验时，同一土层参加统计的试验点不应少于3点，基本值的极差不超过平均值的30%，取此平均值作为地基承载力标准值，即当 $f_{0\min} \leqslant 0.03\frac{1}{n}\sum_{i=1}^{n} f_{0i}$ 时，取

$$f_k = \frac{1}{n}\sum_{i=1}^{n} f_{0i} \tag{9-1}$$

式中：n——参加统计的试验点数

b. 确定地基土的变形模量

一般取 p-S 曲线的直线段，用公式(9-2)计算地基土的变形模量 E_0 值：

$$E_0 = (1-\mu^2)\frac{\pi B}{4} \cdot \frac{\Delta \rho}{\Delta \varepsilon} \tag{9-2}$$

式中：B——承压板的直径(m)，当为方形板时，$B = 2\sqrt{\frac{A}{\pi}}$，$A$ 为方形板的面积(m^2)；

$\Delta p/\Delta \varepsilon$——$p$-$S$ 曲线直线段的斜率(kPa/m)；

μ——地基土的泊松比，砂土和粉土 $\mu = 0.33$，可塑至硬塑粘性土 $\mu = 0.38$，软塑至流塑粘性土和淤泥质粘性土 $\mu = 0.41$。

当 p-S 曲线直线段不明显时，可用前面介绍的确定地基承载力基本值与相应的沉降量代入公式(9-2)计算 E_0。但此时应与其他原位测试资料比较，综合考虑确定 E_0 值。

估算地基土的不排水抗剪强度。对于饱和的软粘土层，可按公式(9-3)用快速法荷载试验(不排水条件)的极限承载力。估算土的不排水抗剪强度 C_u：

$$C_u = \frac{p_u - \sigma_0}{N_c} \tag{9-3}$$

式中：p_u——快速荷载试验所得的极限压力(kPa)；

σ_0——承压板周边外的超载或土的自重应力(kPa)；

N_c——承压板系数，对于圆形或方形承压板，$N_c = 6.15$，当承压板埋深大于等于4倍承压板直径或边长时，$N_c = 9.40$，当承压板埋深小于4倍承压板直径或边长时，N_c 值由线性内插法确定。

③估算地基土基床反力系数

根据 p-S 曲线，可按公式(9-4)估算荷载试验基床反力系数。

$$K_{v1} = \frac{P}{s} \tag{9-4}$$

式中：$\frac{p}{S}$——p-S 关系曲线直线段的斜率，如果 p-S 曲线无直线段，p 值可取 p_a 的一半，S 取相对应的沉降量；

K_{v1}——荷载试验基床反力系数(kN/m^3)。

然后，按公式(9-5)计算出基准基床反力系数 K_v：

粘性土 $$K_v = 3.28BK_{v1} \tag{9-5a}$$

砂土 $$K_v = \frac{4B^2}{(B+0.305)^2}K_v \tag{9-5b}$$

式中：B——基础的宽度(m)。

再根据基准基床反力系数可确定地基土的基床反力系数 K_s：

粘性土 $$K_s = \frac{3.05}{B_F}K_v \tag{9-6a}$$

砂土 $$K_s = \left(\frac{B_F+0.305}{2B_F}\right)^2 K_v \tag{9-6b}$$

式中：B_F——基础的宽度(m)；

K_s——地基土基床反力系数(kN/m^3)。

在应用静力荷载试验资料确定地基土的承载力和变形模量、估算软土地基的不排水抗剪强度和地基土的基床反力系数时，必须注意两个问题：一是静力荷载试验的受荷面积比较小，加荷后受影响的深度不会超过2倍承压板边长或直径，而且加荷时间比较短，因此不能通过静力荷载试验提供建筑物的长期沉降资料；二是沿海软粘土地区地表往往有一层“硬壳层”，当用小尺寸的承压板时，常常受压范围还在地表硬壳层内，其下软弱土层还未受到较大荷载应力的影响，对于实际建筑物的大尺寸基础，下部软弱土层对建筑物的沉降起着主要影响(图9-8)。因此，静力荷载试验资料的应用是有条件的，要充分估计试验影响范围的局限性，注意分析试验成果与实际建筑物地基之间可能存在的差异。

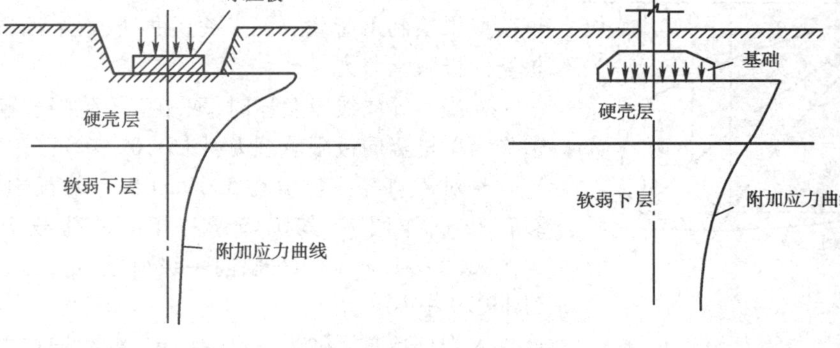

图9-8 承压板与实际基础尺寸的差异对评价建筑物沉降的影响

(2)单极垂直静荷载试验 桩基设计的关键问题之一是确定单桩的承载力。确定单桩承载的方法有荷载试验、静力法和动力法等。规范规定对于安全等级为一级的建筑物，单桩的竖向承载力应通过现场静荷载试验确定。

①单桩垂直静荷载试验的基本要求 现场静荷载试验的装置设备主要有荷载系统和观测系统两个部分，根据加荷方式的不同分为堆载法和锚桩法两种(图9-9)。

对于预制桩，规范规定在砂土中入土7天后，粘土中不得少于15天方可进行试桩。对于灌注桩应在桩身混凝土强度达到设计强度后方可进行静荷载试验。每级荷载值约为单桩承载力设计值的$\frac{1}{5}\sim\frac{1}{8}$，逐级等量加载。每级加载后隔5min、10min、15min各测读桩沉降量一次，以后每隔

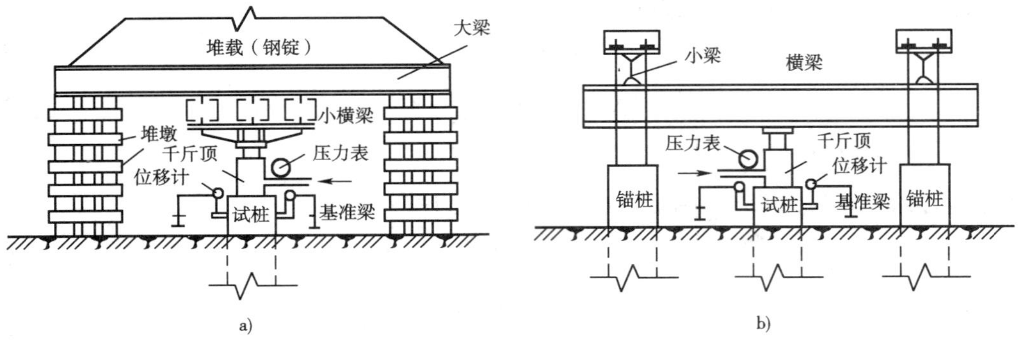

图 9-9 单桩静荷载试验装置

a）堆载法；b）锚桩法

15min 测读一次，累计 1 个小时后每隔半个小时测读一次。在每级荷载作用下，桩的沉降量在每小时内小于 0.1mm 时，则认为本级荷载下桩的沉降达到稳定，可以施加下一级荷载。当出现下列情况之一时，试桩即可以终止加载。

a. 荷载—沉降曲线（Q-S 曲线）上有可判断的极限承载力的陡降段，且桩顶总沉降量超过 40 mm；

b. 桩顶总沉降量达到 40 mm 后，继续增加二级或二级以上荷载仍无陡降段；当桩端支承在坚硬岩（土）层上时，桩的沉降量很小，最大加载量不应小于设计荷载的两倍。

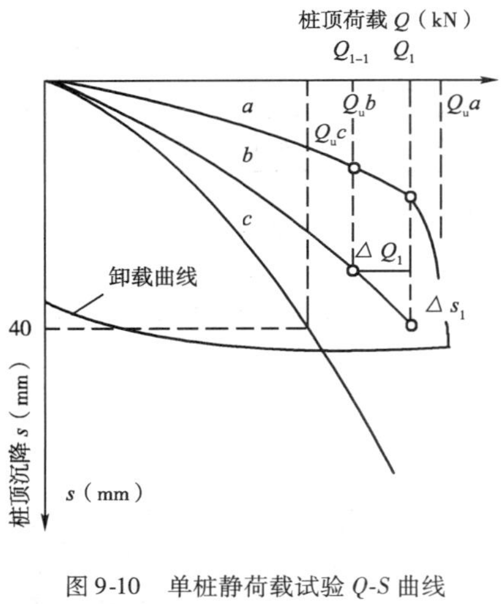

图 9-10 单桩静荷载试验 Q-S 曲线

②单桩垂直静荷载试验成果的应用

a. 确定单桩竖向极限承载力。根据单桩垂直静荷载试验成果绘制出荷载—沉降关系曲线，按下面方法确定单桩竖向极限承载力：

- 当 Q-S 曲线段明显时，取相应于陡降段起点的荷载值作为单桩竖向极限承载力（图 9-10 中 a）；
- 对于直径或桩宽在 550 mm 以下的预制桩，当在某级荷载 Q_i 作用下，其沉降量与相应的荷载增量的比值 $\Delta s_i/\Delta Q_i \geqslant 0.1$mm kN 时，取前一级荷载 Q_{i-1} 为极限承载力（图 9-10 中 b）；
- 当桩顶总沉降量达到 40 mm，继续增加两级或以上荷载仍无陡降段时，在 Q-S 曲线上取 s = 40 mm 相对应的荷载作为单桩竖向极限承载力（图 9-10 中 c）；
- 对桩基沉降有特殊要求者，应根据具体情况选取单桩竖向极限承载力。

对于每个单项工程，试桩数量不应少于总桩数的出，且最少不应少于 3 根。根据参加统计的试桩，当满足其极差不超过平均值的 30% 时，可取其平均值作为单桩竖向极限承载力。

将单桩竖向极限承载力除以安全系数 2，即可得到单桩竖向承载力标准值，即：

$$R_k = \frac{R_u}{2} \tag{9-7}$$

式中：R_u——单桩竖向极限承载力(kN)；

R_k——单桩竖向承载力标准值(kN)；

2——安全系数。

b.划分桩侧摩阻力和桩端阻力。在半对数坐标纸上，以荷载 Q 为横坐标，以桩顶总沉降量 S 为纵坐标绘制出 $\lg Q$-S 曲线(图9-11)。这条曲线的曲线段和陡降直线段分界转折点比较明显，取直线段的起始点作为单桩极限承载力。这种方法确定单桩极限承载力简单明确，也可用来划分桩侧极限摩阻力和桩端阻力。其方法是：以极限荷载为始点的直线段向上延长与横坐标相交，交点与坐标原点之间的荷载值即为单桩桩侧极限摩阻力，其剩余部分为桩端阻力。用这种方法划分的结果与实测结果十分接近。

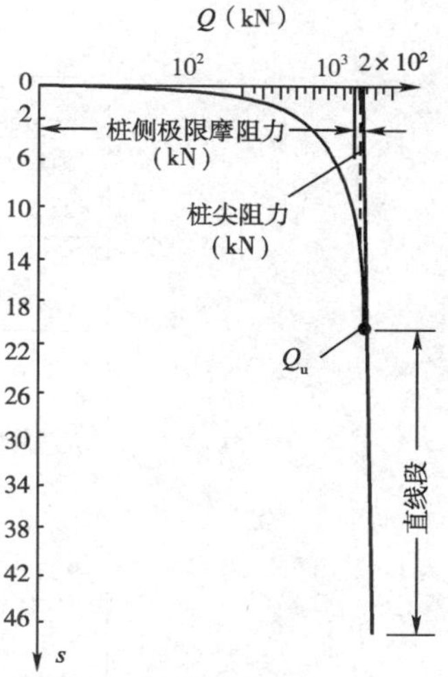

图 9-11 试桩 lg Q-S 曲线

(3)静力触探试验 静力触探试验是通过一定的机械装置，将某种规格的金属探头用静力压入土层中，同时用传感器或直接量测仪表测试土层对触探头的贯入阻力，以此来判断、分析、确定地基土的物理力学性质。静力触探试验适用于粘性土、粉土和砂土，主要用于划分土层、估算地基土的物理力学指标参数、评定地基土的承载力、估算单桩承载力及判定砂土地基的液化等级等。

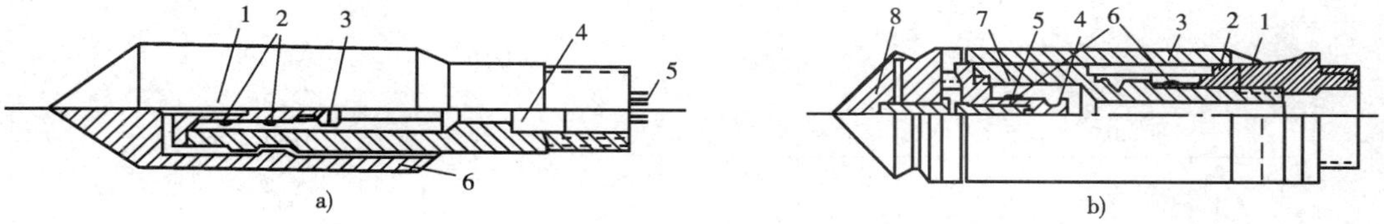

1-顶柱；2-电阻应变片；3-传感器；4-密封垫圈套；5-四芯电缆；6-外套筒

1-传力杆；2-摩擦传感器；3-摩擦筒；4-锥尖传感器；5-顶柱；6-电阻应变片；7-钢珠；8-锥尖头

图 9-12 静力触探探头示意图

a)单桥探头结构；b)双桥探头结构

①静力触探试验的技术要求 静力触探试验使用的静力触探仪主要由 3 部分组成：

a.贯入装置(包括反力装置)其基本功能是可控制等速压贯入；

b.传动系统主要有液压和机械两种系统；

c.量测系统这部分包括探头、电缆和电阻应变仪或电位差计自动记录仪等。

常用的静力触探探头分为单桥探头和双桥探头(见图 9-12)，其规格见表 9-1 所示。

静力触探探头规格 表 9-1

钻头截面积 (cm^2)	探头直径 (mm)	锥角 α(°)	单桥探头	双桥探头	
			有限侧壁长度 L(mm)	摩擦侧壁面积(cm^2)	摩擦筒长度 L(mm)
10	35.7	60	57	200	179
15	43.7		70	300	219
20	50.4		81	300	189

单桥探头：单桥探头能测定一个触探指标——比贯入阻力 p_s。p_s 值是指探头锥尖底面积 A

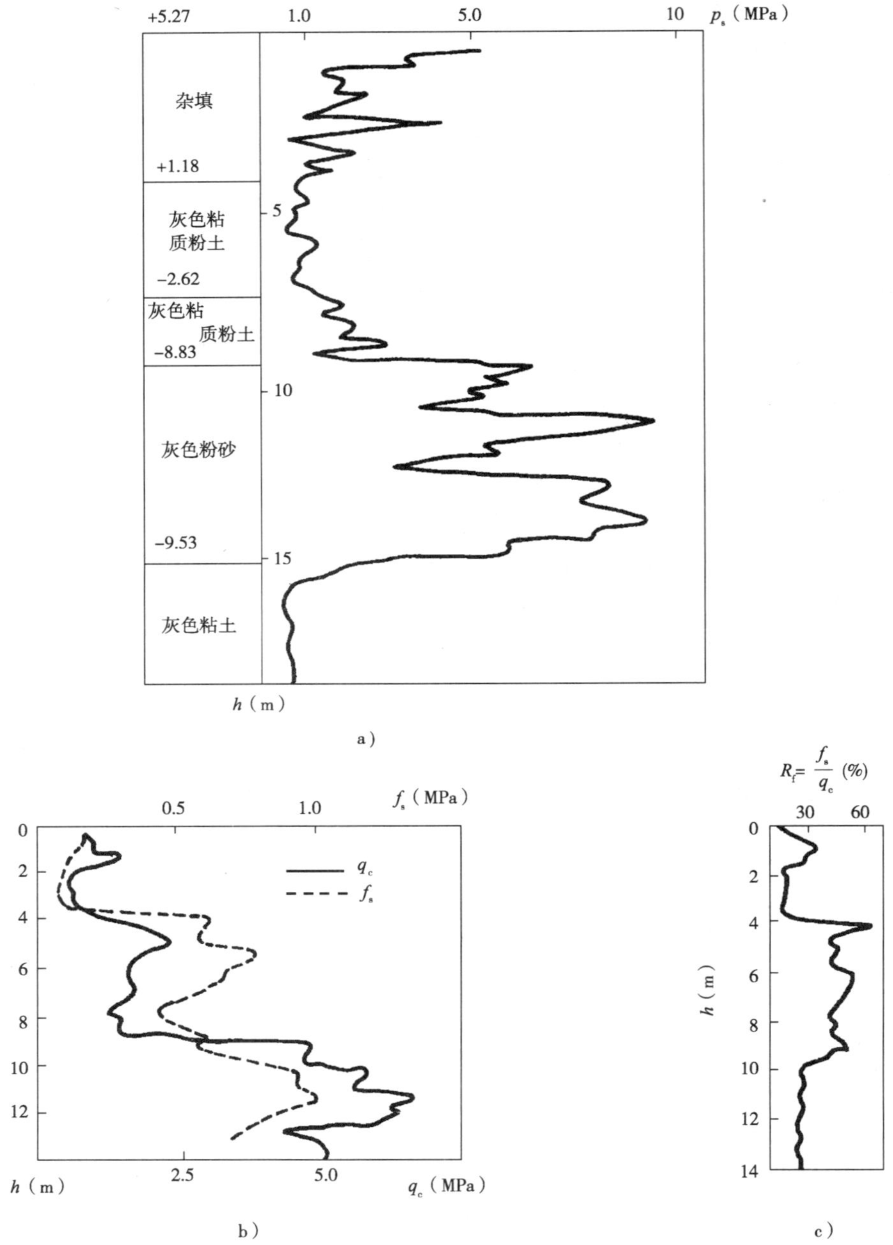

图 9-13　静力触探曲线

a）静力触探 p_c-h 曲线；b）静力触探 q_c-h 和 f_s-h 曲线；c）静力触探 R_f-h 曲线

与总贯入阻力 P 的比值，即

$$p_s=\frac{P}{A} \tag{9-8}$$

这一贯入阻力对应于一定几何形状的探头，因此是相对贯入阻力。经大量试验研究，按表

9-1 确定的探头规格,触探结果不受其规格尺寸的影响。

双桥探头:双桥探头能测定两个触探指标——锥尖阻力 q_c 和侧壁摩阻力 f_s,其定义如下:

$$q_c = \frac{Q_c}{A} \tag{9-9}$$

$$f_s = \frac{P_f}{F} \tag{9-10}$$

式中:Q_c——分别为锥尖总阻力和侧壁摩阻力;

A、F——分别为锥底截面积和摩擦筒表面积。

在静力触探的整个过程中,探头应匀速,垂直地压入土层中,贯入速率一般控制在(1.2 ± 0.3)m/min。静力触探探头传感器必须事先进行率定,室内率定非线性误差、重复性误差、滞后误差、温度飘移,归零误差范围应为 ±(0.5% ~1.0%)。在现场试验时,应检验现场的归零误差不得超过3%,它是试验质量的重要指标。触探时,深度记录误差一般为 ±1%。当贯入深度大于50m 时,应量测触探孔的偏斜度,校正土的分层界线。

②静力触探试验成果的应用

a. 根据贯入阻力曲线的形态特征或数值变化幅度划分土层。在建筑物的基础设计中,对于地基土,按土的类型及其物理力学性质,结合地质成因进行分层是十分重要的。特别是在桩基础设计中,桩端持力层的标高及其起伏程度和厚度变化,是确定桩长的重要设计依据。

根据静力触探曲线(见图 9-13)对地基土进行力学分层,或参照钻孔分层结合静力触探 p_c 或 q_s 及 f_s 值的大小和曲线形态特征进行地基土的力学分层,并确定分层界线。由于地基土层特性变化的复杂性,在划分土层的界线时,应注意以下两个问题。一是在探头贯入不同工程性质的土层界线时,p_s 或 q_c 及 f_s 值的变化一般是显著的,但并不是突变的,而是在一段距离内逐渐变化的。如图 9-14 中的 q_c-h 曲线 ABC 段所示,探头由软土层向硬土层贯入时测得的 q_c 值有提前(A、D)和滞后(C、F)现象,即当探头离硬土层面一定距离时,q_c 开始逐渐增大,并且当探头贯入硬土层一定深度才达到其最大值。同理,当探头通过硬土层面贯入软土层时的情形也是如此,只不过 q_c 值由最大值逐渐变小。因此,软土层与硬土层的分界线应为 B 点和 E 点。二是工程实践中经常发现,静力触探所划分的土层界线与实际分界线在深度不大时,两者相差不多,约差 20 ~40cm。当触探深度较大超过40 m以上,而且下部有硬土层存在时,静力触探定出的分层深度往往比钻探所定的分层深度大。产生这种误差的原因是在触探中深度记录误差过大和细长的探杆发生挠曲,探杆弯曲后就沿弯曲方向继续贯入,使触探深度大于实际深度。产生深度误差的这两个因素,通过严格认真的操作,并在探头内附设测斜装置,是能够将误差控制在规定的范围内的。

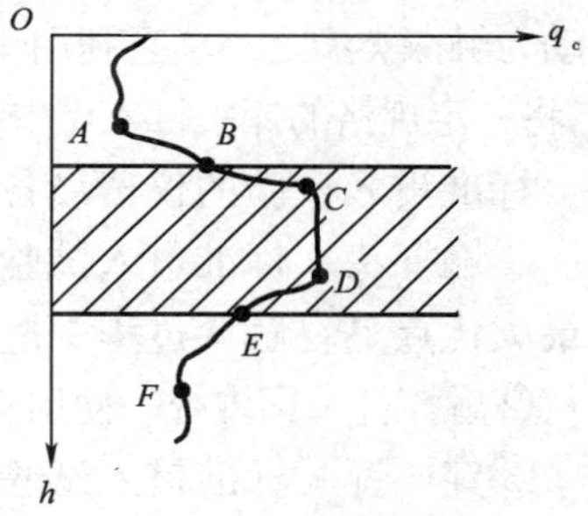

图 9-14 不同土层界线处的超前和滞后

综上所述,用静力触探曲线划分土层界线的方法原则如下:

- 上下层贯入阻力相差不大时,取超前深度和滞后深度的中心,或中心偏向小阻力土层 5 ~10 cm处作为分层界线;
- 上下层贯入阻力相差一倍以上时,取软土层最后一个(或第一个)贯入阻力小值偏向硬土层 10 Cm 处作为分层界线；

- 上下层贯入阻力无甚变化时，可结合 f_c 或 R_f（摩阻比 $=f_s/q_c$）的变化确定分层界线。

b. 评定地基土的强度参数。对于粘性土由于静力触探试验的贯入速率较快，因此对量测粘性土的不排水抗剪强度是一种可行的方法。经过大量的试验和研究，探头锥尖阻力基本上与粘性土的不排水抗剪强度呈某种确定的函数关系，而且将大量的测试数据经数理统计分析，其相关性都很理想。

c. 评定土的变形指标。大量研究成果表明，在临界深度以下贯入时，土作压缩变形起着重要作用。无论是从理论上还是从 q_c 或 p_s 与 E_s 和 E_0 的数理统计分析方面，都反映了 q_c（或 p_s）与 E_s 或 E_0 等一些土的压缩变形指标存在良好的函数关系。

d. 评定地基土的承载力。关于用静力触探的贯入阻力确定地基土的承载力基本值的方法，我国开展了大量的研究工作，已取得了许多可靠、合理的实用成果。但是，由于我国疆域辽阔，土层成因类型和结构复杂，差异很大，因此不形成一个统一的公式来确定各地区的地基承载力。反映了我国部分地区一般土类的地基承载力基本值的经验关系。

e. 估算单桩承载力

(4)标准贯入试验　标准贯入试验设备及技术要求：标准贯入试验是动力触探类型之一。它利用规定重量的穿心锤，从恒定高度上自由落下，将一定规格的探头打入土中，根据打入的难易程度判别土的性质。

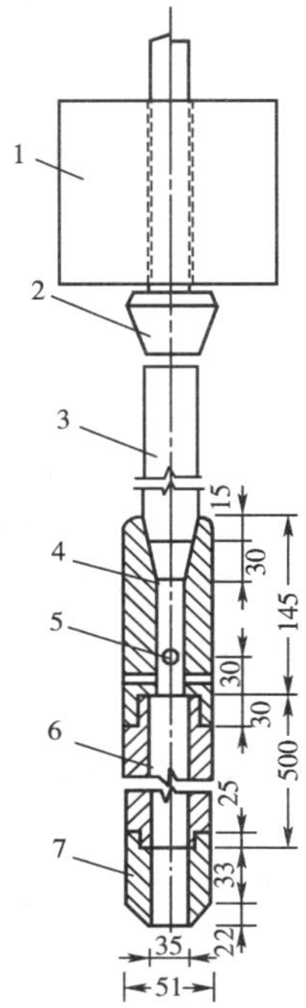

图9-15　贯入设备（尺寸单位：mm）

1-穿心锤；2-锤垫；3-钻杆；4-贯入器头；5-出水口；6-由两半圆形管并和而成的贯入器身；7-贯入靴

标准贯入试验的仪器设备如图 9-15 所示，主要由 3 部分组成：

①触探头　标准贯入试验探头为两个一定规格的半圆合成的圆筒，称为标准贯入器。它的最大优点是在触探过程中配合取土样，以使室内试验分析；

②触探杆　国内统一使用直径 42mm 的圆形钻杆，国外有使用直径 50mm 或 60mm 的钻杆；

③穿心锤　标准贯入试验穿心锤质量为 63.5kg，规定自由落距为 76cm。

该试验按上述规定的穿心锤质量和落距，将贯入器连续贯入土中 30cm 所需的锤击数，称为标准贯入试验锤击数，记为 $N_{63.5}$ 遇到硬土层，贯入击数较大而且仍未贯入 30cm 时，可按下式换算为 $N_{63.5}$，即：

$$N_{63.5}=30\frac{n}{\Delta S} \tag{9-11}$$

式中：n——实际试验锤击数；

ΔS——与 n 次试验锤击数相对应的贯入量（cm）。

标准贯入试验所得的指标 $N_{63.5}$ 表示探头贯入土中的难易程度，因此可以依据它判别土的性质。随着触探深度的加大，所得锤击数 $N_{63.5}$ 实际上受到了触探杆质量及杆壁摩擦力的影响，因此应根据触探杆长度对锤击数进行修正：

$$N=\alpha N_{63.5} \tag{9-12}$$

式中：N——按触探杆长度修正后的标准贯入试验锤击数；

$N_{63.5}$——实际贯入 30 cm 所需锤击数；

α——触探杆长度校正系数，见表 9-2。

触探杆长度校正系数 表 9-2

触探杆长(m)	≤3	6	9	12	15	18	21
校正系数(α)	1.00	0.92	0.86	0.81	0.77	0.73	0.70

（5）标准贯入试验成果的应用 标准贯入试验可确定地基土的承载力，判别砂土的密实状态、振动液化及细粒土的稠度状态等，下面分别加以简单介绍。

①评定砂土的密实度。《公路桥位勘测设计规范》（JTJ 062—91）根据标准贯入试验锤击数 N 将砂土的密实度划分为密实、中密、稍密和松散，详见表 9-3。

按标准贯入试验锤击数 N 值确定砂土的密实度 表 9-3

N 值	密实度	N 值	密实度
$N \leqslant 10$	松散	$15 < N \leqslant 30$	中密
$10 < N \leqslant 15$	稍密	$N > 30$	密度

②确定地基土承载力。《建筑地基基础设计规范》（GBJ 7—89）是将标准贯入试验锤击数 $N_{63.5}$ 用公式（9-13）进行修正，然后依据该式得到的锤击数 N 查表 9-4 及表 9-5 确定砂土和粘性土的地基承载力标准值 f_k。

$$N = \mu - 1.65\sigma \tag{9-13}$$

式中：N——按数理统计方法修正后的标准贯入试验锤击数；

μ——现场标准贯入试验锤击数的平均值， $\mu = \frac{1}{N}\sum_{i=1}^{n} N_{63.5}$；

σ——现场标准贯入试验锤击数的标准差，$6 = \sqrt{[\sum_{i=1}^{n} N_{63.5}{}^2 - n\mu^2]/(n-1)}$；

n——现场标准贯入试验次数，即参加统计的 $N_{63.5}$ 的样本数。

砂土承载力标准值 f_k 表 9-4

土类 \ N	10	15	30	50
中、粗砂 f_k(kPa)	180	250	340	500
粉、细砂 f_k(kPa)	140	180	250	340

粘性土承载力标准值 表 9-5

N	3	5	7	9	11	13	15	17	19	21	23
f_k(kPa)	105	145	190	235	280	325	370	430	515	600	680

③评定粘性土的状态。武汉勘察公司提出的标准贯入试验锤击数 N 与粘性土的状态关系见表 9-6。

太沙基（Terzashi）和佩克（Peck）提出 N 与粘性土状态的关系见表 9-7。

标贯击数 N 与粘性土液性指数 I_L 的关系　　表 9-6

N	<2	2~4	4~7	7~18	18~35	>35
I_L	>1	1~0.75	0.45~0.5	0.5~0.25	0.25~0	<0
稠度状态	流塑	软塑	软可塑	硬可塑	硬塑	坚硬

太沙基和佩克关于 N 与粘性土稠度状态关系　　表 9-7

N	<2	2~4	4~8	8~15	15~30	>30
q_u(kPa)	<25	25~50	50~100	100~200	200~400	>400
稠度状态	极软	软	中等	硬	很硬	坚硬

④评定砂土抗剪强度指标 ϕ。佩克的经验公式：

$$\phi = 0.3N + 27 \tag{9-14}$$

式中：ϕ——砂土的内摩擦角；

N——标准贯入试验锤击数。

评定粘性土的不排水抗剪强度 C_u。太沙基和佩克的经验公式为：

$$C_u = (6 \sim 6.5)N \tag{9-15}$$

式中：C_u——粘性土的不排水抗剪强度(kPa)；

N——标准贯入试验锤击数。

⑤评定土的变形模量 E_0 和压缩模量 E_s。我国采用标准贯入试验锤击数 N 确定土的变形模量 E_0 和压缩模量 E_s 的经验关系见表9-8。

N 值与 E_0 或 E_s 的关系(kPa)　　表 9-8

关系式	适用条件	来源
$E_s = 4.8N^{0.42}$	粉细砂　埋深 $H \leqslant 15$m	上海《岩土工程勘察规范》
$E_s = 2.5N^{0.75}H^{-0.25}$	埋深 $H > 15$m	
$E_s = 1.04N + 4.89$	中南、华东地区粘性土	冶金部武勘公司
$E_s = 0.276N + 10.22$	唐砂粉细砂	西南中勘院
$E_s = 1.066N + 7.43$	粘性土、粉土	湖北水利电力勘测院

⑥估算单桩承载力。将标准贯入试验锤击数 N 换算成桩侧、桩端土的极限摩阻力和极限端承力，再根据当地土层情况，就可以估算单桩的极限承载力。

⑦地基土的液化判别。对于饱和的砂土和粉土，当初判为可能液化或需要考虑液化影响时，可采用标准贯入试验进一步确定其是否液化。当饱和砂土或粉土实测标准贯入锤击数(未经杆长修正) N 值小于公式(9-16)确定的临界值 N_{cr} 时，则应判为液化土，否则为不液化土。

$$N_{cr} = N_0[0.9 + 0.1(d_s - d_w)]\sqrt{\frac{3}{\rho_c}} \tag{9-16}$$

式中：d_s——饱和土标准贯入点深度（m）；

d_w——地下水位深度（m）；

ρ_c——饱和土的粘粒含量百分率，当$\rho_c(\%)<3$时，取$P_c=3$；

N_0——饱和土液化判别的基准贯入锤击数，可按表9-9采用；

N_{cr}——饱和土液化临界标准贯入锤击数。

液化判别基准标准贯入撞击N_0值　　表9-9

烈度	7度	8度	9度
近震	6	10	16
远震	8	12	-

注：适用于地面下15 m深度范围内的土层。

4. 长期观测

长期观测工作在工程地质勘察中是一项很重要的工作。有些动力地质现象及地质营力随时间推移将不断地明显变化，尤其在工程活动影响下的某些因素和现象将发生显著新变化，又影响工程的安全、稳定和正常运用。这时仅靠工程地质测绘、勘探、试验等工作，还不能准确预测和判断各种动力地质作用的规律性及其对工程使用年限内的影响，必须进行长期观测工作。长期观测的主要任务是检验测绘、勘探对工程地质条件评价的正确性，查明动力地质作用及其影响因素随时间的变化规律，准确预测工程地质问题，为防止不良地质作用所采取的措施提供可靠的工程地质依据，检查为防治不良地质作用而采取的处理措施的效果。工程地质勘察中常进行的长期观测，有与工程有关的地下水动态观测、物理地质现象的长期观测、建筑物建成后与周围地质环境相互作用及动态变化的长期观测等。

• 第二节　天然建筑材料工程地质勘查 •

公路工程无论规模大小都需要大量的天然建筑材料，如各种石料、砂砾料及土料等。天然建筑材料的种类、数量、质量及采运条件，不但对公路工程的质量、造价有决定性意义，甚至是决定公路工程构造物的类型和结构的关键因素，有时甚至还影响到路线的走向方案。因此，对天然建筑材料必须进行普查与勘探，以便为选择建筑物类型，比较工程造价提供依据。这就要在建筑场地附近找到质量优良、储量丰富、开采加工及运输条件优越的天然建筑材料产地。因此，在公路工程地质勘察时，就有必要进行天然建筑材料的勘察。

一、勘察要点

（1）公路工程沿线筑路材料料场的勘察工作，应与勘察阶段相适应。

（2）沿线筑路材料料场的初勘，应充分利用已有资料，通过访问、实际调查、勘探和试验，查明材料的类别、产地、质量、数量和开采运输条件。

（3）调查工作应遵循由近及远、逐步扩大和大小料场兼顾的原则。在以大型料场为主的同时，对工程附近质量符合要求，采运方便的中、小料场也应加以充分利用。

（4）勘察的料场，材料储量不得小于工程设计需要量的两倍。

二、天然建筑材料的勘探及储量计算

1. 建筑材料的勘探方法

(1)料场范围可在1:2000的地形图上现场圈定,也可采用半仪器法量测。材料有用层的厚度,应通过对露头的调查测量和勘探确定。

(2)计算蕴藏量的勘探断面,一般应垂直岩层走向或地貌界线布设,每一断面不少于3个探孔(坑),断面间距宜控制在200~400m,探孔(坑)深度应大于有用层厚度或计划开采深度。

(3)蕴藏量计算可采用算术平均法、平行断面法、三角形法、多角形法。

2. 蕴藏量计算方法

1)算术平均法

算术平均法适用于勘探点多,布置均匀。建筑材料变化不大的情况下较为适用。算术平均法是把各勘探点所揭露的有用厚度,用算数平均法求得一个平均厚度再乘上由探点所控制的面积,即得建筑材料的储量如图9-16所示。勘探点控制的面积一般认为在勘探点以外5m的范围内,计算式为:

$$V = S \cdot M_{cp} \tag{9-17}$$

式中:V——建筑材料总储量(m^3);

S——勘探控制面积(m^2);

M_{cp}——被揭露的有用层的算术平均厚度(m)。

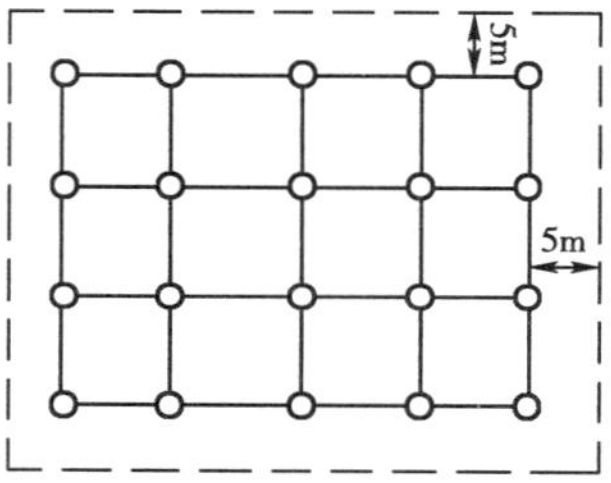

图9-16 算术平均法计算储量

2)平行断面法

平行断面法适用于勘探点成平行线状排布、勘探线上勘探点的分布均匀,探线垂直剖面中有用层产状变化不大。

平行断面法又称矩形法如图9-17所示。排布在各勘探线上的勘探点,它们所揭露的有用层可绘成平行的地质剖面图,分别计算每一地质剖面的面积。然后把两相邻平行断面上有用层面积之和的一半,乘以两断面间的距离,即得两断面之间有用层的体积,所有这些体积的总和就是建筑材料的储量。计算式为:

$$V = n\sum_{1}^{n} D_n \frac{S_n + S_{n+1}}{2} \tag{9-18}$$

式中:V——建筑材料总储量(m^3);

S_n、S_{n+1}——相邻两平行断面中有用层的面积(m^2);

D_n——相邻两平行断面间距。

3)三角形法

三角形法适用勘探点布置不太均匀,不大规则,而且建筑材料产状局部变化较大。三角形法就是首先把各勘探点连成三角网如图9-18所示,再把各三角形面积计算出来。然后将各三角形角点上揭露的有用层厚度取平均值,以平均厚度乘上三角形面积即得三角形内有用层体积。各个三角形内体积的总和就是建筑材料的储量。计算式如下:

$$V = \sum_{1}^{n} S_n M_{cp} \tag{9-19}$$

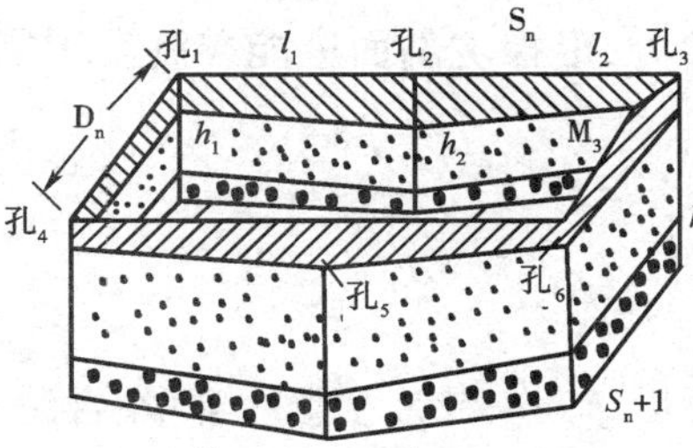

$S_n = \frac{l_1}{2}(h_1 + h_2) + \frac{l_2}{2}(h_3 + h_3)$

图 9-17　平行断面法计算储量

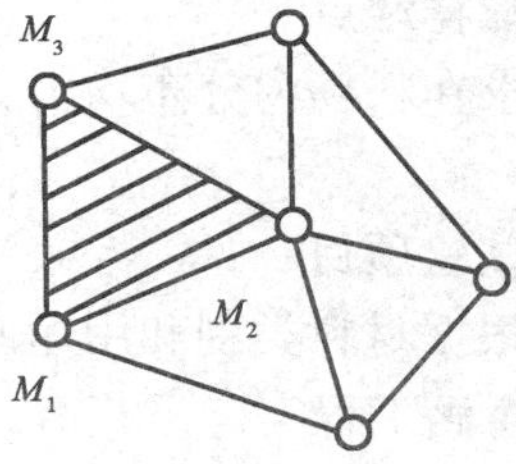

$M_{cp} = \frac{1}{3}(M_1 + M_2 + M_3)$

图 9-18　三角形法计算储量

式中：V——建筑材料总储量（m^3）；

S_n——三角形的面积（m^2）；

M_{cp}——某三角形角点上所揭露的有用层平均厚度（m）。

4）等值线法

等值线法，当勘探坑孔的数量很多，足以精准地画出有效层的等厚线时采用。用等值层的面积乘以相应的有效层厚度，即可逐加求出储量。该法精度高，但绘制等值线复杂，且须用求积仪计算大量面积。勘探坑孔减少，该法精度显著降低。

三、天然建筑材料的开采、运输条件

研究开采条件时，首先考虑开采层厚度（有效层）与应剥离层的厚度之比。一般认为，二者之比大于4∶1，开采该建筑材料在经济上是合理的。有效层的厚度最好不小于3m，过薄时不宜开采，不经济。有效层中的夹层和质量不均，对开采也不利。根据具体条件，一般以地下水位以上开采为主，水下开采较困难。开采石料时，应特别着重研究其裂隙性。岩石被裂隙分割程度影响其强度和用途，裂隙的产状也在不同程度上决定着开采方向和方法。开采时斜坡稳定条件，也是影响开采工作的重要因素。

开采方案应考虑当地的运输条件、设备能力和技术水平等。比较运输条件时，首先应考虑开采运输距离，距离太远，运输工作量大；近些好，但不能影响和危及工程安全，同时要考虑到施工方便。因此，距离要适当。运输线路纵坡太徒，或通往工程施工场地爬坡，对运输不利。几个建筑材料供应产地布局合适，便可同时从几个方向运向施工现场，可扩大工作面，缩短时间，加快施工进度。

此外，从环境保护的角度出发，天然建筑材料的开采，应当尽可能少地破坏环境的美观和危胁文物古迹的安全。

四、评价材料的质量

1. 对各类料场

必须取代表性样品进行必要的试验，据以评价材料的质量。对各类材料成品率的估算，应通过调查、试验，力求准确。对外购天然筑路材料，应取得正式的试验成果报告。

2. 取样地点

要求在料场内分布均匀，每一料场一般不得少于 3 ~ 5 处，沿探坑剖面应能控制有用层的变化。

3. 试验项目

应根据材料类别和用途而定，其一般要求如下：

1）桥涵工程

石料和粗集料：抗压强度、抗冻性、坚固性、有害物质含量、筛分、针片状颗粒含量、含泥量、压碎值等试验。

细集料：颗粒分析、含泥量、有机质含量、云母含量、轻物质含量、有害物质含量、压碎值等试验。

2）路基工程

粗粒土：颗粒分析、含水量、液限塑限、密度、击实等试验。

细粒土：颗粒分析、含水量、液限、塑限、密度、击实、承载比、有机质含量、易溶盐等试验。

特殊性土：宜区别特性，进行专项试验。

3）路面工程

粗集料：颗粒分析、压碎值、针片状颗粒含量、含泥量、磨耗（洛杉矶法）、吸水率、磨光值、坚固性、冲击值、软弱颗粒含量、有机物含量等试验。

细集料：颗粒分析、表观密度、含泥量、砂当量、有机质含量、坚固性、二氧化硫含量等试验。

● 第三节　公路工程勘测中的主要工程地质问题 ●

一、路线勘测中的工程地质问题

路线选择是由多种因素决定的，地质条件是其中重要因素一个，有时则是控制性的因素。

1. 山岭区选线中有关工程地质问题

1）沿河线工程地质问题

沿河线是山区公路首先考虑的方案。因为沿河路线的纵坡受限制不大，有丰富的筑路材料和水源可供施工、养护使用，在路线标准、使用质量、工程造价等方面往往优于其他线型。但在深切的峡谷区，如两岸裂隙发育，高陡的山坡处于极限平衡状态，采用沿河线则应慎重考虑。沿河线路主要考虑路线选择河岸的哪一侧；选择路线高程；跨河桥位的选择。选线时要根据路线的性质、等级标准，结合自然条件，因地制宜选定合理路线。

（1）河岸的选择　在选择路线所在的河岸时，应比较两岸的地形、地貌，地质岩性，水文等因素，充分利用有利的一岸。因此在路线布局时应考虑以下因素：

①地形、地质条件　路线一般选择在地形开阔平坦、台地多、水文地质条件好的一岸。如单斜谷中，岩层倾斜方向与路基倾斜方向相反的一侧，比较有利，如图 9-19 中 1 所示，反之不利，图中 2 所示；

②不良地质条件　如两岸均有不良地质现象如崩塌、滑坡、泥石流等，应通过详细的地质勘查，选择比较有利的一岸，如规模大、危害重、且不易防治时，则应尽量避开；

③积雪与冰冻地区选线　在积雪和严寒地区，阴坡和阳坡的差异较大，路线尽可能选在阳

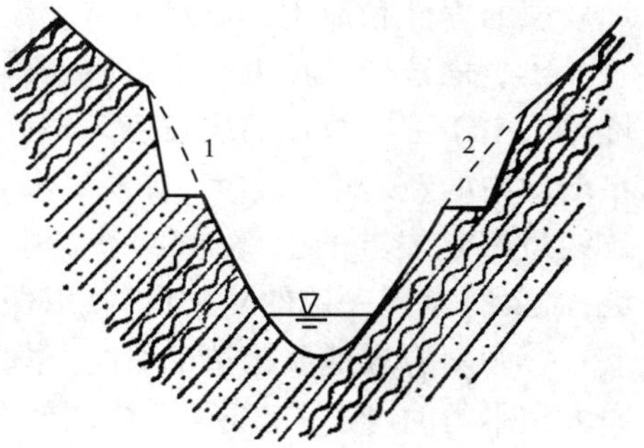

图 9-19　在单斜谷中选择路线位置

坡一岸，以减少积雪、涎流冰等病害；

④在断裂谷中　岸山坡岩层破碎、裂隙发育，对路基稳定很不利。如不能避免沿断裂备布线时，应仔细比较两岸出露岩层的岩性、产状和裂隙情况，选择相对有利的一岸；

⑤在强震区的沿河线　更应注意避让悬崖峭壁以及大型不良地质地段；避免沿断裂破碎带布线并努力争取地质地貌条件对抗震有利的河岸。

(2)路线高程　沿河线的线位高低，应根据河岸的地质地貌条件以及河流的水流情况来考虑。

沿河线按其高出设计洪水位的多少，有高线、低线之分。高线一般位于山坡上，基本不受洪水威胁，但路线较曲折，回旋余地小；低线路基一侧临水，边坡常受洪水威胁，但路线标准较高，回旋余地大。在有河流阶地可利用时，通常认为利用一级阶地走线是最适当的，因为这种阶地可保证路线高出洪水位，同时由于阶地本身受切割破坏较轻。在无河流阶地可利用时，为保证沿河低线高出洪水位以上，免遭水淹，勘测时应该仔细调查沿线洪水位，作为控制设计的依据。同时应采取切实有效的防护措施，以确保路基的稳定和安全。在强震区，当河流有可能为崩塌、滑坡、泥石流等暂时阻塞时，还应估计到这种阻塞所造成的淹没以及溃决时的影响范围，合理确定线位和标高。

2)越岭线的工程地质问题

越岭线的两个主要控制点之间横隔山岭时，路线沿分水岭一侧山坡爬上山脊，在适当地点通过垭口越岭，在沿山坡另一侧下降的路线成为越岭线。横越山岭的路线通常是最困难的，以上需要克服很大的高差，常有较多山坡可利用进行展线。越岭线布局主要有垭口选择，越岭标高选择，展线山坡选择，三者应综合考虑。

(1)垭口地质　垭口是越岭线的控制点。垭口地质条件的好坏直接影响路线的标高。

通常应选择标高较低的垭口，特别是在积雪、结冰地区，更应注意选择低垭口，以减少冰、雪病害。

对宽而肥的垭口，只宜采用浅挖低填方案，过岭标高基本上就是垭口标高。

对薄而瘦的垭口常常采用深挖方式，以降低过岭标高，缩短展线长度，这时就要特别注意垭口的地质条件。

断层破碎带型垭口，对深挖特别不利。由单斜岩层构成的垭口，如为页岩、砂页岩互层、片岩、千枚岩等易风化、易滑动的岩层组成时，对深挖也常常是很不利的。

总之，垭口的选择是山区选线工作中的一个非常关键的环节，必须做出详细的调查，保证垭口在地形上能满足路线在布局上的要求，在地质上必要时采取工程技术措施，能使路基与边坡达到足够的稳定。对于地质十分复杂的垭口，尽可能避让为宜。

(2)垭口两侧路线展线　山坡是越岭线的重要组成部分，选择垭口的同时，必须注意两侧山坡展线条件的好坏。评价山坡的展线条件，主要决定于山坡的坡度、断面形式和地质构造，山坡的切割情况，以及有无不良地质现象等。在跨越垭口地段后，如高山的半腰间有平缓地貌，这是线路通过最理想的地方，特别是坡度平缓而又少切割的山坡，对展线是最不利的。山坡岩层的岩性和地质构造对于路基稳定有极大的影响：

①岩堆地带　在山区许多坚硬岩层形成的陡崖下面沟谷两侧，往往有一些半圆锥形的岩堆体。由于不同粒径的块石、碎石和泥土混合堆积而成，它的自然坡度在30°～40°之间。正在活动中的新岩堆孔隙大，有地下水渗透，稳定性很差，线路最好避绕。对于以稳定的老岩堆，选线最好走岩堆的上部，如必须走中下部时，应修矮路堤通过，尽量少挖方填土，以免引起滑坡，必要时设置一定的防护措施，以保证路基安全。

②倾斜岩层地质构造的影响　如为倾斜岩层（倾角大于10°～15°），且路线方向与岩层走向大致平行时，则一定要注意岩层倾向与边坡的关系，如图9-20所示。

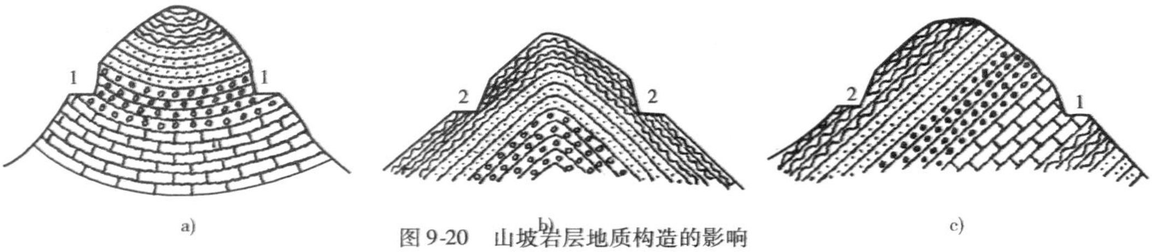

图9-20　山坡岩层地质构造的影响

a）向斜山；b）背斜山；c）单斜山

1-有利情况；2-不利情况

③断崖地带　这种地貌是由大断层形成的，在这种情况下，半路堑内侧边坡可能会受断层的影响，在破碎带区易渗水。使半路堤容易产生滑坍，在选线时必须加以注意。

2. 平原区选线中有关的工程地质问题

在平原区选线时，为了保证路基高度不使地表水淹没，应尽可能选择地势较高处布线。对地下水的情况，应尽可能选择地下水位深处，并调查地下水的变化幅度和规律。在大河河口处、沿海平原和凹陷平原地区，应勘测调查淤泥、泥炭等软弱地基情况。

1）山间平原的工程地质

是指山区河谷中冲堆、洪积而成的宽广阶地，四周山峦环绕。它的地质特征是：地下水和地表水基本上都流入河床中，冲积物一般较粗，县大河漫滩主要由卵石、砾石、砂组成，只有在一、二级阶地有亚粘土和亚砂土沉积物。山间平原一般工程地质条件较好，对于路基和桥基的稳定都是有利的，但对于洪水和地下水的威胁应充分重视。

2）山前平原的工程地质

在大山之前，山麓附近，可以见到冲积、洪积的大片平地，称之为山前平原。它的地质特征是：靠山麓的地形坡度较大、堆积物十分复杂，从粘土到大漂石都有其分布规律一般靠山以卵石为主，向下慢慢变为砂砾为主，而在边缘地带则以粘性土为主；地下水一般很丰富，靠近山麓地带地下水埋藏较深，离山麓远地下水变浅，有时流出地表，成为泉水。山前平原对选线和路基设计都是有利的。

二、桥渡勘测中的工程地质问题

大中桥位通常是布设路线的控制点，桥位变动会使一定范围内的路线也随之改动。影响桥位选择的因素有：地质条件、水文条件与路线方向等。而地质条件是评价桥位的重要指标之一。桥渡工程地质勘测的任务主要有桥位、桥梁基础、引道工程、材料几个方面的工程地质。

这里重点讨论桥位与桥基勘测中的主要工程地质。

1. 一般工程地质地区的桥位选择

1）桥位选择对地形、地貌、地物等方面的要求

（1）桥位应尽量选在两岸有山嘴或高地等河岸稳固的河段；平原区河流的顺直河段；两岸便于接线的较开阔的河段。

（2）桥位应避免选在其上、下游有山嘴、石梁、沙洲等干扰水流畅通的地段。

（3）桥位应尽量避免选在地面、地下已有重要设施而需要拆迁的地段。

（4）桥位选择应考虑施工场地布置和材料运输等方面的要求。

2）桥位选择对工程地质条件的要求

（1）桥位应选在基岩和坚硬土层外露或埋藏较浅、地质条件简单，地基稳定处。

（2）桥位不宜选在活动断层、滑坡、泥石流、岩溶以及其他不良地质发育的地段。

2. 特殊地质地区的桥位选择

特殊地质地区桥位选择，除应满足一般地区桥位选择要求外，还应满足以下各项的有关要求。

1）泥石流地区的桥位选择：

（1）在强泥石流地区，桥位应采取绕避方案。

（2）当路线必须通过泥石流地区时，桥位应选在沟床稳定的流通区的直线段上，且桥轴线应与主流正交；不应选在沟床纵坡由陡变缓、断面突然收缩或扩散以及弯道的转折处。

（3）在泥石流地区，严禁开挖设桥，亦不得改沟并桥。

（4）当路线通过泥石流堆积扇时，桥位宜避开扇腰、扇顶部位，宜选在扇缘尾部，路线应沿等高线走线，桥梁宜分散设置。如堆积扇受大河水流切割时，桥位选择应考虑切割发展，留有一定的余地。

（5）当路线通过泥石流堆积扇群时，桥位宜选在各沟出山口处或横切各扇缘尾部。

2）岩溶地区桥位选择

（1）桥位选择应避开岩溶发育地段；若难于避开，需在岩溶发育地段设桥时，则应选在岩层比较完整、洞穴顶板厚度尺寸足够处。

（2）当路线跨越岩溶地区的构造破碎带时，桥位应避开构造破碎带；当无法避开时，应使桥位垂直或以较大的斜交角通过。

（3）当不能绕避岩溶区时，桥位应避开大洞室和大竖井部位。

（4）桥位不宜设在可溶岩层与非可溶岩层的接触带，而宜设在非可溶岩层上。

（5）路线跨越岩溶丘陵区的峰间谷地时，桥位不宜选在漏斗、落水溶洞、岩溶泉、地下通道及地下河出露处。如必须通过时，应探明岩溶的位置和水文条件，采取相应的工程措施。

（6）岩溶塌陷区的桥位选择。桥位应选在工业与民用取水点所形成的地下水位下降漏斗范围以外；桥位应选在覆盖层较厚、土层稳固、洞穴和地下水位稳定处；如塌陷范围小，可用单孔跨越；地下河范围内不宜设桥，也不宜靠近设桥。

3）滑坡地区桥位选择

（1）桥位应绕避大型滑坡地带。

（2）当路线必须通过滑坡地区时，桥位应选在边坡、沟床稳定而对桥梁无危害的地段。

(3)通过桥位区工程地质条件的综合分析,预测施工及建桥后岩土体可能发生的变化及其对桥梁稳定性的影响,并做出评价。

4)沼泽地区桥位选择

桥位应选在两岸地势较高的地点,桥头引道应尽量避免通过。淤泥、软土、古河道等不良地质地段;如无法避开时,应选在基岩或硬土埋藏浅、软弱地层厚度薄的地段。

5)黄土地区桥位选择

(1)桥位宜选择在沟岸较低、冲沟较窄、抗冲性强而比较稳定的地段;桥位处应有利于处理沟底冲刷和沟岸防护。

(2)桥位不宜选在黄土陷穴、溶洞和易于崩解、潜蚀、顶冲以及发育不稳定的地段。

三、隧道工程中的工程地质问题

隧道通过工程地质、水文地质条件极复杂地段,一般伴随有特殊、不良地质问题发生,而这些问题的发生是有一个漫长变化的过程,一个由量变到质变的过程,这些问题的发生对隧道的安全会产生不同程度的影响。但一般勘察阶段短短的几个月中是难对这些问题有深入的了解,是难掌握其变化规律预测它的发展的,所以需安排超前工程地质和水文地质工作。积累资料为隧道方案的选定和施工方案的选定打下基础。

1. 一般工程地质地区隧道位置选择

是指在地层正常,无明显不良地质、特殊性岩土地区来选择隧道位置。在实际工作中,一般宜首先排除显著不良地质地段,根据路线等级、地形、地质条件拟定隧道位置及接线方案,然后布置勘察测试等工作,最后综合分析各方面因素确定隧道位置。一般地区隧道选择在山形完整,山体稳定,岩层单一,次一级地形切割不大,无大的地下水或有害物质影响,构造不发育地段。因为在该地段隧道施工容易、地质病害少、工期短、造价较低。在倾斜岩石中,以垂直岩层走向为宜,是指隧道轴线宜与岩层走向正交通过。因为倾斜岩层由于岩性差异,裂隙发育程度不同会导致开挖和支护方法的改变,不利于施工。另外,倾斜岩层由于岩面多于软弱结构面,在洞顶易于崩落和坍塌。所以隧道轴线应与岩层走向正交通过,尽量减少不利因素对隧道施工的影响。

2. 不良地质地区隧道位置选择

不良地质地区隧道位置选择,对于低等级公路隧道选址,原则上应尽量避让各种不良地质地段;但对于高等级公路,往往受路线等级所限,不可避免地经过各种不良地质地段,也就不可避免地在不良地质地段进行隧道选址问题。当隧道通过褶曲时,因往往褶曲轴部裂隙发育,岩层破碎,隧道支护形式复杂,掘进困难,给施工带来不利,所以应选择褶曲翼部地质较好一侧通过。当隧道通过断层构造带时,由于断层是由各种地质体或地质界线在平面或剖面上突然中断、错开,造成构造(线)的不连续现象。地层有时出现重复或缺失,有时会出现断层角砾岩和碎裂岩,对隧道开挖支护极其不利。所以隧道穿越断层时应与隧道轴线垂直或大角度通过,尽量减少断层对隧道的影响。

在不良地质地区选择隧道位置总的原则是:

(1)尽量避让不良地质,以免对隧道造成毁灭性、破坏性影响。

(2)尽量选择在影响范围小、影响距离短、影响时间短的地段。

(3)尽量选择在相对来讲便于施工,工程量相对少,造价低,施工期短,营运期安全,不留或少留隐患的地段通过。

(4)通过各方面因素综合分析考虑,把不良地质的影响减少到最低限度。

水下隧道位置的选择除应考虑陆上隧道应考虑的因素外,主要还应考虑水对隧道的影响。因而,水下隧道选择地址时主要基于以下因素考虑:

(1)尽量选择在水文地质、工程地质条件相对较好处,减少水对隧道施工、营运期的影响。

(2)完全理想的水文地质、工程地质条件几乎是不存在的,因而尽量选择在对隧道影响范围小、影响程度低、易处理、能处理、不留隐患的地段通过。

3. 洞口位置选择

应根据周围的地质环境、地表径流、人工构造物,地表、地下水体对隧道的影响等因素综合起来考虑,一般从以下方面考虑:

(1)洞口、洞身稳定,不留地质病害。

(2)洞外接线合理,符合路线等级标准,线型舒展美观、标准较高。

(3)便于施工场布置,便于运输和弃渣处理,能加快施工进程,不污染或少污染环境,少占或不占可耕地。

(4)洞口外接线工程数量少、里程短、工程造价低等。

(5)对于水下隧道,主要应考虑地表水对洞口倒灌的影响,其次应考虑适当的隐蔽性和交通量能快速疏通。

总之,洞口位置选择应分清主次,综合考虑,全面衡量,在保证隧道稳定性、安全性,没有隐患的前提下再考虑造价、工期等因素。

●第四节　工程地质勘察报告的主要内容●

工程地质勘察报告是工程地质勘察的正式成果。它将现场勘察得到的工程地质资料进行统计、归纳和分析,编制成图件、表格并对场地工程地质条件和问题做出系统的分析和评价,以正确全面地反映场地的工程地质条件和提供地基土物理力学设计指标,供建设单位、设计单位和施工单位使用,并作为存档文件长期保存。

一、工程地质图的编绘

1. 工程地质图的类型

工程地质图的编绘首先要明确工程的要求。但工程建设的类型多种多样、规模大小不同,而同一工程在不同设计阶段对勘察工作的要求也不一致,所以工程地质图的内容、表达形式、编图原则及工程地质图的分类等很难求得统一。工程地质图按工程要求和内容,一般可分为如下类型:

1)工程地质勘察实际材料图

图中反映该工程场地勘察的实际工作,包括地质点、钻孔点、勘探坑洞、试验点及长期观测点等。

2)工程地质编录图

这是由一套图件构成,包括有钻孔桩状图、基坑编录图、平洞展示图及其他地质勘探和测绘点的编录。

3）工程地质分析图

图中突出反映一种或两种工程地质因素或岩土某一性质的指标的变化情况。例如基岩埋深等深线、岩性变化图等。

4）专门工程地质图

这是为勘察某一专门工程地质问题而编制的图件。图中突出反映与该工程地质问题有关的地质特征、空洞分布和其相互组合关系，评价地质问题有关的地质和力学数据等。

5）综合性工程地质图和分区图

综合性工程地质图也称为工程地质图。这类图是针对建筑类型把与之有关的地质条件和勘探试验成果综合地反映在图上，并对建筑场区的工程地质条件提出总的评价。

综合性工程地质分区图是在综合性工程地质图的基础上按建筑的适宜性和具体工程地质条件的相似性进行分区和分段。对各分区和分段还要系统地反映有关工程地质条件和分析工程地质问题最需要的资料，并附分区工程地质特征说明表。

2. 工程地质图的内容

工程地质图的内容主要反映该地区的工程地质条件，按工程的特点和要求对该地区工程地质条件的综合表现进行分区和工程地质评价。一般工程地质图中反映的内容有以下几个方面：

（1）地形地貌包括地势和主要地貌单元。地形地貌条件对建筑场地或线路的选择、对建筑物的布局和结构形式以及施工条件都有直接影响。

（2）岩土类型及其工程性质包括地层年代、地基土成因类型、变化、分布规律以及物理力学指标的变化范围和代表值。

（3）地质构造在工程地质图上尤其对基岩地区或有地震背景的松软土层分布地区要注意反映地下地质构造特征。对于某些工程，如边坡、洞室工程等，岩石的裂隙性具有很大的意义。还有些岩石的构造特征如变质岩的劈理、片理，岩浆岩的流动构造发育程度与分布方向等在有关专门工程地质图上应表现出来。

（4）水文地质条件工程地质图上所反映的水文地质条件一般有地下水位，包括潜水水位及对工程有影响的承压水测压水位及其变化幅度，地下水的化学成分及侵蚀性。

（5）物理地质现象包括各类物理地质现象的形态、发育强度的等级及其活动强度。各种物理地质现象的形态类型一般用符号在其主要发育地段笼统表示，例如岩溶、滑坡等。在较大比例尺的图上对规模较大的主要物理地质现象的形态，可按实际情况绘在图上，并对其活动特征作专门说明。

3. 工程地质图的编制方法

编制工程地质图需要一套相应比例尺的有关图件，这些基本图件为：

（1）地质图或第四纪地质图；

（2）地貌及物理地质现象图；

（3）水文地质图；

（4）各种工程地质剖面图、钻孔柱状图；

（5）各种原位测试及室内试验成果图表等。

在使用这些基本底图上的资料时，必须从分析研究入手，根据编图目的，对这些资料加以选择，选取那些对反映工程地质条件、分析工程地质问题最有用的资料，突出主要特征。图上应画出许多界线，主要有不同年代、不同成因类型和土性的土层界线，地貌分区界线，物理地质现象分布界线及各级工程地质分区界线等等。当然这些界线有许多是彼此重合的，因为工程地质条件各个方面间往往是密切联系的。如：地貌界线常常与地质构造线、岩层界线是重合的，尤其是与土层的成因类型有一致性。而工程地质分区界线无论分区标志如何，都必须与其主要的工程地质条件密切相关，因此往往与这些界线也重合。所以，工程地质分区图上的界线，首先应保证分区界线能完整地表示出来。各种界线的绘制方法，一般是肯定的用实线，不肯定的用虚线。工程地质分区的区级之间可用线的粗细相区别，由高级区向低级区的线条由粗变细。

工程地质图上还可用各种花纹、线条、符号、代号来区分各种岩性、断层线、物理地质现象、土的成因类型等等。有时还可以用小柱状图表示一定深度范围内土层的变化。

工程地质图上还可以用颜色表示工程地质分区或岩性。不同单元区可用不同颜色表示，同一单元区内不同区可用同一颜色不同色调表示。假如再进一步划分，则可用同一色调的深浅表示。复杂条件下的工程地质图所反映的内容是比较多的，虽经系统分析、选择，图面上的线条、符号仍会相当拥挤。所以必须注意恰当地利用色彩、花纹、线条、粗细界线、符号及代号等。妥善地加以安排，分区疏密浓淡，使工程地质图既能充分说明工程地质条件，又能清晰易读，整洁美观。

二、工程地质勘察报告的编写

1. 工程地质勘察成果报告的内容

应根据任务要求、勘察阶段、地质条件、工程特点等具体情况综合确定，一般包括下列内容：

(1)任务要求及勘察工程概况；

(2)拟建工程概况；

(3)勘察方法和勘察工作布置；

(4)场地地形、地貌、地层、地质构造、岩土性质、地下水、不良地质现象的描述与评价；

(5)场地稳定性与适宜性的评价；

(6)岩土参数的分析与选用；

(7)提出地基基础方案的建议，工程施工和使用期间可能发生的岩土工程问题的预测及监控、预防措施的建议；

(8)勘察成果表及所附图件。

2. 报告中所附图表的种类

应根据工程的具体情况而定，常用的图表有；

(1)勘察点平面布置图；

(2)工程地质柱状图；

(3)工程地质剖面图；

(4)原位测试成果表；

(5)室内试验成果表等。

3. 常用图表的编制方法和要求

1)勘探点平面布置图(图9-21)

勘探点平面布置图是在建筑场地地形图上,把建筑物的位置、各类勘探及测试点的位置、编号用不同的图例表示出来,并注明各勘探、测试点的标高、深度、剖面线及其编号等。

2)钻孔柱状图(图9-22)

钻孔柱状图是根据钻孔的现场记录整理出来的。记录中除注明钻进的工具、方法和具体事项外,其主要内容是关于地基土层的分布(层面深度、分层厚度)和地层的名称及特征的描述。绘制柱状图时,应从上而下对地层进行编号和描述,并用一定的比例尺、图例和符号表示。在住状图中还应标出取土深度、地下水位高度等资料。

3)工程地质剖面图(图9-23)

柱状图只反映场地一勘探点处地层的竖向分布情况,工程地质剖面图则反映某一勘探线上地层沿竖向和水平向的分布情况。由于勘探线的布置常与主要地貌单元或地质构造轴线垂

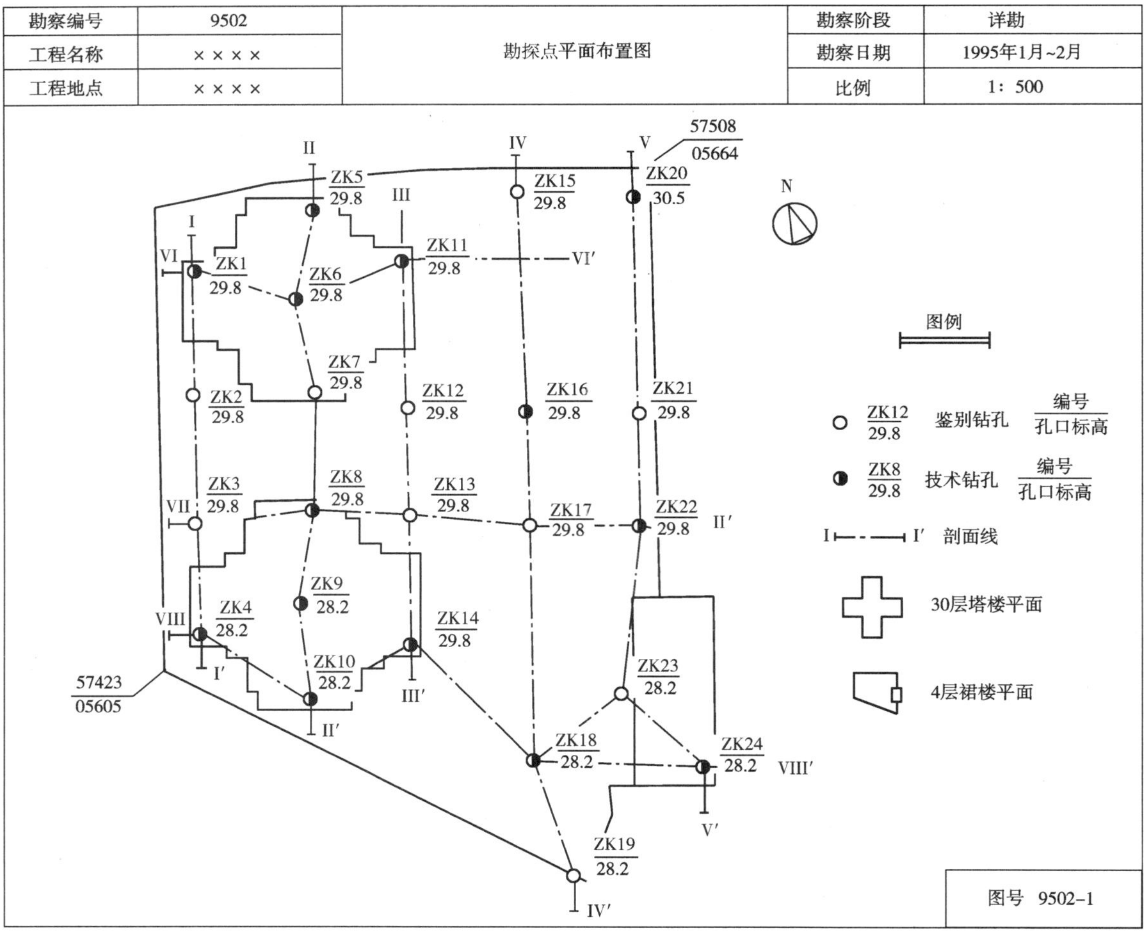

图9-21 勘探点平面布置图

<table>
<tr><td colspan="3">勘察编号</td><td colspan="3">9502</td><td colspan="2" rowspan="3">钻孔桩状图</td><td colspan="2">孔口标高</td><td colspan="2">29.8 m</td></tr>
<tr><td colspan="3">工程名称</td><td colspan="3">××××</td><td colspan="2">地下水位</td><td colspan="2">27．6 m</td></tr>
<tr><td colspan="3">钻孔编号</td><td colspan="3">ZK1</td><td colspan="2">钻探日期</td><td colspan="2">1995年2月7日</td></tr>
<tr><td rowspan="2">地质代号</td><td rowspan="2">层底标高（m）</td><td rowspan="2">层底深度（m）</td><td rowspan="2">分层厚度（m）</td><td rowspan="2">层序号</td><td rowspan="2">地质柱状 1：200</td><td rowspan="2">岩心采取率（%）</td><td rowspan="2">工程地质简述</td><td colspan="2">标贯$N_{63.5}$</td><td>岩土样</td><td rowspan="2">备注</td></tr>
<tr><td>深度（m）</td><td>实际击数
校正击数</td><td>编　号
深度（m）</td></tr>
<tr><td>Q^{ml}</td><td></td><td>3.0</td><td>3.0</td><td>①</td><td rowspan="6">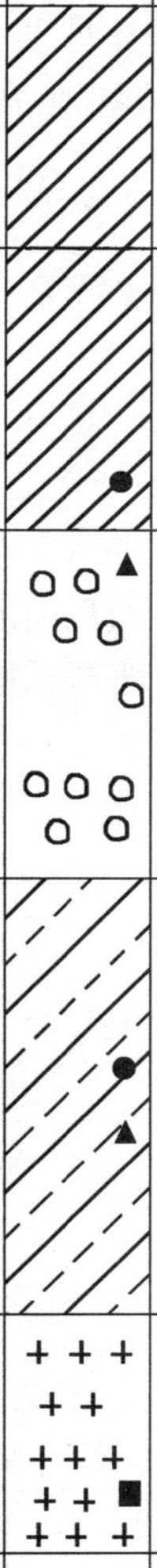</td><td>75</td><td>填土：杂色、松散、内有碎砖、瓦片、混凝土块、粗砂及粘性土；钻进时常遇混凝土板</td><td></td><td></td><td></td><td></td></tr>
<tr><td></td><td></td><td>10.7</td><td>7.7</td><td>②</td><td>90</td><td>粘土：黄褐色，冲积、可塑、具粘滑感，顶部为灰黑色耕作层，底部土中含较多粗颗粒</td><td></td><td></td><td>ZK1-1
10.5–10.7</td><td></td></tr>
<tr><td>Q^{el}</td><td></td><td>14.3</td><td>3.6</td><td>④</td><td>70</td><td>砾石：土黄色，冲积、松散稍密，上部以砾、砂为主，含泥量较大，下部颗粒变粗，含砾石、卵石，粒径 一般2～5cm，个别达7～9cm，磨圆度好</td><td>10.85
1
11.15</td><td>31
25.7</td><td></td><td></td></tr>
<tr><td>Q^{el}</td><td></td><td>27.3</td><td>13.6</td><td>⑤</td><td>85</td><td>砂质粘性土：黄褐色带白色斑点，残积，为花岗岩风化产物， 硬塑～坚硬，土中含较多粗石英粒，局部为砾质粘土</td><td>20.55
1
20.85</td><td>42
29.8</td><td>ZK1-2
20.2–20.4</td><td></td></tr>
<tr><td>γ_5^3</td><td></td><td>32.4</td><td>5.1</td><td>⑥</td><td>80</td><td>花岗岩：灰白色，肉红色，粗粒结晶，中～微风化，岩质坚硬，性脆，可见矿物成分有长石、石英，角闪石、云母等。岩芯呈柱状</td><td></td><td></td><td>ZK1-3
31.2–31.3</td><td></td></tr>
<tr><td></td><td></td><td></td><td></td><td></td><td></td><td></td><td></td><td></td><td colspan="2">图号 9502-7</td></tr>
</table>

▲标贯位置　拟编：　■岩样位置　●土样位置　审核：

图 9-22　钻孔柱状图

直，或与建筑物的轴线相一致，故工程地质剖面图能最有效地标示场地工程地质条件。

工程地质剖面图绘制时，首先将勘探线的地形剖面线画出，标出勘探线上各钻孔中的地层层面，然后在钻孔的两侧分别标出层面的高程和深度，再将相邻钻孔中相同土层分界点以直线相连。当某地层在邻近钻孔中缺失时，该层可假定于相邻两孔中间尖灭。剖面图中的垂直距离和水平距离可采用不同的比例尺。

在柱状图和剖面图上也可同时附上土的主要物理力学性质指标及某些试验曲线，如静力触探、动力触探或标准贯入试验曲线等。

4）综合地层柱状图

为了简明扼要地表示所勘察的地层的层序及其主要特征和性质，可将该区地层接新老次序自上而下以 1∶50 ~ 1∶200 的比例绘成柱状图。图上注明层厚、地质年代，并对岩石或土的特征和性质进行概括性的描述。这种图件称为综合地层柱状图。

5）土工试验成果汇总表

土的物理力学性质指标是地基基础设计的重要依据。将土样室内试验成果及相关原位测试成果归纳汇总列表表达即为土工试验成果汇总表。

本 章 小 结

通过本章的学习，要求描述各个勘察阶段的任务和要求，工程地质勘察的基本方法。进行现场原位测试的常用试验方法及试验数据的分析整理。进行地基承载力的确定和阅读和使用工程地质勘察报告。

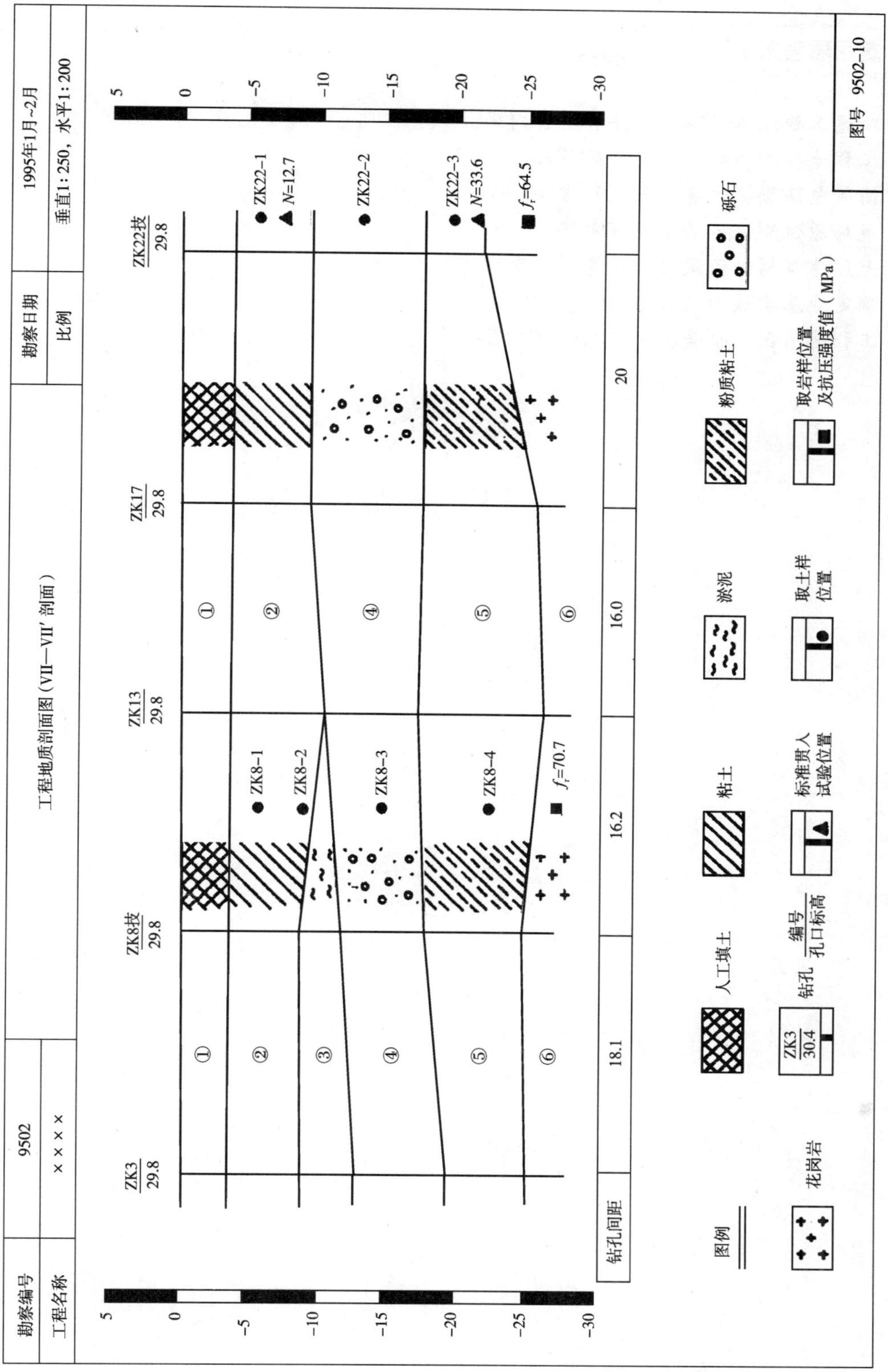

图 9-23　工程地质剖面图

复习思考题

1. 简述工程地质勘察的任务和主要内容。
2. 工程地质测绘的方法主要有哪几类?
3. 简述电法勘探的基本原理和方法。
4. 现场原位测试方法主要有哪些?
5. 天然建筑材料蕴藏储量计算方法有哪些?
6. 确定地基承载力的方法有哪几种?
7. 工程地质勘察报告主要包括哪些内容?

附　录

附录一　地质年代符号及色谱

地质年代	代号	色谱	地质年代	代号	色谱
第四纪	Q	淡黄色	志留纪	S	橄榄绿色
第三纪	R	橙黄色	奥陶纪	O	浅蓝色
白垩纪	K	草绿色	寒武纪	∈	深橄榄绿色
侏罗纪	J	蓝色	震旦纪	Z	黄灰色
三叠纪	T	紫色	元古代	P_t	深灰黄色
二叠纪	P	棕黄色	太古代	A_r	玫瑰色
石炭纪	C	灰色	时代不明的变质岩层	M	深桃红色
泥盆纪	D	褐色			

附录二　主要岩浆岩的代号及色谱

岩石名称	代号	色谱	岩石名称	代号	色谱
花岗岩	γ	红色	安山岩	α	桔红色
流纹岩	λ		辉长岩	β	深绿色
闪长岩	δ		玄武岩	ε	
		桔红色			

附录三　主要岩石符号

1. 岩浆岩

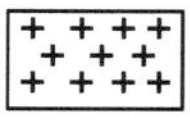
花岗岩

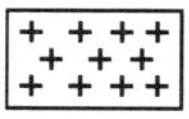
花岗斑岩

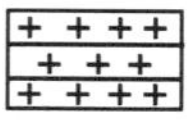
流纹岩

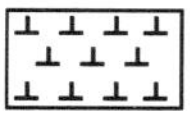
闪长岩

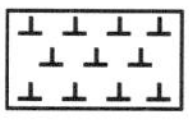
闪长玢岩

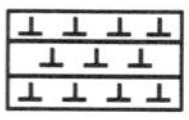
安山岩

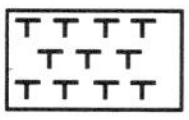
正长岩

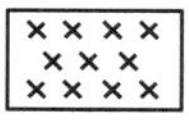
辉长岩

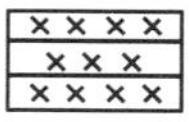
玄武岩

2. 沉积岩

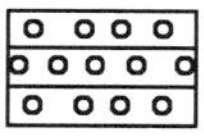
砾岩

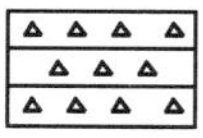
角砾岩

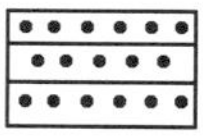
砂岩

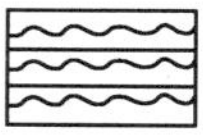
页岩

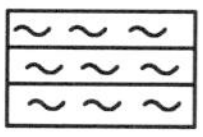
泥岩

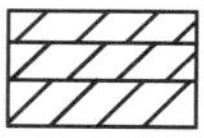
泥灰岩

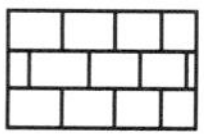
石灰岩

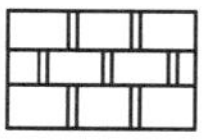
白云岩

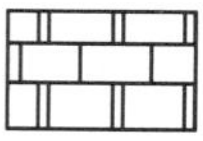
白云质石灰岩

3. 变质岩

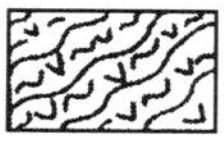
片麻岩

片岩

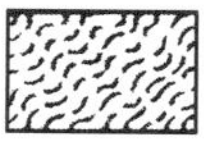
千枚岩

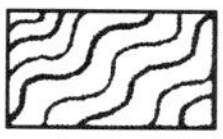
板岩

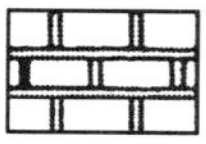
大理岩

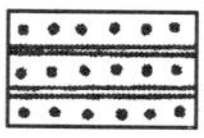
石英岩

附录四　地质构造符号

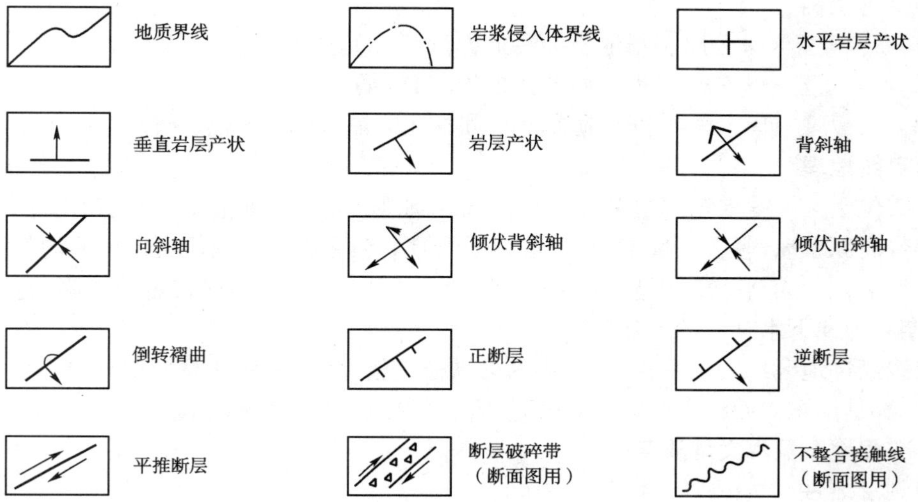

附录五　公路工程地质勘察实例

××公路工程地质勘察报告

1. 工作概况

1）任务依据

根据××号《勘察设计任务通知单》。

2）技术标准

（1）《公路工程地质勘察规程》（JTJ 064—98）

（2）《公路桥位勘测规程》（JTJ 062—91）

（3）《公路软土地基路堤设计与施工技术规范》（JTJ 017—96）

（4）《公路桥涵地基与基础设计规范》（JTJ 024—85）

……

3）勘察目的

本次工程地质勘察工作，是为构造物布设提供准确完整的工程地质资料，查明公路场地的工程地质条件，地基的地质结构，岩土的工程特性，建筑场地的稳定性，提供特殊岩土地段防治方案及设计所必需的地质资料和地质参数。

4）起讫时间及完成工作量

项目组于×年×月×日出发到达工地，开展勘察外业工作，于×月×日完成外业工作，完成工程量：路线工程地质测绘×km^2，工程地质钻孔×孔，累积进尺×m，采取厚状土样×个，并于×月×日完成勘察内业工作，提交工程地质报告×册，包括工程地质勘察说明书×份，路线工程地质纵剖面图×张，工程地质钻孔柱状图×张，岩土物理力学性质试验成果表×张。

5）参考资料

（1）《××至××公路工程地质勘察报告》（详勘）。

（2）《××至××公路工程地质勘察报告》（详勘）。

（3）1∶5万《中华人民共和国地质图说明书》（×幅、×幅、×幅、×幅）。

2. 自然地理

路线位于××盆地东部边缘，全长××km，地形平缓，属湖泊沼泽相沉积，路线经过地区属亚热带高原季风气候，气候温凉，干湿两季分明，冬暖夏凉，四季如春，年平均气温14℃，最冷月平均7.7℃，年平均降雨量1094mm，降雨多集中在6～10月份，占全年降雨量的80%左右，此期间为地下水补给的旺盛期。

路线经过地区地表水发育，其间小沟渠纵横交错，多呈树枝状及放射状展布，总体属金沙江水系，都是由东向西流入××，因水系发育，区内地下水位普遍较高。

3. 工程地质及水文地质条件

1）地层岩性

路线地处××盆地东部边缘，以第四系湖泊沼泽相全新统海埂组地层（Q4h）为主，受地形、地貌、沉积环境等因素控制，其有纵横向岩相厚度变化大的特征，根据土工试验成果，东部地层硬，西部地层软，总体变化趋势东向西硬层逐渐变薄，软层增加，按全线不同路段岩性组合，厚度及埋藏深度可划分为5个单元层。

（1）硬壳层：为灰黄、灰褐色硬塑状粘土，局部路段为人工填土，容许承载力200～300kPa，极限桩周摩阻力70～80kPa。

（2）灰褐色、灰黑色粘土，可～软塑状，容许承载力100～200kPa，极限桩周摩阻力35～45kPa。

（3）灰黑色泥炭质土，软塑状，$e=3.55$，$IL=1.41$，$C=33$，$\Phi=15.7$，属高压缩性土，容许承载力50～100kPa，极限桩周摩阻力25－30kPa。

（4）灰、灰褐、灰绿色粘土，可～硬塑状，容许承载力200～300kPa，极限桩周摩阻力50～60kPa。

（5）灰色粉砂土，中密、饱和，容许承载力200～250kPa，极限桩周摩阻力33～45kPa。

各层土的厚度及埋深见工程地质纵剖面图，物理力学指标见土样试验汇总成果表。

2）构造及地震

路线经过地区××地台西部kd地轴南段东缘，×××台背斜与××台褶带之交汇部位，×××断裂纵贯全区中部，是区域重要的三级构造单元分界断裂，西部属×××断束的禄劝断凹；东部属台褶束的嵩明台凹，四级构造单元称为断凹，北为××断块，南为易门台穹，西邻×××断裂带，东为××断裂带，两断裂均呈南北向延伸，从而控制了断陷盆地的形成和发展，××断陷湖泊等周围广泛发育晚新生代松散堆积，形成湖岸—河口地貌。

路线处于××河—gs断裂带与×g断裂带的夹持部分，在路线的东部约××km处有南北向××水库大断裂，西部约××km处有××××大断裂，上述两断裂均为长期活动的区域性断裂，历史上曾发生多次地震活动，对公路产生一定的影响，根据《中国地震烈度区划图(1990)》及各地震裂度分区，路线经过地区地震烈度为VIII度，建议公路构造物按地震裂度VIII度设防。

3)水文地质条件

路线位于××盆地东部边缘湖滨平原地带，是地下水径流区，地下水位差很小，处于很缓慢的流动状态，地下水补给来源主要为大气降水和生活、工业用废水，总体向水位较低的××方向排泄。地基中①、②、④层粘土为相对不透水层，⑤层粉砂土为透水层，③层泥炭质土孔隙比较大，呈弱透水层，根据××段水质分析报告，路线经过地区地下水对混凝土无侵蚀作用。

4. 工程地质条件及水文地质条件评价

1)路线评价

本段路线位于××盆地东部边缘的湖滨平原地，地形平缓，为湖岸—河口地貌单元，路线多展布于农田，地表硬壳层受季节性地表水影响，塑性状态变化较大，而且地表水系发育，地下水位较高，使地基承载力有所降低，路线全部处于软土地基路段，硬壳层之下为软塑状粘土及泥炭质土，特别是泥炭质土，具有高含水量，高孔隙比，高压缩性，低抗剪强度的特征，需要采用垫层加土工格栅等型式进行浅层处治，采用粉喷桩等型式进行深层处治，以减小地基的不均匀沉降，根据规范计算，⑤层粉砂土会地震液化，全部小桥涵均应按地震烈度VIII进行设防。

2)K××+00处中桥评价

经ZK1、ZK2、ZK3、ZK4揭露，桥位处位于渔塘及水沟处，硬壳层较薄，其下又有软塑状泥炭质土及地震液化的粉砂土存在，建议桥梁采用桩基穿过泥炭质土和粉砂土，以④层可硬塑状粘土作为持力层，桩长应根据计算确定，但不能以泥炭质土及粉砂土作为桩端持力层。

5. 结论与建议

(1)本段公路所经地区地形平缓，不存在陡坡、深沟，没揭露到古河道、暗塘等不良地质现象，路线全部位于软土地基路段，属软弱场地土类型，III类建筑场地，但经处治后该路线方案是可行的。

(2)本段路线全部钻孔均揭露到灰黑色软塑状泥炭质土，它是高孔隙比，高含水量，高压缩性，低抗剪强度的特征，必须对该层软土进行处治，以减小路堤的不均匀沉降，建议采用垫层土工格栅以及粉喷桩等型式进行处治。

(3)路线经过地区地下水属第四系孔隙水，地区地下水段对混凝土无侵蚀性，根据××段水质分析报告，地下水对混凝土无侵蚀性。

(4)遵照规范经计算，地基内⑤层粉砂土会地震液化，据《中国地震烈度区划图(1990)》，地区地震烈度为VIII度，建议K×+00中桥按地震烈度VIII度进行设防，而且桥梁基础应采用桩基且不能以粉砂土作为桩端持力层。

参考文献

1 朱志澄,宋鸿林主编.构造地质学.武汉:中国地质大学出版社,1990
2 李瑾亮,胡春葳主编.地质与土质.北京:人民交通出版社,2002
3 窦明健,陈洪凯主编.公路工程地质.北京:人民交通出版社,2003
4 齐丽云,徐秀华,李瑾亮主编.工程地质.北京:人民交通出版社,2003
5 傅英祺,杨季楷主编.地史学简明教程 M.北京:地质出版社,1990
6 石玉章,杨文杰,钱峥主编.地质学基础 M.北京:石油大学出版社,1995
7 李叔达主编.动力地质学原理 M.北京:地质出版社,1983
8 叶镇国主编.水力学及桥涵水文.北京:人民交通出版社,2001
9 俞高明主编.桥涵水力水文.北京:人民交通出版社,2002
10 中华人民共和国行业标准.公路水文勘测设计规范(JTG C30—2002).北京:人民交通出版社,2002
11 孙家驷主编.公路小桥涵勘测设计.北京:人民交通出版社,1990
12 顾克明等主编.公路桥涵设计手册·涵洞.北京:人民交通出版社,1993
13 中华人民共和国行业标准.公路桥涵设计通用规范(JTG D60—2004).北京:人民交通出版社,2004
14 中华人民共和国行业标准.公路工程地质勘察规范(JTJ 064—98).北京:人民交通出版社,1998
15 李斌主编.公路工程地质.北京:人民交通出版社,1980
16 孙家齐主编.工程地质.武汉:武汉理工大学出版社,2003
17 李智毅主编.工程地质学概论.武汉:中国地质大学出版社,1994
18 陈希哲主编.土力学地基基础(第三版).北京:清华大学出版社,1998
19 夏邦栋主编.普通地质学(第二版).北京:地质出版社,1995
20 夏邦栋,刘寿和主编.地质学概论.北京:高等教育出版社,1992
21 马瑞士,张庆龙主编.活动论与固定论·现代地质学讲座.南京:南京大学出版社,1990
22 成都地质学院普通地质教研室.动力地质学原理.北京:地质出版社,1978